2016 年广东省研究生学术论坛经济法分论坛

主　办：广东省学位委员会办公室

承　办：暨南大学法学院/知识产权学院

　　　　广东省反垄断执法合作基地/暨南大学竞争法与产业发展研究中心

　　　　暨南大学知识产权与法治研究中心

2016 年广东省研究生学术论坛
经济法分论坛学术委员会

主 任 委 员：徐士英

副主任委员：郭宗杰

委员（按姓氏笔画为序）：

丁茂中　张占江　徐士英　郭宗杰　喻　玲

2016 年广东省研究生学术论坛
经济法分论坛演讲嘉宾

（按姓氏笔画为序）

卢延纯：国家发展和改革委员会价格监督检查与反垄断局副局长

许光耀：南开大学教授，国务院反垄断委员会专家咨询组成员

时建中：中国政法大学教授、副校长，国务院反垄断委员会专家咨询组成员

徐士英：华东政法大学教授、浙江理工大学特聘教授

盛杰民：北京大学教授

中外反垄断法热点问题

理论与实践

郭宗杰 ◎ 主编

暨南大学出版社
JINAN UNIVERSITY PRESS

中国·广州

图书在版编目（CIP）数据

中外反垄断法热点问题：理论与实践/郭宗杰主编．—广州：暨南大学出版社，2016.12

ISBN 978 - 7 - 5668 - 1989 - 5

I．①中…　II．①郭…　III．①反垄断法—研究　IV．①D912.290.4

中国版本图书馆 CIP 数据核字（2016）第 265418 号

中外反垄断法热点问题：理论与实践
ZHONGWAI FAN LONGDUANFA REDIAN WENTI：LILUN YU SHIJIAN
主　编：郭宗杰

- -

出 版 人：徐义雄
策划编辑：李　战
责任编辑：曹　军
责任校对：刘雨婷　邓丽藤
责任印制：汤慧君　周一丹

出版发行：暨南大学出版社（510630）
电　话：总编室（8620）85221601
　　　　营销部（8620）85225284　85228291　85228292（邮购）
传　真：（8620）85221583（办公室）　85223774（营销部）
网　址：http：//www.jnupress.com　http：//press.jnu.edu.cn
排　版：广州市天河星辰文化发展部照排中心
印　刷：佛山市浩文彩色印刷有限公司
开　本：787mm×960mm　1/16
印　张：23.625
字　数：403 千
版　次：2016 年 12 月第 1 版
印　次：2016 年 12 月第 1 次
定　价：58.00 元

前　言

　　2016年广东省研究生学术论坛经济法分论坛是广东省研究生教育创新计划项目。论坛的举办得到了广东省学位委员会办公室、广东省发展和改革委员会价格监督检查与反垄断局、暨南大学及全国兄弟院校，特别是竞争法学界同仁的大力支持。截至论坛征文通知规定的论文提交截止日期，承办方共收到全国数十所高校博士、硕士研究生发来的应征论文100余篇。经过论坛学术委员会讨论，承办方除邀请了20篇优秀论文作者参会外，还邀请了数十名省外研究生参加论坛，加之广州本地的在校研究生，实际参加论坛共100余人。

　　此次论坛的主题是"中外反垄断法热点问题：理论与实践"，参会论文内容从理论到实务，从国内到国外，题材广泛，显示了竞争法学界新生代的广阔视野；虽然部分同学的参会论文在科学性、规范性等方面仍有一定缺憾，但整体上仍然达到了一定的高度，体现了良好的学术素养，受到了论坛学术委员会专家和演讲嘉宾们的高度肯定。

　　在论坛的举办过程中，我们特别安排参会研究生主持、点评各位学界前辈的专题报告，既锻炼了参会同学，也展现了我国竞争法学界的良好传承，受到了老师和同学们的普遍欢迎。

　　为了向社会展示我国竞争法学界新生代的学术实力，也为了给参会同学提供更广阔的学术交流平台，我们精选了部分参会论文进行编辑出版。希望在大家的共同努力下，我国的反垄断法理论研究和实务探索不断取得新的进展。

郭宗杰

2016年7月20日

目　录

共享经济中市场竞争秩序与规制的法律分析

傅 晓[*]

提要：在经济新常态下，习近平总书记指出，我国将发展共享经济，支持基于互联网的各类创新，提高发展质量和效益。李克强总理也指出，共享经济是拉动经济增长的新路子。党的十八届五中全会指出，要实施"互联网＋"行动计划，提倡大众创业万众创新，发展共享经济。共享经济的本质是整合线下的闲散物品或服务者，人们可以一起分享时间、空间、财产、技能等资源，使用但并不占有，提高了资源的利用率也积极地促进了经济的发展。共享经济既是全球经济的新亮点，也是我国经济转型升级的重要动力。本文首先介绍了共享经济的概念和发展，然后分析了在发展共享和维护竞争秩序过程中应追寻的价值取向，接着指出了共享经济在竞争过程中出现的问题，最后对建立混合式的监管模式提出了一些建议。

关键词：共享经济；互联网＋；竞争秩序；混合式监管

---

* 傅晓，湖南大学法学院博士研究生。

一、共享经济的概念和发展

(一) 概念和起源

共享经济 (sharing economy) 或分享经济, 通常来说被认为是人们在数字化平台上与他人分享自己财产、资源、时间、技能等, 使自己未使用的甚至是正在使用的资产或其他 "财富" 释放出更大的功效, 获得更大的收益。它的一个很大的特点就是通过一个开放式的平台将供需双方聚集或 "配对" 在一起, 人们可以一起分享时间、空间、财产、技能等资源, 使用但并不占有 (access but not ownership), 将资产和技能的价值发挥到极致。有些时候这种 "分享" 并不一定需要以金钱的方式进行, 还可以是免费或进行实物、技能的交换。正因为形式和内容的多样化, 所以共享经济又被称为 "协同消费" (collaborative consumption), 消费者利用线上、线下的社区 (团、群), 沙龙, 培训等工具进行 "连接", 实现合作或互利消费的一种经济模式, 包括在拥有、租赁、使用或互相交换物品与服务、集中采购等方面的合作;[①] P2P 经济 (peer-to-peer economy) 类交易发生在个人之间, 或发生在一组个人之间, 而不是在公司和个人之间; 零工经济 (gig economy) 是指由工作量不多的自由职业者构成的经济领域, 利用互联网和移动技术快速匹配供需方, 主要包括群体工作和经应用程序接洽的按需工作两种形式。

伴随着交易成本的降低, 在各自收益最大化的目标激励下, 劳动者、企业家、消费者等微观主体自发博弈互动, 打破原有的商业模式、重构相互关系, 最终形成符合新的、低交易成本要求的新商业模式, 所以它也是对原有商业模式的颠覆或者说是 "破坏式创新"。[②]

共享经济的概念最早起源于美国社会学领域的马科斯·费尔逊教授 (Marcus Felson) 和琼·斯潘思 (Joe L. Spaeth) 发表的 "Community Structure and Collaborative Consumption: A Routine Activity Approach"[③], 在

---

① RAY ALGAR. Collaborative consumption. Leisure report, 2007.

② OECD. Hearing on disruptive innovation. 2015.

③ FELSON M, SPAETH J L. Community structure and collaborative consumption: a routine activity approach. Am. Behav. Sci, 1978 (21): pp. 614 - 624.

2008 年金融危机之后被广泛传播和接受，因为当人们遇到经济危机这样的打击时，会对于自己买了太多"无用"物品的这个事实有更深刻的领悟。欧盟关于"共享经济"的一份报告里估计，世界上有 10 亿辆汽车，其中有 7.4 亿属于一个人独自拥有和支配的，而且平均每间房子里有 3 000 美元的东西是闲置无用的。①哲学家、经济学家陈世清说过：使用价值就是价值，经济学的价值就是使用价值。产品的本质是使用价值。只有实现的价值才有使用价值，只有在使用的价值才是实现的价值。过剩产能，卖不出去，没有实现价值，没有使用价值；几千万套空置房，卖出去了，但不在使用，也没有使用价值。②共享经济的迅速崛起和发展并非偶然，产能和供给过剩等社会经济背景是推动共享经济发展的前提。共享经济为闲置的资源创造了使用价值，使拥有者获得额外的收入或其他收获，它颠覆了传统的企业经营模式，使每个人既是产品或服务的消费者又是提供者，既提高了资源的利用率，也积极地促进了经济的发展。

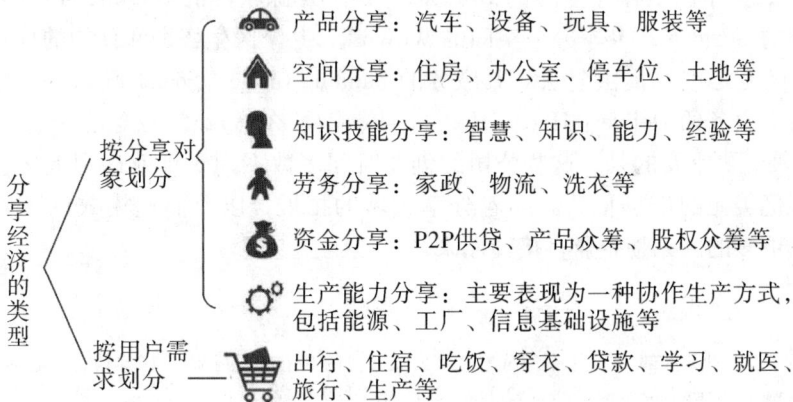

图 1　共享经济的类型③

　　共享模式从最初的汽车、房屋分享迅速渗透到金融、餐饮、空间、物

---

　　①　刘国华、吴博：《共享经济 2.0》，北京：企业管理出版社 2015 年版，第 24 页。

　　②　陈世清：《新常态经济是创新驱动型经济——新常态经济是经济增长方式转变》，求是网，http://www.qstheory.cn/laigao/2015 – 06/16/c_ 1115629001. htm，2015 年 6 月 16 日。

　　③　图片来自于国家信息中心信息化研究部、中国互联网协会分享经济工作委员会：《中国分享经济发展报告 2016》，2016 年 2 月 28 日。

流、教育、医疗、基础设施等多个领域和细分市场，并加速向农业、能源、生产、城市建设等更多领域扩张。共享领域不断拓展，未来一切可分享的东西都将被分享，人们的工作和生活方式将因之发生深刻变化。

正如共享经济的倡导者瑞恩·格丽（Ryan Gourley）所言："共享经济从一个城市开始，逐步扩展到一个地区，进而渗透到整个国家，最后形成一个分享的世界。"①

（二）全球的共享经济正在飞速发展

共享经济的崛起催生了大量市场估值超过 10 亿美元的"独角兽"（Unicorn）企业（投资界对于 10 亿美元以上估值，并且创办时间相对较短的公司的称谓）。根据调研公司 CB Insights 的数据，截至 2016 年 2 月 4 日，全球价值在 10 亿美元以上的私营公司有 151 家，其中有很多来自共享经济领域的初创公司，如共享汽车的滴滴出行（150 亿美元）②、Uber、Lyft、Olacabs、BlablaCar 及 Grab Taxi，共享房屋的 Airbnb、途家网（超 10 亿美元）③，共享网络存储空间的 Dropbox，共享开源软件的 Github，共享邻里信息的 Nextdoor，共享办公空间的 WeWork，共享医生咨询和预约的挂号网（15 亿美元）④，提供金融 P2P 服务的 Funding Circle、Social Finance，以及生活类服务的 Delivery Hero、HelloFresh、饿了么（12.5 亿美元）⑤、Instacart 等。更重要的是，这些公司的创业时间多数不到 5 年就达到上亿甚至上百亿美元的市场估值。随着分享领域的拓展，以及商业模式的不断创新，更多的巨无霸企业将接踵而来。⑥

---

① 信息化研究部：《关于全球分享经济发展态势的五个基本判断》，国家信息中心网，http：//www.sic.gov.cn/News/249/6063.htm，2015 年 3 月 9 日。

② 滴滴公司 CEO 程维在给公司员工的内部信中表示："三年，150 亿市值，这是移动互联网的奇迹，也意味着责任和使命。"来源于：http：//tech.163.com/15/0708/13/AU0NUREV000915BF.html。

③ 途家网官网显示：2015 年 8 月 3 日途家完成 D 及 D + 轮 3 亿美元融资，估值步入 10 亿美元俱乐部，http：//content.tujia.com/dashiji.htm。

④ 挂号网完成 3 亿美元融资 15 亿美元总市值是移动医疗市值总和，https：//www.touzi.com/news/017018 - 28467.html。

⑤ 《饿了么融资 12.5 亿美元"加入"阿里：阿里巴巴投资 9 亿美元》，凤凰财经网，http：//finance.ifeng.com/a/20160414/14320933_0.shtml#_zbs_baidu_bk。

⑥ 国家信息中心信息化研究部、中国互联网协会分享经济工作委员会：《中国分享经济发展报告 2016》，2016 年 2 月 28 日。

随着实践的发展，人们对共享经济意义的认识正在逐步深化，许多国家的政府部门对待共享经济的态度从一开始的反对，到观望、犹疑，到明确支持。

2015 年开始，英国政府在财政计划中承诺将消除对共享经济的诸多阻碍，大力发展共享经济，宣布将"英国打造成共享经济的全球中心"，① 之后还宣布利兹和曼彻斯特这两座城市将作为分享型城市的试点。英国的共享经济的市场规模在 2014 年被估值为 5 亿英镑，而飞速发展的势态让世界上顶级的会计师事务所之一普华永道对它充满信心，估计这个数值在 2025 年的时候将达到 90 亿英镑。②

在欧盟，欧洲议会工业、研发和能源委员会与内部市场和消费者保护委员会联合发布对数字市场新战略的立场文件，强调支持共享经济发展。

在美国，2012 年 4 月就出台了《促进创业企业融资法》（*Jumpstart Our Business Startups Act*，简称"JOBS 法案"），成为第一个股权众筹合法化的国家。2014 年美国有 17 个城市议会和 4 个州通过了合法化专车的城市条例，到 2015 年 8 月合法化专车的城市与州合计就扩大到 54 个。

除此之外，加拿大安大略省、魁北克政府已经开始进行新法律框架的拟定和修改，并作初步调研工作，支持共享经济发展。澳大利亚政府对共享经济持乐观态度，如 2015 年悉尼政府采用政府主导、企业运营的模式推进汽车共享，并将"汽车使用共享"计划作为城市发展规划"悉尼 2030"的一个重要内容；新南威尔士州宣布将通过法律途径使 Airbnb 等共享经济行业合法化。韩国政府对共享经济企业实施政府认证程序，并对有突出贡献的企业给予资金支持和宣传帮助，还计划于 2016 年对相关法律法规进行调整以适应共享经济的发展。③

（三）中国发展共享经济符合创新驱动发展和"互联网 +"战略

经过改革开放近 30 年的发展，由高速增长转向中高速增长是中国经济

---

① DIANE COYLE. The sharing economy in the UK，http：//www. sharingeconomyuk. com/perch/resources/210116thesharingeconomyintheuktpdc. docx1111. docx－2. pdf.

② PricewaterhouseCoopers（PWC）. Five key sharing economy sectors could generate £ 9 billion of UK revenues by 2025，http：//pwc. blogs. com/press＿ room/2014/08/five－key－sharing－economy－sectors－could－generate－9－billion－of－uk－revenues－by－2025. html，15 August 2014.

③ 国家信息中心信息化研究部、中国互联网协会分享经济工作委员会：《中国分享经济发展报告 2016》，2016 年 2 月 28 日。

"新常态"的典型特征。回顾过去,仅从经济发展层面来总结的话,原来GDP的增长速度高但质量差而且严重破坏生态,外延式扩张迅猛但内涵式升级缓慢,这种发展态势和模式都不能再继续了。经济"新常态"的大背景下,新常态经济是经济发展模式的转轨,中国经济增长需告别高增长、高投资、高投入时代,经济结构要不断优化,产业结构要不断升级,创新创业要提供新动力。根据再生经济学原理,只有增量改革才有存量调整,只有新经济增长点才能优化旧产业结构,化解产能过剩,实现经济结构优化升级,增长方式转变向经济质量保证。[①] 不但要发展带动改革,而且要改革带动发展,也就是一种存量改革,要对原来有的机制或者资源配置模式,或者利益分配机制进行改革,要触动那块属于传统滞后行业的"奶酪"。

整体上来说,中国的共享经济起步比欧美国家晚三年,萌芽期是从20世纪90年代开始的,受美国共享经济平台和互联网大潮的影响,一批海归回国创业,开始出现一些基于互动式问答的知识分享网站,并逐步出现一些众包平台,如K68、威客中国、猪八戒网等。

2009—2012年为起步阶段,国内众多领域的共享型企业开始大量涌现,如滴滴出行、红岭创投、人人贷、天使汇、蚂蚁短租、途家网、小猪短租、饿了么等。

2013年之后共享经济进入了快速成长阶段,随着技术和商业模式的不断成熟、用户的广泛参与,以及大量的资金进入,部分领域的代表性企业数量和影响力迅速扩大,甚至成了全球名列前茅的"独角兽"公司。

根据速途研究院数据显示,2012年在线短租市场起步时市场规模仅有1.4亿元,2014年达到38亿元,2015年超过100亿元,环比增长163%。在医疗分享领域,名医主刀平台自2015年10月上线后的几个多月内就开展了数千台手术,业务量月均增速40%以上。在网贷领域,行业发展还处在高速增长期,领先企业仍然保持100%以上的增长。如搜易贷成立于2014年9月,在2015年实现营收65亿元;又如京东产品众筹于2014年7月上线,截至2015年12月,京东产品众筹总筹资额已突破13亿元,其中百万级项目超200个,千万级项目已有20个。共享经济的发展速度远远超传统行业,发展潜力巨大。[②]

---

①　陈世清:《什么是新常态经济》,求是网,http://www.qstheory.cn/laigao/2015-03/19/c_1114688943.htm,2015年03月19日。

②　中投顾问产业研究中心:《我国共享经济发展现状及市场规模分析》。

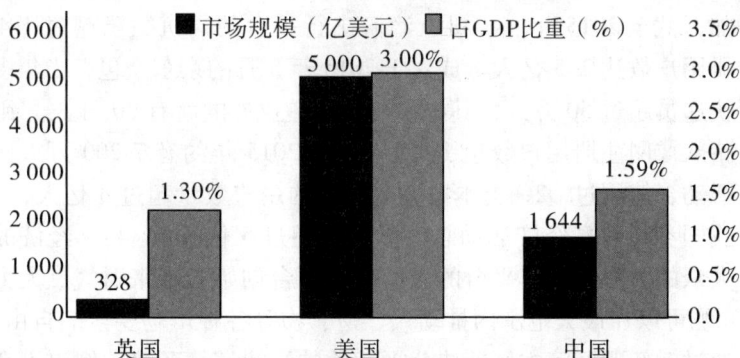

图2 2015 年中国共享经济的市场规模和英国美国的对比①

数据来源：公开资料，腾讯研究院整理。

□据腾讯研究院初步测算，分享经济 2015 年在全球的市场交易规模估测 8 100 亿美元。对比英国和病因，分享经济在中国对于经济的整体拉动作用还存在较大的发展空间，未来有望成为我国经济增长的新动能

□2015 年中国分享经济规模约为 1 644 亿美元，占 GDP 的 1. 59%

□英国分享经济 2013 年已占 GDP 的 1. 3%，并预测五年之内达到 GDP 的 15%

□美国分享经济 2014 年已经占到 GDP 的 3%

互联网、共享经济的发展，是历史发展的大势所趋，是社会进步的潮流所向，是人民大众的积极选择，更是未来中国的机遇所在。国务院在 2015 年的 6、7 月前后印发了《关于大力推进大众创业万众创新若干政策措施的意见》（以下简称《创新意见》）和《关于积极推进"互联网＋"行动的指导意见》（以下简称《"互联网＋"指导意见》），肯定并鼓励新的经济发展模式。

无论是大众创业，还是万众创新，都少不了一个"众"字。对于中国这样一个庞大的经济体而言，如果只有少数市场主体参与，显然难以满足全国统一市场的需要。2015 年中国共享经济市场规模约为 19 560 亿元（其中交易额 18 100 亿元，融资额 1 460 亿元），主要集中在金融、生活服务、交通出行、生产能力、知识技能、房屋短租六大领域。共享经济领域参与提供服务者约 5 000 万人（其中平台型企业员工数约 500 万人），约占

---

① 图来自于腾讯研究院：《中国分享经济风潮全景解读报告》，2016 年 3 月 3 日。

劳动人口总数的 5.5% 。① 共享经济各领域代表性企业的参与大众人数更是快速增加，截至 2015 年底，接入滴滴出行平台的司机数已超过 1 400 万人，注册用户数达 2.5 亿人。成立于 2015 年 5 月的京东众包，半年多就发展注册快递员超过 50 万人，其中参与过快递业务的就有 20 万人。到 2015 年底，猪八戒网注册用户数达 1 300 万人。2015 年约有 7 200 万人次参与过众筹活动，使用过 O2O 类本地生活服务的用户数量超过 3 亿人，② 保守估计，我国参与共享经济活动总人数已经超过 5 亿人。③ 共享经济的活力增长了大众的财力，共享平台的人气也为平台创始人带来财气。大力推进"双创"既可以在最大范围内推动人、财、物等各种市场要素的自由流动，也可以通过对新型经济主体营造公平竞争的法律道德环境，倒逼不合理的传统行业体制机制实现改革突破，最终提升整个经济的运行效率。创业是经济可持续发展的基础，而经济的持续繁荣，不是以网络为代表的高科技带来的，而是以网络潮为代表的大众创业万众创新的创业潮带来的。④

《创新意见》中指出的"双创"的三大意义中就有："营造公平竞争的创业环境，使有梦想、有意愿、有能力的科技人员、高校毕业生、农民工、退役军人、失业人员等各类市场创业主体'如鱼得水'，通过创业增加收入，让更多的人富起来，促进收入分配结构调整，实现创新支持创业、创业带动就业的良性互动发展。"⑤ 《创新意见》中还指出："依托'互联网＋'、大数据等，推动各行业创新商业模式，建立和完善线上与线下、境内与境外、政府与市场开放合作等创业创新机制。"⑥ 这些都是对大众通过共享经济平台获得市场认可，得到所需的资源，开拓出属于自己的一片天地的鼓励和保驾护航。

《"互联网＋"指导意见》更是在基本原则中提出："坚持开放共享。营造开放包容的发展环境，将互联网作为生产生活要素共享的重要平台，

---

① 国家信息中心信息化研究部、中国互联网协会分享经济工作委员会：《中国分享经济发展报告 2016》，2016 年 2 月 28 日。

② 中投顾问产业研究中心：《我国共享经济发展现状及市场规模分析》。

③ 国家信息中心信息化研究部、中国互联网协会分享经济工作委员会：《中国分享经济发展报告 2016》，2016 年 2 月 28 日。

④ 陈世清：《新常态经济是创业型经济》，求是网，http：//www.qstheory.cn/laigao/2015 - 05/20/c_ 1115343937.htm，2015 年 05 月 20 日。

⑤ 《国务院关于大力推进大众创业万众创新若干政策措施的意见》，2015 年 6 月 11 日。

⑥ 《国务院关于大力推进大众创业万众创新若干政策措施的意见》，2015 年 6 月 11 日。

最大限度优化资源配置，加快形成以开放、共享为特征的经济社会运行新模式。"现在共享经济平台集中的领域，如交通出行、租房、金融、公共服务等，都呈现出社会服务资源配置不断优化，公众享受到更加公平、高效、优质、便捷的服务的态势。并且在"互联网＋"益民服务这一章节还特别提到："发展共享经济的，规范发展网络约租车，积极推广在线租房等新业态，着力破除准入门槛高、服务规范难、个人征信缺失等瓶颈制约。"再次体现了发展健康的共享经济是符合我国创新驱动发展和"互联网＋"战略，也是符合"创新、协调、绿色、开放、共享"发展理念的新要求，① 共享经济发展已得到中国政府的高度重视。

从行业发展阶段来看，中国的共享经济上还属于基本起步阶段，部分细分行业正在进入高速成长期。共享领域迅速拓展，从消费到生产，共享经济渗透领域不断拓展。当前共享经济仍然面临着诸多挑战，但是未来随着消费理念的转变及行业的快速渗透，在政策支持与技术支撑下共享经济将迎来更多的市场发展机遇。预计未来五年共享经济年均增长速度在40%左右，到2020年共享经济规模占GDP比重将达到10%以上。未来十年中国共享经济领域有望出现5～10家巨无霸平台型企业。②

二、共享经济在发展和竞争过程中出现的问题

（一）来自传统行业的反对和排挤

共享经济发展大大降低了诸多行业的进入门槛，共享型企业拥有显著的成本优势、创造无限供给的能力、趋近于零的边际成本，使传统企业面临巨大的竞争压力。在具有排他性的垄断市场中，共享型企业的进入及其快速扩张的发展态势冲击着原有的商业逻辑和经济秩序，直接引发了社会财富和利益的重新分配，遇到来自既得利益者的质疑和阻挠不可避免。由于共享经济发展迅速，许多国家还没有明确是否应允许其合法化，更不用说思考如何促进其正规化发展的问题。在这段政策暧昧期，共享经济的发

---

① 十八届五中全会通过的《中共中央关于制定国民经济和社会发展第十三个五年规划的建议》，创造性地提出了创新、协调、绿色、开放、共享五大发展理念。

② 中投顾问产业研究中心：《我国共享经济发展现状及市场规模分析》。

展事实上逃避了正规经济应该负担的税收①、社保等义务，对传统正规经济构成了不公平竞争，对正规经济从业者的利益造成了较大冲击，引发了一些社会问题。

在欧洲和美国的许多城市，共享做法并不总是被接受的，该做法不断遭到一些诸如出租车公司等组织的抗议。例如，2015 年 6 月法国多个城市爆发了针对 Uber 的抗议游行，导致大面积交通瘫痪，数十车辆受损，多名人员受伤。随后法国要求在全国取缔 Uber 服务，并曾提出要对两位 Uber 法国高管进行审判。对此，Uber 声明暂停在法国的打车服务，以保护 Uber 司机安全，并寻求与当地政府和解。柏林和布鲁塞尔等城市自 2014 年 4 月开始禁止 Uber 公司本地运营。法兰克福地区法院的法官也认为将 Uber 做法合法化将违反德国旅客运输法，同时该地区法官还认为 Uber 没有必要的运营许可证和购买必要的保险，这给当地出租车行业带来不公平竞争。②在伦敦，Uber 智能手机应用程序能否作为一个法律意义上的计价器也一直备受争议，当地出租车司机宣称只有那些持有牌照的黑色出租车司机才可以使用咪表。伦敦的运输监管部门最近表态，排除 Uber 在伦敦的运营障碍并不难，真正的难题在于如何协调保护持牌出租车司机的利益和鼓励这种商业模式创新之间的冲突。在纽约，短租平台 Airbnb 也面临着法律问题，根据纽约市有关规定，Airbnb 的客房和公寓被视为非法酒店。我国也爆发了执法部门突查 Uber 广州公司、滴滴专车司机被扣车罚款以及多起出租车司机围堵专车司机的冲突。北京反对私家车、租赁车辆利用网络平台从事专车运营，指出其涉嫌非法运营、逃漏税、违规发垃圾短信、垃圾广告等，联合 8 部门约谈专车企业，要求其整改。

共享经济可能引发深层次的社会分工与组织变革，涉及的领域之广、人员之多前所未有，协调难度明显加大。在对抗最为激烈的交通出行领域，不光是中国还有很多国家和城市出租车行业牌照属于垄断资源，据北京市交通委 2014 年发布数据显示，北京正规出租车为 6.6 万辆，这一数字已经十二年未变，但北京城市人口净增近 700 万人，也就是说平均每 332 人一台出租车。由于长期的完全垄断与市场需求脱节，租车市场滋生了由包括手机叫车平台在内的大量未取得交通许可的"黑车"组成的灰色租车

---

① 与其他能够开具专用发票的交通运输行业相比，专车究竟应该开具税率为 6% 的现代服务业服务发票，还是税率为 11% 的交通运输服务发票，尚无定论。

② PETER SCHRAMADE. Innovatieenverandering. 135 HOLLAND MGMT. REV. 3, 3 (2011).

地带。就整体服务而言，由于出租车服务提供者以固定价格提供服务，在市场容量固定的情况下，任何竞争者进入该行业均将摊薄原有行业的利润，必然会遭受既得利益者的极力反对。

（二）市场优势者滥用市场支配地位

正如前文所述，在信息和数字化时代，互联网经济也好，平台经济也好，都具有创新性和易于垄断性，当信息本身已经成为基础设施的时候，互联网公司自然会出现天生的垄断者。[①] BAT（百度公司 Baidu、阿里巴巴集团 Alibaba、腾讯公司 Tencent 三大互联网巨头）发展至今已经不仅仅是一家公司，更是一个大型的社会化平台。据不完全统计，BAT 在共享经济的多个领域也展开了激烈的自我运营以及和他人战略合作，相关平台数据如下：

表1　BAT进军的共享经济平台[②]

共享经济领域	腾讯	阿里	百度
出行	Lyft、滴滴快的	Lyft、滴滴快的、接我云班车	Uber 中国、天天用车、51 用车
二手	人人车、天天拍车、58（转转）	淘宝咸鱼（自有业务）	百姓网
专业/个人业务	荣昌 e 袋洗	365 翻译、丸子地球、溜溜宠物	荣昌 e 袋洗
教育	疯狂老师	VIPABC	沪江网、百度传课（自有业务）
P2P 网贷	人人贷	蚂蚁金服（自有业务）	宜人贷
自媒体	微信（自有业务）、龙珠直播、喜马拉雅、斗鱼 TV	优酷土豆、微博	百度百家（自有业务）

---

① 霍炬：《微信、Uber、阴谋论和口袋罪》，iDoNews 专栏，http：//www. donews. com/idone-ws/article/7510. shtm，2015 年 12 月 7 日。

② 图中数据来源于腾讯研究院：《中国分享经济风潮全景解读报告》，2016 年 3 月 3 日。

（续上表）

共享经济领域	腾讯	阿里	百度
物流	物流 QQ 货车帮、人人快递网、G7 货运人、饿了么、美团（外卖）	菜鸟物流（自有业务）、饿了么	百度外卖（自有业务）
医疗	挂号网、妙手医生	阿里健康（自有业务）	

他们事实上在各自的核心领域已经接近于垄断的地位，但又在发展和经营着大量互有交叉的互联网细分市场。互联网垄断企业更像一个完整的帝国，已经具备制定规则的能力，一个规则的变动可能导致一家中型规模公司直接倒闭，小团队更是无法抗衡，所以应更公开、公平、公正，不应该仅凭自己的好恶打击对手。

2015 年底，Uber 在中国发展势头猛烈，先是和阿里巴巴集团的商务应用钉钉平台宣布合作，切入企业用户市场，随后推出了 1.7 元拼车的优惠促销方案，并表示中国 Uber 市场份额从年初的 3% 爬升到年底的 35%，还公开承认中国 Uber 想要独自上市 IPO。仅仅时隔一周，中国 Uber 各城市的微信公众号就在微信平台上遭到了全面永久禁号的打击。

腾讯微信的首席执行官马化腾回应：“（Uber）确实违规营销被处罚，之后分散多账号试图绕过；互联网交通公号具备较大群体性交通煽动能力，业务主体较大时按平台管理规则需提交全国性经营 ICP 许可，否则一旦出事平台需承担责任。年底会统一加强整治，滴滴违规一样处理，过去滴滴违规营销及红包也一样数次被处罚限制转发。”但中国 Uber 称，Uber 多个公众号没有任何违规，不存在诱导共享等行为，而且 Uber 还随后公开了它的 ICP 许可证编号，并称“欲加之罪，何患无辞”。

微信在“封杀”Uber 过程中，虽然马化腾表示会一样处理滴滴，但是腾讯投资滴滴，为滴滴提供入口与技术支持这是众所周知的事。所以，微信是否因投资滴滴而有针对性地封杀 Uber？微信封杀 Uber 是否合理？微信是否涉及违背反垄断法？这几个问题是值得怀疑和探讨的。

在互联网实验室董事长方兴东看来，造成 Uber“被封杀”的根源有三个：一是缺乏反垄断法等法律的威慑力，法律形不成基本的震慑与约束作用；二是缺乏基本规则和治理机制，平台的公共性与社会性如何与企业的商业性平衡，有什么机制能够防止滥用，保障公平公正；三是最根本的，中国互联网巨头缺乏互联网精神的基因，自律缺失。①

《反垄断法》第十七条第（六）款其实有明确的规定：禁止具有市场支配地位的经营者从事下列滥用市场支配地位的行为：……（六）没有正当理由，对条件相同的交易相对人在交易价格等交易条件上实行差别待遇；……本法所称市场支配地位，是指经营者在相关市场内具有能够控制商品价格、数量或者其他交易条件，或者能够阻碍、影响其他经营者进入相关市场能力的市场地位。

微信封杀 Uber 意图非常明显，就是腾讯为了维护自身既有的生态利益链，保持战略合作产品（滴滴）的竞争力，腾讯以旗下的微信这一社交利器为资本，无正当理由地任性封杀与自己有利益冲突的产品，在交易条件上实行差别待遇，有能力也确实实施了阻碍细分市场之一的竞争对手进入相关市场的行为，并达到了这样的效果。该行为已经违背了《反垄断法》的具有市场支配地位的经营者，不得滥用市场支配地位，排除、限制竞争的规定，其已构成垄断行为。

（三）涉嫌排除、限制竞争的企业的合并未申报审查

我国手机叫车的"专车"平台大约是在 2012 年萌芽的，据统计，鼎盛时期市场上共有 30 多种打车软件，模式简单、竞争激烈，创业团队赛跑。2013 年 4 月，阿里资本宣布投资快的打车，巨头登场；2014 年 1 月，腾讯投资滴滴打车。2014 年一整年滴滴与快的为争夺出租车市场发动"烧钱大战"，双方共补贴资金超过 24 亿元。下半年，双方又将重点放在"专车"上，快的率先将收购的大黄蜂整合后推出专车业务"一号专车"，紧接着滴滴推出滴滴专车，专车市场的竞争更加火爆，双方的补贴引发了行业内几家竞争者的跟随。但在快的打车和滴滴打车的烧钱攻势下，大部分打车软件日益边缘化，打车市场进入双雄时代。两家公司一直是相互间最大的竞争对手，但在 2015 年的 2 月峰回路转地进行"闪婚"合并，让人大跌眼镜。

根据《反垄断法》第三条，具有排除、限制竞争效果的经营者集中（合并），和滥用市场支配地位是独立而并列的垄断行为。对可能涉及垄断

---

① 第一财经日报：《微信三度把优步拒之门外》，新浪科技网，http：//tech. sina. com. cn/i/2015－12－07/doc－ifxmhqac0066786. shtml，2015 年 12 月 07 日。

的企业合并是由商务部进行审查的。

国务院《关于经营者集中申报标准的规定》第三条规定："经营者集中达到下列标准之一的，经营者应当事先向国务院商务主管部门申报，未申报的不得实施集中：……（二）参与集中的所有经营者上一会计年度在中国境内的营业额合计超过 20 亿元人民币，并且其中至少两个经营者上一会计年度在中国境内的营业额均超过 4 亿元人民币。"

此"规定"第四条授权商务部作为主管部门主动审查经营者集中的权力，即"经营者集中未达到本规定第三条规定的申报标准，但按照规定程序收集的事实和证据表明该经营者集中具有或者可能具有排除、限制竞争效果的，国务院商务主管部门应当依法进行审查"。

快的和滴滴的合并，在补贴额已经远远超过 20 亿元的情况下，两家企业在 2014 年度即使没有账面收入和盈利也超过了主动申报审查的标准。另外，滴滴和快的在 2014 年上半年就分别完成 7 亿美元和 10 亿美元的融资，当时的估值均达到 30 亿~35 亿美元。《华尔街日报》认为滴滴和快的合并后估值为 60 亿美元。根据 2014 年融资后基本面和企业经营保持向上的情况，滴滴和快的合并后实际估值可能还高于 60 亿美元。①

王晓晔老师也就该合并事件指出："要考虑这个经营者集中是否会在中国打车软件市场上产生垄断性，如果这两个打车软件企业其实加起来市场份额达到了 90%以上，这个垄断的情况可能会产生。"② 根据易观国际最新发布的《中国打车 APP 市场季度监测报告 2014 年第 4 季度》数据显示，截至 2014 年 12 月，中国打车 APP 累计账户规模达到 1.7 亿。滴滴打车与快的打车分别以 56.5%、43.3%的比例占据中国打车 APP 市场累计账户份额领先位置。按照上述数据，滴滴与快的合并后，新公司在中国打车 APP 市场份额中的占比将近 99%。

但到现在为止，面对巨额合并，两家公司没有申请审查，商务部也没有依法主动进行审查。并且，它们俩的竞争对手易到用车向有关部门举报它们的合并严重违反中国《反垄断法》，请求立案调查并禁止两家公司合并，但也无下文。截至 2015 年底，合并后的滴滴快车仍然牢牢占有

---

① 《滴快的合并案：无法回避反垄断审查》，网易财经网，http://money.163.com/15/0215/08/AIFU8LCT00253G87.html，2015 年 2 月 15 日。

② 《易到举报滴滴快的合并违规　专家详解是否"垄断"》，央广网，http://finance.cnr.cn/jjpl/20150217/t20150217_517779838.shtml，2015 年 2 月 17 日。

87.2%的市场份额。① 除了他们号称自己的营业额没有达到申报要求之外，快的的负责人还主张相关市场界定的要将城市的其他行业都算进来，"出租车、专车，还有代驾、公交、地铁等等"，所以他们不存在所谓的垄断。②

通过这个案件我们需要重视四个问题：第一，申报门槛标准的具体执行问题。营业额的界定办法需要更加具体化，对于表面看上去小但背后有大公司的投资或战略合作的，或是潜力非常大的公司的合并，商务部也应当主动发起审查。第二，相关市场界定的问题。就手机叫车市场而言，快的与滴滴无论从营业额还是市场份额来说，恐怕都是超出反垄断法的规定，但如果将"相关市场"界定为包括出租车、商务约租车等整体汽车租赁出行市场来看，快的与滴滴的合并又远远未达到向商务部申报的标准。关于这个问题，可以参考最高院在 2014 年终审判决的（2013）民三终字第 4 号 3Q 滥用市场支配地位纠纷二审判决书中认定社交网站、微博服务、手机短信、电子邮箱与 QQ 即时通信之间不存在较为紧密的替代关系从而不在同一相关市场。③ 第三，合并之后的效果问题。正如王晓晔老师所说："即便这个并购达到了垄断，商务部也不是 100% 要禁止这个并购，因为它还要考虑这个合并可能会产生什么样的好处，比方说可以降低企业的成本等。另外，也可能会产生限制竞争的影响，比如这个竞争者集中对于企业经济效率和对消费者带来的好处和限制竞争的坏处哪个更明显，如果好处大于坏处可能不会禁止，如果说限制竞争的坏处大于提高经济效益给消费者带来实惠的好处，这个经营者集中就可能就受到禁止。"④ 第四，如果商务部确实存在不作为的行为，应该如何救济的问题。

（四）来自政府的行政性限制竞争的管制

当前占主导地位的经济社会管理制度是建立在工业经济和工业化大生产基础上的，强调集权、层级管理、区域与条块分割等管理方式，注重事前审批和准入。但基于互联网＋的共享经济具有典型的网络化、跨区域、

---

① 中国互联网络信息中心 CNNIC：《专车市场发展研究专题报告》，2015 年 12 月。

② 《快的回应垄断质疑：出行市场很大　两家只占很小比例》，凤凰科技网，http：// tech. ifeng. com/a/20150214/40983581_ 0. shtml，2015 年 2 月 14 日。

③ 《奇虎公司与腾讯公司垄断纠纷上诉案判决书》，最高人民法院（2013）民三终字第 4 号。

④ 《易到举报滴滴快的合并违规　专家详解是否"垄断"》，央广网，http：//fi-nance. cnr. cn/jjpl/20150217/t20150217_ 517779838. shtml，2015 年 2 月 17 日。

跨行业等特征，快速发展的实践使得许多制度变得越来越不适应，共享经济平台的发展过程中面临不合理的制度要求。① 如从事互联网教育的企业被要求配置线下教学用地，否则不予审批；又如有些地区相关部门索性不承认短租公寓和民宿，直接将其归类为"黑旅馆"。如按现有法律和制度要求，多数共享经济模式都有"违法"嫌疑，随时面临可能被叫停的灭顶之灾。

大家尤为关注的是围绕着"专车"的纷争，各大"专车"平台在我国各大城市不断地遭遇传统出租车司机的各种抗议和攻击，还被相关部门"约谈"，甚至认定为"非法运营"而被扣押和罚款。2015 年 1 月 7 日，济南专车司机陈超使用滴滴打车软件，运送两名乘客时被济南市客管中心的执法人员认定为非法运营，罚款 2 万元。因不服处罚决定，陈超向济南市市中区人民法院提起行政诉讼，要求济南市客管中心撤销处罚。2015 年 3 月 18 日，法院正式受理该案，于 4 月 15 日开庭，然后分别在当年 6 月、9 月、12 月和 2016 年 3 月进行了四次延期。② 这是针对"专车"的首例行政诉讼案，被称为"专车第一案"，在法律上究竟应如何定义专车？是否应该打破行政垄断，让市场在配置资源上起决定作用？如何为"专车"量身打造监管规则？这些一直是当下舆论关注的焦点。

我国政府对出租车行业实行各个方面的管制，包括准入管制、合同管制、票价管制、车辆更新管制，而多个管制中的核心就在于特许经营权。特许经营的模式让政府成了市场资源的分配者，将出租车牌照进行分配。但这个分配过程中，存在诸多不透明的灰色地带，极有可能带来不公正、不公平的结果。分配者往往是"人"而不是"市场"，人不可避免地会基于个人利益进行分配，社会利益能否充分考量还存在很大的疑问。这种特许经营的模式和对"专车非法运营"的认定，有违背《反垄断法》中相关禁止行政垄断的规定之嫌，强制经营者从事垄断行为，行政机关滥用行政权力制定含有排除、限制竞争内容等。政府管制下的出租车市场存在诸多弊端，多年来的改革呼声也日益高涨。出租车行业特许经营的管制措施带来了权力的扩张，食利阶层的形成，失去了自由和公平的竞争环境，社会

---

① 国家信息中心信息化研究部、中国互联网协会分享经济工作委员会：《中国分享经济发展报告 2016》，2016 年 2 月 28 日。

② 参见《"专车第一案"车主：这是一次撞击》，人民网，http://legal.people.com.cn/n/2015/0317/c188502 - 26702685.html，2015 年 3 月 17 日。

效益日益递减。

全社会都在期待"专车第一案"作为一个突破口，成为撬动出租车市场管理体制改革的契机，更期待通过个案推动现行出租车管理体制进行深层次的改革。共享经济的发展对现有的政策、制度、法律提出了新的挑战，也在倒逼监管部门研究、制定适应共享经济发展的政策体系，创新和完善监管方式与手段。中国社会科学院法学研究所研究员周汉华用淘宝举例，称现在专车平台正面临着与淘宝当年一样的尴尬——被质疑无法监管，但淘宝今天的成功却证明，以"在法治下推进改革，在改革中完善法治"的理念才是对待新业态的正确态度。①

（五）竞争过程中的不正当竞争手段

因为共享经济市场竞争非常激烈，暂时缺乏行业竞争规范，丛林法则下唯成功论的社会达尔文理念盛行，只要打败对手，自身就可以成功。不少平台认为普通消费者或许只看具体的产品服务，并不过多地顾忌竞争背后的手段是否光彩，所以总是在毫无节操地尝试不正当竞争的手段。

例如 2015 年 6 月神州专车发布微博称："不仅舒适、更要安全，这就是我们的观点！""感谢大家的支持。在互联网创新的浪潮中，我们永远做最极致、最安全的用户体验！""乌伯，请停下你的黑专车！"与此同时还发布了一系列明星代言海报，直指 Uber 不安全，以黑车之实令用户承担风险，并批评其服务不周全、投诉无门等。

很多人认为，神州专车的广告里出现了明显打压竞争对手 Uber 的内容，涉嫌不正当竞争。《反不正当竞争法》第十四条规定："经营者不得捏造、散布虚伪事实，损害竞争对手的商业信誉、商品声誉。"以及《广告法》第五条规定："广告主、广告经营者、广告发布者从事广告活动，应当遵守法律、法规，诚实信用，公平竞争。"还有《反不正当竞争法》第九条也规定："经营者不得利用广告或者其他方法，对商品的质量、制作成分、性能、用途、生产者、有效期限、产地等作引人误解的虚假宣传。"广告文案用标志性的图形以及谐音指向竞争对手，在尚无明确定论竞争对手为黑车的情况下，将其定性为黑车，还以各种公开的、隐晦的、诋毁的、暗示的措辞，暗示用户使用 Uber 服务会遭遇"司机是怪蜀黍，可能

---

① 《法学专家谈"专车第一案"专车平台犹如当年淘宝》，人民网，http：//news. ifeng. com/a/20150414/43550936_ 0. shtml，2015 年 4 月 14 日。

身处险境""家人可能受伤害，隐私被买卖""毒驾、酒驾、罪驾"等行为，所以，神州的系列广告是通过恶意打击竞争对手来推广自己，既违背了公平竞争的原则，又有引人误解的虚假宣传和商业诋毁之嫌。

还有，几个大的"专车"平台为了吸引司机和乘客，抢占市场份额，用大规模融资来进行大规模、大比例地给用户返现、补贴，经常号称自己在亏本经营。虽然我国的《反不正当竞争法》没有直接规定互联网销售平台的不正当竞争行为，但是如果有证据证明这类行为是为了排挤竞争对手为目的，故意实施限制竞争，扰乱了市场经济秩序的话，也会构成《反不正当竞争法》的第十一条："经营者不得以排挤竞争对手为目的，低于成本价的销售商品。"

三、对共享经济混合式监管的建议

正如前文所述，法律的建立一般都是滞后的，所以新的监管规则应该在充分理解创新活动过程的基础上，不落后于创新，不耽误新产品或服务的授权，不向市场发送消极信号。立法者和监管者应该跳出既定的条条框框，去思考传统监管机制所面临的挑战。包括法律确定性和可预测性如何跟上快速变化的创新步伐，搭建创新和监管程度和要求之间的桥梁，形成创新友好、宽松型法律政策环境，包容和激励社会创新。共享经济创新活动充满不确定性，同时又是极其复杂的，复杂现象的监管应该是原则性的而非制定具体规则。① 关于如何建立一个对创新友好、宽松型的共享经济监管模式，广泛的、原则性的规定可以从以下几个方面考虑：

（一）尊重自由竞争，维护公平竞争，优胜劣汰

发展共享经济是不可阻挡的必然趋势，从事物发展的规律来看，新兴事物在发展之初总要受到旧事物的打压、阻碍，但辩证地看，这也是件好事，生物界的"物竞天择，适者生存"的法则同样也适用于共享经济领域。只有市场上存在竞争，企业才能灵活地适应不断变化的市场情况，即根据市场需求配置其资金和生产资料，其结果就是市场供求可以得到基本平衡，社会资源得到合理和优化的配置。② 市场机制会淘汰那些落后的或

---

① 高玉梅等：《共享经济活动的创新监管研究》，《云南科技管理》2015 年第 6 期，第 41 页。

② 王晓晔：《反垄断法》，北京：法律出版社 2011 年版，第 5 页。

是不合理的模式或是平台，生存下来的则更加适合互联网时代的需求。

举例来说，国内的在线短租行业大致是 2011 年起步，代表性的创业公司如爱日租（2011 年 6 月成立）、游天下（2011 年 9 月成立）、蚂蚁短租（2011 年 11 月成立）、途家网（2011 年 12 月成立）和小猪短租（2012 年 8 月成立）等。由于租房中介历史悠久、互联网和移动终端的信息技术更新换代很快，市场上最多的时候有上百家租房中介网站的争相角逐，竞争异常激烈。但 2013 年 7 月完全复制 Airbnb 模式的国内始祖"爱日租"因股东追求短期回报且不懂中国市场特点，在烧掉千万美元的融资后宣布倒闭，并且同期有约十余家企业退出在线短租市场。与此截然相反的是，后创建的途家、小猪短租则在 2014 年分别获得 C 轮、B 轮融资，途家更是成为国内第一家做到"独角兽"量级的短租平台。据艾瑞统计数据显示，2014 年短租市场交易规模突破 40 亿元，2015 年短租市场规模预计突破 105 亿元，环比增长 159.3%。[①]

共享型企业要想立于不败之地，应该坚持以"用户为中心"，依靠价值创造来获取可持续发展能力。虽然大家习惯将小猪短租称为"中国的 Airbnb"，途家称为"中国的 HomeAway"，但它们在很多本土化的改进基础上，重视自身品牌和服务的提高。以小猪短租为例，首先通过身份证校验、在线支付等方式保证交易双方的实名。其次，平台除了有自己的评价系统之外，还与芝麻信用合作，注册用户可授权开通自己的信用名片，并通过及时点评等维护信用分数，这使得交易双方可通过直观的芝麻分降低决策难度。成功搭建一个基于互联网的评价体系，并且让这些评分数据能够真正变得有用，提升服务。最后小猪短租正在逐步加强线下的运营，这其中就包括从源头人为审核房源质量、提供更专业的拍摄和房屋描述等，并且通过"人工＋算法"在信息呈现上做了不同的优先级处理。小猪短租重视生产优质的内容，并让平台两端的用户都能够自发地参与到这件事情中来，从而形成社区。[②]

在市场经济充分自由竞争中，只要起点和规则平等，结果不平等（包括两极分化）是正常的，既是社会发展的必然结果，也是社会发展的必要

[①]　国家信息中心信息化研究部、中国互联网协会分享经济工作委员会：《中国分享经济发展报告 2016》，2016 年 2 月 28 日。

[②]　《2015 年中国网络租房分享经济研究报告》，2015 年 9 月。

条件。① 不同于难以打破的行政垄断和自然垄断，即便由技术、数据或是品牌运营优势形成了市场垄断，如滴滴快的合并一年后仍占 87% 以上的份额，但这个地位不是一成不变的，一旦在位者丧失持续创新的动力，必将被锐意进取的后来者所超越，其垄断地位也将不复存在。曾经的科技巨头诺基亚占据着手机市场的绝对垄断地位，但是在触屏技术和智能手机上的战略错误和创新落后迅速导致这一垄断巨头的覆亡。所以，从某种意义上来看，在竞争中追求垄断超额利润有利于激励创新与经济发展。

（二）多形式的弹性监管、合作监管

法律相对于经济发展的滞后性以及法律特有的形式主义思维模式决定了：对于难以预见的市场创新，现有的法律规定往往会涵盖过度或涵盖不足（over-inclusive or under-inclusive）。如果执法者倾向于严格执法，其结果必然是：一种以共同目标为基础的强制秩序压倒了以互惠为基础的自发秩序。② 过于追求部门法的事前行政监督会扼杀创新和发展，所以暂时宜视市场发展阶段和具体情形进行弹性监管。政府对共享经济的监管可以灵活地通过以下几种方法：不作为、制定法规、谈判（约谈）和诉讼。③

如果市场产生的结果符合预期且消费者权益不会受到损害，政府就应当采取不作为的方式。李克强总理就曾经力挺共享经济，称其是"拉动经济增长的新路子"，而通过分享、协作方式搞创业创新，"门槛更低、成本更小、速度更快，这有利于拓展我国共享经济的新领域"。例如，北京等各大城市非常明显的涨落式出行需求不能只靠运营出租车来满足，盘活现有社会车辆才是有效的解决办法。应运而生的专车不仅将打车市场运力提升 1.4 倍，补充了公交系统 6% 的客流量运力，而且在提升出行效率、缓解道路拥挤、减少污染排放以及扩大消费等方面均起到积极的推动作用。④在这种情形下，政府就应给予专车一定自我发展的空间。

如果市场因缺乏保护而出现缺陷和失衡，为了支持新的经济模式健康

---

① 陈世清：《公正是经济发展的根本动力——2015 年诺贝尔经济学奖与新常态经济的政府职能》，求是网，http：//www. qstheory. cn/laigao/2015 - 10/26/c_ 1116935890. htm，2015 年 10 月 26 日。

② LON L FULLER. The forms and iimits of adjudication. 92 Harv. L. Rev. 353，386（1978）.

③ ANDREW P MORRISS，BRUCE YANDEL & ANDREW DORCHAK. Choosing how to regulate. 29 Harv. Envtl L Rev，179，2005，pp. 185 - 200.

④ CNNIC：《专车市场发展研究专题报告》，2015 年 12 月。

发展，政府就需要通过立法或是执法进行积极干预。《创新意见》中就有明确：贯彻落实《中共中央国务院关于深化体制机制改革加快实施创新驱动发展战略的若干意见》，放宽融合性产品和服务的市场准入限制，制定实施各行业互联网准入负面清单，允许各类主体依法平等进入未纳入负面清单管理的领域。破除行业壁垒，推动各行业、各领域在技术、标准、监管等方面充分对接，最大限度减少事前准入限制，加强事中事后监管。例如，在"互联网＋"国策驱动下，专车作为"互联网＋便捷交通"的一个方面得到了支持，政府正在计划有条件地放开"专车"市场，全国统一的"约租车管理方案"即将出台，其将"专车"定义为网络预约出租汽车，列入出租汽车管理法规框架体系，提出了反补贴倾销、申请准入许可制、确保数据信息安全等诸多监管要求，但具体的管理办法尚未明确发布。①

　　而谈判或者约谈都是规则制定过程或是诉讼前可以考虑的方式。首先，约谈或谈判对平台经营者违法、违规行为有一定的威慑力，行政约谈的效果往往比行政处罚更加有效。通过提前对企业、行业行政约谈，可以降低企业违法行为发生的概率，起到预防的作用。其次，它可以为被规制的对象和有关部门之间建立沟通机制。行政约谈避免了直接处罚引起企业的抵触情绪，对于社会弱势群体、弱势企业采取行政约谈手段，能够避免引发社会矛盾纠纷，起到缓冲的作用。最后，借约谈或是谈判之机，可以向企业宣传贯彻合法经营、安全保障、公平竞争等相关的法律法规，还可共同探讨共享经济的规制建设，起到指南的作用。

　　诉讼往往是最后的手段，但也能为相关行业确立明确的规制。比如说"专车第一案"的判决结果将对"专车"行业产生重要影响，所以法官和相关部门都格外谨慎，而大家也对判决结果有着万分的期待。

　　其实，政府在共享经济的必然发展趋势中不应该站到人民需求的对立面，而是应该考虑树立和发挥好自己的"双重身份"，一方面是监管者，更重要的是可以同时成为推动者，采取一些措施去引导和推动这类平台提供政府所需要的服务，解决供需不平衡的问题，更好地实现其社会政策的目标。

　　具体而言，地方政府除了强调保护消费者和维护公平、自由竞争秩序之外，还应采取一些合作监管与自律监管相结合的混合监管策略：①建立合作规制模式，比如通过补贴，鼓励共享企业扩大其提供公共产品和增加

────────────

①　《国务院关于大力推进大众创业万众创新若干政策措施的意见》，2015 年 6 月 11 日。

消费者剩余的服务范围，尽量减少政府对市场的过度监管，鼓励其中标志性的、领军式的共享平台（企业）建立行业自律协会和自我监管机制；②利用共享平台作为再分配的工具，平衡各类社会资源；③通过合作，让共享平台为政府提供服务，开源节流，如可以使用"专车"，减少公车的配备和出行；④建立以地方政府属地监管为管辖原则的合作监管制度，政府将重点监管涉及国家安全、社会稳定、经济安全、人权保障、外国在华经营等重大事项。[①] 这种混合监管与传统的监管模式有很大区别，与共享经济的法律结构具有耦合性，能够为共享经济提供合法性规范，为从业者和监管者找到契合点和制度支撑，将对城市的法律、政治和道德问题产生深远的影响。

（三）充分运用反垄断法和反不正当竞争法进行监管

共享经济在人们的生活中起着越来越重要的作用，从公共政策的角度来看，确保健康、有活力的竞争秩序可以指引企业通过大量的科技创新给消费者带来更多的福利和便利。而竞争法的实施恰好能为建立健康的竞争秩序起到非常关键的作用。虽然，有很多要为共享经济建立更为严格的包括市场准入在内的事前行政监督的呼声，但这种严格的监督其实会对相关企业的解放创新、投资创新的积极性造成过分约束，而竞争规则的适用才是解决新型市场中的市场支配力问题的正确法则。

2014 年诺贝尔经济学奖是鼓励政府对企业行业——微观经济的规制以避免行业垄断，保护市场充分竞争，使市场有序发展；而 2015 年诺贝尔经济学奖的颁发则是鼓励政府对社会——宏观经济的规范以避免强者对社会资源的垄断造成两极分化，保护市场充分竞争，使社会经济可持续发展。这些都再次肯定了竞争政策在市场建立过程中的监管作用。本文第三部分中提到的共享经济在发展和竞争过程中出现的问题，其实都可以在我国竞争法体系中的《反垄断法》和《反不正当竞争法》找到相关的规定来进行规制，达到预防、惩罚和救济的作用。

王晓晔老师指出，《反垄断法》第一条虽然只提出了"保护市场公平竞争"，但事实上反垄断法的理念就是反对垄断，反对限制竞争，努力为经营者争取参与市场竞争的权利，这种权利实际上是一种经济自由的权

---

① 唐清利：《"专车"类共享经济的规制路径》，《中国法学》2015 年第 4 期，第 289 页。

利，① 这一理念也是符合前文所提到的正义与自由的价值取向的。

　　前文还提到过，滴滴、Uber、神州、易到等专车平台都是行业翘楚，途家、Airbnb、小猪短租、住百家、蚂蚁短租等短租平台竞争激烈，它们都是经历了激烈竞争之后的幸存者，在容易产生垄断性的互联网平台上，共享经济平台的生存法则或许就是赢者通吃的经济（Winner take all），也被称为"雪球效应"。一旦一家公司做到"引爆流行"并且建立起广大的忠实用户群，它就会进入一种良性循环，企业会想不断提高服务质量，获得更好的社会评价，让它吸引更多的用户，继而使得成功者越来越成功。张维迎教授也说过："竞争是最好的专车监管手段。"② 所以，一方面《反不正当竞争法》反对不正当竞争行为，鼓励和保护公平竞争，通过竞争为市场提供更稳定更优质的服务；另一方面，《反垄断法》反对限制竞争，保护自由竞争，防止当竞争者都被排挤出去或是某个平台聚集了最多的供需双方后产生垄断，并制止和处罚不利于技术创新进步和消费者保护的滥用垄断地位的行为。两者功能上相辅相成，内容上互有交叉，但都是建立和维护市场竞争秩序不可或缺的法律制度。

　　另外，各类型的共享经济都对传统经济造成了巨大的冲击是不争的事实，但对于传统行业和新型的共享经济的博弈问题其实存在两种误区：第一，要积极推动共享经济打破传统行业的行政垄断。这类认识过于简单，诚然很多行业存在着行政保护色彩的垄断主义，如出租车行业、医疗行业、金融行业等，但如果简单地取消现有的管理模式，放任这些行业采用纯粹的市场逐利行为，可能会导致大量的投机行为产生，使得大众的需求无法得到满足。第二，新型的共享经济违法经营，各种低门槛破坏了公平竞争。这类认识看似具有现行法律的支持，但其实也是滞后的，不适应发展的，不利于保护鼓励创新、促进社会的进步。在依法治国的背景下，无论执法还是司法都应当接受市场创新中的"法无禁止则自由"的观点，同时也应受"法无明文则禁止"羁束，这也是良法善治的基本要求。③ 尽管共享经济在事实上可能确实分走了传统行业的一部分市场，而且在技术层面上可能真能找出制裁它们的条文，但我们应该更理性地看待这种"对

---

① 王晓晔：《反垄断法》，北京：法律出版社 2011 年版，第 34 页。

② 张维迎：《竞争是最好的专车监管手段》，网易财经，http：//money. 163. com/15/1019/11/B69L5UKU00253B0H. html，2015 年 10 月 19 日。

③ 亚里士多德，吴寿彭译：《政治学》，北京：商务印书馆 1997 年版，第 199 页。

抗",传统行业并不是应该完全被淘汰,新的形态也有其需要完善的空间,它们是两种不同性质的经营模式之间的错位与互补。① 应当让两种经营模式在公平、自由的竞争中共同进步。

所以,《创新意见》中就专门提出要完善公平竞争市场环境,进一步转变政府职能,增加公共产品和服务供给,为创业者提供更多机会。逐步清理并废除妨碍创业发展的制度和规定,打破地方保护主义。加快出台公平竞争审查制度,建立统一透明、有序规范的市场环境。依法反垄断和反不正当竞争,消除不利于创业创新发展的垄断协议和滥用市场支配地位以及其他不正当竞争行为。②

(四)加强合作,共建行业自律

共享经济模式下产品与服务的供给方通常是大量不确定的个人或组织,尤其是当前诸多领域的共享经济都处于探索阶段和发展初期,其服务和产品的安全性、标准化、质量保障体系、用户数据保护等方面仍存在不足和隐患。多数企业并未找到有效的商业模式,同质化竞争普遍,多数领域仍处于乱战状态。其实各个领域内的平台之间是竞争关系,同时也应该是合作的关系,应在国家政策的引导下建立统一的行业标准,提高各平台的自律意识,形成良性竞争,与传统行业争夺更大的市场份额。各平台的发展规模越大,越能赢得国家法律的支持,为自己取得合法经营的身份。

此外,现有的很多法规是在多年以前制定的,是工业时代的产物,有很多细则已无法适应信息时代的实践发展。既不能鼓励创新,甚至阻碍了创新,也无法继续发挥有效的监管作用。这些法规既不能解决行业准入门槛、从业人员社保、税收监管、信息安全以及信用体系建设等共性问题,也无法解决行业差异化带来的具体问题,如在房屋共享领域会遇到卫生、消防缺乏统一标准问题,在 Wi-fi 共享领域会遇到网络注册实名制问题,在送餐行业会遇到服务标准化和员工培训问题,在家政服务行业会遇到特殊的劳务关系及劳动保护问题等。③ 而这些都是想要壮大共享经济无法回避且必须要解决的问题。

---

① 唐清利:《"专车"类共享经济的规制路径》,《中国法学》2015 年第 4 期,第 297 页。

② 《国务院关于大力推进大众创业万众创新若干政策措施的意见》,2015 年 6 月 11 日。

③ 信息化研究部:《分享经济发展面临的问题和挑战》,http://www.sic.gov.cn/News/249/6066.htm,2016 年 3 月 9 日。

英国共享经济专家 Wasskow 建议共享经济各个领域也借鉴传统的 Kite-mark 制度，能够建立以一个协会能为各平台提供的服务的安全和质量认证。[①] Kitemark 风筝标志又称 BS 认证，是英国标准协会（British standards institution）于 1903 年开始颁发的一种认证标志，证明产品或服务符合相关质量和安全标准的认证标志。有着 110 年历史的风筝标志在英国及部分英联邦国家非常受消费者欢迎，消费者认为贴有风筝标志的产品不仅在安全上没有任何问题，在产品质量上也能够有保障。申请风筝标志的产品不仅需要满足英国标准（BS）或者欧盟标准（EN），企业也将接受英国标准协会（BSI）的严格审核，从而保证产品从原材料的采购、生产流程的把控，到最终产品都符合要求。美国和新加坡也建立了"共享汽车协会"（carsharing association），提供汽车共享的平台和联合司机们，目标是建立一个受尊敬的行业权威和统一的行业秩序，来支持它的成员们继续壮大发展。

以我国的短租平台为例，在线短租的安全问题一直为人诟病，随着在线短租规模的扩大，保障用户安全成为首要任务。而目前中国是个信任匮乏的国家，短租品牌鱼龙混杂，给消费者造成安全困扰，因此国家也希望在线短租可自行建立内部信任机制。在现阶段，各大短租平台应把眼光放长远一点，不是纯粹通过竞争瓜分现有的蛋糕，而是要规划怎样把市场这块蛋糕做得更大，除了各大短租平台需建立合作关系外，线下房源更应该制定统一规范的标准。因此组织行业协会是短租行业发展的必然选择。借鉴中国台湾、日本民宿业的经验，国内短租民宿行业应以地区为单位建立行业协会，制定适合本地区发展的方针政策，以保证短租民宿间良性竞争，促进民宿行业整体的健康发展。例如，除了用户的基本安全保障以外，在线短租平台还应该对身份证、照片、银行卡、信用卡等核实并绑定，通过支付宝、芝麻信用、银联等支付渠道验证用户信息，确认房东房客双方信息的真实性，并有针对性、选择性地对特定用户开放，保证双方信息的透明。一方面通过加强对线下房源的控制，实现平台房源基本安全；另一方面平台为用户提供高额担保，当用户权益受到损害时，可以得到赔偿。

---

① WOSSKOW D. Unlocking the sharing economy an independent review. 2015, https：//www.gov.uk/government/publications/unlocking-the-sharing-economy-independent-review.

四、小　结

　　任何一个新的经济模式或制度的发展和变革都存在曲折和反复的过程，都会遭受质疑或是打击。而新生事物本身也不可能是完美的，必然有进步和完善的空间，我们也需耐心地给予其时间。共享经济存在的诸多问题，政府、司法机关及企业本身都在对抗和制衡中逐步地摸索建立解决方案。比如说，2014年初，阿姆斯特丹对 Airbnb 进行立法，征收5%的旅游税；2014年底，旧金山对私人住宅从事共享经济也进行了立法，要求房屋整体出租时间每年不超过90天，同时征收14%的酒店税；2015年开始，中国的嘀嗒拼车也开始为乘客提供累计限额20万元的人身伤亡保险。

　　但有一点确实必须承认，共享经济从整体上来说是有益的，而且对于中国经济增速正在放缓、经济下行压力较大的新常态来说，鼓励创新创业正成为政府力推的政策，共享经济模式也将迎来更大发展。有人形象地将共享经济比喻为"鲶鱼效应"，它不仅自己在竞争中不断地发展壮大，而且打破了"平静的假象"，迫使公共行业的传统模式经营者摒弃优越感和依赖性，加快从理念转换、制度架构、经营管理到运作机制等全方位的改革步伐，激发可持续发展的社会主义市场经济的活力，通过竞争优化资源配置，优胜劣汰。

　　共享经济企业的发展促进了人们思想观念的转变和法制的建立，人们思想观念的转变和法制的建立又反作用于共享经济的发展。伴随着"互联网＋"的发展，对大众创业、万众创新的支持，共享经济将会扩展、渗透到更多细分领域，进一步改变人们的衣食住行各个方面。在共享经济中建立良好的竞争秩序和逐步完善的法制结构，让更多的住房、汽车、劳动力发挥效用，未来将更深刻地改变我们的生活。

竞争者之间的注意义务

郭壬癸*

提要：市场经济发展中，竞争者之间相互竞争。在竞争活动中，为了保证竞争的有序进行，竞争者自由竞争、公平竞争，相互之间应当不损害其他竞争者合法竞争权益的义务，亦即"竞争者之间的注意义务"。本文从注意义务的概念、特征、本质、法理分析等方面来尝试论述竞争者之间的注意义务，以及在竞争法领域研究的必要性。

关键词：竞争；竞争者；注意义务

一、引 言

在科学技术快速发展过程中，人类社会也随之高速发展，计算机技术、通信技术、交通运输技术的不断更新，人们之间的关系更加紧密，彼此之间行为的相互影响更加直接和强烈。特别是在经济全球化的今天，竞争

---

* 郭壬癸，武汉大学法学院 2014 级经济法硕士研究生。

者①之间竞争激烈并且残酷。竞争者不仅要面对国内的竞争压力，还要面对国外生产替代性产品企业的竞争。但是在这样激烈的竞争②中，为了整个市场秩序稳定和公平的竞争，竞争者之间都需要遵循一定的规则。竞争法的调整对象是市场主体之一竞争者之间的竞争关系，竞争关系非常复杂，包括直接竞争关系和间接竞争关系，横向竞争关系和纵向竞争关系等。而形成竞争关系的竞争行为本身具有不确定性，行为方式多样，我国竞争法领域现有相关法律制度难以胜任对其的规制。刑法和民法领域为了界定行为是否违法提出了注意义务理论，通过分析此理论的内涵与外延，综合考虑竞争行为的特点，笔者认为在竞争法领域有必要借鉴刑法和民法上的注意义务制度。注意义务制度对于清晰界定竞争者应履行何种基本义务、何种竞争行为应被规制具有重要意义。本文对于注意义务的论述，仅限于竞争者与其他竞争者之间，不涉及消费者等其他市场主体。

二、竞争者之间注意义务的概述

（一）竞争者之间注意义务的概念与特征

注意义务理论在民法领域的出现，萌发于英美法系的国家，鼎盛于大陆法系国家。对于注意义务概念的各种表述，其外在语词百面千形，内在

---

① 德国《反不正当竞争法》规定，竞争者是作为商品或服务的供应方或需求方而与一个或多个企业处于具体竞争关系中的企业。竞争者顾名思义就是从事上述竞争行为的人。我国立法并没有对竞争者的概念进行界定，我国《反垄断法》和《反不正当竞争法》中也只是用了经营者这一概念。经济学中对于竞争者的概念定义是提供与本企业相同或者类似商品或者服务的，并且服务的目标顾客也相似的其他企业。笔者认为应将竞争者定义为提供相同、近似或者具有替代性的产品或者服务，并且处于同一相关市场中的具有竞争关系的自然人、法人或者其他组织。

② 有的学者认为："竞争主要是两个或两个以上的企业在特定的市场上通过提供同类或者类似商品或劳务，为争夺市场地位或顾客而作的较量，并产生优胜劣汰的结果。"（参见戴奎生：《竞争法研究》，北京：中国大百科全书出版社1993年版，第12页）有的学者认为："竞争是指有着不同经济利益的两个以上的经营者，为争取利益最大化，以其他利害人为对手，采用能够争取交易机会的商业策略、争取市场的行为。"（参见杨紫烜：《经济法》，北京：北京大学出版社1999年版，第171页）日本《禁止私人垄断及确保公正交易法》第二条第四款规定："本法所称竞争，是指两个以上的事业人在通常的事业活动范围内，且无须对该事业活动的设施或者形态加以重要变更而实施或者能够实施下列行为的状态。"笔者认为竞争的含义就是在商品经济下，自然人或者法人或者其他社会组织通过各种方式与他人争夺以达到某种目的，通过互相争胜的行为实现利益最大化而形成的状态。

意思却相近相通。《牛津法律大辞典》将注意义务定义为"如果行为人负有避免危险发生或者不实施加害行为的法定义务，但是因为某种原因没有履行避免危险的义务或者实施了加害行为或者履行避免危险发生的义务不够充分，未达到法定的标准，而导致他人的合法权益受损。只有在这种情况下，法院才会判定被告对受害人的损失承担过失责任。如果行为人能够证明自己不负这些法定的责任，那么就不存在侵权行为，其就不需要对造成他人的损害的行为承担法律责任"。① 英国法将注意义务定义为法律施加人们身上的一种责任。承袭法国法传统的加拿大魁北克《民法典》第1457条第一款规定注意义务"每一个人都有义务遵守法律的行为规则，以避免对他人造成损害"。② 有学者认为："注意义务是指为避免侵害权益而谨慎地作为或者不作为的义务。注意义务是判断过失的基准，是连接行为和过失的纽带，过失即是意味着对注意义务的违反。"③ 还有学者认为，"注意义务是义务主体谨慎、小心地行为（作为或者不作为）而不使自己的行为给他人造成损害的义务"。④

　　竞争者之间的注意义务，笔者认为应当定义为：竞争者在市场交易活动中，通过谨慎的作为或者不作为来避免侵害其他竞争者合法权益的义务。⑤

　　从注意义务的剖析和竞争者之间的注意义务的定义中，可以概括出竞争者之间的注意义务的特征：

　　（1）竞争者之间的注意义务只存在于市场竞争活动中。竞争者之间的注意义务是竞争者为了避免在市场交易中侵害其他竞争者的合法权益而履行的义务。为了在市场竞争活动中，避免侵害其他竞争者合法权益，竞争者既要履行作为的义务也要履行不作为义务。比如市场销售活动中，竞争者对其销售的商品是否侵害他人所有的商标权应当尽到谨慎审查义务，积极查核，如果商场没有谨慎审查，那么违反了注意义务。在技术转让市场

---

① 转引自屈茂辉：《论民法的注意义务》，《北方法学》2007年第1期。
② 李燕：《透视美国公司法上的董事忠实义务——兼评我国〈公司法〉对董事忠实义务之规定》，《现代法学》2008年第1期。
③ 杨震：《侵权责任法》，北京：法律出版社2010年版，第94页。
④ 屈茂辉：《论民法的注意义务》，《北方法学》2007年第1期。
⑤ 竞争者之间注意义务与竞争者正常市场活动的优胜劣汰的经济性竞争并不违背，竞争者之间注意义务恰好是为了保护正常竞争，自由竞争，让市场主体优胜劣汰，让市场其他主体可以正常进入和正常退出。

中，竞争者与其他竞争者签订技术转让合同后，负有保守合同中技术秘密的义务，不得泄露，否则违反了注意义务。

（2）竞争者之间注意义务需要竞争者达到一定程度的谨慎去履行。注意义务本身要求行为人必须达到一定程度的谨慎，所以正当履行注意义务不是行为人随意行为之果。竞争者之间注意义务对于竞争者的要求，基于注意义务的本质，要求其达到一定程度的谨慎，至于其谨慎程度，在不同的情形和业务背景下是不同的。

（3）竞争者之间注意义务的强度具有多层性。竞争者之间注意义务针对不同竞争者具有不同的强度要求。譬如同一相关市场中不同地位的竞争者，具有市场支配地位的竞争者，做出可能影响相关市场中其他竞争者合法权益的行为时，其注意义务强度要求相对较高；而参与市场的中小竞争者，做出可能影响相关市场中其他竞争者合法权益的行为时，其注意义务强度要求相对较低。

（4）竞争者之间注意义务的内容具有多样性。譬如竞争者要避免侵害其他竞争者商业秘密的注意义务，亦即保守商业秘密的义务。竞争者要避免侵害其他竞争者商标或者商品包装的义务。这些注意义务的内容既有法定的，也有约定的，还有商业活动中长时间形成的商业惯例和商业道德等。

（5）竞争者之间的注意义务具有角色依附性。注意义务在不同主体、不同场合、不同行业，其要求与强度不同。不同竞争者的角色地位不同，其履行的注意义务也就不同，具有主体角色的依附性。

（二）竞争者之间注意义务的分类

由于注意义务是包含主观评价的，并且行为人的身体、年龄、精神、职业、知识、技能等方面存在巨大的差距，还有注意义务的形式与内容彼此和内部的差异，以及看待和剖析一个制度的角度不同，可以形成很多分类。

（1）按照竞争者对损害后果发生能否预见分为结果预见义务与结果避免义务。结果预见义务是指一个合理谨慎的竞争者在特定情形下应当预见危害结果的义务。竞争者在制作广告时，应当合理注意广告内容和预见可能产生的不正当竞争效果，合理审慎地制作广告。结果避免义务是指竞争者预见到了可能发生危害结果从而采取措施避免危害结果的发生的义务。特别是具有市场支配地位的竞争者，应当合理进行市场活动，避免行为出现损害其他竞争者合法权益的结果。

（2）按照竞争者不同可以分为市场支配地位竞争者的注意义务和不具有市场支配地位竞争者的注意义务。具有市场支配地位竞争者的注意义务比不具有市场支配地位的竞争者，种类更多、强度更高、产生的责任更大。

（3）按照竞争者之间注意义务产生的依据分为法定注意义务与非法定注意义务。法定注意义务是由法律明文规定的竞争者在市场活动中应尽的注意义务。非法定注意义务即指不是由法律规定而产生，而是依其他方式产生的，竞争者应尽的注意义务，如商业道德和技术规范等。

（4）按照竞争者之间注意义务的强度可以分为高度注意义务与普通注意义务。高度注意义务是指在特定行业和特殊职业，这些行业和职业的专业技术以及专业知识要求高、风险大、行业封闭性强，竞争者应当具有的与本行业或者职业相匹配的高度注意义务，以避免危险的发生。如搜索引擎行业应当尽到其行业技术要求相应的注意义务，在关键字搜索过程中，应当履行相应注意义务，不得抓取其他竞争者限制或者禁止抓取的内容，履行不得侵害其他竞争者合法权益的义务。普通注意义务是指行业和职业专业技术以及知识要求低、风险小、行业封闭性弱的行业竞争者一般性审慎就能实现的注意义务，相对来说程度较低。

（5）按照竞争者之间注意义务的价值取向分为公平型注意义务和效益型注意义务。公平型注意义务是指设定此种注意义务的主要目的是保证市场的公平竞争，竞争者应当履行对交易相对方同等条件同等对待的注意义务，不可区别对待。效益型注意义务设定主要目的是为了保证市场效益的增长，以免竞争者采取损害其他竞争者合法权益的竞争行为，牟取利益，损害整个市场的效益。

（6）按照竞争者竞争的方式和领域分为横向竞争者之间的注意义务与纵向竞争者之间的注意义务。处于生产、销售商品或者提供服务处于同一阶段的生产商、零售商或者服务商之间的注意义务是横向竞争者之间的注意义务，纵向竞争者之间注意义务是处于生产、销售或者提供服务流程的上下游企业之间的注意义务。

（7）按照竞争者注意义务产生的原因不同分为特定主体的注意义务与特定领域的注意义务。特定主体的注意义务，是指在市场竞争中，具有特定地位和拥有特定资源的竞争者，应当履行与其身份相应的注意义务，如具有市场支配地位的竞争者应当履行不滥用其支配地位的注意义务。特定领域的注意义务，是指竞争者从事的业务是特定领域的业务，如道路、医疗等行业，涉及公共安全的竞争者应当履行比其他行业更高的注意义务。

（三）竞争者之间注意义务的内容

由于竞争者的不同，其相应的注意义务的内容也不一样。依据我国国家统计局统计数据《国民经济行业分类（GB/T 4754—2011）》，将国民经济行业分为 20 个大类，譬如农林牧渔业、采矿业、信息传输、软件和信息技术服务业等，其不同行业划分以及大的行业内部的细分行业，相应注意义务也不同。采矿业的竞争者与金融业竞争者履行的注意义务内容不一样，采矿业竞争者注意义务的内容着重于不低价倾销，而金融业竞争者注意义务着重于防范系统性风险和道德风险。笔者自忖，竞争者的注意义务的内容大致包括：

（1）保证自由竞争的义务，是竞争者注意义务的首义。竞争者应当保证市场可进入性，并且不得人为设置条件，削弱其他竞争者的竞争力，导致其他竞争者不合理地被排除在市场外，降低市场竞争。市场的自由进入或者退出，是市场正常与否的前提。竞争者进入市场后，可以自由地与其他竞争者展开角逐，通过价格机制等正常商业手段进行竞争，优胜劣汰。一旦市场的进入或者入场后的竞争自由受到阻碍，那么市场秩序的正常也无从谈起，因此竞争者注意义务的首义是保证市场的自由竞争。

（2）保证公平竞争的义务，是竞争者注意义务的核心。竞争者注意义务是为了保证市场竞争能顺利开展，竞争者不能违反公认的商业道德以及相关市场的法律法规和规定，任何采取违背诚实信用原则进行竞争的行为，不仅伤害其他竞争者，也会间接损害消费者利益，损害市场秩序，最终导致社会整体利益的消减，不利于社会总福利的增加。不正当竞争行为的主体并没有限制，所以任何竞争者都可能采取，一旦采取给市场造成的损害难以估量，因此竞争者保证公平竞争义务是竞争者注意义务的核心。如保护他人商业秘密，禁止商业诋毁行为，都是保证公平竞争义务的内容。

三、竞争者之间注意义务的法理基础与本质

（一）竞争者之间注意义务的法理基础

正如古罗马先哲西塞罗所认为的，义务就是克制内心并服从理智，在

有可接受理由的情形下行为的要求。① 注意义务在英美法系兴起之初，其内在逻辑就是给受损害人一个起诉他人要求赔偿的理由，此理由违反"委托"要求的信赖和谨慎。大陆法系，德国民法界称注意义务为"一般安全注意义务"，产生目的是规制违反信赖期待的行为人的不作为行为;② 法国民法领域认为文明社会的基础是任何人都应该善意注意不给他人人身和财产造成损害，因此违反此等广泛和普遍的注意要求的人，就应当承担责任。由此可见，注意义务是与善意、谨慎和信赖相伴相生的。现代社会资源稀缺，"社会的交易成本不可避免"，每个人都是为了在社会交易过程中通过博弈牟取最大利益。③ 因此法律为每个人的自由行为设定了边界，这些边界是法律要维护的目的价值的交叉点。法律的目的价值中包含了秩序和正义价值，这些价值不是立法者创造的，而是社会生活的道德升华。诚实信用作为道德原则时，是为了维护人们之间社会关系的稳定和交互活动的正义，即社会秩序与社会正义;当它上升为法律原则，作为诚实信用原则时，其内核凝聚着秩序与正义价值，天然带着守信、正直、善意、不欺等内涵。德拉普恩德和拉瓦叶认为诚实信用原则可分为主观诚信和客观诚信，主观诚信是当事人确信自己未侵害他人权利的心理状态，亦称确信的诚信;客观诚信是在诚信、忠实心态下的行动。④ 伦巴尔迪认为主客观诚信统一于客观诚信。⑤ 诚实信用原则，在当事人之间利益关系中，要求以对待自己事务之注意对待他人事务;在当事人与社会利益关系中，要求不得损害第三人与和社会利益，应当符合社会经济目的⑥通过上述分析可见，诚实信用原则的内容是真诚善意、守信不欺、合理公平，注意义务又和善意、谨慎、信赖相伴相生，因此注意义务的法理基础是诚实信用原则。⑦由于竞争者之间的注意义务理论缘起于民法上的注意义务理论，因此在竞争法领域的竞争者之间注意义务的法理基础也应是诚实信用理论。诚实信

① 西塞罗著，王焕生译:《论义务》，北京:中国政法大学出版社1999年版，第99页。
② 廖焕国:《侵权法上的注意义务比较研究》，北京:法律出版社2008年版，第40页。
③ 徐亚文:《西方法理学新论——解释的视角》，武汉:武汉大学出版社2010年版，第72 - 74页。
④ 徐国栋:《民法基本原则解释——以诚实信用原则的法理分析为中心》，北京:中国政法大学出版社2004年版，第70页。
⑤ 徐国栋:《民法基本原则解释——以诚实信用原则的法理分析为中心》，北京:中国政法大学出版社2004年版，第71页。
⑥ 梁慧星:《诚实信用原则与漏洞补充》，《法学研究》1994年第2期。
⑦ 徐学鹿、梁鹏:《商法中之诚实信用原则研究》，《法学评论》2002年第3期。

用原则是民法的"帝王条款",要求行为人在民事活动中,应当诚实行为、守信用,合法正当履行自己的权利和义务,不侵犯其他行为人的合法权益。由于市场更注重效率价值,而法律更注重公平价值。竞争者在市场竞争活动中,其竞争性经营活动可能存在给其他竞争者的合法竞争权益带来损害的风险,而其自身又因为竞争性经营活动受益,特别是相关市场的直接竞争者基于对其竞争行为合法正当的信赖,竞争者应当诚实行为,遵守约定和其他规则规定,正当履行自己的权利义务,不侵害其他竞争者的正当权利。对于民法上的注意义务产生的法理基础,学者们也提出了几种理论:危险控制理论①、获利理论②、合理信赖理论③、成本效率理论④、企业社会责任理论⑤。上述五种理论,笔者认为都是对诚实信用原则的某个侧面的论述,没有完整提出注意义务的法理基础是诚实信用原则。理由如下:

(1)在互联网领域的竞争者,例如搜索引擎领域的竞争者,应当尊重其他竞争者的合法权益,履行审慎审查的注意义务,正当抓取其他搜索引擎的数据,而不能设计一套程序,不经审查,随意抓取其他搜索服务提供商的数据。搜索服务提供商在提供搜索服务时,其服务本身与危险并存,可能会侵害其他竞争者合法拥有的数据资源,为了社会公平的竞争秩序和交易安全,竞争者提供服务时应尽谨慎的注意义务,不得抓取其他竞争者禁止竞争者抓取的内容,搜索服务提供商有义务控制此种危险发生。看似符合危险控制理论,实际上深入分析后,能够发现,之所以法律基于权益平衡考量将义务赋予危险创造者,也是出于他人对危险制造者能够善意控制危险的诚实活动,不损害他人权益和正常社会秩序。因此危险控制理论

---

① 危险控制理论,是指对于社会生活日益紧密,社会危险不断增长,行为人在社会活动中创造了危险,就应当采取措施控制此种危险的现实化。

② 获利理论,是在危险控制理论基础上发展起来的,危险的开启者或者维持者在危险的开启或者维持过程中获利,那么一旦危险造成损害,就应当赔偿受害人。

③ 合理信赖理论,是指社会活动是多人一起参与的,彼此之间应当相互协作相互信赖,基于信赖原则的要求,参与者在考虑自身人身和财产安全时,也应当兼顾其他参与人的人申财产安全。

④ 成本效率理论,来源于法律经济分析方法的汉德理论的运用,亦即社会生活中的人,考虑自身面临的问题时,是以"成本—效率"为思考模型。在追求效率过程中,总会面临成本的沉淀,这些成本就应当由行为人承担。

⑤ 企业社会责任理论,是指企业在从事生产过程中,不仅在于追求利润还应当承担社会责任,如职工利益、消费者利益等,一旦企业活动造成危险,就应当承担责任。

的上位理论是诚实信用原则。

（2）在商业秘密许可合同终止后，被许可方应当尽谨慎地保守许可方商业秘密的注意义务，避免泄露许可方的商业秘密。被许可方保守商业秘密的注意义务，信赖原则的解释比较直接。许可方与被许可方签订合同后是处于一种信赖关系中，合同结束，这种信赖关系依然延续，许可方有理由信赖被许可方不继续实施被许可过的商业秘密并且信赖其保守商业秘密。但是信赖原则很明显是诚实信用原则的子原则，因此追溯其基础于诚实信用原则。

（3）在竞争者制作发布广告时，应当谨慎审查广告内容是否对其他竞争者构成诋毁或者构成虚假宣传影响市场公平竞争，在此种情况下竞争者对其他竞争者的注意义务可以用成本效率理论分析。因为竞争者发布广告，会从广告中获得比较大的注意力资源，从而提高商品知名度，扩大销量，提高效率，而获得效率过程中，由竞争者自身来预防广告可能产生的限制竞争的效果的成本相对其他竞争者来说较低，由其承担谨慎审查义务正当合理。进一步追问，为什么竞争者通过市场行为获得收益要承担社会成本？按照社会契约论的观点，社会的结成是人们之间让渡部分权利，签订契约形成。契约的核心之一是诚实、友善、公平合理，因此便在社会中形成了诚实信用的社会道德。诚实信用原则中的主观诚信与客观诚信统一于社会契约论，其与契约精神一脉相承。① 竞争者应当遵守此契约，诚实守信，谨慎行为不损害他人利益，一旦市场活动损害他人利益就应当承担责任。因此成本效率理论只是诚实信用原则外在表现的一种方式。

其他两种理论也是一样，在此不再加以赘述。市场作为人类社会的组成部分，也贯彻着契约精神，竞争者在市场竞争中应该信守契约，谨慎参与竞争。因此竞争者注意义务的法理基础应是诚实信用原则，只有诚实信用原则才能完整概括竞争者注意义务的法理基础。②

（二）竞争者之间注意义务的本质

对于注意义务的本质，学者们有不同的见解。英美学者提出了四种学

---

① 企业社会责任理论，是指企业在从事生产过程中，不仅在于追求利润还应当承担社会责任，如职工利益、消费者利益等，一旦企业活动造成危险，就应当承担责任。

② 《反不正当竞争法》第二条规定经营者在市场交易中，应当遵循自愿、平等、公平、诚实信用的原则，遵守公认的商业道德。反不正当竞争法明确了竞争者应该遵守诚实信用原则，谨慎参与市场竞争。

说，特殊关系说、行为范式说、行为准则说、法律与事实联合说，① 以上四种学说对注意义务本质探讨都很有见解，但是解释竞争者之间的注意义务的本质均有不足。特殊关系说用于解释竞争者之间注意义务的来源，尚符合逻辑，但竞争者之间注意义务的本质不仅仅是竞争者之间的一种特殊关系，更是为了公平竞争、合理竞争而产生的义务。这种义务不仅存在于竞争者双方之间的，更存在于竞争者与其他所有参与竞争的竞争者之间；不能简单理解成双方之间的特殊关系，而应被认为是竞争者群体之间的抽象义务（包含相对性和绝对性）。行为范式说认为的注意义务应当根据具体情形进行判断，并无法抽象进行认定。但是竞争者都存在不扰乱市场秩序、公平竞争的义务，这种义务是对所有其他竞争者而言的，是抽象存在的，是竞争者在竞争活动中都应当注意遵循的。行为准则说认为应当是法律预先规定法律规则，然后法律规则在特定情形下引导人们的行为，但是注意义务并非都由法律规定，商业道德、行业惯例、技术规范都可以产生注意义务。法律与事实联合说中对于注意义务的本质解读是比较完整的，但是在认为法律要素是绝对的这点上，值得商榷。法律要素不应当、事实上也不是绝对的，而是相对的，同一义务人可能在同一时段负有多个彼此冲突的注意义务，这时违反一个注意义务不一定在结果上会被评价为过错，所以注意义务是相对的，不能一概认为法律要素是绝对的。

竞争者之间的注意义务的本质是为了维护市场的公平地、符合市场规律的竞争秩序，对于竞争者的竞争行为可能导致的反竞争效果进行的先行预防和责任的分配，这种预防和分配的表现用一个概念概括就是竞争者注意义务。竞争者之间的注意义务由两部分组成，即事实层面的注意义务和规则层面的注意义务。事实层面的注意义务是在竞争者的行为违反了公平合理参与竞争的注意，虽然没有法律明文规定，事实上却产生反竞争的效

① 特殊关系说认为注意义务的本质是行为人之间存在的某种特殊关系，这种关系产生了行为人之间的利益纽带，一旦这种纽带有一方发生损害，另一方就应当因这种纽带关系承担责任。行为范式说认为注意义务的本质是依据具体的环境个案进行考虑，根据具体情事判断的行为范式，这种范式提供行为人一种义务，实质就是限制，而这种限制就是要求行为人按照合理谨慎的行为人在同样的情形下进行行为。行为准则说认为注意义务的本质是某种具有引导功能的法律规则，这种规则在特定情形下给予人们行为以引导。法律与事实联合说认为注意义务的本质是由两部分组成，这两部分是法律上义务与事实上义务，或称为法律要素或者事实要素。法律要素提供了一套评价行为人行为结果的规则，具有一般性与无条件性，除法律外无其他规则；而事实要素则是要求行为人在具体的环境中采取合理的行为。考虑行为人是否违反注意义务，应当是这两部分的综合考虑。

果，应当给予负面评价；规则层面的注意义务是存在于法律中明确规定的注意义务，此处所谓的法律不是狭义上的法律，而是指具有法律约束力的规范，违反此种规范应当受到法律否定性评价。

四、违反竞争者之间注意义务的责任

（一）认定竞争者之间注意义务的标准

竞争者在市场活动过程中采取的行为方式多样，且灵活多变，在某种损害发生后，如何认定竞争者违反了注意义务，涉及竞争者注意义务认定的标准问题。在注意义务的发展过程中，存在两种认定标准：一种是普通合理人标准，另一种是理性人标准。普通合理人标准是指一般性、具有平均水平的普通人应当具有的注意标准。合理人是指"具有平均水平的普通人"，它是注意标准的基础，这个合理人是法律拟制的结果，是法律在衡量各种情形之下抽象剥离的一个概念。"这个合理人没有阿基里斯的勇气，也没有尤利西斯的智慧和海格兰斯的力量。但是他具备一位谨慎、合理和仔细的市民的全部要素，尽管他可能比我们中的任何人都要优秀，或者纯粹是我们想象的结果。换言之，它具备一个普通人在具体情形下，他利用知识、经验来判断危险的存在。他的知识和智慧能够满足当时社会的需要。合理人没有显著的生理缺陷，具备社会群体具备的基本知识，所以他不是圣贤而是极其中庸的人。"[1] 如果行为人在行为时，其行为是一个具有平均水平的普通合理人不会采取的，那么就违反了注意义务，具有过错。理性人标准是指一个有理性的行为人在理性的指引下作出行为，而理性是追求利益最大化的，理性要求行为人在具体情形下比较成本与收益后，采取合乎自己利益的行为。这个理性人具备正常的思维逻辑和价值追求，在社会活动中，对自身行为选择总是会考虑行为的成本与收益，在比较之后，确定某种方案能够实现利益最大化，并且采取这种行动。如果一种行为会导致损害他人的风险，而且此风险会被法律赋予否定评价，那么成本就会很高，此行为就不符合理性人标准。

在认定竞争者违反注意义务的时候，笔者认为可以参照上述民法领域的注意义务标准，采取理性人标准。无论是普通行业还是在特殊行业的竞

---

[1]　廖焕国：《侵权法上注意义务比较研究》，北京：法律出版社 2008 年版，第 125 页。

争者，考量其是否违反注意义务，应当以理性竞争者标准进行判断。即在具体情形下，理性竞争者是否具有损害其他竞争者参与市场公平竞争的行为，是否违反了相应的注意义务，应当根据不同类型的竞争者、不同的职业和行业，具体去分析，不可一概而论。

（二）违反竞争者之间注意义务的责任

在《反垄断法》和《反不正当竞争法》中，竞争者的违法行为被规定为民事责任、行政责任以及刑事责任。在竞争者的行为违反注意义务，可以让其承担民事责任或者行政责任，以及少量的刑事责任。有学者主张竞争法领域的违法行为应当增设更多罪名，目前《刑法》对于不正当竞争行为规制力度不够。笔者认为竞争者参与市场活动，其行为目的是为了牟取利润，在其行为违反应承担的注意义务而具有可责性时，让其承担财产上的不利益就足以达到惩罚的目的，而不是诉诸更为严苛的刑事责任来处罚。《刑法》有谦抑性，对于竞争者的行为违反注意义务的大部分情形下，没有必要规定刑事责任，而且目前《刑法》对于市场主体在市场活动中扰乱市场秩序的行为规定的罪名，已然足够规制市场秩序。

竞争者违反竞争者之间注意义务的责任，还应分为两个部分进行分析：

（1）在竞争者违反注意义务的行为，侵犯的是单个或某些可以特定化的其他竞争者的竞争权益时，基于其他竞争者采取救济途径的不同，可能出现几种不同情形：第一种情形是其他竞争者以竞争者违反注意义务，侵犯其私益作为诉由，向法院提起诉讼。此种诉讼法院一般要求竞争者承担民事责任，予以民事赔偿。第二种情形是其他竞争者以竞争者违反注意义务，违反法律规定，向行政机关报案，行政机关对其进行行政处罚。我国目前行政处罚一般为责令停止违法行为、没收违法所得、罚款、吊销营业执照等，笔者认为可以借鉴反垄断实践中的"和解协议"制度，要求市场主体停止违反注意义务的行为或修正其违反注意义务的行为；还可以借鉴日本的"行政劝告"制度，劝诫市场主体修正其违法行为，如果修正则不再处罚，以恢复市场秩序为要义。

（2）在竞争者违反注意义务的行为，侵犯的是整个行业的不特定竞争者的合法权益时，由于受损害行为人的量多面广，此时侵犯就是社会公共利益，亦即刑法所指称的社会主义市场经济秩序法益。那么竞争者违反注意义务的行为，可以由行政机关进行处罚——罚款、责令停业整顿或吊销营业执照，甚至可以追究刑事责任，采取双罚制——对单位处罚金以及对相关主管人员处相应的刑罚①。

五、结　语

在经济全球化，社会快速发展的时期，依靠自由竞争的市场对社会资源进行配置已经成为共识。一国的竞争政策和竞争法治，对于自由竞争的市场又有重要的影响。而市场竞争随着竞争活动的涉及面以及深度的扩展，其可能导致损害竞争的危险也在不断增大。互联网的快速发展，使得一大批互联网企业经营范围不断扩大，特别是在三网合一和物联网的趋势拉动下，很多互联网企业已经建立线上、线下一体化经营。在互联网领域出现的限制竞争或者不正当竞争行为的认定和规制，一直以来是个困扰理论和实务界的难题。为了市场的公正平允，对于竞争法领域出现的问题，笔者认为可以通过为竞争者设定注意义务来尝试解决。竞争者之间注意义务亦即竞争者在竞争活动中应当履行合理开展竞争活动的注意义务。在竞争活动中，每个竞争者都应当遵守注意义务，不损害其他竞争者的合法竞争权益。一旦采取了违反注意义务的行为，便具有了过错。如果是普通行业的竞争者，赋予普通程度的注意义务即可；如果是需要特殊技术和知识技能的行业竞争者，如医药或者汽车领域，则需要履行高度的注意义务。

综上所述，笔者认为，竞争者之间的注意义务在竞争法中有重要地位，竞争者之间的注意义务对竞争秩序的稳定、竞争的公平进行有着重要意义。

---

① 《反不正当竞争法》第二十一条规定：经营者擅自使用知名商品特有的名称……销售伪劣商品，构成犯罪的，追究刑事责任。这里竞争者侵犯的就是市场经济秩序法益，侵犯了行业的整体利益。

我国建构公平竞争审查制度研究

汪改丽[*]

提要： 自 2015 年 3 月以来党中央、国务院通过一系列文件和会议讲话，确立了建构公平竞争审查制度的政策导向，竞争法学、行政法学和经济学的理论研究论证了我国构建该制度的可能性，规制行政性垄断和协调竞争政策和产业政策的现实需求决定了我国建构该制度的必要性。本文在结合我国竞争法和竞争政策的实施情况、借鉴发达国家竞争审查的实践经验的基础上，尝试对公平竞争审查制度的依据、主体、对象、标准、豁免规则和审查结果等实体内容进行分析，并对操作程序进行了初步设想，以期对我国在经济体制改革的关键时期建构公平竞争审查制度提供参考。

关键词： 政府反竞争行为；公平竞争审查；竞争评估；竞争政策

一年多以来，公平竞争审查制度已经成为我国党中央、国务院在经济体制改革方面重点关注的内容。2015 年 3 月 13 日，《中共中央国务院关于深化体制机制改革加快实施创新驱动发展战略的若干意见》中首次提出"打破地方保护，清理和废除妨碍全国统一市场的规定和做法，纠正地方政府不当补贴或利用行政权力限制、

* 汪改丽，华东政法大学 2014 级经济法学硕士研究生，研究方向为竞争法。

排除竞争的行为，探索实施公平竞争审查制度"；2015 年 5 月 8 日，《国务院批转发展改革委关于 2015 年深化经济体制改革重点工作意见的通知》要求"促进产业政策和竞争政策有效协调，建立和规范产业政策的公平性、竞争性审查机制"；2015 年 6 月 11 日，《国务院关于大力推进大众创业万众创新若干政策措施的意见》进一步明确"逐步清理并废除妨碍创业发展的制度和规定，打破地方保护主义，加快出台公平竞争审查制度"；2015 年 10 月 12 日，《中共中央国务院关于推进价格机制改革的若干意见》强调"加快建立竞争政策与产业、投资等政策的协调机制，实施公平竞争审查制度"；2016 年 3 月 25 日，《国务院批转国家发展改革委关于 2016 年深化经济体制改革重点工作意见的通知》重申"研究制定公平竞争审查制度，完善产业政策与竞争政策的协调机制，打破地域分割和行业垄断"；2016 年 4 月 18 日，中央全面深化改革领导小组第二十三次会议重点强调"建立公平竞争审查制度，要从维护全国统一市场和公平竞争的角度，明确审查对象和方式，按照市场准入和退出标准、商品和要素自由流动标准、影响生产经营成本标准、影响生产经营行为标准等，对有关政策措施进行审查，从源头上防止排除和限制市场竞争。要建立健全公平竞争审查保障机制，把自我审查和外部监督结合起来，加强社会监督。对涉嫌违反公平竞争审查标准的，依法查实后要作出严肃处理"，进一步提出公平竞争审查制度实体内容的重点，具有更加明确的指导意义。

从上述一系列文件和会议的意图看，公平竞争审查制度旨在通过审查各项公共政策，制止政府反竞争行为，防止其不合理地限制市场竞争、破坏市场机制的正常运行，真正实现市场和政府对资源配置的合理互动，保障市场竞争公平有序进行。

一、建构公平竞争审查制度的理论基础

（一）政府反竞争行为的非正当性

在外部效应、公共物品、信息偏在等领域，政府的"有形之手"也许可以弥补市场失灵的不足，但是"我们说政府有时可以改善市场结果并不意味着它总能这样。公共政策并不是天使制定的，而是由极不完善的政治程序制定的。有时所设计的政策只是为了有利于政治上有权势的人；有时

政策由动机良好但信息不充分的领导人制定"，① 政府行为很有可能偏离其应在市场失灵领域发挥作用的谦抑性，扩张到本应由市场调节的经济领域，特别是政府反竞争行为——或者通过公共权力与局部利益相结合的行政性垄断谋取利益，或者因为政府偏好而有选择地扶持特定行业、企业或地区的发展——对竞争的限制常常超过必要限度。而这些政府反竞争行为往往"披着合法性的外衣"，因为在行政法理论中，立法机关是代表民意表达诉求和愿望的权力机关，具有立法权，行政机关则负责执行这些法律，行政机关的执法活动只要在形式上合乎法律，便被认为是合法的。然而，行政机关的这种"合法性"只是借助了立法机关的正当性，其自身并不当然具有正当性。而由于不能完全覆盖其应当调整的范围，法律在某些方面的规定常常较为模糊甚至缺位，这就给行政立法权以可乘之机：地方政府为提高政绩滥设审批权实行地区封锁，为吸引投资随意进行补贴项目及幅度；行业监管部门为维持本行业的超额利润率滥设市场准入条件和经营资质，为扶持落后行业给予特殊对待；经营者也可能俘获公权力、主动要求政府实施寻租行为等等。市场势力并不可怕，随着科技的进步都可以得到消解，"只有政府施加的法律限制才构成真正的进入障碍"，② 因为它依靠国家的强制力保证实施。除了执法机关以外，受自身能力或信息不足的限制，立法机关的立法和司法机关的司法解释也并不尽然不会损害市场竞争。因此，任何公权力都应当受到制约和监督，以保证其正当性，特别是不应在经济领域限制市场机制的发挥。

（二）政府反竞争行为两种规制模式的差异性

规范的政府是成就规范的市场的必要条件，构建并完善消除政府反竞争行为的制度，能够为市场机制的运行提供良好的制度环境，是市场经济体制建设必不可少的。目前对政府反竞争行为的审查有两种模式：一是传统行政法理论规制模式，二是竞争政策视角下的竞争审查（竞争评估）制度。

传统行政法理论对政府反竞争行为的规制主要是通过形式审查来确定其是否合法，对立法法的关注主要集中在立法权限、立法程序、立法监督和立法解释等立法体制本身的程序性问题上，并没有解决政府是否应通过

---

① 曼昆著，梁小民译：《经济学原理》（第3版），北京：机械工业出版社2003年版，第10页。
② 张占江：《中国法律竞争评估制度的建构》，《法学》2015年第4期。

该立法干预市场，对哪些领域进行干预，干预的方式、程度、范围等问题。实际上，如果不解决这些问题，立法体制的法律化对提高立法质量和维护市场经济秩序的作用微乎其微，《立法法》甚至很可能使政府对市场的不当干预合法化，成为政府反竞争行为的"保护伞"。① 另外，根据传统行政法理论所抽象出的管理论、控权论和平衡论也不足以有效地对市场效率和公平竞争予以关切和保障。管理论主张通过保障行政管理以维护行政秩序，强调行政效率的优先性；控权论强调自然公正原则的绝对地位而忽略了公平的价值；平衡论虽然在一定程度上兼顾了社会资源配置效率与多重利益之间的公平，但由于在当前情况下还没有足够的可操作空间，所以其对政府反竞争行为的规制也受到很大制约。

　　竞争政策视角下的竞争审查是通过确定的标准对公共政策法令予以审查，从根本上消除后者对市场公平竞争的限制或者使这种限制降到最低程度的制度安排。首先，竞争审查防止排除、限制市场竞争的政府反竞争行为，尊重市场配置资源的运行机制，能够实现效益最大化和效率最优化；它所追求的社会效率内化经济效率于其中，并以提高全体社会成员生活质量和促进整个社会经济的发展为宗旨。其次，竞争审查排除妨碍创新的各种束缚，为"双创"营造的市场环境，各类市场主体均可凭借其人力、财力、创新力发展壮大；它所强调的公平在承认各人能力以及财产存在差别的基础上，要求不同情况不同对待，以最大限度地接近平等的要求。另外，通过设计合理有效的审查依据、主体、对象、标准等实体内容和执行程序，竞争审查具有极强的可操作性。

　　对此，我国理论界也进行了积极探索，并形成了较为一致的看法。华东政法大学徐士英教授（2013）认为应建立竞争审查制度，赋予反垄断执法机构对反竞争的行政行为进行包括劝告、审查、纠正等在内的权力；深圳大学叶卫平副教授（2013）认为竞争评估为竞争政策与其他公共政策之间的协调提供了制度性的渠道；武汉大学孙晋教授（2015）认为竞争评估制度的构建不仅以解决以政府为首的市场阻碍力量为目标，其讲求的程序性、规范性、制度性的培育与构建也是终止政府"运动式"落实竞争政策的重要开端；浙江理工大学王健教授（2015）认为消除政府管制对竞争影响的最有效方案应是建立规范的竞争评估制度；上海财经大学张占江副教

---

① 袁祝杰：《竞争秩序的建构——行政性限制竞争研究》，北京：北京大学出版社 2003 年版，第 159 页。

授（2015）建议建立"以反垄断委员会为主、法律制定机构为辅"的评估机制；同济大学知识产权与竞争法研究中心研究员刘旭博士（2015）认为应该明确公平竞争审查制度的内涵和外延，如何探索构建，如何设计时间表来具体落实，由哪些机构、哪些人来具体落实，由谁监督落实等等；中南大学汪玉涛博士（2015）认为抽象行政行为竞争审查制度不但是解决抽象行政性垄断的良好对策，更具平衡利益集团对抽象行政行为的过度影响，抵御"寻租法案"通过的特殊价值；国家发改委价监局朱凯（2015）认为我国应当建立针对中央和地方政府部门制定的、有关经济管理的所有公共政策的"以政策制定机关自查为主、反垄断执法机构监督指导为辅"的公平竞争审查机制；对外经济贸易大学黄勇教授（2016）认为通过该公平竞争审查制度可以对尚未出台的法律、行政法规和地方性法规、部门规章等进行审查，可以对产业政策等各项经济政策可能产生的排除、限制竞争效果进行评估并调整，最大限度地防止其对竞争带来的不利影响，消除区域贸易壁垒，为资本自由流动松绑，从而推动供给侧结构性改革的深化；中国人民大学吴汉洪教授（2016）认为应尽快建立适合我国目前执法环境的竞争评估制度，来清除不合理阻碍竞争的制度壁垒，改革扭曲市场的政策和制度安排，形成公平竞争的体制环境；上海政法学院丁茂中副教授（2016）认为落实竞争政策优先的最为切实可行之举就是较为普遍性地引入产业政策的竞争评估机制。

二、建构公平竞争审查制度的现实需求

目前我国政府反竞争行为较为普遍，典型表现为行政性垄断和制定具有排除、限制竞争效果的产业政策。研究制定公平竞争审查制度对规制行政性垄断和协调竞争政策与产业政策的关系具有非常重要的指导意义。

（一）规制行政性垄断

由于我国长期实行计划经济体制，行政干预市场的思想根深蒂固。政府通过频繁的"立法"活动在"依法行政"的名义下从事多种限制竞争的行为。发改委最新公布的数据显示，"十二五"期间，发改系统查处行政垄断案件8件，其中国家发改委直接调查了河北省交通厅、山东省交通厅、云南省通信管理局、安徽省蚌埠市卫计委、四川省卫计委、浙江省卫计委等政府部门实施地方保护、指定交易、强制交易、制定含有排除和限制竞

争内容的规定等案件。这些行政性垄断行为均是以制定规范性文件的形式为本地区或者本部门牟取利益，虽然得到了及时的纠正，但是仍然损害了相关市场的公平竞争，造成了难以弥补的损失。又因为，行政诉讼程序和反垄断执法对行政性垄断的规制力度有所不足：我国新修订的《行政诉讼法》虽然将滥用行政权力排除、限制竞争的行为纳入受案范围，但同时规定法院只能审查与具体行政行为有关的规章以下（不含规章）的规范性文件，行政性垄断的司法审查仍然面临制度障碍。其次，反垄断法对抽象行政性垄断的规制力度不足。根据《反垄断法》规定，反垄断执法机构对行政性垄断行为仅具有向有关上级机关提出依法处理的建议权，反垄断执法机构对行政性垄断直接执法权限的缺位大大制约了其反行政垄断执法的进程。① 所以，在这种情况下，如果事先经过公平竞争审查予以防范，就能够及时发现并制止出台这些具有排除、限制竞争的规范性文件，保障市场配置资源的决定性作用得到充分发挥，保障消费者的合法权益。

（二）协调竞争政策与产业政策的关系

竞争政策和产业政策的关系一直是经济学界、法学界、反垄断执法机构以及行业监管机构关注的重点。

计划经济时期，我国为了增强整体竞争力而实行以产业政策为主的经济政策。产业政策分为功能性产业政策与选择性产业政策。功能性产业政策主要指政府通过提供人力资源培训、研发补贴等形式提高产业部门竞争力的政策，这种类型的产业政策通常没有特定的产业指向；选择性产业政策指通过主动扶持战略产业和新兴产业，缩短产业结构的演进过程，以实现经济赶超目标，更加强调政府在资源配置中的作用。从实践经验看，我国实行的产业政策大多是纵向选择性的产业政策。在具体实施中，政府往往人为地选择主导产业、重点地区或企业，并采取诸如鼓励企业间合并重组、培养冠军企业等各种手段予以支持和保护。例如，《国务院关于促进光伏产业健康发展的若干意见》（国发〔2013〕24 号）就从市场、补贴、税收、金融和土地等方面为光伏产业进行扶持，同时很多政府部门也都有相应补贴措施，包括财政部"金太阳"光伏项目补贴，住建部"光伏建

---

① 严小庆：《行政立法控权模式探析——兼论"行政立法"引入司法审查制度》，《云南行政学院学报》2003 年第 1 期。

筑"项目补贴，国家能源局光伏示范项目补贴、大型光伏电站电价补贴等；① 再如，一些地方提供的土地、财税优惠政策，使"僵尸企业"迟迟不退出市场。这种通过差异化、赶超型的产业政策通过直接配置资源扭曲了市场信号，不仅可能使企业将过多精力放在争夺政府资源上、失去创新动力，并严重阻碍我国"去产能、去库存、去杠杆、降成本、补短板"的供给侧改革的进程，还可能引发他国对我国的反补贴诉讼，进而质疑我国市场经济的性质。

竞争政策是为维持和发展竞争性市场机制所采取的各种公共措施，它包括一切有利于促进竞争的政策。从市场经济的角度看，竞争政策与产业政策可能存在一些矛盾之处。首先，竞争政策包括竞争法律制度，其中所强调的对经营者合并控制制度与产业政策所重点关注的培养规模经济以增强本国国际竞争力存在一定程度的冲突。其次，竞争政策还特别关注政府在竞争方面的决策及其程序。其中强调政府应当公平地对待参与市场资源配置的所有经营者以完善政府与市场关系的竞争中立政策也会与重点扶持单个行业或者少数企业的产业政策存在某种程度的分歧。20 世纪 80 年代以来，随着政府在制定经济政策中的反竞争行为日益受到重视，对政府的各项经济政策与经济立法行为进行竞争审查也成为竞争政策的重要内容。

公平竞争审查制度强调公平与竞争，而这正是产业政策的不足。所以，为适应中国当前经济健康持续发展，特别是经济体制改革的需要，营造公平、开放、透明的市场环境，产业政策与竞争政策的关系应当由原来的产业政策为强势政策，调整为以竞争政策优先、产业政策与竞争政策兼容和互补的公共政策体系。② 通过审查政府在经济领域的公共政策对竞争的影响，将对化解产能过剩、激励创业创新起到积极的推动作用。公平竞争审查是竞争推进的主要方法，也是营造竞争文化的有力措施，有利于进一步落实"逐步确立竞争政策的基础性地位"的政策导向，也有利于充分地发挥产业政策对经济的积极作用。

三、建构公平竞争审查制度的框架性设想

立足我国的具体国情，并借鉴 OECD、欧盟、澳大利亚、韩国、新加

---

① 刘长松：《贸易争端与光伏补贴政策的优化调整》，《WTO 经济导刊》2013 年第 11 期。

② 于良春、张伟：《产业政策与竞争政策的关系与协调问题研究》，《中国物价》2013 年第 9 期。

坡和日本等国际组织和国家的实践经验，我国的公平竞争审查制度的构建应该从实体和程序两个方面着手。实体方面至少应包括审查依据、审查对象、审查主体、审查内容、审查标准、豁免情况以及审查结果的效力等；程序方面分为启动、审查和救济三个阶段，并将举报和投诉程序、听证程序等社会监督纳入其中。

（一）公平竞争审查的实体内容

1. 公平竞争审查的依据

正如前文所述，党中央国务院以一系列指导文件和会议讲话的形式将制定并实施公平竞争审查制度提上立法日程，但是这些文件尚未做出更加细致而明确的规定，所以借鉴 OECD 专门颁布《竞争评估工具》（2007）、《竞争评估指南》（2010）、《竞争评估原则》（2010）、《竞争评估步骤》（2010）的做法，[1] 我们的当务之急便是出台《公平竞争审查实施指南》，对内统一审查内容和程序，对外指引审查对象的合规进程，以对公平竞争审查进行高屋建瓴地指导与监督。根据《反垄断法》第九条第一款规定，反垄断委员会负责组织、协调、指导反垄断工作，并履行研究拟定有关竞争政策和制定、发布反垄断指南的职责。公平竞争审查制度作为竞争政策中竞争推进的重要组成部分，应当由反垄断委员会牵头组织三家反垄断执法机构（发改委价格监督检查与反垄断局、商务部反垄断局、工商总局反垄断与反不正当竞争执法局）会同有关行业监管机构研究制定，并充分发挥反垄断委员会专家咨询组"为竞争政策、反垄断指南和规章、市场竞争状况评估报告、反垄断重大议题和重大事项、国内外反垄断重点热点问题等提供咨询意见"的功能。由反垄断委员会以指南的形式规定公平竞争审查制度，既避免了三家反垄断执法机构分别制定部门规章时各自为政的冲突，也保证了该制度的指导效力、将反垄断委员会的职责落到实处。众所周知，我国国务院反垄断委员会自成立以来，仅在 2009 年发布《关于相关市场界定的指南》一部规范性文件，甚至连独立的官方网站都没有开通，只挂牌在商务部反垄断局，鲜少出现在公众视野中，[2] 所以不妨以建

---

① 张占江：《反垄断机构规制政府反竞争行为能力建设研究》，《竞争政策研究》2016 年第 1 期。

② 刘旭：《论大部制改革背景下完善国务院反垄断委员会职能与改革反垄断法实施机制——兼论对欧盟与德国经验的借鉴》，《经济法论丛》2013 年第 1 期。

立公平竞争审查制度为契机，进一步落实反垄断委员会的职责。

2. 公平竞争审查的主体

关于公平竞争审查的主体，学界尚没有形成统一的看法。例如，徐士英教授认为审查主体应该是竞争主管机构；[①] 黄勇教授认为审查主体可以是竞争执法机构和其他经授权的机构；[②] 王健教授认为审查第一阶段应由竞争主管机关引导政府管制机关进行，若有必要进行进一步审查则由竞争主管机关进行；[③] 吴汉洪教授认为现阶段我国适用于由政策制定部门进行评估后竞争执法机构审核的制度设计；[④] 丁茂中副教授认为政策制定部门、审批监督组织、竞争执法机构、各类公权力主体都应该成为公平竞争审查的主体，分别为首要责任主体、次要责任主体、边缘责任主体和潜在审查主体，在此基础上，按照不同阶段予以区别对待：简易评估应当实行"内编人员有限参与、外援专家轻度介入"的原则，普通评估要求评估实施者在工作机制范围内动用所有关联力量进行有效参与，特别评估要求评估实施者应当倾其力并且与其他相关部门展开实质性的互动交流；[⑤] 发改委价监局朱凯认为，以政策制定机关自查为主、反垄断执法机构监督指导为辅。[⑥] 从国际层面来看，不同国际组织或者国家也有所不同：欧委会竞争总司根据《欧盟运行条约》对所有成员国的国家援助进行统一审查；韩国公平交易委员会（KFTC）根据管制机构的管制影响分析作最终裁决；日本公平交易委员会（JFTC）根据内务部转交的管制部门对照竞争核对清单后提出的反馈意见与政策评估报告作最终裁决，JFTC 还经常对产业管制机关提供竞争核对清单的指导；澳大利亚要求各级政府设立独立的审查委员会从事具体立法审查工作；新加坡采取由管制机构在制定政策的过程中进行自我评估，竞争执法机构发挥外部监督和指导作用的方式；匈牙利所有涉及或者影响市场竞争（特别如限制经营、限制进入市场、保护专有权或

---

① 徐士英：《竞争政策视野下行政性垄断行为规制路径新探》，《华东政法大学学报》2015年第4期。

② 黄勇：《供给侧结构性改革中的竞争政策》，《价格理论与实践》2016年第1期。

③ 王健：《政府管制的竞争评估》，《华东政法大学学报》2015年第4期。

④ 吴汉洪、权金亮：《日本、韩国的竞争评估制度及对中国的启示》，《中国物价》2016年第4期。

⑤ 丁茂中：《产业政策的竞争评估研究》，《法学杂志》2016年第3期。

⑥ 朱凯：《对我国建立公平竞争审查制度的框架性思考》，《中国物价》2015年第8期。

者影响价格或者销售条件）的法律、法规草案必须征求竞争局的意见。①
结合上述竞争法学界的理论研究和其他国家、国际组织的实践经验，笔者
认为，基于我国国务院反垄断委员会目前只是政策的组织协调机关，而不
具有具体执法权的现实，我国的公平竞争审查的主体应为反垄断执法机构
和政策制定机关；并且以反垄断执法机构为主、政策制定机关为辅的审查
模式，其中反垄断执法机构对反垄断委员会负责，受其领导和监督。具体
来说，首先由政策制定机关按照《公平竞争审查指南》对其负责的公共政
策出具详细的竞争分析报告，然后由反垄断执法机构在反垄断委员会的统
一领导下作出最终裁决。这样的制度安排有三大优点：一是充分利用政策
制定机关在本行业的熟识度；二是充分发挥反垄断执法机构的专业性和政
策综合能力；三是加强政策制定机关和反垄断执法机构的沟通协调。

3. 公平竞争审查的对象

上文将公平竞争审查的对象称为公共政策法令。这里需要重点关注两
个方面的内容：一是包含各个效力阶段的公共政策法令；二是公共政策法
令所涉及的法律渊源。

第一，审查的对象应当包括拟订的（拟制订的和拟修订的）和现行的
公共政策法令，这在学界已经有了广泛的共识。例如，徐士英教授将对公
共政策法令的审查分为竞争审查和竞争评估，前者是对正在制定的影响市
场竞争的规定和政策进行事先评价咨询机制，后者是对现行公共政策进行
事后评价咨询机制，两者是在政府反竞争规定制定前后两端发挥作用的同
类制度。② 黄勇教授认为审查对象是"拟定中或现行公共政策"，③ 王健教
授认为审查对象应该同时包括现行政府管制和拟议（新）政府管制，但是
他将这种行为定义为"竞争评估"。④ 张占江副教授持同样的观点，认为
"竞争评估是拟定中的或现行的法律的分析和评价"。⑤ 刘旭博士通过系统
解释和比较法解释也认为"公平竞争审查制度涵盖事前或事后审查违反
《反垄断法》第五章的行为，尤其法规、政策中限制竞争的规定，再立法

---

① 王晓晔：《关于我国反垄断执法机构的几个问题》，《东岳论丛》2007 年第 1 期。

② 徐士英：《竞争政策视野下行政性垄断行为规制路径新探》，载《华东政法大学学报》
2015 年第 4 期。

③ 黄勇：《供给侧结构性改革中的竞争政策》，载《价格理论与实践》2016 年第 1 期。

④ 王健：《政府管制的竞争评估》，载《华东政法大学学报》2015 年第 4 期。

⑤ 张占江：《反垄断机构规制政府反竞争行为能力建设研究》，载《竞争政策研究》2016 年
第 1 期。

监督扭曲竞争的地方政府补贴措施"。从上述理论观点可以看出，无论是统称为竞争评估还是分阶段称为竞争审查和竞争评估，他们都认为拟定的和现行的公共政策法令均需要进行审查。因为对拟定的公共政策法令进行事前审查可以预防其造成反竞争的效果，审查现行的公共政策法令可以对具有限制排除竞争效果的政策寻求替代方案以使其对竞争的妨碍降到最低限度。公平竞争审查在维护市场配置资源的过程中具有固本清源的作用。

第二，公平竞争审查是为了预防和制止政府反竞争行为，禁止具有排除、限制竞争效果的公共政策法令的出台。众所周知，包括立法机关、行政机关、法律、法规授权的具有管理公共事务职能的组织和司法机关在内的所有公权力机关都是由普通个人组成的，难免因信息掌握不充分甚至出于追求个体私益而制定有损市场经济秩序或者社会公共利益的政策和规定，① 如果这些政策法令与市场经济运行机制相背离，应该受到竞争政策的审查与约束。竞争性评估制度执行较好的美国、澳大利亚等国的经验也证明了这一制度的初衷是清除一国法律体系中不利于市场经济体制的制度因素，因而，竞争性评估的范围应当包含一国国内全部法律、规范性文件和公共政策。②

4. 公平竞争审查的标准

审查标准是公平竞争审查的核心内容，决定了公共政策是否能够实施，因此必须具有高度的合理性。在"逐步确立竞争政策的基础性地位"的背景下，公平竞争审查的标准必须以竞争政策为立足点，即除了在非市场化和非竞争性的领域可以进行倾斜性扶持和针对性管理之外，公共政策必须合乎促进市场公平竞争的标准。经过哈佛学派、芝加哥学派和后芝加哥学派产业组织理论的不断探索，"市场结构—市场行为—市场绩效（SCP）范式"成为竞争评估的主要方法。现在理论又普遍认为公共政策能够与 SCP 范式的各个要素相互影响和作用，故可从 SCP 范式的各个要素入手进行再分解，制定更为详细的公平竞争审查标准，归纳起来，这些标准包括市场交易机会标准和经营权义标准。

交易机会标准要求在同等条件下的经营者交易机会均等，不同条件下

---

① 徐士英：《竞争政策研究——国际比较和中国选择》，北京：法律出版社 2013 年版，第167 页。

② 向立力：《竞争推进的理论与制度研究》，华东政法大学博士学位论文，2012 年，第59 页。

的经营者交易机会均衡，政府没有正当理由不得制定含有下列限制经营者交易机会的公共政策：①设置不合理的市场进入、退出条件以及审批备案手续。②未经公平竞争程序授予特定经营者行政许可。③设置各种方式的妨碍商品和服务在地区之间的自由流通的条件：限制或阻碍本地商品和服务进入外地市场或者外地商品和服务进入本地市场；排斥或者限制外地经营者参加本地的招标投标活动；排斥或者限制外地经营者在本地投资或者设立分支机构；对外地商品和服务设定歧视性收费项目、实行歧视性收费标准，或者规定歧视性价格。

经营权义标准要求同等条件下经营者的经营活动中的权利义务相同，不同条件下经营者经营活动的权利义务均衡，政府没有正当理由不得制定含有下列限制经营者经营活动的法律政策：①限定或者变相限定单位或者个人经营、购买、使用其指定的经营者提供的商品和服务；②以各种形式干预经营者商品和服务的定价权；③以各种形式强制经营者从事排除、限制竞争的行为或者禁止经营者从事特定经营活动；④以各种形式使特定经营者享受税收、担保、财政补贴、土地出让等优惠的权利或者免除其义务；⑤其他妨碍经营者自主经营权的规定。

5. 公平竞争审查的豁免规则

公平竞争审查的豁免规则是对可能排除、限制竞争的公共政策在符合一定条件的情况下准予其实施的制度安排。例如，《欧盟运行条约》在其与公平竞争审查制度最为相似的国家援助控制制度中，在对国家援助予以原则性禁止的同时也规定了应当豁免和可以豁免两种豁免类型。应当豁免的情形有：具有社会性质的援助，用于弥补自然灾害或特殊事件所造成损失的援助和给予受德国分裂影响的德国某些地区的必要经济援助。可以豁免的情形有：针对发展严重不足的地区援助，符合欧洲共同利益项目以及经济动荡期间实施的援助，针对特定经济活动、地区的援助，推动文化和保护遗产的援助以及欧盟理事会决定的其他援助。结合我国反垄断执法实际和国际经验，公平竞争审查的豁免可以从以下几个方面考虑：①为维护国家利益的；②为实现节约能源、保护环境、救灾救助等社会公共利益的；③为保障对外贸易和对外经济合作中的正当利益的；④为保障农业生产者及农村经济组织在农产品生产、加工、销售、运输、储存等经营活动中的利益的；⑤国务院反垄断执法机构认定的其他情形。对于上述①至④项情形，政策制定机关必须证明相关公共政策是为了达到特定目的所必需的，并且没有其他减少限制、排除竞争效果的替代性方案。此外，政策制定机关必须定期向反垄断委员会报告公共政策的实施情况，如果未达到预期效果，则应当及时停止实施或者进行适当调整后实施。

6. 公平竞争审查的结果及其效力

经过公平竞争审查，通常会有三种结果：①不具有排除、限制竞争效果的，或者虽然具有排除限制竞争效果但属于豁免范围的，准予实施；②具有轻微的排除限制竞争效果的，修改后准予实施；③有严重的排除限制竞争的效果的，禁止实施。对于第二种情况，政策制定机关应当将修改方案提交给反垄断执法机构，经批准后方可实施。

另一方面，审查结果具有约束力是公平竞争审查制度得以落实的重要保障。例如，韩国《垄断规制与公平交易法》第六十四条即规定了相关机构首席负责人在公平交易委员会认为必要时承担协助的义务。我国《公平竞争审查指南》由反垄断委员会依据党中央、国务院的一系列规范性文件制定，具有普遍的约束力；一旦反垄断执法机构据此对审查对象作出裁定，政策制定机关必须严格执行。否则由反垄断委员会与政策制定机关或其上一级机关协调，必要时提交政策制定机关同级政府的人民代表大会审议。

（二）公平竞争审查的程序设计

除了实体标准以外，公平竞争审查制度还应包括运行良好的程序，包括公平竞争审查的启动、审查和救济等。

公平竞争审查的启动有三种方式：一是政策制定机关按照《公平竞争审查指南》的规定主动将涉及经济领域的政策及其评估报告送至反垄断执法机关接受审查；二是反垄断执法机构发现现行的法律政策可能排除、限制竞争而将其纳入审查范围；三是其他法人、组织和个人认为法律政策具有排除、限制竞争的效果通过投诉申请反垄断执法机构予以审查。对于能够提供证据证明法律政策具有排除、限制竞争的法人、组织和个人，可以借鉴韩国《垄断规制与公平交易法》第六十四条第二款支付奖励措施的规定给予适当形式的奖励。

公平竞争审查启动后，进入核心审查程序。反垄断执法机构应当按照《公平竞争审查指南》规定的标准进行严格审查。在必要情况下或者经政策制定机关申请，反垄断执法机构对其中可能涉及重大疑难问题的法律政策应当广泛听取公众意见、采取听证会或者专家论证会等形式。听证会或者论证会应当按照《规章制定程序条例》第十五条科学组织程序的规定，以充分发挥其社会监督功能。

　　接下来进入公平竞争审查的救济阶段，包括两个方面的内容：一是对准予修订的具有轻微排除、限制公平竞争的法律政策，修订方案必须再次提交反垄断执法机构，经过审查消除了排除、限制竞争的效果后方可实施。实施过程中，政策制定机关必须定期向反垄断执法机构提交实施评估报告，不能达到预期目的的，应当立即停止实施或者再行修订。二是准予修订的具有轻微排除、限制公平竞争效果的法律政策、具有严重排除、限制竞争的法律法规或者其他政策法令未经审查批准即实施的，由反垄断执法机关或反垄断委员会与政策制定机关的上一级机关或者政策制定机关同级人民政府的人民代表大会协调，责令其立即停止实施相关政策并追究政策制定机关负责人的行政责任。若上述政策已经导致经营者实施了排除限制竞争的行为，则应当根据《反垄断法》的规定追究其行政责任和民事责任，经营者在反垄断调查中依法享有抗辩的权利和配合的义务。以上信息，除涉及国家秘密和商业秘密外，应当一律向社会公开，接受监督。另外，反垄断执法机构的公平竞争审查行为应接受反垄断委员会的指导和监督。

四、结　语

　　处理好政府和市场的关系，使市场在资源配置中起决定性作用和更好地发挥政府作用是经济体制改革的核心问题，是当前理论界和实务界非常关注和重点推进的课题。在我国减少政府对资源的直接配置，建立公平竞争审查制度具有强烈的现实需求，借鉴大多数发达国家已经建立起的竞争审查或者竞争评估制度，结合我国反垄断执法实践，构建适合我国国情的"以反垄断执法机构为主、政策制定机关为辅"的公平竞争审查模式具有现实的必要性和可操作性，是有效落实"竞争政策基础性地位"的有效途径，也是"十三五"时期全面建成小康社会、形成比较完善的社会主义市场经济体制的有力抓手。

论数据库出版商利用市场支配地位滥用版权的反垄断法规制

——兼议"北大图书馆知网断网"事件

朱艺浩　王　勇*

提要： 滥用版权行为一直是知识产权反垄断领域里的重要问题，而"北大图书馆知网断网"事件使这个问题引发公众广泛关注。本文首先从现实基础和法理基础上对规制滥用版权许可行为的必要性进行探讨；其次对数据库出版商搭售数据库、拒绝许可、价格控制的行为进行分析并给出法律规制建议；最后，本文提出对上述行为进行规制应当以反垄断法为核心、坚持谨慎权衡和区别对待的原则，并提出完善反垄断法规和指导性案例体系、加强反垄断执法监督和协调的建议。

关键词： 知网；滥用版权；反垄断法；规制

2016 年 3 月 31 日，中国最高学府之一的北京大学在官网上贴出了中国知网即将停用的通知，给出的原因是：数据库商涨价过高，图书馆目前正在全力与对方进行 2016 年的续订谈判。[①] 一时间，诸如《北大与知网中

---

　* 朱艺浩，暨南大学法学院/知识产权学院法律硕士。王勇，暨南大学法学院/知识产权学院法律硕士。

　① 《"中国知网"可能中断服务通知》，http：//www. lib. pku. edu. cn/portal/news/000000 1219，2016 年 4 月 19 日。

断合作，高校图书馆预算难追涨幅》《中国知网大幅涨价，多所高校暂停续订》《北大也买不起知网了……你在搞笑吗?》等类似的报道纷纷见诸报端，引起了广泛的关注。匪夷所思的是，中国最高学府的北大，是中国集中优势教育资源、倾尽全力打造的顶尖学府，其图书馆预算竟然买不起一个知网数据库。那么，知网等数据库出版商的收费是否合理、是否存在利用市场支配地位滥用版权的行为等类似问题就有必要进行探讨。

一、规制滥用版权行为的必要性探讨

（一）规制滥用版权行为的现实基础探讨——以知网为例

1. 知网享有的权利性质分析

在判断知网的行为是否应当被反垄断法规制之前，有必要厘清其享有何种权利。知网的运作法律流程并不复杂：作者向期刊编辑部投稿并将信息网络传播权移交给期刊编辑部，随后期刊编辑部按照与数据库服务商的合同，一揽子将论文数字版权在合同期限内以排他或非排他的方式授权给后者。① 其所享有数字版权就是我国《著作权法》第十条第十二款所规定的"信息网络传播权"。那么知网是否享有《著作权法》第十条第十六项规定的"汇编权"呢? 我国《著作权法》规定的"汇编权"是指："将作品或者作品的片段通过选择或者编排，汇集成新作品的权利。"根据法律规定，享有汇编权不仅要求作者对作品进行选择或者编排，更要达到新作品的程度，也就是说汇编作品对作品本身有比较高的独创性要求。而使用过知网的人会发现，知网的功能类似于一个论文搜索引擎，使用者通过输入关键信息寻找并筛选自己需要的论文。不同于百度等搜索引擎，知网把所有的论文资源都汇集到自己的服务器中，使用者点击论文的相关链接不是通向其他网站，而是在知网认证通过后，直接向使用者提供论文。通过这个过程可以看出，知网的主要作用仅仅是汇集论文，而不是汇编众多论文并形成一个新的作品，不满足著作权法的独创性要求。简而言之，对于知网享有著作权法所规定的汇编权这一问题，似乎不无疑问。

---

① 《北大为何买不起"知网"? 数据库涨价并不是根本原因》，http://mt.sohu.com/20160415/n444331378.shtml，2016 年 4 月 19 日。

2. 知网在相关市场的支配地位分析

在北大知网断网的新闻爆出后，中国青年网对知网总部的相关负责人进行了采访，在采访中该负责人表示：如今，100%的"211""985"高校都在使用知网资源。① 该负责人宣称的100%占有率并非夸大，同样的数据在2007—2008年中国互联网期刊出版产业年度报告中也得到印证，该报告称：中国期刊网（即中国知网）在本科院校的市场占有率是100%。② 而根据我国《反垄断法》第十九条第一款规定，一个经营者在相关市场的市场份额达到二分之一时，可以推定经营者具有市场支配地位。也许有人会怀疑：即便是该100%的市场占有率也不代表"211""985"等高校就没有其他数据库的存在，知网的市场份额可能没有这么高。但根据相关的新闻报道可以看出，不少老师和学生都认为"停止使用知网会带来很多麻烦""现在高校里不用知网的很少""有依赖性质""即便知道知网这么贵，但还是希望学校购买知网"，知网甚至被部分网友奉为"居家必备良友""论文写作刚需"。③ 如果上述情况属实，那么可以预见到，由于使用者对知网的依赖性如此之强，就会迫使很多高校的图书馆不得不耗费大量预算去购买价格不菲的知网数据库，从而大大增加了削减购买其他数据库资金预算的可能，在一定程度上能够阻碍、影响其他经营者进入相关市场。因此，知网很可能具有相关市场的支配地位。

3. 知网获利的合理性和行为的后果分析

法律的处罚对象是行为，而不是身份或者状态。也就是说，即便知网具有了市场支配地位的身份或者状态，如果其没有滥用市场支配地位阻碍竞争或损害公共利益的行为，就不应当受到法律的制裁。利润的合理性是判断市场支配地位的重要参考。据了解，知网的主要成本除去网站的运营、管理费用外，主要在于支付杂志期刊社的稿酬，根据2010年的相关数据显示，知网向期刊杂志社支付的稿酬仅仅为11%；④ 而在其收入来源方

---

① 《北大与知网中断合作　高校图书馆预算难追涨幅》，http：//d. youth. cn/shrgch/201604/t20160408_ 7835377_ 2. htm，2016 年 4 月 19 日。

② 谭捷，张李义，饶丽君：《中文学术期刊数据库的比较研究》，《图书情报知识》，2010 年第 4 期，第 6 页。

③ 《北大也买不起知网了 …… 你在搞笑吗?》，http：//help. 3g. 163. com/16/0412/11/BKET500U00964KN4. html，2016 年 4 月 19 日。

④ 郑广录：《中国知网商务模式模拟评价与改进策略研究》，汕头大学硕士学位论文，2008年，第 32 页。

面，中国知网的机构用户有 8 700 家，其中高等院校、科研机构用户为
3 510家，同时期的汕头大学图书馆每年向知网支付包库费用20.6 万元。①
由此可知，即便全国 8 700 家机构用户仅仅向知网支付 20 万的年费，知网
的收入便已高达 17.4 亿元，而知网除去向杂志社支付的 11% 的稿酬之外，
其收入达到了 15 亿元。而对于这样一家规模并不庞大、人员并不繁多的机
构来说，运营、管理费使用极少可能只达到其收入的十分之一，但其利润
惊人。此外，行为所造成的后果同样是判断市场支配地位的重要参考。知
网存在乱收费的现象，就数额而言，2014 年知网对云南大学的报价从原来
的 40 万元涨到 70 万元；就涨幅而言，2000 年以来知网对武汉理工大学图
书馆的报价每年价格涨幅都超过 10%，特别是 2012 年涨幅高达 24.36%，
年平均涨幅为 18.98%，从 2010 年到 2016 年的报价涨幅为 132.86%。② 另
一个不愿意具名的河北某高校图书馆则称，知网对其的报价以每年 10% 的
涨幅涨价，且没有还价余地。③ 对于个人付费使用者而言，论文下载的收
费价格是每页 5 角，甚至达到每页 1 元的程度，④ 以个人付费的方式下载
一篇硕博士论文就有可能花费数十元甚至上百元。这样的收费对于商业化
的数据库而言已经算是很高的标准，更何况对于知网这样一个具有公益性
质的"中国知识基础设施工程"而言更加不合理。⑤ 由此可知，作为公益
性项目的知网，其惊人利润不仅不合理，而且其利润的获得是建立在公共
图书馆等使用者所支付的昂贵费用基础之上的。知网的行为大大加重了社
会公众研究、学习的负担，严重阻碍了全社会知识资源的传播和利用，难
逃损害公共利益的嫌疑。

（二）规制滥用版权行为的法理基础探讨

---

① 《中国知网大幅涨价　多所高校暂停续订》，http：//news. sohu. com/20160412/n4439520
46. shtml，2016 年 4 月 19 日。

② 《北大也买不起知网了……你在搞笑吗?》，http：//help. 3g. 163. com/16/0412/11/
BKET500U00964KN4. html，2016 年 4 月 19 日。

③ 《知网涨价北大停用　是否续订仍无定论》，http：//news. youth. cn/jy/201604/t20160412_
7850249_ 1. htm，2016 年 4 月 19 日。

④ 《中国知网大幅涨价　多所高校暂停续订》，http：//news. sohu. com/20160412/
n443952046. shtml，2016 年 4 月 19 日。

⑤ 知网至今仍在其官方网站上宣称自己是"中国知识基础设施工程"，"是以实现全社会知
识资源传播共享与增值利用为目标的信息化建设项目"，详见 http：//cnki. net/gycnki/gycnki. htm。

1. 著作权法和反垄断法的立法目的分析

(1)著作权法保护创造的目的是为了促进竞争。从著作权法的应然角度来讲，著作权法力求建立一种不仅刺激作者创作作品，更要刺激作品传播的激励机制，[①] 其具有目的的双重性：一方面，著作权法着力于充分保护作者权益的目标；另一方面，著作权法着力于充分维护公共利益的目标。而数据库出版商诞生的初期，其所提供的服务的确能够使人们更为方便地获取知识，进而激发创作；但是，为了牟取更高的市场占有率和更多的利益，知网与很多出版社、期刊、杂志社签订买断条约，使其他数据库无法与之竞争，[②] 知网的这种行为在求知若渴的使用者与人类共同创造的知识成果面前建起一座高高的围墙，严重阻碍了知识的创作和传播，违背了著作权法维护公共利益的目标。从著作权法的实然角度来讲，著作权法所追求的宗旨在于促进科学和艺术的进步。我国《著作权法》第一条指出，《著作权法》的制定是为了实现"促进社会主义文化和科学事业的发展与繁荣"的目标。第四条还规定："著作权人行使著作权，不得违反宪法和法律，不得损害公共利益。"美国《宪法》第八条同样规定："为促进科学和实用技艺的进步，对作家和发明家的著作和发明，在一定期限内给予专利权的保障。"[③] 由此可知，无论是从应然角度还是实然角度来讲，著作权法既要保护著作权人的私人利益，又要保护公众对于作品需要的公共利益，其立法目的所追求的是作者利益和公共利益之间的平衡。但更为重要的是，著作权人在行使法所赋予的权利时，不得妨害到作品的创作和传播，而作品创作和传播的繁荣将大大促进作品市场的相互竞争和繁荣发展。

(2)反垄断法保护竞争的目的是为了促进创造。与著作权法所赋予著作权人的合理垄断权利的法律效果不同，反垄断法一出生就注定要与不合法或不合理的垄断行为做斗争，保护市场公平、自由，促进创造。对于反垄断法所追求的目的而言，其限制垄断保护竞争，就是为了促进创造从而使得市场竞争更加充分。我国《反垄断法》第一条规定："为了预防和制止垄断行为，保护市场公平竞争，提高经济运行效率，维护消费者利益和

---

① 冯晓青，《知识产权法利益平衡理论》，北京：中国政法大学出版社 2006 年版，第 92 页。

② 《北大也买不起知网了……你在搞笑吗?》，http：//help. 3g. 163. com/16/0412/11/BKET500U00964KN4. html，2016 年 4 月 19 日。

③ 参见：http：//baike. baidu. com/link? url = VRL1OyYJ ＿ wFstKju47kH ＿ soYDPKKQHy-GodgElTAFrSQrgklsKyBpkYPKs1vWuZ8nZj00sU5z9eSqOnBYVHxO＿ 。

社会公共利益，促进社会主义市场经济健康发展，制定本法。"即反垄断法的任务就是预防和制止垄断行为，保护竞争环境，而一个良好的竞争环境会反过来激发众多市场主体参与创新或者创造，其必然产生提高经济运行效率、维护消费者利益和社会公共利益的效果。对于市场经济环境而言，仅仅依靠一只"看不见的手"，即市场的自我调节功能，来创造出一种公平竞争的环境并不可靠，市场经济本身并没有维护公平自由竞争的体制。市场上的竞争者总是会想尽一切办法来限制竞争，并维持自己的市场优势地位，不断加剧市场垄断，从而破坏公平自由的竞争环境。

（3）著作权法与反垄断法的追求一致。虽然著作权法和反垄断法所保护的客体、目的不尽相同，但是两者追求的最终目的都是一致的，即通过法律的运行，保护相关主体的合法权益，防止权利滥用，最终促进人类社会的进步和繁荣。

2. 法的价值和比例原则分析

法的价值是指法律满足人类生存和需要的基本性能，即法律对人的有用性。法的价值体系包括了法的各种价值目标，如秩序、安全、效益、公平、自由、正义等，它指导着法的具体功能和作用的实现。

（1）数据库出版商与期刊的自由缔约权的效力探讨。对于数据库出版商与期刊而言，两者享有在主体合格、意思表达真实、内容不违反法律的强制性规定的基础之上自由缔约的权利。对于数据库出版商而言，其可以享有要求期刊与之签订授权其排他或非排他性地享有版权许可（例如信息网络传播权）的自由，而期刊也享有为承诺或不为承诺的自由。在两者签订非排他性的版权许可协议的时候，由于被授权使用版权许可的机构并非一家，对于使用者而言，仍然有自由选择其他数据库出版商的可能；对于相关市场内其他与之竞争的数据库出版商而言，也有获得授权并与授权在先的数据库出版商进行竞争的可能，因而这种非排他性的版权许可协议并不会破坏竞争而为法律所允许。但是，如果数据库服务商在相关市场具有优势地位，而期刊为了获取更多许可费用，以默示或明示的方式与数据库服务商订排他性的独家授权协议，并造成其他数据库出版商无法获得相当数量的期刊资源进行竞争的结果，那么两者的行为就存在妨害竞争的可能，法律对该独家授权协议进行干预就有了正当的理由。

（2）法的价值冲突时的比例原则的要求：自由权不得侵害公平竞争权。法的价值冲突中的"比例原则"，是指"为保护某种较为优越的法价值须侵及一种法益时，不得逾越此目的所必要的程度"。例如，为维护公共秩序，必要时可能会实行交通管制，但应尽可能实现"最小损害"或"最少限制"，以保障行车自由。换句话说，即使某种价值的实现必然会以其他价值的损害为代价，也应当使被损害的价值降低到最小限度。而公平竞争权是指经营者在市场竞争过程中，依据竞争法所享有的要求其他经营者及相关主体进行公平竞争，以保障和实现经营者合法竞争利益的权利。在通常情形下，自由权并不必然造成侵害公平竞争权的后果，两者有其各自的范围，但是一旦自由权跨越界限侵害到反垄断法所要保护的公平竞争行为，那么法律就有对该行为进行规制的必要。

3. 法经济学的分析

运用法经济学的相关理论研究法律哲学方面的问题，目前法学流派在国际上形成了一定的影响力。法经济学理论认为，所有法律活动，包括一切立法和司法以及整个法律制度，事实上是在发挥着分配稀缺资源的作用，因此所有法律活动都要以资源的有效配置和合理利用，即效率最大化为目的。数据库出版商收取使用费的行为也具有分配资源的性质，其行为的合理性同样可以用法经济学的理论进行分析。以知网为例，目前中国知网共收录 9 000 多种期刊，其宣称的独家授权期刊就有 1 698 种，①占到期刊总数的 18.9%，而对其进行独家授权的期刊中，有为数不少的核心期刊。以法学类期刊为例，中国知网宣称对其进行独家授权期刊就达到了 30 种，其中《中国法学》《中外法学》《法商研究》《法学家》《政法评论》《法律科学》《法学论坛》《政治与法律》《法学评论》《法学杂志》等属于被 CSSCI 收录的核心期刊，是法学研究者进行学术创作时必不可少的重要参考期刊。而像《中国法学》这种连续三年被评为"国家级优秀期刊"的法学界最为重要的期刊，对于国内的任何法学研究者而言都无法绕过。然而，对于几乎所有研究者来说都必不可少的重要参考期刊，中国知网却通过与它们签订独家授权协议，独占上述期刊的信息网络传播权，这样不仅使得研究者们只能通过知网这样一个唯一网络平台获取最新的研究资料，更使得例如万方、维普等曾经颇具实力的竞争者们败下阵来，难以抗衡知网。近日，就在北大知网断网的相关新闻报道中，知网的部门负责人宣称："现在 100% 的'211'、'985'高校都在使用知网资源。"②知网与很

---

① 参见 http：//epub. cnki. net/kns/oldnavi/n_ Navi. aspx？NaviID＝2&Flg＝。

② 《"中国知网"可能中断服务通知》，http：//www. lib. pku. edu. cn/portal/news/0000001219，2016 年 4 月 19 日。

多出版社、期刊、杂志社签订版权买断协议的行为，使得大多数个人使用者已经形成了依赖知网做研究的习惯。知网的上述行为令其他数据库出版商无法与之竞争，从而使得广大使用者不得不使用其数据库服务并逼迫使用者向其支付高昂的使用费，而这些服务的获得本来是可以通过其他竞争者的有效竞争而大大降低的。这与法经济学理论中法律是为了实现资源的有效配置和合理利用的目的是相悖的。

二、几种滥用版权的行为及其法律规制

对于数据库出版商利用市场支配地位滥用版权的行为而言，明确其行为类型，能够便于我们对症下药，更有针对性地分析和解决问题。目前，学界通过研究认为，数据库出版商主要有以下几种滥用版权的行为类型：

（一）搭售数据库的行为

搭售行为指，购买者在购买所需要的数据库的时候，数据库出版商强迫购买者同时购买其所开发的其他数据库的行为。如果购买者不同意数据库出版商的要求，数据库出版商就有可能拒绝购买者购买所需的数据库的请求。搭售是数据库出版商普遍采用的经营策略，比如 Springer、ACS、Blackwell、AIP/APS、IOP、RSC、El-sevier 等出版商的协议中都有搭销条款。[①] 华南理工大学图书馆 2009 年购买的 21 个外文期刊数据库中 8 个为搭售要求，为此该馆不得不购买 104 种搭售的期刊，支出占全馆外文纸本期刊总经费的 18.81%。[②] 虽然搭售行为在某些情况下会显得比较合理，比如会产生更高的经济效益，更好的使用体验等，但是搭售行为的负面影响不容小觑：不仅违反了合同双方意愿一致的原则，剥夺了购买者对资源的自由选择权；还有可能使得购买者重复购买同一个被搭售的数据库而浪费预算。

对于搭售行为的法律规制，我国《反垄断法》第六条规定，具有市场支配地位的经营者，不得滥用市场支配地位，排除、限制竞争。第十七条

[①]　秦珂：《出版商在图书馆数据库贸易中滥用许可权的反垄断法规制》，《图书馆论坛》2015年版第7期，第7页。

[②]　向林芳：《外文电子期刊数据库捆绑纸本订购模式分析》，《图书馆学研究》2012年第3期，第55页。

第一款第五项规定，禁止具有市场支配地位的经营者从事下列滥用市场支配地位的行为：没有正当理由搭售商品，或者在交易时附加其他不合理的交易条件。由此可以看出两个问题：一是在认定搭售行为的时候需要具有市场支配地位为前提，而在数据库行业，出版商搭售数据库的行为非常常见，这就有可能会出现不具有市场支配地位的中小型数据库服务商心照不宣地共同搭售数据库的情形，而这种情形下，由于其不具有市场支配地位，是不被反垄断法所规制的；二是允许数据库出版商通过正当理由搭售商品。反垄断法对于正当理由搭售商品是允许的，但并没有列举出什么样的理由才算是正当的，因此可能会造成实践中数据库服务商编造各种看似正当的理由来蒙蔽并不专业的购买者。参考国外的立法和司法实践，比如美国和欧盟对搭售的反垄断审查都经历了"本质违法"到"合理使用"的思维转变，也就是只要搭售具有类似"技术必要性"的合理性，那么就可以得到豁免。由于在数据库行业搭售行为普遍存在，结合对比国外的立法和司法实践，笔者认为应当充分考虑行业特点，在认定搭售行为的时候应当适当放宽认定具有市场支配地位的前提条件或者由数据库出版商承担举证责任，同时对搭售行为涉及的正当理由进行列举式规定。

（二）拒绝交易或者拒绝许可的行为

反垄断法中的拒绝交易行为指，具有市场支配地位的经营者，在没有正当理由的情况下，拒绝与交易相对人进行交易。本文所说的拒绝交易就是拒绝许可，即数据库出版商拒绝向他人授权，允许他人合法使用自己作品的行为。在知识产权法律体系中，拒绝许可的行为是权利人行使自身著作权或专利权的正当形式，本身不具有违法性。一般情况下，数据服务商拒绝许可的行为主要分为两类：一类是无条件地拒绝许可，比如，西蒙舒斯特、麦克米伦等大型出版社就从未向图书馆提供过数字产品。另一类是有条件地拒绝许可，它是指数据库出版商在向使用者（主要是机构使用者，如图书馆）授权之前，要求使用者接受其若干不合理的商业条件，否则就拒绝许可。这一类有条件的许可往往表现为要求使用者接受其高昂的许可使用费或者不得购买其竞争对手的数据库。比如在我国图书馆与国外数据库出版商的谈判中，有的出版商态度强硬，提出如果中国图书馆接受不了数据库价格，可以不购买。① 有学者就认为："拒绝许可是权利人正当的合法行为，把拒绝许可归属于权利滥用没有客观科学的依据和基础。"② 但是，如果权利人的作品是相关公众无法回避的选择，那么权利人行使其拒绝许可的权利理应受到限制。特别是在权利人具有市场支配地位的情况下，其拒绝许可的行为就可以被认为属于反垄断法中的拒绝交易行为而受到法律的规制。

对于拒绝许可行为，有学者认为，对于拒绝许可的反垄断审查，可以直接适用知识产权法中的合理使用原则，不需要额外的反垄断审查。③ 对此，笔者认为，根据现行《著作权法》对合理使用的相关规定，与本文所探讨的问题相关的是第二十二条第一款第一项："为个人学习、研究或者欣赏，使用他人已经发表的作品。"此规定仅仅能够保障合理使用人已经获得了相关作品之后可以进行使用，但并没有规定如何保障合理使用人去获得相关作品的权利，也就说《著作权法》并没有规定如何保障合理使用人接近作品的权利。而数据库出版商正是利用《著作权法》中的这个漏洞，将人类社会共同创造的大量知识财富据为己有，并为社会公众合理使用作品的权利设置种种障碍。目前，国外对于拒绝许可行为的保护不尽相同。《伯尔尼公约》《世界版权公约》等国际条约和日本、加拿大等国家的版权法设置了强制许可制度。美国的《知识产权许可的反托拉斯指南》不要求权利人承担必须向他人许可权利的义务。但是，如果拒绝许可限制了竞争，或者损害公共利益，就要受到反垄断法的规制。④ 欧盟的《欧共体条约》第八十二条（b）款关于不得拒绝提供产品的义务的规定。在判断某一权利主体的行为是否属于滥用支配地位的行为时，欧盟法院引入了"初级市场"和"次级市场"的概念，并建立了"例外情况"的标准。⑤ 对于我国而言，《著作权法》第四条仅仅规定了著作权人行使著作权，不

---

① 张明伟：《国内 33 家图书馆就个别期刊大幅度涨价联合发出公开信》，http：//news. bioon. com/article/6442238. html，2015 年 3 月 2 日。

② 肖维：《〈反垄断法〉应审慎适用于著作权拒绝许可行为》，《中国版权》2011 年第 4 期，第 40 页。

③ 刘彤：《欧美对于拒绝知识产权许可的反垄断审查标准及其对我国的启示》，《学术交流》2009 年第 11 期，第 68 页。

④ 向林芳，《外文电子期刊数据库捆绑纸本订购模式分析》，载《图书馆学研究》，2012 年第 3 期。

⑤ 刘龙：《反垄断法对版权滥用行为的规制研究》，山东大学硕士学位论文，2014 年，第 5 页。

得违反宪法和法律，不得损害公共利益这种非常模糊的保护原则，实践操作困难。《反垄断法》第十七至十九条分别规定了禁止具有市场支配地位的经营者没有正当理由，拒绝与交易相对人进行交易的行为；对于市场支配地位的认定，应当以市场份额、销售能力、财力条件、依赖程度及相关市场的进入难度等因素为依据；推定经营者具有市场支配地位的情形。《反垄断法》的上述规定能够比较好地规制被认定为具有市场支配地位的经营者的行为，但是对于数据库出版商而言，其经营者支配地位的认定可能因为机构使用者（比如图书馆）同时订阅数个数据库出版商的服务而难以评测和认定。因此，对于数据库出版商的市场支配地位的认定标准应当适当放宽，这样才能更好地规制其滥用市场支配地位的行为，保护公共利益。

（三）价格控制行为

价格控制行为主要有三种：一是垄断高价行为，即经营者利用其垄断地位以远高于成本的不合理价格提供商品或者服务从而获取超额利润的行为；二是垄断低价行为，即经营者为了排挤竞争对手和垄断市场，以低于成本的价格销售商品或者服务的行为；三是价格歧视行为，是指经营者在提供商品或者服务的时候对不同的交易对象提供与成本无关的区别性价格的行为。上述三种行为均可能破坏市场公平和市场竞争而被反垄断法规制。对于垄断高价行为，由于知识本身具有一定的合法垄断权，并且权利人因此获得超过正常条件下的高额回报在一定程度上是允许的，因此其权利人将被允许拥有更大的定价空间，以获取高额回报并激励权利人继续创新。但是，类似于英国 RSC 在向 DRAA 提供的 2015 年及以后若干年的价格方案中，对吉林大学图书馆的访问费涨幅达到 400%[①]、对中山大学图书馆的涨幅达到 500%[②]的这种行为，如果没有合理依据，那么这种大幅涨价行为就不应当被法律所允许。对于价格歧视行为，由于不同地区的经济发展水平不一样，数据库出版商在不同地区的经营、维护成本不同，因此较难制定统一的标准进行判断。对于垄断低价行为，数据库出版商往往采取

[①]　吉林大学图书馆：《关于英国皇家化学学会（RSC）数据库中断访问的通知》，http：// lib. jlu. edu. cn/portal/notice/609. aspx，2015 年 3 月 2 日。

[②]　中山大学图书馆：《关于联合抵制 RSC 数据库的情况通报》，http：//blog. sina. com. cn/s/ blog4978019f0102ve4r. html，2015 年 3 月 2 日。

前期低价进入，中期排挤对手，后期高价垄断的行为策略。比如 Science Direct 就是先以低价格诱惑并发展用户，然后陆续提出强硬条款，包括捆绑纸质期刊，大幅涨价等行为获取高额利润。①

对于价格控制的规制，同样可以利用我国《著作权法》第四条的不得违反法律和损害公共利益的原则进行规制。同时，也可以根据《信息网络传播权保护条例》第三条（依法禁止提供的作品、表演、录音录像制品，不受本条例保护权利人行使信息网络传播权，不得违反宪法和法律、行政法规，不得损害公共利益）来进行约束。对于垄断高价行为，由于知识产权具有合法垄断权利和追求高额回报的特点，相对于一般商品或者服务而言，可以适当提高对于数据库出版商获取垄断高价的认定标准，但对于毫无合理理由即随意大幅涨价的行为应当进行限制。对于价格歧视行为，往往是数据库出版商与机构使用者在合同中约定使用费的数额，由于合同的相对性和封闭性，使得价格歧视往往因为其隐蔽性而难以被发现，因此可以探讨建立许可合同公开制度，约束恶意的价格歧视行为。但是，如果价格歧视的差额处在一定的合理范围，而数据库出版商又能够给出维护成本、推广成本、地区经济发展水平差异等合理解释，就不应当对其进行规制。最后，对于垄断低价而言，往往是数据库出版商在抢占市场前期的策略，对图书馆等机构使用者而言伪装性、麻痹性强，需要提高警惕。

三、运用反垄断法规制滥用版权行为的完善建议

（一）确立以反垄断法为核心的版权滥用行为规制体系

由于数据库出版商滥用版权获取垄断利益的行为同时涉及《著作权法》《反垄断法》《反不正当竞争法》，甚至《合同法》《民法通则》等法律法规，那么对于如何规制该行为就存在着如何适用法律的冲突。有不少学者认为应当通过完善《著作权法》或者相关的知识产权法律法规，在其中增加限制数据库出版商滥用版权的规定；还有学者认为，应当进行专门立法，例如《反滥用知识产权法》。笔者认为，确立何种立法体系去规制数据库出版商滥用版权的行为，应当从《反垄断法》和相关法律的性质和

---

① 朱希琳：《外刊及数据库涨价太离谱》，http：//http：//news. xinhuanet. com/zgjx/2010 - 09/06/，2015 年 3 月 2 日。

现状进行分析。一方面，由上文可知，由于《著作权法》《合同法》等法律对于著作权的行使和合同的效力规定过于笼统、宽泛，主要是要求不得损害社会公共利益，而这样笼统、宽泛的标准会大大增加认定版权滥用行为的随意性，不利于严格规制类似行为，而《反垄断法》中关于滥用市场支配地位的认定因素、滥用市场支配地位的情形以及滥用市场支配地位的推定等规定相比较而言更为清晰；另一方面，《反垄断法》及其相关法律在性质上属于公法，《著作权法》《合同法》等相关法律在性质上属于私法，而出版商滥用版权许可进行垄断的行为严重影响到公共利益，理应由具有公法性质的《反垄断法》及其相关法律进行调整更为合适。综合不同法律的性质和现状来看，针对版权滥用行为的规制，笔者认为以《反垄断法》及其相关法律为核心更为合适。

（二）坚持谨慎权衡、区别对待的基本原则

由于权利人合法的垄断权来源于知识产权法的授权，如果反垄断法对这种合法授权过分干涉，就有可能阻碍知识的创造、技术的进步。但是，如果反垄断法失之苛责，不对数据库出版商的搭售、拒绝许可、价格控制等滥用知识产权的行为进行管制约束，放任知网等数据库出版商向使用者漫天要价或者提供质次价高服务的行为，那么不仅会阻碍知识的创造、技术的进步，更会严重损害市场公平的竞争环境。总的来看，要想对数据库出版商滥用版权的行为进行合理规制，就必须更为谨慎地权衡知识产权法与反垄断法的关系。对于两者所保护的客体而言，有学者认为在知识产权人与竞争者之间应采取倾向于保护竞争的立场。[1] 笔者认为，对于知识产权的保护，应当根据知识产权独创性程度的不同，分别进行探讨。对于专利权、商标权、著作权等独创性程度较高的权利类型，由于权利人倾注了较多的精力和财力，而且其激励创新和促进进步的效果明显，对社会的贡献比较大，应当优先保护其合法垄断权；而对于某些独创性程度较低的权利类型，比如本文所探讨的数据库出版商经期刊社许可的信息网络传播权，或者是数据库出版商对他人作品在一定程度上进行汇编所产生的数据库汇编权，由于作品的独创性有限，对社会贡献较小，一旦出现权利人实施以滥用上述权利为手段、以破坏竞争谋取垄断利益为目的的行为，就应当

---

① 吕明瑜：《论中国知识产权垄断法律控制制度的指导思想》，《河南省政法管理干部学院学报》2009 年第 1 期，第 123 页。

更多地考虑保护社会公众的利益，对滥用知识产权权利的行为进行限制。比如对于数据库出版商市场支配地位的认定可以采取由数据库出版商进行举证的举证责任倒置原则，由其自身举证证明其不具有市场支配地位，从而保障其他数据库出版商的公平竞争环境。

（三）加快完善与反垄断法相关的法规和指导性案例体系

一方面，需要尽快完善与反垄断法相关的法规、细则。我国《反垄断法》对于版权滥用行为的规定太过笼统，仅仅有第五十五条规定："对于滥用知识产权，排除、限制竞争的行为，适用本法。"这条规定过于宽泛，并没有针对滥用知识产权从而排除、限制竞争的行为进行详细地说明和界定，缺乏认定的可操作性，容易引起实践中的混乱，从而导致一些本不该被反垄断法干涉的正当行权行为被处罚，或者是导致另一些以知识产权为手段却实施破坏竞争的垄断行为逃避制裁。因此，有必要制定相关的法律法规和实施细则。具体而言，应当由国务院牵头制定并发布《反垄断法》相关的法律法规，而对于实施细则，则可以根据我国《反垄断法》第九条第三款的规定，由国务院反垄断委员会制定并发布。对于相关法规和细则的内容，则应当结合我国著作权制度的特点，重点针对搭售、拒绝许可、价格控制等滥用版权的行为做出更加详细的规定。另一方面，需要建立滥用版权行为的反垄断法指导性案例制度。虽然我国并非判例法国家，但随着法律制度的不断发展，案例所发挥的指导性意义越来越重要。参考之前的案例不仅能够使基本相同的案件获得基本相同的判决，体现法的公正，而且能够补救法律滞后的缺陷，推动法律制度的完善。由于知识产权类的垄断案件较为新颖，往往超出法律的发展进程，而建立一个针对知识产权类案件的反垄断法指导性案例制度，能够在合理、合法解决知识产权类的反垄断问题的同时，促进反垄断法和著作权法的日臻完善。

（四）加强反垄断执法监督和协调

美国著名法学家罗斯科·庞德曾说过："法律的生命在于实施。"任何完美的法律文本，都比不上法律被公众遵守和违法行为得到法律及时的制裁。而如果没有监督制度的存在，任何法的实施都无法落到实处。我国《反垄断法》第九条规定，国务院设立反垄断委员会，负责组织、协调、指导反垄断工作。第十条规定，国务院规定的承担反垄断执法职责的机构依照本法规定，负责反垄断执法工作。目前，虽然我国《反垄断法》将反垄断执法权授权给国务院执法机构，将组织、协调、指导反垄断执法的权力授权给反垄断委员会，^① 但是我国《反垄断法》却没有明确指出由哪个机构负责监督反垄断执法机构和反垄断委员会行使权力，而得不到监督的权力便得不到约束。考虑到权力之间需要形成有效的相互制约，不适宜采取在反垄断委员会下设立一个反垄断执法监督委员会，但可以考虑将反垄断执法监督授权给与反垄断委员会相平行的机构，比如设置在国务院内的法制办公室。此外，由于当今世界经济活动不仅是局限于某个国家或者地区，而是呈现出全球化的趋势，反垄断法的法域也逐渐从域内拓展到域外。因此，有必要在反垄断委员会下增设专门的反垄断对外协调委员会，积极参与其他国家或者地区的反垄断实践，并加强与其他国家或地区的反垄断合作，从而显著提升我国反垄断机构的执法能力和协调能力，更好地解决跨国数据库出版商滥用版权等问题。

---

① 我国《反垄断法》第九条规定：国务院设立反垄断委员会，负责组织、协调、指导反垄断工作。第十条规定：国务院规定的承担反垄断执法职责的机构（以下统称"国务院反垄断执法机构"）依照本法规定，负责反垄断执法工作。

少数股权收购的反垄断经济与法律分析

宁 度[*]

提要： 中国反垄断法在法律制度和竞争影响分析方面均未对少数股权收购与完全并购进行区分性规定。但是，与完全并购不同，少数股权收购方所获得的收益权与公司控制权会产生分离，在收购某一特定股份比例的少数股权时，收购方对于被收购方的公司控制权程度将呈现滑尺化。又由于收益权与公司控制权的竞争影响在作用方式上有重要区别，使少数股权收购的竞争影响具有区别于完全并购的特殊性。这种竞争影响的特殊性，一方面意味着对少数股权收购需要采取不同于以往的反垄断定性和量化分析方法；另一方面意味着现有反垄断法对少数股权收购的监管不足。应当在立法上强调少数股权竞争影响的特殊性，并应针对监管不足，作出制度回应。

关键词： 少数股权；控制权；反垄断

一、文献与问题的提出

从总体上看，作为一种十分常见且重要的商业行

---

* 宁度，对外经济贸易大学法学院博士研究生。

为，我国法学和经济学理论界对少数股权①收购及其相关概念有着较为持久且丰富的研究。② 并且，这些研究中，大多数涉及少数股权/股东的权利保护问题③，特别是公司、证券、会计领域的少数股权/股东的权利保护问题。④ 这些研究集中于少数股权/股东的保护等多个方面，包括但不限于股东代表诉讼权、知情权、决策权、收益权等。然而，与其他法学与经济学领域对少数股权收购不胜可数的研究成果形成强烈反差的是，反垄断视角下对少数股权收购，特别是对少数股权收购的竞争影响的研究寥寥可数。

目前，我国仅有两篇论文对这一问题有一定程度的涉及：高粱博士的论文主要关注欧盟竞争法对非控制性少数股权的规制，并简要介绍了非控制性少数股权收购潜在的竞争影响。⑤ 叶军博士的论文主要涉及经营者集中认定模式的各国比较研究，在此过程中，谈及对少数股权收购的法律规制。⑥ 这两篇论文对少数股权股权收购仅涉及一类——非控制性少数股权收购，或是并不以其为研究对象，未对少数股权收购的竞争影响进行直接和全面的分析。

单独的少数股权收购未能引起反垄断学界特别关注的一个关键原因，是中国反垄断法对少数股权收购和100%股权收购或合并⑦（以下简称

---

① 关于少数股权的概念本身，不同领域的学者有不同理解。在本文框架下，少数股权收购指收购小于50%的股份。

② 截至2016年4月20日，在中国知网上的"法学学科领域"分别输入"少数股权""少数股东"，可以分别显示有26条和580条搜索结果，而如果再把"经济与管理科学学科领域"纳入搜索范围，则分别可以显示有1 338条和1 092条搜索结果。

③ 以具有代表性的论文引证数为例，在法学和经济与管理学科关于少数股权/股东引证数排名前十的论文来，其中有九篇直接或间接涉及少数股权/股东的权利保护。例如，沈艺峰、许年行、杨熠：《我国中小投资者法律保护历史实践的实证检验》，《经济研究》2004年第9期，引证数为490；胡滨、曹顺明：《股东派生诉讼的合理性基础与制度设计》，《法学研究》2004年第4期，引证数为283。

④ 例如，郭富青：《论公司要约收购与反收购中少数股东利益的保护》，《法商研究》2000年第4期；小约翰·科菲、张华薇：《证券市场失败的教训：私有化、少数股权利保护和投资者信心》，《经济社会体制比较》2001年第2期；张丽、张然：《新会计准则中合并报表理论变革的经济后果研究——基于少数股东权益、少数股东损益信息含量变化的研究》，《会计研究》2008年第12期。

⑤ 高粱：《欧盟竞争法有关收购"非控制性少数股权"的立场及对我国经营者集中审查权限的思考》，《经济法学评论》2015年第15卷，第359-362页。

⑥ 叶军：《经营者集中法律界定模式研究》，《中国法学》2015年第5期，第223-247页。

⑦ 尽管100%股权收购与合并在公司法律上可能有不同的意义，但是，由于两者的竞争影响相同，也是最典型意义上的经营者集中，本文将两者混同使用。

"完全并购"）并未在法律制度及竞争影响分析上进行区分。

　　在法律制度方面，中国《反垄断法》并未有针对少数股权收购的特别规定。根据中国现有反垄断法律体系，涉及股权收购交易的竞争监管应纳入经营者集中监管框架。① 当前，中国对于经营者集中的监管采取的是事前监管制度，② 被认定为构成经营者集中的交易在达到法定的申报标准后，应当向经营者集中监管机构，即商务部③进行申报，由监管机构对经营者集中交易可能产生的竞争影响进行分析和评估，对于那些具有或可能具有排除限制竞争效果的经营者集中交易采取附限制性条件批准或者决定禁止的救济措施。把这一经营者集中监管框架适用于股权收购交易，监管的前提是交易构成经营者集中。认定交易构成经营者集中的标准是经营者的"控制权"发生变化，④ 而经营者"控制权"发生变化的实质是另一经营者能够对其"施加决定性影响"。⑤ 换而言之，就股权收购交易而言，交易是否使得收购方能够取得被收购方"控制权"——对被收购方"施加决定性影响"，是经营者集中申报和监管的前提。而交易所涉及的股权比例，是少数股权收购抑或是完全并购，仅在判断"控制权"是否发生变化时是

---

　　① 根据中国《反垄断法》第二十条规定，经营者集中是指"经营者合并""经营者通过取得股权或者资产的方式取得对其他经营者的控制权""经营者通过合同等方式取得对其他经营者的控制权或者能够对其他经营者施加决定性影响"三种情形。

　　② 目前，事前监管制度是国际上普遍采用的经营者集中监管制度。包括欧盟和美国在内的主要司法辖区都采取了这一制度。这一制度的特点是，达到申报标准的经营者集中只有在向监管机构进行申报后，才能完成交易。与事前监管制度相对的事后监管制度。事后监管的特点是，法律虽然规定了监管机构对经营者集中的管辖权，但经营者集中参与人并没有事前强制申报义务。监管机构可以自主对经营者集中发起调查。包括英国在内的司法辖区，对经营者集中采用了事后监管制度。SCOTT, ANDREW. The evolution of competition law and policy in the United Kingdom. 2009，p. 21.

　　③ 根据国务院"三定方案"，中国有三家反垄断监管机构，其中对经营者集中进行反垄断监管的机构是中国商务部。

　　④ 叶军：《经营者集中法律界定模式研究》，《中国法学》2015年第5期，第244页；曾晶：《经营者集中反垄断法规制的"控制"界定》，《现代法学》2014年第2期，第104页。

　　⑤ 中国《反垄断法》没有明确"控制权"的内涵是"施加决定性影响"。但是，考虑到对我国经营者集中立法有重要影响的欧盟竞争法明确把"控制权"的概念界定为"施加决定性影响（的可能性）"；且根据商务部：《关于经营者集中申报的指导意见》，其在认定经营者是否通过交易取得对其他经营者的控制权或者能够对其他经营者施加决定性影响时，把控制权与施加决定性影响统称为"控制权"，并不做含义上的区分；可以判定，"控制权"即"施加决定性影响"。Commission Consolidated Jurisdictional Notice under Council Regulation（EC）No 139/2004 on the control of concentrations between undertakings. 参见商务部《关于经营者集中申报的指导意见》第三条。

重要考虑因素，但在整体监管框架上，并无区别。

　　更重要的是，在竞争影响分析方面，中国《反垄断法》同样未有针对少数股权收购的特别规定。在规章层面，商务部《关于评估经营者集中竞争影响的暂行规定》（以下简称《竞争影响规定》），中国经营者集中的竞争影响评估是个案评估，应综合考量"参与集中的经营者在相关市场的市场份额及其对市场的控制力""相关市场的市场集中度"，"经营者集中对市场进入、技术进步的影响""经营者集中对消费者和其他相关经营者的影响"等因素，并且吸收了美国和欧盟的先进做法，规定对于横向经营者集中会评估其"单边效应"和"协调效应"，而对具有纵向因素的经营者集中还会评估其"封锁效应"。①

　　不难发现，《竞争影响规定》所指向的是"经营者集中"，对于构成经营者集中交易，无论是少数股权收购还是完全并购，《竞争影响规定》并没有明确在竞争影响评估的方法上，是否应对两者进行区分。尽管《竞争影响规定》的非明确规定，为商务部对构成经营者集中的少数股权收购在竞争影响上进行区分性的个案评估提供了留白式空间，但同样也为不区分的实践操作提供了空间。然而，如果不对少数股权收购与完全并购进行区分，则可能出现竞争影响评估过于简化和不准确的后果。因为，即使是交易主体相同，如果交易所涉及的比例不同，其竞争影响定然会有差异。举例而言，如果甲公司收购乙公司30%的股份使其取得了对乙公司反垄断法意义上的"控制权"，则该交易构成经营者者集中，如果竞争监管机构对该交易的竞争影响评估的方法上，不区别于甲公司收购乙公司100%股份的交易，则对两项交易的竞争影响评估结果也会相同，这显然不符合经济常识。

　　既然少数股权收购的竞争影响显然与完全并购有差异，那么，这种差异仅仅是由于收购股份比例的不同，还是有其深层次原因？应当如何对少数股权收购的竞争影响进行定性分析？是否有特别的量化工具可以针对少数股权的竞争影响进行量化分析？中国对于少数股权收购竞争影响是否存在监管不足？应当如何做出法律与制度上的回应？

　　本文拟通过对上述问题的回答，阐明对少数股权收购的竞争影响分析框架，并就中国对其法律监管不足提出完善建议。

---

① 参见商务部：《关于评估经营者集中竞争影响的暂行规定》第三条和第四条。

二、少数股权收购竞争影响的定性分析

（一）差异的根本原因：收益权与公司控制权的分离

如果把股权收购中股权的内容进行区分，其可以分为：收益权和公司控制权。收益权是指收购方有权基于股权而获得收益；公司控制权是指收购方有权基于其股权对被收购方的商业决策施加一定程度的影响或控制，商业决策包括定价、产品选择、售卖资产等。① 需要特别注意，本文所提及的"公司控制权"是经济和商业概念上的控制权，其侧重的是在股份被收购后，收购方对于被收购方意志的影响，或者说是被收购方对收购方意志的考虑。公司控制权的程度不同，这种考虑程度也不同。这与中国反垄断法律概念上的"控制权"并不相同，后者的构成需要收购方对被收购方的商业决策可以施加"决定性影响"。而就前者而言，收购方对被收购方商业决策任何程度的影响，都是一种"公司控制权"的体现，并不需要达到"决定性"的程度。公司控制权往往是公司股权结构和内部治理构架②的共同作用结果。

从竞争影响上看，收益权和公司控制权的作用则有着重要且显著的区别：收益权将影响收购方的竞争动力；公司控制权将影响被收购方的竞争动力。③ 经济学家认为，就收益权而言，股权收购交易发生后，收益权的存在使得收购方会"内部化"其竞争性行为的外部性，削弱竞争动力。④ 总而言之，如果一家企业涨价或限制产量，该行为产生的外部性就使其一

---

① 把股权区分为收益权与公司控制权最早由 Berle 与 Means 在 1932 年提出。两位作者的关注点是公司所有权与控制权的分离所产生的代理成本。ADOLF，BERLE，MEANS GARDINER. The modern corporation and private property. New York：McMillan，1932. 时至 1986 年，经济学家首度将这两种权利的区分应用于竞争影响分析。REYNOLDS，ROBERT J.，AND BRUCE R. SNAPP. The competitive effects of partial equity interests and joint ventures. International Journal of Industrial Organization，1986，4（2）：pp. 141 – 153.

② 公司股权结构是指股权分布情况，内部治理构架是指董事、监事、高级管理人员的权力分配情况。两者一般由公司章程和内部细则规定。

③ O'BRIEN，DANIEL P.，STEVEN C. SALOP. Competitive effects of partial ownership：financial interest and corporate control. Antitrust law journal，2000，67（3）：p. 571.

④ O'BRIEN，DANIEL P.，STEVEN C. SALOP. Competitive effects of partial ownership：Financial interest and corporate control. Antitrust law journal，2000，67（3），p. 575.

部分客户或销量会转移至其竞争者，使其竞争者获利。如果该企业收购了某一个竞争者的少数股权，则因收益权的存在，可以让其更有动力进行涨价或限制产量，因为被收购方由于收购方行为所获得的利润，会因为收购方所享有的收益权而部分地回流至收购方。就公司控制权而言，收购方可以通过少数股权所赋予的公司控制权而在一定程度上影响被收购方的竞争动力。这种影响可以减少被收购方的竞争动力或者促使其从事其他任何有利于收购方的行为。比如，收购方获得的公司控制权可以用来否决被收购方的价格促销，或者用来促使被收购方进行涨价，从而有利于收购方。

在完全并购时，股权内容中收益权和公司控制权对于收购方和被收购方竞争影响的不同作用一般不会被察觉，因为，在这种情况下收益权和公司控制权是统一的。一公司收购另一个公司的全部股权，即意味着同时取得另一公司的全部收益权和全部公司控制权，此时，两个公司全部股权所带来的全部收益权和公司控制权也统一归于同一个公司。①

然而，在少数股权收购时，其获得的收益权和公司控制权是分离的。以收购25%的少数股权为例，一方面，无论在交易后被收购方的公司股权结构和内部治理构架如何安排，收购方都将取得被收购方25%的收益权。另一方面，收购方取得的公司控制权会因被收购方公司股权结构和内部治理构架的不同而完全不同：在一个股权十分分散的公司，25%的少数股权可能就意味着对公司的完全控制；而在股权相对集中的公司，25%的少数股权可能仅意味着多个或个别决策的否决权；如果股权高度集中，25%的少数股权甚至可能意味着无法决定任何公司的商业决策。在一般情况下，股权结构很大程度上影响公司内部治理，大股东往往可以指派更多的董事和高管，但是，在有些情况下，即使股权结构高度集中，基于公司内部治理构架，拥有25%股权的首席执行官可能获得对公司决策的超级投票权或一票否决权，从而享有公司的完全控制权。

也就是说，收购某一特定股份比例的少数股权时，由于被收购方公司股权结构和内部治理构架共同作用导致的差异，收购方对于被收购方的公司控制权程度将是滑尺化的：收购方可能无法获得公司控制权（滑尺的一端）；也可能获得完全公司控制权（滑尺的另一端）；当然，更多的情况是获得某种程度公司控制权（滑尺的中间），而部分公司控制权同样由于收

① 同样，如果两个公司进行合并，两个公司的收益权和公司控制权同样统一归于一个公司——合并后的公司。

购方能够影响被收购方程度的不同，而呈现滑尺化。

严格意义上来说，由于公司股权结构和内部治理构架的不同，滑尺化公司控制权将呈现出纷繁多样的少数股权收购类型。但是，就研究角度而言，本文仅对具有代表性意义的公司控制权所对应的少数股收购进行类型化分析，并不苛求能够全然列举。根据公司控制权的有无，少数股权收购可以分为消极少数股权收购和积极少数股权收购。消极少数股权收购，是指收购方在交易后仅获得收益权，并不获得公司控制权;① 积极少数股权收购，是指收购方在获得股份收益权的同时，可以获得一定程度的公司控制权。

那么，不同类型的少数股权收购所产生的竞争影响将产生何种程度的不同呢？本文将从各主要反垄断法司法辖区所普遍采用的单边效应、协调效应和封锁效应角度，对不同类型少数股权收购的竞争影响进行定性分析。

（二）单边效应

单边效应，是指在横向并购交易后，暂时假设市场中的竞争者没有进行明示或默示的共谋，交易各方独立进行商业决策时提高价格或降低产量的动力和可能性。② 在美国，自 1992 年美国《横向合并指南》首度引入"单边效应"以来，单边效应已成为评估横向并购交易竞争影响最常见也是最重要的步骤之一。③ 商务部《竞争影响规定》也规定："评估经营者集中对竞争产生不利影响的可能性时，首先考察集中是否产生或加强了某一经营者单独排除、限制竞争的能力、动机及其可能性。"④ 因此，本文将在重点分析各类少数股权收购的单边效应。

1. 消极少数股权收购的单边效应

消极少数股权收购的单边效应源于收益权对收购方竞争动力的影响。消极少数股权的产生原因大体有两种：一是收购方基于收购协议，仅获得被收购方少数股份的收益权，例如收购仅具有收益权而无投票权的优先

---

① 仅有收益权而无投票权的优先股即是这一类。

② BAKER, JONATHAN B. Why did the antitrust agencies embrace unilateral effects. Geo. Mason L. Rev. 2003（12）: p. 31.

③ DICK, ANDREW R. Merger policy twenty-five years later: unilateral effects move to the forefront. Antitrust, 2012（27）: p. 25.

④ 参见商务部《关于评估经营者集中竞争影响的暂行规定》第四条。

股;二是收购方收购的少数股权具有投票权,但是由于公司的股权结构和内部治理构架的安排,所获得的投票权对于被收购方的商业决策没有任何影响,从实际效果上看,与仅有收益权无异。在这两种情况下,少数股权收购交易对被收购方的竞争动力不会产生影响,其仅影响收购方的竞争动力。通过简单的数学例证对未发生股权交易、完全并购和消极少数股权收购三种情形进行比较,可以对这一问题有更好的认识。

在未发生股权交易的情形下,假设每个企业都是独立定价。一般而言,市场中企业涨价的直接后果就是销售量和产量的减少,企业的最优定价行为是一种平衡考量的结果:在平衡涨价引起的利润增加和产量减少引起的利润减少中实现利润的最大化。这种利益最大化取决于很多因素,如企业的成本、竞争者的数量和竞争激烈程度、产品的差异化程度、其他企业的定价等。假设甲公司为轴承销售商,其有 20 个客户,轴承销售的初始价格为 100 元/个,其生产轴承的边际成本为 80 元/个,边际利润是 20 元/个,且市场的竞争程度不高。甲公司如果把轴承的销售单价提高 10%,仅会失去 1 个客户,那么由于涨价获得的利润增长(190 元)会远大于企业由于客户减少的利润损失(20 元),那么,企业就会有很强的涨价动力。但是,如果市场的竞争十分激烈,企业涨价会使其失去 10 个客户(假设其中 5 个客户会转移至乙公司,剩余 5 个会转移至其他公司),则涨价的利润增长(100 元)会小于客户减少的利润损失(200 元),净利润为负(-100 元),那么企业就不会有动力进行 10% 的涨价。如果甲公司在轴承100 元时利润最大化,那么 100 元就是其最优定价。

在企业完全并购时,企业更可能有动力进行涨价,从而产生较强的单边效应。这是由于收购方/合并一方因为涨价本会失去的一部分客户,也就是一部分销量,会转移至被收购方/合并的另一方。这种客户/销量[①]转移代表着收购方在涨价后可以重获一部分其损失的利润,其涨价的动力将提升。

假设上文的甲公司所处的市场环境是其涨价 10% 的后果是其会失去 10个客户,其中 5 个客户会转移至乙公司。为了让例证更有代表性,假设乙公司的轴承与甲公司的轴承是差异化产品,两者边际成本不同,乙生产轴承的边际成本为 60 元/个。如果此时甲公司完全收购乙公司,则甲公司涨价 10% 后,会有 5 个客户转移至其所拥有 100% 收益权的乙公司。收益权

---

① 为了使数学例证简单化,例证使用客户一词,但客户转移的经济学实质是销量的转移。

的存在使得甲公司可以重获损失的客户和利润。假如乙公司销售轴承的价格也为100元/个，但其轴承的边际成本仅为60元/个。则甲公司从乙公司重获的利润（200元）将大于没有收购乙公司时的负净利润（－100元）。因此，在甲公司完全收购乙公司后，甲公司有动力把轴承价格设定在110元/个，从而可能损害竞争。

需要注意的是，在完全收购时，收购方也获得了被收购方全部的公司控制权，这使得被收购方的竞争动力也发生改变，从而导致被收购方也进行涨价。由于客户可能转移至收购方，涨价后被收购方也能重获损失的客户和利润。由此，在完全收购后，因为交易双方都能够重获一部分损失的客户和利润，所以双方都有动力提高产品价格。而哪一方更有动力，则需要着重考虑边际利润的高低和客户/销量转移率这两个因素。

在消极少数股权收购的情形下，收购方并不像完全收购时取得被收购方100%的收益权，其仅取得比例较少的收益权。但是，这一收益权仍然可以影响收购方的竞争动力。收购方进行诸如涨价的商业决策时，仍然会考虑到其可以基于收益权重获部分损失的利润，从而更有动力涨价。只是其涨价动力会小于完全并购情形。

再以上述甲公司和乙公司为例。假设甲公司所处的市场环境是，其涨价10%的后果是其会失去10个客户，其中有5个客户会转移至乙公司。在甲乙双方没有股权交易时，甲公司没有动力涨价10%；而在甲公司完全收购乙公司时，甲公司则有动力涨价10%。假如，甲公司收购了乙公司25%的消极少数股权。此时，如果甲公司涨价10%，甲公司涨价的自身利润增长（100元）与其从乙公司重获的利润（50元①）之和（150元），并不会大于其自身的利润损失（200元），故甲公司没有动力去涨价10%。

但是，这并不意味着甲公司就完全没有涨价动力。如果把涨价的幅度进行一定调整，更小幅的涨价可能会使甲公司的涨价行为获利。假设，甲公司涨价4%的后果是其失去4个客户，其中有2个客户会转移至乙公司。此时，甲公司涨价的自身利润增长（64元）与其从乙公司重获的利润（20元）之和（84元），将大于其自身的利润损失（80元）。甲公司就有动力把价格提高4%。

根据上述三种情形的比较结果，我们可以认为，由于收益权的存在，消极少数股权收购方具有单边涨价的动力，只是这种动力较之于完全收购

①　计算公式为：40元×5×25%＝50元。

时的动力要弱。但是这不能否认，消极少数股权可能会产生单边效应。

2. 积极少数股权收购的单边效应

与消极少数股权收购相比，积极少数股权的收购方不仅具有被收购股份的收益权，其还可以获得一定程度的公司控制权。根据公司控制权的强弱，积极少数股权收购可以分为完全控制型少数股权收购、共同控制型少数股权收购和比例控制型少数股权收购等。

完全控制型少数股权收购，是指虽然收购方只取得被收购方的少数股权，但其取得被收购方的完全公司控制权，即收购方可以完全控制被收购方的重要商业决策。① 一般而言，在完全收购或者多数股权收购时，收购方才取得被收购方的完全公司控制权。但是，在一些情形下，收购少数股份同样可以取得完全公司控制权。例如，依照公司章程细则，少数股份的收购方被任命为公司实际管理人。又如，依照股权结构，被收购方的股权极为分散，以至于其他股东没有办法对抗少数股权收购方。

完全控制型少数股权收购有很强的动力提高价格和降低产量，可能产生很强的反竞争影响。这是由于存在一种"搭便车"效应：少数股权的收购方可以从由其完全控制的被收购方的大幅涨价中获利，而只用承担与少数股份相对应的小幅损失，大部分损失由被收购方其他股东承担。被收购方的涨价行为会使其部分销量转移至收购方。就收购方而言，其对自身股份具有100%收益权，而对被收购方的股份只有较少的收益权。由于这种"搭便车"效应的影响，在完全少数股权收购中，会出现一种特别的现象：收购方在被收购方的收益权越少，其提高价格的动力就越大。

共同控制型少数股权收购，是指收购方在取得被收购方的少数股权后，两个公司的管理层会致力于两个公司共同利益的最大化。此时，两个公司在商业决策上仿佛两者实际上进行了合并。② 这种情形产生的情形是：由于公司的股权结构和内部治理构架，少数股权使得收购方取得了被收购方较高程度的公司控制权；尽管收购方只想考虑自身的利益最大化，但被收购方的其他股东对公司决策同样有重要影响，作为双方协商和妥协的结果，两方会致力于两方利益的最大化，并分配利润。科斯定理认为，在不

① O'BRIEN, DANIEL P. , STEVEN C. SALOP. Competitive effects of partial ownership: financial interest and corporate control. Antitrust law journal, 2000, 67 (3): p. 577.

② O'BRIEN, DANIEL P. , STEVEN C. SALOP. Competitive effects of partial ownership: financial interest and corporate control. Antitrust law journal, 2000, 67 (3): p. 581.

存在交易成本时，交易各方会通过协商达成使各方福利最大化的结果。[1]
共同控制型少数股权收购所呈现的结果满足科斯定理的推导。经济学家也
把这种公司控制权称为"科斯共同控制"[2]。

　　但是，在现实生活中，交易成本是存在的。比如，共同控制型公司控
制权的形成需要两个公司达成某种形式的共谋，这就可能违反反垄断法，
故存在法律成本。更不用说双方会可能违反公司法上的信义义务。然而，
即使存在交易成本，在实践中，因少数股权收购交易而导致收购方和被收
购方在特定单个或多个公司决策上趋近于共同控制状态仍然是可能的。共
同控制型少数股权收购的反竞争影响与完全并购类似，也有较强的涨价
动力。

　　比例控制型少数股权收购，是指收购方对被收购方的公司商业决策的
影响程度与其对被收购方的股权比例基本相同。[3] 在这种情形下，如果收
购方取得被收购方25%的股权，则被收购方在进行价格和产量等商业决策
时会按比例地考虑该25%的股权，仿佛其拥有收购方25%的收益权一
样。[4] 在一定的公司股权结构和内部治理构架下，比如，在重要商业决策
需要特定的多数股权一致情况的情况下，作为多方明示或暗示妥协的结
果，每一个对被收购方有一定程度公司控制权的重要股东的利益都可能会
为被收购方所考虑。这种类型的少数股权收购，也常常发生在合营企业，
如果合营企业的股东是数个竞争者，每个股东的收益权都可能会按比例地
被考虑。[5]

　　由于还可以通过公司控制权影响被收购方的竞争动力，积极少数股权
收购的反竞争单边效应大于消极少数股权收购。但不同类型积极少数股权
收购的反竞争单边效应强弱，并不取决于收购方对被收购方的控制程度。

　　如果交易双方的竞争产品是同质化产品，收购方的公司控制权越大，

---

①　COASE, RONALD H. The problem of social cost. Palgrave Macmillan UK, 1960: pp. 87 – 137.

②　O'BRIEN, DANIEL P. , STEVEN C. SALOP. Competitive effects of partial ownership: financial interest and corporate control. Antitrust law journal, 2000, 67 (3): p. 582.

③　O'BRIEN, DANIEL P. , STEVEN C. SALOP. Competitive effects of partial ownership: financial interest and corporate control. Antitrust law journal, 2000, 67 (3): p. 583.

④　AZAR, JOSé, MARTIN C. SCHMALZ, AND ISABEL TECU. Anti-competitive effects of common ownership. Ross School of Business Paper, 2015: p. 8.

⑤　BRITO, DUARTE, LUIS CABRAL, AND HéLDER VASCONCELOS. Duopoly competition with competitor partial ownership. Mimeograph, Universidade Nova de Lisboa, Lisbon, Portugal, 2010.

其单边效应越强。完全控制型少数股权收购的反竞争影响大于共同控制型少数股权收购，而后者的反竞争影响又大于比例控制型少数股权收购。但是，如果交易双方的竞争产品是差异化产品，则相关的分析将更为复杂，双方相互销量转移率和双方边际利润的不同，使得各种类型积极少数股权收购的反竞争影响也没有可以遵循的固定次序。比如，如果被收购方的边际利润远远小于收购方，完全控制型少数股权收购的反竞争影响可能会小于共同控制型少数股权收购。这也是量化分析对于评估单边效有重要作用的原因。①

为便于阐明原理，以上对于不同类型少数股权收购单边效应的分析，仅假设一家企业取得其竞争者少数股权，即单方持股。但在实践中，竞争者之间的少数股权交易类型具有多样性，如双方相互持股和多方交叉持股。前者指股权交易双方相互持有少数股权，后者指市场中的多个竞争者交叉持有少数股权。仅以双方相互持股的少数股权交易而言，在同质化产品竞争中，其产生的单边效应就可能是单方持股少数股权交易的两倍，更不用说多方交叉持股情形下，在多重叠加的销量转移率作用下，产生的具有巨大危害性的单边效应。

（三）协调效应

与单边效应仅考虑交易各方独立进行商业决策时提高价格或降低产量的动力和可能性不同，对横向少数股权收购竞争影响的评估也应分析其是否可能促进市场竞争者进行明示或默示的共谋，即产生协调效应。② 经济学理论认为，达成和维持一个共谋的必要条件有三项：其一，有足够的透明度，以便利共谋的达成，并使共谋成员监视其他成员是否采取了约定的行动；其二，足够严厉和可行的惩罚机制，以对背叛共谋的行为进行惩罚；③ 其三，可以预见，客户和其他现有及潜在竞争者对共谋的反应行为不会破坏共谋。④ 除了以上三项必要条件，其他因素也可能促进共谋，包括但不限于：市场集中度、市场进入壁垒、买方力量、产品同质化程度等

---

① SHAPIRO, CARL. Mergers with differentiated products. Antitrust, 1995 (10): p. 23.

② GILO, DAVID, YOSSI MOSHE, YOSSI SPIEGEL. Partial cross ownership and tacit collusion. RAND Journal of Economics, 2006: p. 82.

③ STIGLER, GEORGE J. A theory of oligopoly. The journal of political economy, 1964: pp. 44 – 46.

④ CARLTON, DENNIS W, JEFFREY M PERLOFF. Modern industrial organization, 2000: p. 126.

等。就少数股权收购而言，可以在两方面促进共谋的达成和维持：其一，其可以提高透明度；① 其二，其可以通过削弱竞争者的竞争动力提高相互协调动力。②

1. 提高透明度

少数股权收购交易可以促进透明度的提高，是由于其可以为收购方提供接触被收购方商业决策信息的机会。这种对被收购方信息的接触，一方面可以促进共谋的达成，另一方面也可以及时监测被收购方是否有按照约定行为。

透明度的提高与公司控制权的程度也有密切关系。如果少数股权可以赋予收购方向被收购方指派一名或多名董事或高管，则透明度的程度将会有较大提高，收购方可能由此接触被收购方产品定价和商业战略等高度竞争性敏感信息。③ 然而，即使在少数股权消极收购的情形下，即收购方无法参与被收购方的经营与管理，市场透明度仍然可能提高。少数股权消极的收购方可能获得其他独立竞争者无法接触的信息，包括被收购方并购计划、重大投资计划、产能扩张计划或新市场拓展计划。甚至在有些时候，收购方仅仅基于收益权也可能察觉被收购方对共谋的背叛，比如，股利没有其他理由地突然增多。

这仅仅是单方持股对透明度的影响。如果交易双方相互持股，则交易双方发生信息交换的动力和可能性都会有显著提高。而如果是市场中的竞争者多方交叉持股，则整个市场的透明度都将可能大幅提高。

2. 提高协调动力

在特定的市场透明度下，竞争者达成和维持共谋的范围和动力与共谋参与者背离共谋所获得的利润密切相关。一个共谋参与者在考虑其背叛所获利润时，要考虑两点因素：一是在其背叛之时至背叛被发现前，其可获得的利润；二是在其背叛被发现后，其他共谋参与者对其进行惩罚时，其

① OECD, Antitrust issues involving minority shareholding and interlocking directorate, DAF / COMP, 2008（30）：p. 30.

② GILO, DAVID, YOSSI MOSHE, YOSSI SPIEGEL. Partial cross ownership and tacit collusion. RAND Journal of Economics, 2006：p. 84.

③ OECD, Antitrust issues involving minority shareholding and interlocking directorates, DAF / COMP , 2008（30）：p. 30.

承担的损失。[①]

对少数股权收购提高参与协调动力的经济学文献，主要都集中在消极少数股权收购上，[②] 换言之，都集中在收益权对于少数股权收购方参与协调动力的提高。笔者认为，少数股权的收益权和公司控制权都可能促进共谋的达成与维持，只是前者影响收购方和后者影响被收购方。

在消极少数股权收购中，少数股权所赋予的收益权会促进少数股权收购方达成和维持共谋。一方面收益权会提高收购方参与共谋所获得的利润，这是由于该利润是收购方自身利润与其基于收益权所获利润之和。另一方面，收益权的存在也会提高收购方背叛共谋所承担损失。如果收购方背叛共谋，其背叛共谋时至背叛被发现前一部分获利会以被收购方遭受损失为代价。而在其背叛被发现后，收益权的存在也为其他共谋参与者惩罚收购方提供了更严厉的惩罚工具。在没有少数股权收购交易的情形下，共谋参与者对于背叛者的处罚力度是有限的。[③] 比如，在常见的"价格战"中，背叛者可以通过将其价格贴近边际成本或降低产量等方法有效避免严重损失。然而，如果背叛者对其他共谋者有少数股权，则其他共谋者就可以通过降低自身价格和减少利润的方式有效惩罚背叛者。

如果少数股权的收购方本身是一个搅局企业（maverick），则收益权更可能促进共谋。搅局企业，是指那些在竞争中有利于消费者利益，具有破坏性竞争力，在市场中扮演搅局者角色的企业。[④] 搅局企业一般是行业中的中小企业，由于掌握一项或多项创新性技术或采取创新性商业模式，其产品成本较低，可以以低价策略牵制其他竞争者的涨价动力。如果一个市场有搅局企业，则市场中进行明示或默示共谋的动力和可能性就会降低。这是由于搅局企业会阻碍市场中共谋的达成和维持：如果搅局企业没有参与共谋，那么，其他竞争者自然会顾虑到共谋涨价后大量客户可能会转移

---

① IVALDI, MARC, BRUNO JULLIEN, PATRICK REY, PAUL SEABRIGHT, JEAN TIROLE. The economics of tacit collusion. Final report for DG competition, European Commission, 2003: pp. 5 - 7.

② Economic literature on non-controlling minority shareholdings (structural links), http://ec. europa. eu/competition/consultations/2013_ merger_ control/consultation_ annex1_ en. pdf, (Last visit on April 20, 2016)

③ REYNOLDS, ROBERT J. , BRUCE R. SNAPP. The competitive effects of partial equity interests and joint ventures. International Journal of Industrial Organization 4, 1986 (2): p. 149.

④ BAKER, JONATHAN B. Mavericks, mergers, and exclusion: proving coordinated competitive effects under the antitrust laws. NYUL Rev, 2002 (77): p. 135.

至搅局企业，从而降低达成共谋的可能性；如果搅局企业参与了共谋，其也有很高可能性背叛共谋。实践中，参与共谋的企业往往都有动力背叛共谋从而使自身获得更高利润。① 并且，只要有一家企业背离共谋，共谋就难以维持。而在所有参与共谋的企业中，最有可能背离共谋的企业是其中效率最高、成本最低的那家企业——搅局企业。② 美国 2010 年《横向合并指南》认可搅局企业对于竞争的促进作用，并特别规定"执法机构将考虑并购交易是否会通过消除搅局企业而损害竞争"。③ 如果搅局企业与竞争者完全并购，则其破坏性作用也可能消失，则市场整体上也更可能达成和维持共谋。

而搅局企业仅仅收购了竞争对手的少数股权，则其破坏性作用同样可能被削弱，股权交易也将促进共谋。收益权降低了搅局企业破坏和背叛共谋的可能性。并且收益权的数额越大，搅局企业就越没有动力背叛共谋。而收益权的数额又与少数股权比例及被收购方的边际利润密切相关，因此，少数股权的比例越高、被收购方越有效率，则以搅局企业为收购方的少数股权收购交易则更可能促进共谋的达成和维持，即更可能产生协调效应。

在积极少数股权收购中，除了收益权对共谋的作用外，收购方所享有的公司控制权同样可以促进共谋的达成和维持。一方面，收购方可以通过公司控制权直接促进被收购方参与共谋。收购方公司控制权的程度越高，被收购方就越有动力参加共谋。另一方面，也是更值得注意的是，收购方所享有的公司控制权可以为惩罚被收购方可能的背离共谋提供有效手段。具体而言，当被收购方背离共谋时，少数股权收购赋予的公司控制权可以使收购方以"不合作"的方式对被收购方的竞争性商业决策和行为产生负面影响。比如，在有利于被收购方的商业决策上投反对票甚至行使否决

---

① KOLASKY, WILLIAM J. Coordinated effects in merger review: from dead Frenchmen to beautiful minds and mavericks. US department of justice, washington, 2002, https://www. justice. gov/atr/speech/coordinated-effects-merger-review-dead-frenchmen-beautiful-minds-and-mavericks (Last visit on April 20, 2016).

② GILO, DAVID. The anticompetitive effect of passive investment. Michigan Law Review 99, 2000 (1): p. 47.

③ U. S. DEPARTMENT OF JUSTICE AND THE FEDERAL TRADE COMMISSION: Horizontal merger guidelines, 2010. https://www.ftc.gov/sites/default/files/attachments/merger-review/100819 hmg. pdf (Last visit on April 20, 2016).

权；又比如，收购方可以让自己控制的董事消极履职。无论是"价格战"，还是"苛以罚款"等传统惩罚机制都是从背叛企业的外部对背叛行为进行惩罚，减少背叛企业的利润，其具有明显、间接的特点，其操作难度大且效果不确定性高。而公司控制权所带来的惩罚机制则是从背叛企业内部减少其利润，其更加隐蔽、直接，操作简单且效果更有针对性。比如，如果收购方通过指使其控制的董事消极履职而不利于被收购方，尽管被收购方可以主张该董事违背了信义义务，但在实践中很难确切证明。同样原理，如果被收购方是搅局企业，则搅局企业对共谋的破坏性也可能因收购方的公司控制权而被削弱。需要注意的是，对很多市场而言，仅仅是存在有效严厉惩罚的可能性，就可以大幅度提高达成并长时间维持共谋的动力和可能性。

在有些时候，少数股权收购交易，可以成为收购方对其他市场竞争者发出的一个信号：其将降低竞争动力。在市场集中度较高的行业，仅仅是一个来自高效率企业的一个信号，就足以引起全行业进行默示共谋或不利于消费者的价格引领和跟随。[①]

（四）封锁效应

单边效应和协调效应一般发生在横向并购中，也是反垄断执法机构对横向并购进行反竞争影响分析的主要评估对象。而就纵向并购而言，一般认为，其一方面有着重要的促进竞争影响，如整合纵向资源和消除双重定价等，[②] 另一方面，其可能通过损害其他竞争者或提高市场进入壁垒使得交易后的企业可能把价格提高到竞争性价格之上，产生反竞争影响，而这种类型的反竞争影响，被称为封锁效应。[③]根据损害方式的不同，封锁效应可以被分为投入品封锁（input foreclosure）和客户封锁（customer foreclo-

---

[①] GILO，DAVID. The anticompetitive effect of passive investment. Michigan Law Review 99，2000（1）：p. 20.

[②] STEVEN C. SALOP & DANIEL P. CULLEY. Revising the U. S. vertical merger guidelines：policy issues and an interim guide for practitioners，J. Antitrust enforcement（forthcoming），p. 42，http：// scholarship. law. georgetown. edu/cgi/viewcontent. cgi？ article＝2542&context＝facpub（Last visit on April 20，2016）.

[③] 封锁效应是纵向并购最主要的反竞争影响，但并不意味着纵向并购就无法产生其他类型的反竞争影响。如上游企业可以通过收购下游企业，获得的其他上游企业的信息而便利共谋。但这种情况在实践中不常见。

sure）。投入品封锁是指并购交易中上游企业可能对下游企业就重要投入品进行歧视性供应——只对并购交易的下游企业进行供应，或以不利条件向其他下游企业进行供应，甚至不供应，从而提高其他下游企业的成本，损害其他下游竞争者并提高下游市场的进入壁垒，进而使得并购交易的下游企业能够把价格提高到竞争性价格之上，产生反竞争影响。与投入品封锁的概念相对应，客户封锁并购交易的下游企业可能对上游企业进行歧视性购买，从而减少其他上游企业的收入，损害其他上游竞争者并提高上游市场的进入壁垒，进而使并购交易的上游企业能够把价格提高到竞争性价格之上，产生反竞争影响。①

封锁效应的考察主要集中在评估并购后企业实施封锁行为的能力和动力。前者与封锁行为行动方的市场势力相关，而后者则与实施封锁行为后并购后企业所获得的利润相关。

封锁效应实现的前提性条件是实施封锁行为的行动方具备市场势力，使得被封锁的下游企业无法以合理可行的价格获得替代投入品或使得被封锁的上游企业无法以合理可行的方式获得替代客户，从而失去市场份额，进而引起受益的下游企业或上游企业的涨价，即具备从事歧视行为的能力。② 除了此前提性条件，封锁效应还考察并购企业从事封锁行为的动力，即封锁行为是否并在多大程度上可以使企业利润增长。与完全纵向并购一样，纵向的少数股权收购交易同样可能产生封锁效应。这种封锁效应，也同样由于收益权与公司控制权的分离而作用方式不同。

1. 消极少数股权收购的封锁效应

消极少数股权收购的封锁效应的前提是收购方具有市场势力，有从事歧视行为的能力。而收购方因交易所获得的收益权，则会增加其从事歧视行为的动力。以投入品封锁为例，如果作为上游企业的收购方没有市场势力，即使收购方对被收购方以外的其他下游企业进行歧视性涨价或拒绝供应，其他下游企业完全可以转向其他替代上游企业而避免造成损害。如果

---

① STEVEN C. SALOP & DANIEL P. CULLEY. Revising the U. S. vertical merger guidelines: policy issues and an interim guide for practitioners, J. Antitrust enforcement（forthcoming）, http://scholarship. law. georgetown. edu/cgi/viewcontent. cgi? article = 2542&context = facpub（Last visit on April 20, 2016）.

② Economic literature on non-controlling minority shareholdings（structural links）, http://ec. europa. eu/competition/consultations/2013_ merger_ control/consultation_ annex1_ en. pdf,（Last visit on April 20, 2016）.

作为上游收购方具备进行歧视行为的能力，则少数股权收购交易所赋予的收益权可以增加其在没有交易时所缺乏的进行歧视行为的动力。① 申言之，在没有交易时，上游收购方没有动力进行涨价或拒绝供应，因为其后果是下游企业会减少产量以止损，导致损害上游收购方自身。但在有股权交易时，收益权可以内部化上游收购方的对其他下游企业进行涨价的后果，从而增加进行歧视行为的动力。同理，如果消极少数股权收购交易要产生客户封锁效应，其前提是作为收购方的下游企业具有市场势力，有从事歧视行为的能力。交易所赋予的收益权可以增加其封锁其他上游企业的动力。由于少数股权收益权比例的自身限制，消极少数股权收购对于收购方进行封锁动力的提高程度会小于完全纵向并购。

2. 积极少数股权收购的封锁效应

积极少数股权收购交易赋予收购方收益权的同时，也赋予其对被收购方的公司控制权。与消极少数股权收购交易只能由收购方作为封锁行动方所产生封锁效应不同，积极少数股权收购交易的封锁效应还可能由被收购方作为封锁行动方产生。以投入品封锁为例，在消极少数股权收购交易中，只有收购方为具有市场势力的上游企业，其可能引起投入品封锁；而在积极少数股权收购交易中，收购方即使是下游企业，其也可能利用公司控制权影响上游的被收购方进行对其他下游企业的投入品封锁。特别是在在纵向完全控制型少数股权收购时，由于"搭便车"效应，下游收购方利用上游被收购方进行投入品封锁的动力可能比纵向完全并购后进行投入品封锁的动力还要大：下游收购方可以在其竞争对手被封锁后获得大幅利润增长，而仅需承担在上游被收购方少数股权比例相对应的损失。而且此时少数股权的比例越低，则封锁效应的动力则越大。② 当然，这种封锁行为的动力还与收购交易双方的边际利润密切相关。如果被收购方的边际利润很高，而收购方自身的边际利润很低，则下游收购方牺牲收益权而进行封锁的动力也会下降。同样，"搭便车"效应也适用于客户封锁：在上游收购方取得下游被收购方的实质性公司控制权时，上游收购方利用下游被收

---

① DAVID GILO, NADAV LEVY, YOSSI SPIEGEL. Partial vertical integration, ownership structure and foreclosure, https://www.tau.ac.il/~spiegel/papers/partial-vertical-integration.pdf (Last visit on April 20, 2016).

② DAVID GILO, YOSSI SPIEGEL. Partial vertical integration in telecommunication and media markets in Israel, Israel economic review, 2011, 9 (1): p.34.

购方进行客户封锁的动力会可能随着少数股权比例的下降而增强，[①] 这种动力可能会超过纵向完全并购。而纵向完全控制型少数股权收购、纵向比例控制性少数股权收购，也可能产生投入品封锁和客户封锁等封锁效应，具的作用方式与纵向完全控制性少数股权收购类似，只是根据公司控制权程度不同，以及交易双方销量转移率和边际成本的不同，其封锁效应的大小不同而已。在此不再赘述。

三、少数股权收购竞争影响的量化分析

学术界对于少数股权收购的竞争影响是否可以用经济学公式进行量化分析一度是有争议的。美国反垄断法权威 Areeda 教授和 Turner 教授就曾质疑少数股权收购竞争影响的量化可行性，"很不幸，在通常情形下或者甚至是在特殊情形下，没有公式可以反映这种影响……那种根据收购方的股权比例而对市场份额进行打折计算的公式是不合适的"。[②]然而，越来越多的经济学文献对这一观点进行了挑战。经济学家对传统评估完全并购竞争影响的量化公式进行了发展，设计出了多种评估少数股权收购竞争影响的量化方法。其中，有两种量化横向少数股权收购的方法得到较为广泛的认同：其一，是对赫芬达尔—赫希曼指数（"HHI 指数"）进行修改适用的修正赫芬达尔—赫希曼指数（"MHHI 指数"）；其二，是对综合向上定价压力指数（"GUPPI 指数"）进行修改适用修正综合向上定价压力指数（"MGUPPI 指数"）。

（一）MHHI 指数

HHI 指数，也被称为 HHI 市场集中度指数，是反垄断执法机构评估横向完全并购竞争影响普遍采用的一种量化工具。[③] 其计算方法是把相关市场内各竞争者的市场份额进行平方后再相加求和。HHI 指数源于产业经济

---

①　DAVID GILO, YOSSI SPIEGEL, Partial vertical integration in telecommunication and media markets in Israel, Israel economic review, 2011, 9 (1): p.35.

②　PHILLIP AREEDA & DONALD F. TURNER, Antitrust law 1203d, 1980: p. 322.

③　美国在 1982 年《横向合并指南》中率先规定该量化工具，随后欧盟也在其《评估横向合并指南》中引入该工具。商务部《关于评估经营者集中竞争影响的暂行规定》第六条规定："市场集中度是对相关市场的结构所作的一种描述，体现相关市场内经营者的集中程度，通常可用赫芬达尔—赫希曼指数（HHI 指数，以下简称赫氏指数）……来衡量。"

学的古诺寡头模型，该模型的前提是竞争者生产同质化产品，进行产量竞争。[①] 完全并购交易前后 HHI 指数的变化（常用"△HHI"表示）程度越大，则并购交易对于相关市场集中度的提升也就越高，进而越有可能损害竞争。在完全并购交易中，△HHI 为交易双方各自市场份额之积的两倍。由于古诺寡头模型假定没有市场进入、不考虑并购效率，HHI 指数的计算较为粗略。实践中执法机构往往会将 HHI 指数量化结果与定性分析相结合来对完全并购交易进行全面评估。但是 HHI 指数所具有的简便性和所体现的经济学正当性仍然使其成为执法机构评估横向完全并购最常用的指示性量化工具，可以指示市场竞争是否可能遭受损害。

MHHI 指数最初由 Bresnahan 与 Salop 在 1986 年提出，[②] 其后由 O'Brien 与 Salop 针对不同程度的公司控制权在 2000 年进行发展，[③] 其同样源于古诺寡头模型。MHHI 指数与传统 HHI 只能应用于横向并购交易不同，其考虑了股权收购交易所产生的不同程度的收益权与公司控制权，可以应用于少数股权收购。计算少数股权收购交易前后 MHHI 指数的变化（"△MH-HI"），可以指示性地评估交易对于竞争可能的影响。

假设市场中有 A、B、C、D 四个公司，各自的市场份额可以分别用 Sa、Sb、Sc、Sd 表示。如果 A 公司收购了 B 公司 β 比例的少数股权，由于这部分少数股权可能赋予 A 公司对 B 公司不同程度的公司控制权，其△M-HHI 将不同，交易对市场竞争的影响也由此不同。

表 1 以完全并购为参照系，展示对不同类型少数股权收购计算△MHHI 指数的一般公式，[④] 并以 Sa、Sb、Sc、Sd 分别是 30%、10%、40%、20%，β 是 20% 为例，计算具体的△MHHI。

---

① OECD, Antitrust issues involving minority shareholding and interlocking directorates, DAF / COMP, 2008 (30): p. 27.

② BRESNAHAN, TIMOTHY F. , STEVEN C. SALOP. Quantifying the competitive effects of production joint ventures. International journal of industrial organization, 1986, 4 (2): pp. 155 – 175.

③ O'BRIEN, DANIEL P. , STEVEN C. SALOP. Competitive effects of partial ownership: financial interest and corporate control. Antitrust law journal, 2000, 67 (3): p. 594.

④ O'BRIEN, DANIEL P. , STEVEN C. SALOP. Competitive effects of partial ownership: financial interest and corporate control. Antitrust law journal, 2000, 67 (3): p. 596.

表 1　△MHHI 指数

	一般公式	β＝20% 为例
完全并购	$\triangle = 2SaSb$	600
消极少数股权收购	$\triangle = \beta SaSb$	60
完全控制型少数股权收购	$\triangle = (\beta + 1/\beta) SaSb$	1 560
共同控制型少数股权收购	$\triangle = 2SaSb$	600
比例控制型少数股权收购	$\triangle = [\beta + \beta/(1-\beta)^2 + \beta^2]SaSb$	148

　　表 1 的一般公式与例子计算结果与上文关于同质化产品竞争不同类型少数股权收购单边效应的定性分析是相匹配的。在本例子中，HHI 指数为 3000，是一个集中度较高的市场。各类型的少数股权收购中，消极少数股权收购，即当 β 仅赋予收购方收益权时，其△MHHI 仅为 60，其反竞争影响最少。但这并不代表消极少数股权不会影响竞争，根据 β SaSb 一般公式，β 的数值越大，其反竞争影响也越大。在市场集中度较高的市场中，△HHI 为 100 是一条警戒线，△HHI 超过 100，表明交易可能损害竞争。①在本例市场中，如果 β 为 33%，则△MHHI 就将达到 100。更何况在实践中，还有发生在集中度更高的市场中的消极少数股权收购交易。在完全控制型少数股权收购时，即当 β 赋予收购方完全公司控制权时，其对交易双方竞争动力的损害最大，反竞争影响也最大。而一般公式中的 "1/β" 也反映了完全控制型少数股权收购的 "搭便车" 效应，在取得完全公司控制权时，收益权越低，则反竞争影响越大。其反竞争影响甚至可能数倍于 A 公司与 B 公司完全并购时的反竞争影响。△MHHI1 560 与 600 的对比就鲜明地反映了这一点。而在共同控制型少数股权收购时，其反竞争影响等于完全并购，△MHHI 也相同。特别值得注意的是，就比例控制型少数股权收购而言，其△MHHI 为 148，大于 100 的警戒线，可能引起严重的反竞争问题。更重要的是，该类型的少数股权收购并不需要 β 比例的股权赋予收购方对于被收购方商业决策的 "决定性影响"，即中国反垄断法意义上的 "控制权"。

---

　　① U. S. DEPARTMENT OF JUSTICE AND THE FEDERAL TRADE COMMISSION. Horizontal merger guidelines. Issued：August 19，2010：p. 19，https：//www. ftc. gov/sites/default/files/attach-ments/merger-review/100819hmg. pdf（Last visit on April 20，2016）.

（二） MGUPPI 指数

GUPPI 指数，即综合向上定价压力指数，是用于评估在横向完全并购各方在交易完成后提高各自产品价格动力的量化工具。其最初原型是 Carl Shapiro 教授于 1996 年由提出的转移率方法（diversion ratio approach）。[1] 此后，Carl Shapiro 教授和 Joseph Farrell 教授共同发展了该方法，并命名为 GUPPI 指数。[2] 2010 年美国《横向合并指南》吸收了 GUPPI 指数，并将其作为横向合并单边效应的重要量化工具。GUPPI 指数的基本经济学原理是：由于横向合并交易一方因自身产品涨价而遭受损失销量的一部分会转移至交易另一方的产品，其可能在交易后进行涨价。基本计算方法可以简单表述为：横向完全并购交易一方产品的"综合向上定价压力指数"——GUPPI，是该产品涨价后转移至交易另一方产品销量的价值与产品涨价而遭受的损失之比。简而言之，GUPPI 是一个关于横向完全并购交易一方产品涨价时，通过交易另一方所回收利润与自身损失利润的比率。这个比率越高，交易一方提高自身产品价格的动力也就越高，就越可能损害竞争。

举例来说，假设甲公司的产品为产品 1，乙公司的产品为产品 2。如果甲公司和乙公司进行横向完全并购，则产品 1 和产品 2 的 GUPPI 指数的一般公式[3]分别是：

$$GUPPI_1 = DR_{12} \times M_2 \times P_2/P_1$$
$$GUPPI_2 = DR_{21} \times M_1 \times P_1/P_2$$

在 $GUPPI_1$ 的计算公式中，DR_{12} 是指产品 1 涨价后其转移至产品 2 的销量与总体损失的销量之比，即转移率，M_2 是产品 2 的边际利润与销售价格之比，P_2/P_1 则是指产品 2 与产品 1 销售价格之比。

就产品 1 而言，产品 1 在涨价后其销量转移至产品 2 的转移率越高，甲公司所能回收的利润就越高。与之类似，产品 2 的边际利润越高，甲公

---

[1] Mergers with differentiated products, Antitrust, Spring 1996, p. 23.

[2] SEE JOSEPH FARRELL & CARL SHAPIRO. Antitrust evaluation of horizontal mergers: an economic alternative to market definition, 10 B. E., J. Theoretical Econ.: Pol'y & Persp, 2010（1）.

[3] SEE JOSEPH FARRELL & CARL SHAPIRO. Antitrust evaluation of horizontal mergers: an economic alternative to market definition, 10 B. E. J. Theoretical Econ.: Pol'y & Persp. 2010（1）.

司所能回收的利润就越高。由于 GUPPI$_2$ 与 GUPPI$_1$ 呈镜像，GUPPI$_2$ 计算公式的中各部分含义和作用也无须赘述。由此，与上文的定性分析相契合，转移率与双方边际利润这两点因素，对完全并购双方竞争动力有重要影响。

与 HHI 指数一样，GUPPI 指数也是一种指示性量化工具，虽然其能够反映交易各方产品可能的涨价动力，但是由于不考虑市场进入和竞争者之间的价格互动，在应用过程中，执法机构同样要结合建立在交易重要事实上的定性分析，才能对交易的竞争影响进行全面评估。但是，GUPPI 指数比 HHI 指数有更高的精确性。首先，GUPPI 指数可以应用于差异化产品，适用范围比 HHI 更广。GUPPI 指数源于伯川德寡头模型，该模型的基本假设是竞争者生产差异化产品，进行价格竞争。[①] 其次，GUPPI 指数计算的复杂性远超 HHI 指数。GUPPI 指数的计算是针对单个产品的涨价动力，对于横向完全并购交易双方的产品需要分别计算。并且在计算过程中需要收集包括双方各自产品的边际利润、各自产品向另一方产品的单向转移率等信息。这些信息为 GUPPI 提供更好的准确度。最后，GUPPI 指数直接针对产品的涨价动力，相较于 HHI 指数计算市场集中度，更能直接评估横向完全并购的反竞争影响。

MGUPPI 指数的最初原型是基于转移率方法而修改的价格压力指数（PPI 指数），[②] 并在转移率方法被发展为 GUPPI 指数后，相适应地发展为 MGUPPI 指数。MGUPPI 指数之于 GUPPI 指数，与 MHHI 指数之于 HHI 指数相似，都是考虑了股权收购交易所产生的不同程度的收益权与公司控制权，使原本只能应用于横向完全并购的量化工具可以应用于少数股权收购。

继续以上文甲公司的产品 1 与乙公司的产品 2 为例，如果甲公司收购了乙公司 β 比例的少数股权，这部分可能赋予甲公司对乙公司的不同程度的公司控制权，则产品 1 和产品 2 的 MGUPPI 指数（分别用"mGUPPI$_1$"与"mGUPPI$_2$"表示）也将不同。表 2 以横向完全并购为参照系，展示了不同类型少数股权收购 MGUPPI 计算的一般公式。

---

① OECD, Antitrust issues involving minority shareholding and interlocking directorates, DAF / COMP, 2008（30）：p. 28.

② O'BRIEN, DANIEL P., STEVEN C. SALOP. Competitive effects of partial ownership：financial interest and corporate control. Antitrust law journal, 2000, 67（3）：p. 598.

表 2 MGUPPI 指数

	MGUPPI$_1$	MGUPPI$_2$
完全并购	$1 \times DR_{12} \times M_2 \times P_2/P_1$	$1 \times DR_{21} \times M_1 \times P_1/P_2$
消极少数股权收购	$\beta \times DR_{12} \times M_2 \times P_2/P_1$	0
完全控制型少数股权收购	$\beta \times DR_{12} \times M_2 \times P_2/P_1$	$1/\beta \times DR_{21} \times M_1 \times P_1/P_2$
共同控制型少数股权收购	$1 \times DR_{12} \times M_2 \times P_2/P_1$	$1 \times DR_{21} \times M_1 \times P_1/P_2$
比例控制型少数股权收购	$\beta \times DR_{12} \times M_2 \times P_2/P_1$	$[\beta/(1-\beta)^2 + \beta^2]$ $\times DR_{21} \times M_1 \times P_1/P_2$

　　根据表 2，不难发现，MGUPPI 指数的大小与少数股权的份额 β，双方产品转移率和边际利润，这三点因素密切相关。在消极少数股权收购中，由于交易并不影响影响被收购方，其 MGUPPI$_2$ 为 0，其整体反竞争影响会小于其他三类少数股权收购类型。但是，就其他三类少数取得类型而言，三者 MGUPPI 指数的大小会随着 β、产品转移率和边际利润的不同而不同，MGUPPI 大小及其反映的反竞争影响的大小没有固定次序。以完全控制型少数股权收购与共同控制型少数股权收购为例。如果产品 1 和产品 2 的相互转移率与边际利润相近，其 β 较小，比如20% 则由于1/β 所反映的"搭便车"效应，完全控制型少数股权收购的 MGUPPI 将很大于共同控制型少数股权收购。但是，如果 β 较大，如 45%，且产品 1 涨价时其销量向产品 2 的转移率（DR$_{12}$）远大于产品 2 涨价时其销量向产品 1 的转移率（DR$_{21}$），或者产品 2 的边际利润（M$_2$）远大于产品 1 的边际利润（M$_1$），则即使有 1/β 所反映的"搭便车"效应的存在，完全控制型少数股权收购的 MGUPPI 也很可能小于共同控制型少数股权收购。而比例控制控制性少数股权收购的 MGUPPI 计算则更为复杂，一般而言其会小于完全控制型少数股权收购和共同控制型少数股权收购，但仍然可能实质性地限制竞争。

四、对少数股权收购监管的法律分析与完善思考

（一）中国对少数股收购的监管现状

为了对可能损害竞争的并购交易进行竞争干预，中国建立了经营者集

中监管体系，在该体系下，通过"申报—评估—救济"三套环环相扣的监管制度，对可能排除、限制竞争的经营者集中进行监管。这一监管体系在其申报开启环节的前提步骤，是通过"控制权"变化标准认定交易构成经营者集中。也就是说，与上文经济分析根据是否取得公司控制权及其产生的竞争影响所做的消极/积极少数股权收购的分类不同，中国经营者集中监管法律框架，是根据"控制权"变化标准对少数股权做出控制性/非控制性少数股权收购的分类，前者纳入监管体系，而后者则被排除在监管体系之外。笔者将对这两类法律上的少数股权收购类型分别进行分析。

1. 对非控制性少数股权收购的监管：体系性制度漏洞

中国经营者集中监管法律框架存在一个天然的逻辑漏洞：①经营者集中反垄断监管的根本目的是要对那些可能产生竞争损害的股权或资产收购交易进行干预，维护市场竞争；②经营者集中"控制权"变化认定标准意味着，在中国这些交易进行反垄断申报、进而纳入监管的前提是交易中有经营者的"控制权"发生了变化；③从逻辑上就可以推断，一定有一类交易并不会导致有经营者的"控制权"发生变化，但是却有可能损害竞争。因此，在理论上，经营者集中反垄断审查的根本目的和经营者集中"控制权"变化认定标准之间的差异，可能产生监管漏洞。非控制性少数股权收购就处在这一理论监管漏洞之中。考虑到经营者集中反垄断监管的根本目的，决定这一理论上的监管漏洞是否具有现实性的关键，则是判断非控制性少数股权收购是否可能排除、限制竞争影响。

通过上文对少数股权收购竞争影响的经济分析，对于这一问题的回答显然是肯定的。非控制性少数股权收购的"非控制性"，意味着收购方没有取得被收购方反垄断法意义上的"控制权"，无法对被收购方"施加决定性影响"。即在公司控制权的滑尺上，以"施加决定性影响"公司控制权为分界点，公司控制权程度不足以对被收购方"施加决定性影响"的少数股权收购交易都属于非控制性少数股权收购。那么，所有的消极少数股权收购和部分比例控制型的少数股权收购①都属于非控制性少数股权收购。而根据上文所述，无论是通过定性分析还是量化分析，这两类少数股权收

---

① 比例控制性少数股权收购强调的是购方对被收购方的公司商业决策的影响程度与其对被收购方的股权比例相同。在比例控制性少数股权收购中，如果收购股权的比例较高，如45%，则可能达到"决定性影响"，构成反垄断法上的"控制权"；如果股权的比例较低，如15%，则可能属于"非控制性少数股权收购"。

购都是可能产生排除、限制竞争影响的。对非控制性少数股权收购在经营者集中申报制度，即监管前提条件的漏洞，会使得无法对其产生的竞争影响进行评估和分析，也就自然无法对其进行救济。因此，经营者集中监管体系对非控制性少数股权收购存在现实的，即需要填补的监管漏洞。

2. 对控制性少数股权收购的监管：竞争影响分析的简化倾向

对于满足"控制权"变化标准，构成经营者集中的少数股权收购，也就是控制性少数股权收购，中国的经营者集中监管体系并没有制度漏洞。并且，商务部《竞争影响规定》所规定的"个案评估"为区分控制性少数股权收购与完全并购的竞争影响留下了空间。

然而，《反垄断法》在对少数股权收购规则上的缺位，以及部门规章"经营者集中"和"控制权"的强调，可能促使监管机构对少数股权收购倾向于采取一种简化的竞争影响分析方法：首先分析少数股权收购交易是否导致"控制权"变化，即构成经营者集中；如果构成，随后则进行以此"经营者集中"为整体的竞争影响评估，评估交易各方的市场份额、市场控制力、所处相关市场的市场集中度等。在这种分析方法下，收购方取得被收购方股权的比例与对被收购方公司决策的影响程度，仅仅在认定交易是否构成经营者集中时得到特别关注，而在竞争影响分析环节，并没有得到特别关注。

这种对控制性少数股权收购在竞争影响分析上的简化倾向在中国监管机构公开的案件和规定中也有一定体现。比如，在沃尔玛公司收购纽海控股33.6%股权案①中，商务部案件公告的竞争分析部分首先论证该交易构成经营者集中——"沃尔玛公司将成为纽海控股的控股股东，并通过纽海控股取得对益实多1号店网上直销业务的控制权"，随后即进行以"经营者集中"为整体的竞争影响评估，并未提及沃尔玛公司取得的股权比例与对被收购方公司决策的影响对于竞争本身的影响程度。但是，根据上文经济分析，股权比例与对被收购方公司决策的影响程度所分别体现的收益权与公司控制权对于收购方和被收购方的竞争动力影响是值得详细分析的。

---

① 参见《商务部公告2012年第49号关于附加限制性条件批准沃尔玛公司收购纽海控股33.6%股权经营者集中反垄断审查决定的公告》，http://fldj.mofcom.gov.cn/article/ztxx/201303/20130300058730.shtml，2016年4月19日。从最严格意义上，该案不属于"少数股权收购"，因为加上原有股份，交易后沃尔玛将取得纽海控股51.3%的股份，但是，考虑到本案是商务部反垄断局所有附加条件或禁止经营者集中反垄断审查决定中，唯一一个涉及"控制性少数股权收购"的案件，故以本案为例。

又如，商务部2015年2月《关于规范经营者集中案件申报名称的指导意见》（以下简称《申报名称指导意见》）第三条规定："集中情形是 A 收购 B 股权的，案件名称应表述为'A 收购 B 股权案'，不需要含有股权比例。"[1] 这一规定要求经营者集中在申报时不需要再列明收购股权的比例，使得在规定出台后，他人除附条件或禁止经营者集中审查决定涉及股权收购的交易外，[2] 无法了解商务部所审查为数众多的股权收购交易的具体股权比例。

当然，从一个关于股权收购申报名称的条文和一则个案公告并不能说明商务部在实践中确实对于少数股权收购的竞争影响分析存在简化。然而，控制性少数股权收购在滑尺化公司控制权下竞争影响的复杂性与《反垄断法》与《竞争影响规定》对其在规则上的缺位所形成的鲜明对比，需要我们留意和防止竞争影响分析简化倾向。

（二）法律与制度的完善与设计

1. 强调少数股权收购在竞争影响分析的特殊性：法律完善

对于对控制性少数股权收购竞争影响分析的简化倾向，最好的做法是在立法上强调少数股权收购在竞争影响分析上的特殊性。如果无法在《反垄断法》上做出强调，也可以对商务部《竞争影响规定》就少数股权收购竞争影响的定性分析和量化分析做出以下两方面的修改：

第一，就定性分析而言，考虑到《竞争影响规定》已经规定应综合考量市场集中度、市场份额、市场进入壁垒等因素，并对单边效应、协调效应和封锁效应的评估均设有单独条文做出规定，仅需增设一条，对于少数股权收购的竞争影响评估，还应考虑收购方取得的股权比例与对被收购方公司决策的影响等因素。

第二，就定量分析而言，由于《竞争影响规定》仅规定了 HHI 指数，应增加关于 GUPPI 指数的规定。并且，再增设一条，对于少数股权收购的竞争影响评估，可对 HHI 指数和 GUPPI 指数等量化工具进行修改适用。

2. 对非控制性少数股权收购的监管漏洞填补：制度设计

对于非控制性少数股权收购监管的体系性制度漏洞，填补的关键在于

---

[1] 参见商务部：《关于规范经营者集中案件申报名称的指导意见》。

[2] 按照《反垄断法》的规定，只有附条件或禁止经营者集中反垄断审查决定需要对外界公开。对于商务部无条件批准的案件，商务部只公布案件名称。

对经营者集中申报制度进行立法完善。由于申报制度的立法完善也意味着国家公权力向市场的进一步干预，立法者在进行制度完善设计时，时刻注意在公共执法利益与私人投资利益的取得平衡，具体而言，应当遵守以下三项原则：①申报制度的完善应当针对可能排除、限制竞争的非控制性少数股权收购；②申报制度的完善应提供清晰明确的申报标准；③申报制度的完善也不应当不成立比例地增加监管机构的行政负担。

　　基于上述三项原则，又考虑到"控制权"变化标准是经营者集中制度构建的根基，无论是彻底推翻现有经营者集中"控制权"变化认定标准，要求全部的非控制性少数股权收购均进行事前强制性申报；还是严格坚持现有经营者集中"控制权"变化认定标准，放弃对非控制性少数股权收购的监管，都是不可行的。前者将过分增加私人投资的经济成本，严重阻碍市场经济自由，而后者，将过分忽视可能的反竞争行为，最终同样将严重阻碍市场经济自由。

　　更可行的办法，是对控制性少数股权收购和非控制性少数股权收购进行区分监管。中国的经营者集中监管制度，在本质上属于"行政许可"①，由商务部根据经营者的申请，决定是否准予其进行满足"控制权"变化标准的经营者集中。虽然非控制性少数股权收购虽然可能产生现实的反竞争影响，但是这一反竞争影响发生的可能性和程度都要远小于控制性少数股权收购。如果对其的监管同样采取"行政许可"，一方面会过度干预市场经济自由，另一方面也会不成比例地增加监管机构的行政负担。因此，可以将现有经营者集中监管制度由单一"行政许可"，改为"行政许可"与"行政备案"相结合的制度。

　　在这一制度下，除了继续对控制性少数股权收购适用原有的经营者集中监管制度——"行政许可"外，对于符合一定标准的非控制性少数股权收购交易采取"行政备案"制：要求交易人在交易前，向商务部提交关于交易的基本信息，即"行政备案"，并由商务部进行公示。所提交的交易基本信息可以让商务部决定是否要对交易进行调查，并且让利益相关人提出竞争关注。但是，经过短期的"公示等待期"后，如15个工作日，交易人可以自行完成交易，而无须得到商务部的批准。当然，这一制度还需要实体与程序立法进行配套。

---

　　① 《行政许可法》第二条规定："行政许可，是指行政机关根据公民、法人或者其他组织的申请，经依法审查，准予其从事特定活动的行为"。

在实体立法方面，需采取两个关键步骤：①针对可能排除、限制竞争的非控制性少数股权，设置新的经营者集中情形——"竞争性重要联结"，将其纳入"行政备案"监管；②对于少数股权收购，是否产生"控制权"变化和或"重要竞争性联结"均采用根据股权比例"推定"的方式。

根据中国现行《反垄断法》第二十条，经营者集中是指"合并""取得控制权""施加决定性影响"三种情形，如上所述，这三种经营者集中情形都意味着经营者的"控制权"发生变化。而在法律技术上认定"控制权"变化标准十分复杂，[①] 如果在立法上简单规定对非控制性少数股权收购进行"行政备案"备案，少数股权收购交易参与人无论交易是否满足"控制权"变化标准都很可能主张交易属于非控制性少数股权收购，避免适用现有的经营者集中"行政许可"监管制度。这种申报投机行为，会为监管机构带来过高的识别成本。而解决的办法是增设一种"竞争性重要联结"经营者集中情形："经营者通过取得股权或资产等方式产生竞争性重要联结。"本质上，竞争性重要联结的就是指不构成"控制权"变化标准，但又可能产生排除、限制竞争效果的非控制性少数股权收购交易。然而，如要要化解"控制权"变化认定的复杂困境，厘清"控制权"变化标准和"竞争性重要联结"界限，为实践中商务部和并购交易参与人提供清晰明确的强制申报和备案标准，则应当改变现有"认定"方式，对是否产生"控制权"变化和或"竞争性重要联结"均采用根据股权比例"推定"的方式。

考虑到少数股权收购收益权和公司控制权各自分离的竞争影响，对于少数股权收购交易，可以采取以下推定标准：

（1）如果股权收购比例超过（20%），无论收购方是否获得被收购方的公司控制权（无论是消极少数股权收购还是积极少数股权收购），都不再考虑收购方所获公司控制权的程度是否达到"控制权"变化标准，直接推定交易满足"控制权"变化标准，纳入现有"行政许可"经营者集中监管制度。

（2）如果股权收购比例在（15%~20%）之间，且收购方获得被收购方任何程度的公司控制权（即属于积极少数股权收购），直接推定交易满足"控制权"变化标准，纳入现有"行政许可"经营者集中监管制度。

（3）如果股权收购比例超过（15%~20%）之间，但是收购方未获得

---

① 叶军：《经营者集中法律界定模式研究》，《中国法学》2015年第5期，第227页。

被收购方任何程度的公司控制权（即属于消极少数股权收购），直接推定交易产生"竞争性重要联结"，纳入对"竞争性重要联结"进行"行政备案"的经营者监管制度。

（4）如果股权收购比例在（5%～15%）之间，且收购方获得被收购方的公司控制权达到特定标准，如可以指派一名董事，或可以接触竞争性敏感信息，直接推定交易产生"竞争性重要联结"，则纳入对"竞争性重要联结"进行"行政备案"的经营者监管制度。

（5）如果股权收购比例小于（15%），收购方未获得被收购方任何程度的公司控制权；或虽然获得某种程度的程度的公司控制权，但该公司控制权小于（3）的特别标准，则不需要进行强制申报或备案。

当然，在具体立法中，还要根据监管机构的执法经验，来确定各类情形的具体股权收购比例推定标准。

如果在实体立法方面，是通过对"竞争性重要联结"的推定安排，使不太可能产生排除、限制竞争影响的"竞争性重要联结"的非控制性少数股权收购尽量免于行政羁绊，那么，在程序立法方面，需要为设立商务部对可能产生排除、限制竞争影响的"竞争性重要联结"设置调查权限和限制。具体的程序制度安排可以是：

（1）在"公示等待期"期间，如果商务部认为"竞争性重要联结"有十分明显的产生排除、限制竞争影响，其有可以启动转换程序，要求交易参与人进行正常程序的经营者集中申报，即把交易纳入"行政许可"经营者集中监管。

（2）在"公示等待期"后，也应赋予商务部在特定时间范围内，在满足特定条件下启动对交易进行事后监管。如在120个工作日内，在根据各方反馈意见，有实质性证据表明交易可能排除、限制竞争时，商务部对于已经进行的交易，可以要求暂停交易，并进行正常程序的经营者集中申报；对已经完成的交易，也可以视情况要求交易各方进行"业务分持"。

对于"行政备案"经营者集中，事实上是一种经营者集中"事后监管"制度。因此，在更为具体的实体与程序立法上，可以在深度考虑本土经营者集中制度的同时，参考诸如英国等一些对经营者集中进行事后监管的司法辖区的经验，再进行审慎的制度设计。

欧美滥用标准必要专利反垄断法规制之比较及启示

周贤钜[*]

周贤钜[*]

提要： 标准必要专利兼具专利的私有性和标准的公共性，一旦专利权人滥用其标准必要专利进行垄断，将会阻碍竞争以及损害消费者的利益。欧洲和美国作为世界上标准制定活动最为活跃的地区，其规制滥用标准必要专利的经验相对比较丰富。本文将对欧美滥用标准必要专利行为的反垄断法规制进行比较与分析，再根据我国的实际情况，结合欧美成熟经验的借鉴，对完善我国滥用标准必要专利的反垄断法规制提出一些建议。

关键词： 标准必要专利；反垄断法规制；知识产权滥用

随着技术进步和创新经济的发展，标准与专利技术的结合越来越频繁，尤其体现在信息和通信技术产业等领域。与此同时，标准必要专利产生的纠纷也日益增多。随着欧美国家接连对谷歌、微软和摩托罗拉等信息和通信技术产业巨头企业开展反垄断调查，涉及标准必要专利的反垄断问题引起世界各国的广泛关注。而近年来，诸如华为诉 IDC 案、高通垄断案等关于标准必要专利滥用的纠纷在我国也开始掀起高潮。

标准必要专利的滥用会产生阻碍竞争的效果，损害

---

* 周贤钜，暨南大学法学院/知识产权学院经济法专业研究生。

消费者的利益，因此需要通过反垄断法对其进行规制。由于近年来标准必要专利持有人的垄断行为主要表现为滥用市场支配地位进行专利挟持，认定市场支配地位是其重点。而在欧美实践中，标准必要专利持有人滥用行为主要表现为违反 FRAND 承诺收取超额许可费以及滥用禁令。因此，本文在介绍相关立法的基础上，将市场支配地位认定以及主要滥用行为的规制方面的欧美实践经验作为重点，对欧美在滥用标准必要专利进行反垄断法规制问题上的有益探索进行比较分析，进而为我国提供相关借鉴。

一、欧盟对滥用标准必要专利行为的反垄断法规制

（一）相关立法

欧盟对于垄断行为进行规制的基本立法是《欧盟运行条约》第一〇一条、第一〇二条，适用于企业之间的限制竞争行为及其他联合行为，确立了欧盟反垄断法的基本框架。这些规定对于滥用标准必要专利等滥用知识产权的垄断行为也同样适用。其中第一〇二条着重于对企业滥用市场支配地位的规制，意在对市场力量的控制，通常与涉及标准必要专利许可的反垄断案例联系更为紧密。

2014 年 3 月，欧盟委员会修订颁布了《关于技术转让协议适用欧盟运行条约第一〇一条第三款的 316/2014 号条例》（以下简称《316/2014 号条例》）及配套指南（以下简称《316/2014 号条例配套指南》）。《316/2014 号条例》将专利技术以及其他知识产权许可协议进行统一的规范，规定了欧盟竞争法对各种知识产权相关技术许可协议条款的禁止、限制和豁免条件。对于知识产权与竞争法之间的关系，《316/2014 号条例配套指南》指出，知识产权和欧盟竞争规则之间不存在内在冲突。事实上，增进消费者福利和资源的有效分配是两者共同的基本目标。①

欧盟在立法中对标准必要专利的关注体现在 2011 年制定颁布的《关于横向合作协议适用〈欧盟运行条约〉第一〇一条的指南》（以下简称

---

① Guidelines on the application of Article 101 of the Treaty on the Functioning of the European Union to technology transfer agreements. Para 7, http：//eur-lex. europa. eu/legal-content/EN/TXT/HTML/？ uri = CELEX：52014XC0328（01）&from = EN.

《2011 年指南》）中"标准化协议"一章。① 指南中列出欧盟委员会主要的"竞争关注"，认为标准化协议通常会产生积极的经济效果，但是也可能对竞争产生限制性影响。在企业掌握标准必要专利后，其可以在与标准相关的产品或服务市场通过控制标准必要专利的许可使用而导致进入市场障碍，滥用其市场支配地位，通过专利挟持获取额外收入。② 《2011 年指南》寻求解决一些滥用标准必要专利的问题，如之前不能完善解决的 Rambus 案和高通案等涉及违反第一〇二条滥用市场支配地位的情形。

由于标准化协议存在带来创建市场力量的风险，因此《2011 年指南》采用"安全港"的条款，列举标准化协议不会限制竞争的三个条件：①制定标准过程的参与是没有限制的，而且标准制定的过程是透明的；②标准化协议没有包含对遵从标准施加限制性的义务；③遵循公平、合理、无歧视原则（FRAND）的基础上对标准必要专利进行许可。满足以上三个条件亦不会构成对第一〇一条第一款的违反，这就是标准化协议的"安全港"条款。③

（二）市场支配地位认定

1. 相关市场界定

对于相关商品市场的界定，欧盟根据《关于相关市场界定的通知》，认为需要从需求替代和供给替代两方面进行分析，通过"假定垄断者测试"的方法来对相关商品进行界定。在涉及标准必要专利的案件中，更多的是对相关技术市场进行分析。

2014 年，欧盟审查摩托罗拉标准必要专利垄断案，在分析相关市场时，先设定本案中的相关技术市场包含 GPRS 技术标准下摩托罗拉所拥有的 Cudak 标准必要专利，和客户在应对摩托罗拉 Cudak 标准必要专利许可

---

① Guidelines on the applicability of Article 101 of the Treaty on the Functioning of the European Union to horizontal co-operation agreements, Chapter 7, http：//eur-lex. europa. eu/legal-content/EN/TXT/HTML/？uri = CELEX:52011XC0114(04)&from = EN.

② Guidelines on the applicability of Article 101 of the Treaty on the Functioning of the European Union to horizontal co-operation agreements, Chapter 7. Para 292-299, http：//eur-lex. europa. eu/legal-content/EN/TXT/HTML/？uri = CELEX:52011XC0114(04)&from = EN.

③ Guidelines on the applicability of Article 101 of the Treaty on the Functioning of the European Union to horizontal co-operation agreements, Chapter 7. Para 280, http：//eur-lex. europa. eu/legal-content/EN/TXT/HTML/？uri = CELEX:52011XC0114(04)&from = EN.

进行一个小而明显的非暂时性涨价时可以替换运用的其他技术。如果可以很轻松地转向其他技术来及时响应 Cudak 标准必要专利小而明显的非暂时性涨价，那么这些替代技术将会形成相关技术商品市场的一部分。① 接着欧盟委员会从需求替代和供给替代两方面来论述该标准必要专利是否存在可替代技术。

需求替代方面，欧盟委员会从三方面进行分析：①通过给出的技术标准使用覆盖的地域以及使用人群等数据得出在近五年内作为 2G 技术标准体系下的 GPRS 技术标准仍然无法被 3G、4G 的技术标准所取代。②由于无法提供更大的连接网络灵活性、覆盖地域不同，因此 GPRS 技术标准无法被 2G 技术标准体系下的其他技术标准所替代。③由于摩托罗拉已经宣称其拥有的 Cudak 专利技术是 GPRS 技术标准所采纳的标准必要专利，生产该标准下的产品就无法规避使用其标准必要专利。因此，摩托罗拉的 Cudak 标准必要专利无法被其他技术所替代。②

供给替代方面，欧盟委员会认为，因为摩托罗拉拥有的标准必要专利是 GPRS 技术标准的一部分，不可能存在其他标准必要专利持有人能够提供功能相同的替代性技术。③

结合上述的分析，欧盟委员会得出结论，认为摩托罗拉拥有的 Cudak 标准必要专利构成一个单独的相关技术市场。

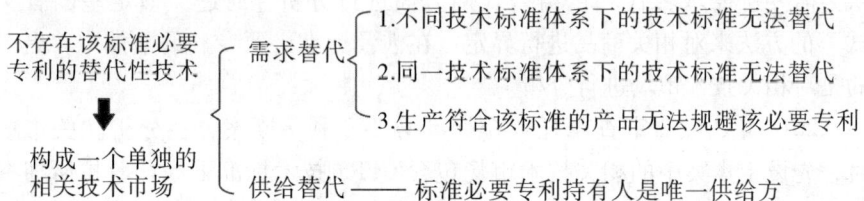

不存在该标准必要专利的替代性技术 → 构成一个单独的相关技术市场

需求替代
1. 不同技术标准体系下的技术标准无法替代
2. 同一技术标准体系下的技术标准无法替代
3. 生产符合该标准的产品无法规避该必要专利

供给替代 —— 标准必要专利持有人是唯一供给方

图 1　摩托罗拉标准必要专利垄断案中相关技术市场的分析思路

在摩托罗拉标准必要专利垄断案中，欧盟委员会结合案件情况，从需

① Case AT. 39985-Motorola-Enforcement of GPRS Standard Essential Patents. Para191. 29，April, 2014.

② Case AT. 39985-Motorola-Enforcement of GPRS Standard Essential Patents. Para191. 29，April, 2014：pp. 193 – 208.

③ Case AT. 39985-Motorola-Enforcement of GPRS Standard Essential Patents. Para191. 29，April, 2014：p. 210.

求与供给替代两方面出发，结合"假定垄断者测试"的方法，分析案件所涉技术标准的替代性问题和该技术标准下的标准必要专利的替代性问题，从而得出每一个标准必要专利构成单独的相关技术市场的结论。欧盟委员会在标准必要专利具有锁定效应的基础上，通过这种动态的分析来对相关技术市场进行界定。此后的三星标准必要专利垄断案也是基于相同的思路对相关技术市场进行认定。①

　　2. 市场支配地位认定的分析

　　《2011 年指南》指出，虽然技术标准的制定为标准必要专利持有人带来或增强市场力量，但是标准必要专利持有人不一定拥有市场支配地位，需要依据个案进行分析。②

　　在摩托罗拉标准必要专利垄断案中，欧盟委员会分析市场份额时认为，每一个标准必要专利都构成一个单独的相关市场，因为摩托罗拉拥有 GPRS 技术标准下的 Cudak 标准必要专利，所以摩托罗拉在 Cudak 标准必要专利许可的相关市场上拥有 100% 的份额。但仅仅拥有 Cudak 标准必要专利并不必然带来市场支配地位，仍需要结合竞争者的市场份额、潜在竞争者进入市场的难易度等因素进行分析。欧盟委员会接着从 GPRS 技术标准对制造商的重要性和对整个行业的锁定情况两方面进行分析。③ 欧盟委员会还指出苹果公司作为被许可方在任何情况下都没有明显限制摩托罗拉的能力，结合以上情况，得出了摩托罗拉在相关市场的市场支配地位。

　　通过对上述案例的观察，可以得出欧盟委员会在认定标准必要专利持有人是否具有市场支配地位时，结合个案从以下方面进行考量：①相关市场的市场份额；②竞争者的市场份额；③潜在竞争者进入市场的难易度（以及技术标准对整个行业的锁定程度、制造商的产品能否规避技术标准等）。

（三）对主要滥用行为的规制

　　过去十多年里，标准必要专利持有人的许可行为（如违反 FRAND 承

---

① Case AT. 39939-Samsung-Enforcement of UMTS Standard Essential Patents. 29，April，2014.

② Guidelines on the applicability of Article 101 of the Treaty on the Functioning of the European Union to horizontal co-operation agreements，Chapter 7. Para269，http：//eur-lex. europa. eu/legal-content/EN/TXT/HTML/？uri = CELEX：52011XC0114（04）&from = EN.

③ Case AT. 39985-Motorola-Enforcement of GPRS Standard Essential Patents. Para191. 29，April，2014：p. 226

诺收取高额许可费）和诉讼策略（如不当使用禁令）是否滥用市场支配地位一直是欧盟委员会在处理竞争事项时比较棘手的问题。① 近年来，欧盟一直在尝试努力解决标准必要专利持有人所引起的竞争法问题，试图通过设置规则或是创建案例来解决滥用标准必要专利引起的问题。

1. 违反 FRAND 承诺收取超额许可费

2006 年欧盟的高通案中②，由于欧盟委员会难以证明高通收取的许可费是违反 FRAND 承诺的不合理高额费用，最终宣布停止调查。③ 高通的案例说明欧盟委员会的困难在于确定标准必要专利持有人收取的许可费用是否"不合理"或者"过高"。因为在这种特殊的情况下并没有一个公式可以让竞争执法机构和法院确定什么是公平和合理的费用。欧盟在认定标准必要专利持有人是否违反 FRAND 承诺收取不公平高额许可费用的问题上，不想将自己在这类案件中变成一个许可费率的决定机关，并且也没有专业技术来支持。④ 因为这可能会引起大量对欧盟委员会的诉讼。

对于标准必要专利权利人是否违反 FRAND 原则收取超额费用，关键在于评估其许可费是否公平、合理。虽然《2011 年指南》提供了进行评估的方法，但是这些方法都不是完美无缺的，还有其他方法可以用来判断许可条款是否公平、合理。⑤

欧盟委员会在之后的摩托罗拉和三星涉及标准必要专利垄断的案件中都没有对 FRAND 原则下的许可费率进行认定。可见，欧盟委员会对于标准必要专利持有人是否违反 FRAND 原则收取超额许可费的问题上，其立场是比较谨慎的。欧盟委员会认为，竞争法庭或者商事法庭更适合在这类

---

① DAMIEN GERADIN, European commission policy towards the licensing of standard-essential patents, Jnl of Competition law & economics, 2013, 9（4）：pp. 1125 - 1145.

② PRESS RELEASE, EUROPEAN COMMISSION, Antitrust：commission initiates formal proceedings against qualcomm, MEMO/07/389 （Oct. 1, 2007）, http：//europa. eu/rapid/press-release _ MEMO-07-389_ en. htm.

③ PRESS RELEASE, EUROPEAN COMMISSION, Antitrust：commission closes formal proceedings against qualcomm, MEMO/09/516（Nov. 24, 2009）, http：//europa. eu/rapid/press-release_MEMO - 09 -516_ en. htm.

④ DAMIEN GERADIN, European commission policy towards the licensing of standard-essential patents, Jnl of Competition law & economics, 2013, 9（4）：pp. 1125 - 1145.

⑤ PRESS RELEASE, EUROPEAN COMMISSION, Antitrust：commission initiates formal proceedings against qualcomm, MEMO/07/389 （Oct. 1, 2007）, http：//europa. eu/rapid/press-release _ MEMO - 07 - 389_ en. htm：pp. 289 - 290.

争议中确定 FRAND 原则下的许可费率。

2. 禁令的使用

2012 年，欧盟委员会正式宣布对摩托罗拉公司进行反垄断调查。① 针对该案，欧盟委员会于 2014 年做出禁止决定，认为摩托罗拉公司寻求和执行针对苹果基于其标准必要专利的禁令的行为构成滥用市场支配地位，责令摩托罗拉公司消除该行为所带来的消极影响。一般情况下，在发生专利侵权时向法院寻求救济对于专利权人是合法的救济手段。然而，如果标准必要专利持有人自愿承诺遵守 FRAND 条款且潜在的善意被许可人愿意接受 FRAND 条款下的许可协议，那么基于标准必要专利寻求禁令的行为会构成滥用市场支配地位的行为。这是潜在被许可人的"安全港"。

2012 年，欧盟委员会对三星公司启动了反垄断调查。② 针对该案，欧盟委员会于 2014 年做出承诺决定，三星公司承诺：在 5 年之内，放弃针对任何有意愿根据特定的框架许可方式与其达成标准必要专利许可合同的潜在被许可人寻求禁令救济，既包括现有也包括未来的标准必要专利。框架许可的具体方式如下：①谈判周期最长为 12 个月；②如果在 12 个月内不能达成许可协议，在双方合意的基础上，由法院或仲裁机构对 FRAND 条款的具体应用进行裁定。三星公司还将任命受托人监督其承诺的执行。③

表1　摩托罗拉案与三星案的比较小结

	摩托罗拉案	三星案
决定类型	根据欧盟理事会第 1/2003 号条例第七条做出禁止决定	根据欧盟理事会第 1/2003 号条例第九条做出承诺决定
是否构成违法	构成	不构成

① PRESS RELEASE, EUROPEAN COMMISSION. Antitrust: commission opens proceedings against motorola, IP/12/345 (Apr. 3, 2012), http: //europa. eu/rapid/press-release_ IP - 12 - 345_ en. htm.

② PRESS RELEASE, EUROPEAN COMMISSION. Antitrust: commission opens proceedings against samsung, IP/12/89 (Jan. 31, 2012), http: //europa. eu/rapid/press-release_ IP - 12 - 89_ en. htm.

③ Case 39939 Samsung-enforcement of UMTS standard essential patents, Summary Decision, Para16, 29 April 2014.

（续上表）

	摩托罗拉案	三星案
主要内容	寻求或执行有关标准必要专利的禁令会被认为违法的条件： 1. FRAND 承诺 2. 善意的被许可人	提供一个详细的框架许可： 1. 谈判周期最长为 12 个月 2. 如果没有达成协议，由法院或仲裁机构来决定 FRAND 许可费率
结果	1. 为善意的被许可人确立了"安全港"条款 2. 提供了一个先例 3. 不涉及罚款	1. 界定如何实践摩托罗拉案中创立的"安全港"原则 2. 承诺对三星公司具有法律约束力 3. 不涉及罚款

通过上述两个案件，可以看出欧盟委员会对于标准必要专利禁令救济的态度：对标准必要专利持有人利用寻求禁令阻碍竞争的行为进行规制，对最终可能造成消费者利益损害的许可条件进行限制。但是，标准必要专利持有人应当有权从相关专利许可中获取合理的报酬。欧盟委员会在摩托罗拉案中确立了使用禁令的"安全港"原则，而三星案则使"安全港"原则进一步得到细化，为其实施提供了实践当中的参考。[1]

二、美国对滥用标准必要专利行为的反垄断法规制

（一）相关立法

美国对各种限制竞争行为进行规制，主要根据《谢尔曼法》《克莱顿法》《联邦贸易委员会法》等几部综合性的反垄断法规，另外还制定了部分专门对滥用知识产权行为进行规制的法律、法规。鉴于滥用标准必要专利的垄断行为与滥用知识产权行为的密切关系，这些规制知识产权滥用的规定亦可用于规制标准必要专利许可相关的垄断行为。

1995 年 4 月，美国司法部和联邦贸易委员会联合发布了《知识产权许可的反托拉斯指南》（以下简称《1995 年指南》）。《1995 年指南》认为，知识产权法和反垄断法的共同目标都是促进创新和提高消费者福利，两者

---

[1]　European commission competition policy brief: Standard essential patents. June 2014.

以各自的方式来实现这一目标。尽管《1995 年指南》明确指出其不能取代反垄断执行中的判决与裁量，需根据实际具体情况对每个案例进行判断，对该指南进行灵活合理地运用。但《1995 年指南》已对包括专利权在内相关知识产权的行使或许可起到规范作用，其确立的原则也同样适用于标准必要专利。

2007 年 4 月，司法部与联邦贸易委员会又联合发布了《反托拉斯执法与知识产权：促进竞争和创新》报告（以下简称《2007 年报告》）。①《2007 年报告》主要体现为对《1995 年指南》的发展与完善。《2007 年报告》指出，标准可以使企业以更低的成本去生产对消费者更有价值的产品，促进创新和效率提高。但当专利技术被纳入标准后，可能会引发反垄断法上的问题。标准必要专利人可通过"专利挟持"来获得更高的许可费用，最终使消费者受到损害。为了减轻滥用标准必要专利对竞争的阻碍效果，标准制定组织要求标准制定参与者必须公开所有与标准可能有关的专利，以及承诺向其他人许可时遵守合理和无歧视的条款（RAND，即FRAND 承诺）。

2013 年 1 月，美国司法部与专利商标局联合发布了《关于自愿遵守FRAND 承诺下标准必要专利救济的政策声明》（以下简称《2013 年声明》）。②《2013 年声明》专门论述了标准必要专利持有人在 FRAND 承诺许可下使用禁令救济是否适当的问题。

（二）市场支配地位认定

美国作为判例法国家的代表，其反垄断法条文通过一系列判例来形成其具体含义和违法构成要件。《1995 年指南》指出，知识产权不一定会产生反垄断意义上的市场力量，因为通常存在足够多的替代性方案。但在技术标准化的背景下，标准必要专利的产生大大减少了存在替代性技术的可

---

① THE U. S. DEPARTMENT OF JUSTICE AND THE FEDERAL TRADE COMMISSION. The antitrust enforcement and intellectual property rights：promoting innovation and competition（04/2007），https：//www. justice. gov/atr/antitrust-enforcement-and-intellectual-property-rights-promoting-innovation-and-competition.

② U. S. DEPARTMENT OF JUSTICE AND U. S. PATENT & TRADEMARK OFFICE. Policy statement on remedies for standards-essential patents subject to voluntary F/RAND commitments，http：//www. uspto. gov/about/offices/ogc/Final_ DOJ – PTO _ Policy _ Statement _ on _ FRAND _ SEPs _ 1 – 8 – 13. pdf.

能，增加了标准必要专利持有人所持有的市场份额和对市场竞争的影响。下面将结合相关案例分析美国在实践中如何对标准必要专利持有人具体市场支配地位进行认定。

1. 相关市场认定

在 Broadcom v. Qualcomm 案中，涉案技术为高通公司持有的 WCDMA 标准必要专利，虽然只占 UTMS 技术标准的很少一部分，但仍是该标准在实践中不可缺少的一部分。博通公司主张涉案的相关技术市场为高通 UT-MS 技术标准下的 WCDMA 标准必要专利。因为 UTMS 技术标准将 WCDMA 技术纳入后，将不存在可互换或可替换的其他技术。法院认为博通公司提供了充分的证据来进行证明其对于相关市场的认定，认可了其主张，因为是专利技术与标准的结合导致相关市场与专利一致，而不是专利的发明与持有。[①] 在随后备受关注的 Apple Inc. v. Samsung Elecs. Co. 案中，法院根据苹果公司的主张和证据，认可了相关技术市场由三星公司所有的标准必要专利构成。因为 UTMS 标准的制定，使原有的替代性技术都失去竞争力。[②]

可见，在司法主导的反垄断执法模式下，美国法院对于相关市场的认定，将根据当事人是否能够提供足够的证据来证明其主张，需要对每个标准必要专利是否具有可替代性技术进行判断，对专利技术之间的竞争关系进行全面分析。这使相关市场的认定更加明确，但也无形中对当事人的举证责任提出更高要求。

2. 市场支配地位认定的分析

同样是 Broadcom v. Qualcomm 案，结合博通公司的主张和证据，在对相关市场界定后，法院认为高通公司的 WCDMA 标准必要专利不存在可替代性技术，且其所述的 UTMS 标准已经产生锁定效应，高通可以凭借这种垄断力量收取独占性高价，且该市场存在准入进入障碍，因为高通在相关市场上具有市场支配地位。

美国司法实践认为，专利技术被纳入相关标准确实可以使相当一部分具有替代性的技术被排除，从而使标准必要专利的价值大大提升。但这也只能说明标准必要专利持有人存在具有市场支配地位的可能，而不是必然导致支配地位的产生。垄断力量的存在可以通过独占性定价和限制产品输出直接证明，也可以从相关市场的结构和组成来进行推断。为了支持存在

---

① Broadcom Corp. v. Qualcomm Inc. , 501 F. 3d 297 (3d Cir. 2007).

② Apple Inc. v. Samsung Electronics. Co. Ltd. et al. 11 – CV – 01846.

垄断力量的推断，原告必须主张和证明一家企业拥有占支配地位的相关市场份额、竞争的强度以及该市场存在巨大的壁垒。①

(三) 对主要滥用行为的规制

基于 FRAND 原则的优点，美国政府一直鼓励推广 FRAND 原则的使用。在违反 FRAND 承诺下收取超额许可费和滥用禁令救济等问题上，美国也进行了相关的实践。

1. **违反 FRAND 承诺收取超额许可费**

在 Georgia-Pacific Corp. v. U. S. Plywood Corp. 一案中，曾经使用"15 要素法"来计算合理的许可费用。② 但"15 要素法"是针对专利许可费用的确定，是一般性规则，不能完全考虑标准必要专利的特殊性。审理 Microsoft Corp. v. Motorola Inc. 案的 Robart 法官认为，"15 要素法"对确定符合 FRAND 原则的许可费具有重要的参考价值，并对"15 要素法"进行改良，用于 FRAND 许可费的计算。

在结合本案相关的专家证人所作证言进行分析后，Robart 法官认为，对 FRAND 许可费进行评估应该考虑以下几个方面：①符合 FRAND 承诺的专利许可费的设定基准应与标准制定组织推动该技术标准广泛采用的目标相适应。②标准制定组织要求专利权人作出 FRAND 承诺旨在避免专利挟持的现象，而确定符合 FRAND 承诺许可费的合适方法应该是会尽力达成这个目标的。③该合适方法应还需考虑应对许可费叠加的风险，即考虑如果其他标准必要专利持有人也向实施者主张许可费，以此方法计算出的许可费总额不会过高。④FRAND 许可费的设定需要体现标准制定组织将该知识产权纳入标准是为了创建有价值的技术标准，而为了引导这一目标的实现，FRAND 承诺下所设置的许可费水平应该考虑知识产权的所有者，是其愿意接受并实施的。⑤从经济角度而言，FRAND 承诺应该被理解为要求标准必要专利持有人基于其专利技术的自身价值来收取合理的许可费用，而不同于因该专利被纳入技术标准所创造的价值。③

可见，美国法院在认定 FRAND 承诺下的专利许可费时，会同时兼顾

---

① United States v. Microsoft Corp. , 253 F. 3d 34；346 U. S. App. D. C. 330；2001 U. S. App. LEXIS 14324；2001－1 Trade Cas. （CCH）P73，321

② Georgia-Pacific Corp. v. U. S. Plywood-Champion Papers, Inc. , 318 F. Supp. 1116 （1970），modified by 446 F. 2d 295 （2d Cir. 1971）.

③ Microsoft Corp. v. Motorola Inc. , Case No. C10－1823JLR, 2013 U. S.

许可人和被许可人的利益，而且在计算中会对标准必要专利对相应技术标准和产品的贡献率进行考量。

2. 禁令的使用

2013 年 1 月，美国司法部与专利商标局联合发布的《2013 年声明》对有关标准必要专利的使用问题进行了深刻的阐述。《2013 年声明》指出，在某些情况下，对于负有 FRAND 义务的标准必要专利给予排他令或者禁止令将与公共利益不一致。这种情况在负有 FRAND 义务的专利与专利权人对标准制定组织的 FRAND 许可承诺不兼容所产生的排除令的时候尤为明显。负有 FRAND 义务的标准必要专利持有人试图通过排除令对标准的使用者施加压力以迫使其接受价格更为高昂的许可条款。这种排除令通过降低标准制定组织所采用的、减少负有 FRAND 义务的专利所有权人机会主义行为方法的作用，最终将会损害竞争和消费者。《2013 年声明》同时指出，排除令在某些情况下仍然是适用的。例如，推定的被许可人不能或者是拒绝接受 FRAND 许可，并且在专利权人的 FRAND 承诺范围之外行动。[①] 基于某一个案的具体因素，当专利侵权人是在专利权人所承认的 FRAND 承诺的范围之内行动，且侵权人并没有拒绝 FRAND 条款时，公共利益是可以阻止排除令的颁布的。

反垄断执法部门在相关执法活动中也表达其对标准必要专利禁令救济的立场。2013 年，联邦贸易委员会发布同意令，限制谷歌公司和摩托罗拉公司通过禁令来威胁那些愿意接受 FRAND 条款的潜在被许可人。联邦贸易委员会禁止谷歌公司就其标准必要专利获得禁令救济，除非存在以下情况：潜在的被许可人①在美国司法权管辖之外；②通过书面或是宣誓证言表明不会在任何条款下要求许可；③拒绝法院在最终判决（穷尽了所有的上诉）或是仲裁及其他双方同意的程序中要求其在 FRAND 条款下缔结许可合同；④对 FTC 同意令中提及的 FRAND 条款没有向标准必要专利持有人提供一份书面说明。[②] 可见，联邦贸易委员会对标准必要专利的禁令采取了一种较为严格的观点。

---

① Broadcom Corp. v. Qualcomm Inc. , 501 F. 3d 297 (3d Cir. 2007).

② Analysis of Proposed Consent Order to Aid Public Comment: In the Matter of Motorola Mobility LLC and Google Inc. , File No. 121 – 0120, at 6, http: //ftc. gov/os/caselist/1210120/130103 googlem-otorolaanalysis. pdf.

三、欧美经验的比较分析

（一）立法模式理念的不同

对于滥用标准必要专利行为的规制，欧盟竞争法秉承预防为主的理念，倾向于通过制定详细的指南来对滥用行为实行规制，起到事前预防的作用。

欧盟在《2011 年指南》《316/2014 号条例》等规定的基础上，在实践中处理滥用标准必要专利的问题时，主要以《欧盟运行条约》第一〇二条解决专利挟持此类滥用市场支配地位的行为。如果滥用标准必要专利的行为涉及垄断协议，则以《欧盟运行条约》第一〇一条的规定为依据，结合《2011 年指南》中"标准化协议"的规定进行认定。欧盟预防为主的理念体现在《2011 年指南》中对标准化协议的相关内容进行的具体规定。如对标准制定过程有所规定，为标准制定组织和谋求参与标准制定的专利持有人设定规则。如"安全港"条款的确立可能会使许多组织放弃其他不确定性规则和程序，直接按照"安全港"条款进行操作。[1]

美国反垄断法对于滥用必要标准专利的反垄断法规制，具体主要表现在《1995 年指南》《2007 年报告》以及《2013 年声明》之中。《1995 年指南》《2007 年报告》以及《2013 年声明》是一种层层递进的关系，这表明了美国反垄断执法部门对滥用标准必要专利行为的探讨经历了一个逐步成熟的过程。虽然这些指南、报告并不具有法律效力，对法院的审判活动也不具有约束力，但这些指南、报告表明了政府的政策取向，对企业的经营活动有着重要的指导意义，对实务中法院的判决也会有重要的参考作用。与欧盟重视事前预防的理念不同，美国反垄断机构倾向于不介入标准制定过程，重点关注在标准制定后，标准制定组织规则无法限制的滥用标准必要专利进行专利挟持的个案诉讼。[2] 执法机关通常采用合理原则对个案进行分析。在《2007 年报告》的"关于专利纳入协同制作的标准中的

---

[1] THOMAS VINJE, ASHWIN VAN ROOIJEN, TIMOTHY CORNELL, Addressing standards creation: divergence or convergence across the Atlantic? 25 Antitrust 58 (2011)

[2] HILL B. WELLFORD, Antitrust Issues in standard setting, 2d annual seminar on IT standardization and intellectual Property China Electronics Standardization Institute Beijing, China, Mrach. 29, 2007. https://www.justice.gov/atr/speech/antitrust-issues-standard-setting.

竞争问题"这一章中，其总结的观点多为原则性意见，并没有太多的详细操作规则。

总体而言，美国反垄断法对于标准必要专利的规定较为原则性，欧盟竞争法相关规定相对而言更加详细。欧盟委员会认为在具体的制度设计上，如果事前制定相关具体规则，为企业提供可供参考的指南，那不仅可以预防滥用标准必要专利的行为，还可以尽量减少专利挟持行为的发生。

（二）认定市场支配地位考虑因素趋同

从前述欧美相关经验来看，对于标准必要专利持有人具有市场支配地位的认定均需对各种因素进行综合考虑。在相关市场的界定中，欧盟委员会在个案基础上，分别从需求替代与供给替代进行考量，通过"假定垄断者测试"方法，分析是否存在替代性技术，以此界定相关技术市场。而美国在司法实践中根据当事人提供的证据界定相关市场的思路相似，分析涉案专利技术纳入技术标准后，原有的可替换的技术失去竞争力，是否还存在替代性技术。

至于认定市场支配地位，欧盟与美国都不认为专利权人持有标准必要专利就必然具有市场支配地位。欧盟委员会会考虑相关市场的市场份额、整个市场的竞争环境以及潜在竞争者进入市场的难易度等。美国法院会结合当事人提供的证据从拥有占支配地位的相关市场份额、竞争的强度以及该市场是否存在巨大的壁垒等因素进行认定。两者考虑的因素大致相同，结合个案情况进行具体的动态分析，但美国的判例法可能会在实践中有所推进。

（三）对 FRAND 条款具体认定的立场不同

虽然标准必要专利持有人违反 FRAND 承诺收取超额许可费的情况屡见不鲜，但对于 FRAND 条款的具体含义如何认定的问题，欧盟委员会作为行政执法机构还是持比较谨慎的立场。《2011 年指南》虽然对 FRAND 条款许可费的评估提供了若干方法，但是该指南也指出这些评估方法并不是完全通用的。欧盟委员会更倾向于让法院和仲裁机构来处理该类问题，如对于给定的许可费率和其他许可条款是否公平合理。法院和仲裁机构可以基于不同的基准来进行界定。①

　　而在司法模式主导反垄断执法的美国，法院在 Microsoft Corp. v. Motorola Inc. 一案中对 FRAND 许可费进行判定，提出判定的原则和方法。该案例对于 FRAND 许可条款的认定具有重要参考意义，提供了宝贵的实践经验。另一方面，在联邦贸易委员会结束反垄断调查与谷歌达成的同意令中，提到谷歌在 FRAND 条款经过法院或者仲裁机构裁定后潜在被许可人仍然拒绝达成许可协议的情况下可以寻求禁令救济。这可能会促使越来越多涉及标准必要专利的许可纠纷将交由法院或仲裁法庭来处理。②

（四）均对禁令救济进行限制

　　对于标准必要专利持有人寻求禁令救济的问题，欧盟与美国都认识到对禁令救济的滥用，使潜在的被许可人被迫接受远比 FRAND 条款苛刻的许可条件，可能会对竞争和消费者造成损害。因此，欧盟和美国各自采取相应手段来对标准必要专利人可能滥用禁令救济的情况进行一定限制。欧盟委员会意图通过摩托罗拉和三星两个案例来为日后规制专利持有人滥用禁令救济这类主要的滥用标准必要专利行为提供指引。美国的做法则是通过司法部和专利商标局联合发布的《2013 年声明》以及联邦贸易委员会与谷歌公司达成的同意令来表明其立场。联邦贸易委员会颁布的同意令中对谷歌公司寻求禁令提出的限制条件甚至比欧盟的"安全港"原则还要严格。

　　无论是欧盟对摩托罗拉和三星两家公司做的决定，还是美国的相关声明以及同意令，都是为了在知识产权与竞争之间可以取得平衡。欧盟和美国并不否认标准必要专利持有人基于其专利权受到侵害时寻求禁令救济的权利，③ 但是由于标准必要专利兼具公共性，需要对标准必要专利持有人寻求禁令救济的权利进行一定的限制，防止其以反竞争的方式寻求禁令救济。

---

　　① DAMIEN GERADIN, European commission policy towards the licensing of standard-essential patents, Jnl of competition law & economics , 2013, 9 (4): pp. 1125 – 1145.

　　② JAMIE LEE, An un(frand)ly game: preventing patent hold-up by improving standardization, 10 J. Bus. & Tech. L. 375 (2015).

　　③ DOUGLAS H. GINSBURG, TAYLOR M. OWINGS & JOSHUA D. WRIGHT, Enjoining injunctions: the case against antitrust liability for standard essential patent holders who seek injunctions, Anti-Trust Source, 2014 (1): p. 1.

四、欧美经验对我国滥用标准必要专利行为反垄断法规制的启示

近年来，有关标准必要专利许可的纠纷频繁出现，在我国引发了颇多争议，进入了反垄断法规制的视野。我国在规制滥用标准必要专利的垄断行为上仍存在不足和有待改善的地方。以下将结合欧美相关经验对我国的启示，为我国滥用标准必要专利行为的反垄断法规制提出相关的完善建议。

（一）采用指南形式对规制滥用标准必要专利的反垄断制度进行完善

纵观欧美立法，在反垄断领域，指南、报告等具有指导性质但不具有强制力的立法形式一直备受推崇。而我国也已经颁布过关于相关市场的指南，说明我国反垄断委员会并不排斥使用指南这类型的指引。滥用标准必要专利的行为一般情况下无须反垄断法进行特殊对待，只是作为近年来新兴的滥用知识产权的垄断形式，既需要为执法部门提供更明确的指引，也需要经营者及消费者对其特殊性进行更深入的了解。因此，效仿欧美的立法模式，在反垄断法一般规定的基础上，采用指南的形式完全可以达到这样的目的。

另一方面，笔者认为，对于滥用标准必要专利行为的规定，应参照欧盟的立法作具体细化的规定。因为我国法律体系主要以成文法为主，不同于美国等判例法国家。而且，详细又具有操作性的指南使经营者和消费者更容易了解标准必要专利在垄断方面的问题，为其提供更好的指导与参考。

1. 我国规制滥用标准必要专利垄断行为的立法现状

与欧美相比，我国目前的立法尚处于比较初级的阶段，在《反垄断法》的基础上，未能提供具有可操作性的规定来应对滥用标准必要专利带来的各种问题。《最高人民法院关于审理侵犯专利权纠纷案件应用法律若干问题的解释（二）》于2016年3月22日正式发布，其第二十四条对标准必要专利持有人进行许可时须遵守的公平、合理、无歧视义务进行规定，对FRAND原则进行了阐述。该司法解释对我国标准必要专利反垄断法规制的完善具有重要意义，但仅只是针对FRAND原则进行了规定。

《关于禁止滥用知识产权排除、限制竞争行为的规定》（以下简称《规

定》）是国家工商总局针对滥用知识产权排除、限制竞争行为所做的规定。这是我国首次对《反垄断法》第五十五条的具体适用进行规定。但是，《规定》仍存在欠缺之处。首先，效力上的欠缺。《规定》只是国家工商总局颁布的部门规章，只适用于在国家工商总局执法权限内的垄断行为，而不能规制与标准必要专利有关的价格垄断行为和经营者集中行为。其次，内容上的欠缺。对于标准必要专利，《规定》只是对其进行定义以及列举相关的滥用行为，并没有针对滥用标准必要专利的行为具体如何认定以及考虑因素等进行规定，内容比较薄弱，没有进行充分展开及分析。

　　因此，笔者认为，在《反垄断法》已经为滥用知识产权行为做出原则性规定的基础上，国家工商总局的《规定》囿于效力欠缺难以有效规制滥用标准必要专利的行为，还需要制定对滥用知识产权行为进行规制的统一的反垄断执法专门指南。在借鉴欧美经验的基础上，充实对包括标准必要专利在内的知识产权滥用行为规制的内容。

　　目前，我国知识产权领域的反垄断指南的制订工作正在开展中，国家发改委已经发布了《国务院反垄断委员会关于滥用知识产权的反垄断指南（征求意见稿）》（以下简称《指南（意见稿）》）向社会公开征集意见。作为执法部门统一适用的反垄断指南，该指南的出台将为知识产权领域的反垄断工作提供指导。

　　2.《关于滥用知识产权的反垄断指南（征求意见稿）》的评析与建议

　　《指南（意见稿）》在序言部分和美国《1995年指南》一样说明反垄断与知识产权制度的关系，两者具有共同的目标，指出滥用知识产权行为的特殊性。该部分还强调了《指南（意见稿）》的指引性作用。对于规制主要滥用标准必要专利行为的规定，主要集中在第三部分"涉及知识产权的滥用市场支配地位行为"。与欧美相关实践一致，《指南（意见稿）》也认为对行使知识产权的行为是否构成滥用市场支配地位需要结合个案进行分析。《指南（意见稿）》认为拥有标准必要专利等知识产权的经营者并不必然具有市场支配地位，并列出了具体需要考虑的因素。《指南（意见稿）》对滥用市场支配地位行为的类型也做了详细规定，包括在华为诉IDC垄断案、高通垄断案等案件中所体现出来不公平高价、拒绝许可、搭售、附加不合理的交易条件、价格歧视等滥用标准必要专利行为均有所涉及，还包括目前欧美重点规制的滥用禁令救济的行为。《指南（意见稿）》还对每种滥用行为的构成滥用市场支配地位的考虑因素均做了明确规定。可见，该指南的制定，着眼于可操作性上，旨在为实践提供全面的指导，以免沦为原则性规定。

《指南（意见稿）》目前仍处于修改完善的阶段，结合欧美实践经验，笔者认为，为更好地规制滥用标准必要专利的行为，仍可从以下方面进行补充完善：

（1）鉴于 FRAND 承诺设计用于防止专利人滥用标准必要专利，可以考虑将 FRAND 承诺的相关内容置于滥用行为的考虑因素以便进行更好的考量。

（2）《指南（意见稿）》对于拒绝许可这类滥用行为，认为经营者如果具有市场支配地位，无正当理由拒绝许可会构成排除、限制竞争。这样实际上已形成强制许可，应符合《专利法》中有关强制许可的相关规定，并可对本条进行适当的说明，以理顺与《专利法》等规定之间的关系。

（3）《指南（意见稿）》关于禁令救济问题的规定。在欧美相关实践中，对标准必要专利持有人寻求禁令救济的行为做出限制一般都是基于专利权人已经自愿履行 FRAND 承诺。而《指南（意见稿）》中没有设置这样的前提，可能会扩大其限制范围。可以在该款规定中加入适用做出 FRAND 承诺的标准必要专利持有人的内容。

（4）在《指南（意见稿）》的"总体分析思路"部分提到要综合运用经济学等领域的分析方法，可以将具体应用的经济学分析方法补充和完善到指南的相应部分中，以进一步提高指南的可操作性。

《关于滥用知识产权的反垄断指南》对于我国滥用知识产权行为的反垄断工作具有重要意义，将为以后我国再出现类似高通案以及华为诉 IDC 案等情况提供具有可操作性的指引。希望该指南在进一步补充完善的基础上，能够尽快出台，在实践中结合我国本土情况，为我国规制滥用标准必要专利的行为提供服务。

（二）市场支配地位的认定

对于滥用标准必要专利的反垄断法规制，其中一个重要问题就是如何认定标准必要专利持有人在相关市场上具有市场支配地位。从欧美经验来看，企业拥有知识产权并不当然被定为具有市场支配地位。① 我国《指南（意见稿）》也持有和欧美相同的观点。对于市场支配地位认定，要结合各种因素对个案进行具体分析。欧美实践中，考虑因素有相关市场份额、竞

---

① ALDEN F. ABBOTT. Abuse of dominance by patentees: a pro-innovation perspective, 10 – 21 Abb. N. Y. App. 1 (2014).

争的强度、潜在竞争者进入市场的难易度，还有制造商的产品是否无法规避技术标准以及技术标准对整个行业的锁定情况等。

我国法院和执法部门在华为诉 IDC 与高通垄断案等实践中都没有因专利权人拥有标准必要专利而直接推定其具有市场支配地位，在认定专利权人在相关市场上具有 100% 份额的基础上还考虑了其他相关因素，这是值得肯定的。我国执法部门对于标准必要专利持有人市场支配地位的认定，不能简单地根据标准必要专利的存在或者依赖相关市场的份额推定，而是需要综合考虑专利权人在市场上是否存在其他约束性力量。

《指南（意见稿）》对标准必要专利持有人的市场支配地位认定列举了8 项考虑因素，这些因素在欧美实践认定中均有所体现。我国执法机关在日后的反垄断执法中应按照指南的考虑因素对标准必要专利持有人市场支配地位进行更充分的说明。笔者建议，可参照欧美在相关指南中提供范例的做法，在我国指南中补充对于认定市场支配地位的分析范例，可以为执法提供更清晰的指引，增强指南的可操作性。

(三) FRAND 承诺下许可费的确定

对于 FRAND 承诺约束下的标准必要专利许可费如何确定的问题，欧美等国家没有一个公认的标准。在我国华为诉 IDC 涉及标准必要专利许可纠纷的案件中，法院明确了 IDC 的标准必要专利许可费费率，引发广泛的关注及争议。对比美国 Microsoft Corp. v. Motorola Inc. 等案件，我国法院对确定 FRAND 承诺下许可费的考量因素以及分析方法存在一定的差异。

我国虽然是行政主导的反垄断执法模式，但这并不意味我国的反垄断执法有必要规范标准必要专利在 FRAND 承诺约束下许可费数额的确认。同样是行政主导的执法模式，欧盟委员会在对待 FRAND 许可费如何确定的问题上比较保守，在具体案件也不倾向于对标准必要专利许可费进行界定，而是主张通过法院和仲裁法庭来解决 FRAND 许可费的确定问题。而美国则认为市场可以解决标准必要专利的 FRAND 许可费问题，纠纷出现可以通过诉讼方式来处理，不倾向于交由公权力机构干预 FRAND 许可费。[①] 有学者主张 FRAND 承诺下的许可费完全可通过市场化的争议解决机

---

① JAMIE LEE. An un(frand)ly game: preventing patent hold-up by improving standardization, 10 J. Bus. & Tech. L. 375 (2015).

制如仲裁等来裁定，甚至都不需要诉诸法院。① 因此，笔者认为对于标准必要专利在 FRAND 承诺约束下许可费的确定问题，我国反垄断执法机构不宜过多进行干预，应交由法院或者仲裁机构来解决此类纠纷。

（四）对禁令救济进行适当限制

标准必要专利持有人滥用禁令救济迫使被许可人接受不平等的许可条款将会构成滥用市场支配地位的垄断行为。无论是欧盟的"安全港"原则还是美国的《2013 年声明》都表明了这样的立场。欧美对限制禁令的实践都是在自身经验积累的基础上，总结出适当的规则，促使标准必要专利持有人和被许可人能够以善意的态度进行谈判，值得我国学习和借鉴。

对于我国涉及标准必要专利禁令救济问题的实践，在华为诉 IDC 垄断案中，法院认为 IDC 在自身违背 FRAND 原则的前提下，美国向华为公司提起标准必要专利的禁令诉讼，而华为公司在谈判中一直处于善意状态，IDC 提起诉讼是为了迫使华为公司接受不平等高额许可条款，构成滥用市场支配地位的行为。② 我国商务部在两起涉及标准必要专利的经营者集中案件里也同样对标准必要专利持有人的禁令适用进行限制。

上述案件都体现了我国法院和反垄断执法部门在涉及标准必要专利案件中开始认识到禁令救济可能会存在滥用的问题，对其进行一定的限制。当然，这并不代表对标准必要专利持有人遵守 FRAND 承诺就不能适用禁令救济，需要结合个案进行分析与认定。笔者认为，我国可以效仿欧盟"安全港"原则，结合实际情况，对标准必要专利问题中禁令适用的前提条件进行规定，为专利权人和被许可人提供明确的法律指引。

《指南（意见稿）》对禁令救济的相关问题进行了规定，如前部分所述，欧美经验都将禁令救济限制于承诺了 FRAND 条款的标准必要专利权利人，并非适用于所有标准必要专利。标准必要专利持有人受制于 FRAND 承诺尽可以在有限的情况下寻求禁令救济。因此指南对于滥用禁令救济消除或限制竞争的行为进行规制，应考虑置于标准必要专利持有人进行 FRAND 承诺的基础上。

---

① MARK A. LEMLEY and CARL SHAPIRO, A simple approach to setting reasonable royalties for standard-essential patents. 28 BERKELEY TECH. L. J. 1135, 1149 n. 42 (2013).

② （2013）粤高法民三终字第 306 号民事判决书。

FRAND 声明在司法裁判中的适用
——由华为诉 IDC 案引发的思考

潘淑君*

提要： 信息技术产业的迅猛发展使得行业标准中必须接纳承载着专利权的技术，而专利的私权属性与标准的准公共物品属性之间的矛盾不可避免地会引发专利劫持的风险。标准组织为限制标准必要专利权人滥用专利权和标准地位而通常要求其作出 FRAND 声明，这种声明实质上是一种单方允诺，专利权人以此为自己设定了一项类似于强制缔约的负担——它不仅要求标准必要专利权人在进行专利许可时遵循"公平、合理、无歧视"的原则，也意味着在寻求许可方愿意接受符合该原则的许可条件时专利权人不得拒绝授予许可。我国现行民法制度下，很难通过法律解释将 FRAND 声明作为裁判依据。虽然专利法中有强制许可、限制禁令救济等制度，反垄断法也对知识产权的滥用进行了规制，但在标准必要专利方面仍显不足。因此，有必要进行立法上的完善，为 FRAND 原则进入司法裁判依据的范围构建制度桥梁。综合考虑立法宗旨、价值取向以及域外效力等因素，宜在反垄断法中增加相应规定。

关键词： 标准必要专利；专利劫持；FRAND 声明；裁判依据

---

* 潘淑君，南京大学中德法学研究所。

一、问题的提出

技术标准是指重复性的技术事项在一定范围内的统一规定，它是某一产业领域内共同遵守的技术依据，其价值在于保证该领域内产品的兼容互通。因此，技术标准往往具有通用性、广泛性的特征，可以说是一种准公共物品。而专利作为一种知识产权，是为了鼓励创新而赋予专利权人的专有权，其具有内生的垄断性，因此传统的标准制定往往会尽量避开专利技术。然而 20 世纪 90 年代以来迅猛发展的信息技术产业给这种标准与专利分离的传统格局带来了巨大的冲击。传统标准在制定之时，往往是产品先行，制定者在采集标准之时通常已经有了成熟的、得到普遍认可和实施的通用技术。现代信息产业领域消费者对产品的互操作性需求更强，因而对这一领域兼容性技术标准的制定更为迫切，而这类技术标准在制定上往往先于产品出现，这一领域的技术创新者通常具有较高的知识产权意识，标准采集之时并没有现成的通用技术，标准制定者只能与专利权人谈判，将其专利技术纳入标准，专利的标准化现象也由此产生。

专利的私权属性与标准的准公共物品属性之间的矛盾不可避免地会引发专利劫持的风险。某项专利技术一旦取得标准的地位，专利权人即具备了市场支配地位，[①] 该领域的其他竞争者如果要进入相关市场就必须实施该专利。此时，在许可条件的谈判中，由于潜在的被许可人没有其他选择，除非其自身也持有对方需要的标准必要专利，否则谈判双方的地位极不平等。如不加以限制，专利权人往往会凭借标准地位，迫使潜在的实施者接受不合理的许可条件。

标准具有的网络效应（network effect）和锁定效应（lock-in effect）使得标准必要专利权人的获益空间大大延伸。[②] 为了防止专利权人因其专利被纳入标准获得额外的收益而对其他市场竞争者造成不公平进而破坏市场竞争秩序，各国际标准化组织通常的做法是在其知识产权政策中要求其成员承担在标准制定过程中的信息披露义务，并要求拟将其专利纳入标准的专利权人作出根据"公平、合理、无歧视"原则向标准实施者收取专利许

---

① 王晓晔：《标准必要专利反垄断诉讼问题研究》，《中国法学》2015 年第 6 期，第 222 页。

② 孟雁北：《标准制定与实施中 FRAND 承诺问题研究》，《电子知识产权》2014 年第 11 期，第 27 页。

可费用的一项声明。① 这一做法兼顾了标准必要专利的公共性和私权属性，旨在平衡专利权人利益、专利实施人利益以及社会公共利益。各国将这一声明中要求的标准必要专利的许可条件称为"FRAND 原则"（或"RAND 原则"②），这一声明也因此被称为 FRAND 声明。

然而此类声明的法律性质如何？其在司法实践中处于何种地位？各大标准组织尽管都要求标准必要专利权人作出 FRAND 声明，但并没有明确规定，当标准必要专利权人不履行该承诺将在其与专利实施者之间产生何种法律后果。2013 年由深圳中院初审，广东高院终审的华为诉美国 IDC 公司一案中，我国司法首次将 FRAND 原则作为裁判依据，③ 从而引发了关于 FRAND 声明如何在司法实践中发挥作用的思考。

二、FRAND 声明的性质

关于 FRAND 声明的性质，笔者目前了解到的观点主要有事实合同、第三人利益合同、善意协商之先合同义务、单方允诺、单方允诺类强制低缔约义务等，以下分述之。

（一）事实合同

在华为诉美国 IDC 公司案中，原告和被告均是标准组织 ETSI（欧洲电信标准化协会）的成员，被告方在加入 ETSI 时，明确承诺要将其标准必要专利以公平、合理、无歧视的原则授权给标准组织的其他成员使用。原

---

① 例如欧洲电信标准化协会知识产权政策第 6.1 条规定：当与某特定标准或技术规范有关的基本知识产权引起 ETSI 的注意时，ETSI 总干事应当立即要求知识产权所有者在 3 个月内以书面形式给予不可撤回的承诺，该承诺须说明知识产权所有者将准备根据该知识产权中所规定的 FRAND 条件来授予不可撤销的许可。该政策第 8.1 条相关条款规定：如果在标准或技术规范发布之前，权利人通知 ETSI，他还不能按照以上第 6.1 条规定，提供关于标准或技术规范的许可，则全体大会应审核该标准或技术规范的需求，确保有切实可行的替代技术用于该标准或技术规范，且该替代技术不受知识产权所阻碍，满足 ETSI 要求。如果全体大会认为没有该切实可行的替代技术存在，则有关标准或技术规范的工作应停止。

② 鉴于美国和欧盟对于经营者自主定价权的法律规制存在差别，尤其是关于反垄断法能否规制具有市场支配地位的经营者不公平高价行为的态度不同，因此，美国通常将该承诺称为"合理且无歧视原则（Reasonable and Non-discriminatory，简称 RAND 原则）"。参见孟雁北：《标准制定与实施中 FRAND 承诺问题研究》，《电子知识产权》2014 年第 11 期，第 26 页。

③ 参见（2013）粤高法民三终字第 305 号判决书。

告认为，被告加入标准化组织作出 FRAND 声明即表明该专利权人授权潜在被许可人实施其专利，双方之间已形成事实上的专利实施许可合同关系。而被告认为，根据法国法①，"FRAND" 义务是指知识产权所有者单方面声明已做好准备公平、合理、无歧视地对基本专利授予不可撤销的许可，是邀请进行协商的标志，并不是一种缔约的强制要求，法院并不能在当事人未达成协议前为其创制合同。②

关于 FRAND 声明的作出是否意味着当事人之间已经形成了合同关系，各国主流观点均持反对立场，尤其是坚持合同相对性的大陆法系国家。因为一方面 FRAND 声明的作出对象不特定，另一方面 FRAND 声明的内容具有较大的模糊性和不确定性，不能够明确专利许可合同的实质性事项，各标准组织也将具体许可条件留待当事人自行磋商谈判，标准必要专利权人在作出 FRAND 声明时不可能预见这将构成一种要约，因此不能武断地将 FRAND 声明理解为一种要约，最多只能认为是一种要约邀请③。否则将会矫枉过正，引发专利反向劫持④的风险。深圳市中级人民法院审理华为诉IDC 案件的法官也认为，FRAND 许可承诺不宜理解为标准必要权利人与标准实施者之间已经成立合同关系⑤。

（二）第三人利益合同

至于标准实施人是否可以依据标准必要专利权人与标准组织之间的合同起诉要求标准必要专利权人授予其许可，各国基于对"第三人利益合同"认可与否而持不同立场。

普通法系国家多认可专利实施人依据 FRAND 声明提起的合同之诉，例如 2012 年微软诉摩托罗拉一案中，美国华盛顿州西区联邦地区法院的判决中认为，FRAND 条款构成摩托罗拉和标准制定组织之间可执行的合同，

---

① 被告主张适用法国法的理由是 ETSI 组织位于法国，但我国法院认为本案应当适用中国法，参见（2013）粤高法民三终字第 305 号判决书。

② 参见（2013）粤高法民三终字第 305 号判决书。

③ 参见德国曼海姆地区法院 2012 年 5 月 2 日就摩托罗拉诉微软有关 ITU 标准必要专利的侵权诉讼判决。

④ 专利反向劫持指的是，专利实施人实施一定的行为，意图以低于合理费率的价格获得专利的许可。参见李慧颖：《专利劫持和反向专利劫持的法律关注》，《竞争政策研究》2015 年 9 月号。

⑤ 叶若思、祝建军、陈文全等：《关于标准必要专利中反垄断及 FRAND 原则司法适用的调研》，《知识产权法研究》2013 年第 2 期，第 22 页。

作为标准的使用者，微软可以作为第三方受益者（the third party beneficia-ry）执行这份合同。①

而在大陆法系，这一解释路径将面临双重阻碍。

第一，大陆法系国家多不认可"第三人利益合同"，② 我国《合同法》第六十四条虽然规定了所谓的"第三人利益合同"，但事实上并没有突破合同相对性而赋予第三人相应的请求权，债务人违反合同时仍应向债权人而非第三人承担责任。③

第二，即使认可"第三人利益合同"从而赋予第三人以合同上的请求权，FRAND 声明也不必然就能为标准必要专利的实施人提供请求权基础，这还取决于 FRAND 声明作为一种单方面的意思表示能否构成标准必要专利权人与标准组织之间的合同。上述微软诉摩托罗拉一案中，美国法院之所以认定"FRAND 条款构成摩托罗拉和标准制定组织之间可执行的合同"，是因为英美法系并不严格区分单方允诺与合同。而在大陆法系则不然，大多数大陆法系国家并不承认单方允诺可以作为债之发生原因（我国即属此类），或仅有限地认可个别典型的单方允诺。④ 因此，"第三人利益合同"的解释路径也不能使得 FRAND 声明能够赋予标准必要专利实施人以请求权、成为我国司法裁判的依据。

（三）善意协商之先合同义务

既然 FRAND 声明并不构成标准必要专利权人与专利实施人之间的事实合同，且在大陆法系国家，突破合同相对性的"第三人利益合同"尚未

---

① 梅雷、梅丽鹏：《如何估值标准必要专利：深度解读美国微软诉摩托罗拉案》，中国知识产权资讯网，http://www.iprchn.com/Index_NewsContent.aspx? newsId = 88223，2016 年 4 月 12 日。

② "德国法认为，专利权人在专利标准组织作出的知识产权声明或许可声明，并不构成权利人和潜在被许可人之间的许可合同，也不存在一份第三人为受益人的合同，通过使第三人受益的合同层面而创设的具有处分性质的许可授权于法无据，德国法不承认使第三人受益的合同"，参见叶若思、祝建军、陈文全：《标准必要专利使用纠纷中 FRAND 规则的司法适用——评华为公司诉美国 IDC 公司标准必要专利使用费纠纷》，《电子知识产权》2013 年第 3 期，第 60 页。

③ 法国、德国等民法学说把第三人享有直接请求权作为第三人利益合同的要素，关于我国《合同法》第六十四条规定的合同是否"第三人利益合同"尚有争议，崔建远教授认为："我国《合同法》第六十四条所规定的仍然属于为第三人利益的合同，如此定性与定位利大于弊。"参见崔建远：《为第三人利益合同的规格论——以我国〈合同法〉第六十四条的规定为中心》，《政治与法律》2008 年第 1 期。

④ 关于"单方允诺"，详见本文这一部分第四点的论述。

得到制度肯定，那么 FRAND 声明应当如何在司法实践中发挥作用呢？有观点认为 FRAND 声明的作出使得标准必要专利权人负有了一项"善意协商义务"，并进一步将这种义务定性为先合同义务，而对这一义务的违反将导致缔约过失责任。① 笔者认为这一观点值得商榷。

先合同义务是大陆法系有关合同发展过程中义务的一个相当重要的理论，即"因交易上的接触（包括契约磋商接触以及继续的接触）关系，当事人间产生了一种信赖关系，一方的法益交付给另一方并依赖另一方会对此照顾和小心保护，因此产生了一定的行为义务，该义务为一种非给付义务"。其产生依据是德国民法典第 242 条，基于此项法定债务关系所发生之特别行为义务，大体可分为忠实义务（特别是说明、通知谨慎保密义务）与保护义务（即保护及注意义务）。② 我国《合同法》第四十二条也有相应的规定。③ 标准组织要求标准必要专利权人作出 FRAND 声明其目的的确是对专利权人课以与善意的专利实施人按照 FRAND 原则进行许可合同协商的负担，其着眼点也与先合同义务一样在于规制当事人在合同成立之前的行为。但必须注意，两者之间还是存在重大的区别。

第一，先合同义务的基础在于当事人之间的信赖关系，而信赖关系的形成需有一定的依据，例如有观点认为先合同义务的产生不是以当事人是否有彼此信赖感为条件，而应当以订立合同过程的发动为起始。具体而言，应以要约生效作为先合同义务产生的起点。④ 而在标准必要专利的许可过程中，潜在的被许可方是否仅仅依据专利权人根据标准组织要求作出的 FRAND 声明就可以合理地信赖对方将以自己可以接受的条件授予许可呢？考虑到 FRAND 条件（公平、合理、无歧视）的模糊性，笔者认为，这种抽象的信赖尚不足以构成先合同义务的产生前提，且上文提及的我国《合同法》第四十二条的表述为"订立合同过程中"，若标准必要专利权人根本不愿与标准实施人进行任何磋商，该条的适用将很牵强。

---

　①　胡洪：《司法视野下的 FRAND 原则——兼评华为诉 IDC 案》，《科技与法律》2014 年第 5 期，第 895 - 897 页。

　②　王洪亮：《缔约上过失制度研究》，中国政法大学博士学位论文，2001 年，第 21 页。

　③　我国《合同法》第四十二条规定："当事人在订立合同过程中有下列情形之一，给对方造成损失的，应当承担损害赔偿责任：（一）假借订立合同，恶意进行磋商；（二）故意隐瞒与订立合同有关的重要事实或者提供虚假情况；（三）有其他违背诚实信用原则的行为。"

　④　姜淑明：《先合同义务及违反先合同义务之责任形态研究》，《法商研究》2000 年第 2 期，第 66 页。

　　第二，前已述及，先合同义务的制度目的在于保护合同当事人对相对人的合理信赖，确保意思自治的实现。而标准组织要求专利权人作出 FRAND 声明并不是因为其他市场主体对专利权人的信赖，而是为了防止专利权人在其专利取得标准地位后滥用专利权以获取不合理的收益而造成不公平和竞争秩序的破坏，是对意思自治的干预。两者的理论起点就完全不同。

　　第三，前述典型的先合同义务都与合同的实质性内容没有紧密联系，违反先合同义务所需承担的缔约过失责任一般也限于固有利益和信赖利益而相对较轻，而 FRAND 声明涉及专利许可合同最关键的实质性内容——许可条件，标准必要专利权人若违反该声明提出不合理的专利许可条件或拒绝许可，给专利实施人造成的损失往往是巨大的，尤其是对类似本案原告华为公司的大型高新科技企业而言，先合同义务与缔约过失责任能提供的救济不仅具有事后性，且救济力度不足。

（四）单方允诺

　　笔者认为，FRAND 声明本质上是一种单方允诺。主流观点似乎都认为标准必要专利权人作出的 FRAND 声明构成专利权人与标准组织之间的合同内容，但专利权人与标准组织之间的合同产生自其加入标准组织并同意标准组织的各项政策之时。这其中虽然也包括专利权人在标准制定过程中的信息披露义务和作出 FRAND 声明之义务的知识产权政策，甚至以其为核心。但是，在该合同关系之中，标准组织成员所负有的义务仅为根据标准组织提供的范式作出一项声明，即合同的标的是作出声明这项行为本身，标准必要专利权人只要作出符合条件的声明即已履行了合同项下的义务。至于 FRAND 声明本身所包含的内容，并不必然构成专利权人与标准组织之间合同的条款，而是标准必要专利权人对标准组织的其他成员作出的一种单方允诺。从意思表示的原理分析，意思表示的作出者是标准必要专利权人，作出对象是标准组织的其他成员，虽然标准组织的知识产权政策中会规定该声明应当如何作出，但这只是标准组织帮助专利权人进行"意思的准备"，并非表示行为。

　　然而，近现代民法理论推崇意思自治，强调双方合意作为意定之债产生的基础，尤其是大陆法系国家，通常不承认单方允诺可以作为债权关系发生的原因。① 例如《德国民法典》311 条规定："根据法律行为成立债的关系以及变更债的内容的，双方当事人的合同是必要的，但法律另有规定的除外。"而其中的"另有规定"至今只限于悬赏广告（第 657 条以下等个别典型形式）。我国《民法通则》中没有关于单方允诺的具体规定，虽然司法实务中已出现了因单方允诺产生的纠纷，理论界也有构建单方允诺的主张，但在现行法框架下要让 FRAND 声明作为单方允诺而成为债权依据尚无有力的制度支撑。

（五）类强制缔约义务

与上述观点均不同，深圳中院对华为诉 IDC 案作出一审判决的法官将标准必要专利权人作出的 FRAND 声明类比于强制缔约义务，认为标准必要专利权利人对标准实施者以及潜在的实施者负有以符合 FRAND 条件许可的义务，该义务与供水、供电、供气等垄断企业所担负强制缔约义务相似。确实，若严格依照我国现行法，很难将标准必要专利权人作出的 FRAND 声明作为当事人请求权的基础。在此背景下，笔者认为这一类推建立在对标准组织知识产权政策和 FRAND 声明之价值追求的深刻理解基础之上，起到了对成文法固有缺陷的弥补作用。

三、FRAND 声明作为司法裁判依据的价值——我国现有法律制度的不足

权利都有自我膨胀的倾向，关于如何防止知识产权的滥用损害市场竞争秩序的理论与制度探索由来已久，现有的规制措施集中体现在专利法和反垄断法的相关制度之中。此类制度设计的理念宏观上往往是私权与公共

---

① "意思自治意味着每个人有为或不为自己创设权利义务的自由。一般而言，某人在其权利范围内为单方处分的决定，例如抛弃所有物，只要不涉及他人利益，当然是符合意思自治原则的。但一项债务关系至少包括两个当事人，如果它可以被单方设定或者变更，那么另一方当事人在没有参与的情况下，其利益就被触及。另一方当事人将被置于他决的境地，而不能实行自决。即便是在为他人设定权利的情形，虽然通常情况下可期待该他人的同意，但毕竟不能排除其视之为'嗟来之食'而拒绝的可能性。因此，德国法依循严格的契约原则，认为只有合同才符合意思自治原则，任何一方当事人原则上不能单独作出决定而侵犯对方当事人的自决。"参见梅迪库斯著，杜景林、卢谌译：《德国债法总论》，北京：法律出版社 2004 年版，第 54 – 55 页；黄立：《民法债编总论》，北京：中国政法大学出版社 2002 年版，第 28 页。转引自：徐涤宇、黄美玲：《单方允诺的效力根据》，《中国社会科学》2013 年第 4 期，第 152 页。

利益的平衡、鼓励创新和维护市场竞争秩序的平衡，微观上则是专利权人与寻求许可的专利实施者之间利益的平衡。然而标准必要专利相比于一般的专利权有其自身的特殊性，标准的地位使其具有更强的封锁效应，加剧了双方地位的不平等，在对标准必要专利滥用的规制方面，我国现有法律制度尚不充分。

（一）专利法规制路径的不足

1. 对禁令救济的限制

禁令救济是法律保护知识产权人的主要手段之一，许多国家都有相应的规定。我国《专利法》没有关于禁令的明确条文，但该法第六十条关于停止侵权行为和第六十六条关于专利的诉前禁令制度在一定程度上实现了与禁令救济类似的功能。[①] 而申请禁令救济也往往是标准必要专利权人迫使寻求许可方接受不合理许可条件的主要劫持手段。例如华为诉 IDC 公司一案中，IDC 公司就曾于 2011 年 7 月在美国法院以及美国国际贸易委员会分别提起诉讼，要求对华为公司实施禁令。因此，标准必要专利权人申请禁令救济时应受到限制的观点已经被普遍接受，只要寻求许可方愿意进行善意磋商并接受符合 FRAND 原则的许可条件，专利权人就无法对其实施禁令。

但这种限制不是绝对的排斥，并非只要标准必要专利权人作出 FRAND 声明就不可寻求禁令救济。为了防止专利"反向劫持"，各国立法或司法实践中在限制对标准必要专利权人的禁令救济时均设置了一定的条件。[②] 例如我国 2016 年 4 月 1 日起生效的《最高人民法院关于审理侵犯专利权纠纷案件应用法律若干问题的解释（二）》第二十四条第二款规定："推荐性国家、行业或者地方标准明示所涉必要专利的信息，专利权人、被诉侵权

---

① 我国专利法第六十条规定："……管理专利工作的部门处理时，认定侵权行为成立的，可以责令侵权人立即停止侵权行为"；第六十六条规定："专利权人或者利害关系人有证据证明他人正在实施或者即将实施侵犯专利权的行为，如不及时制止将会使其合法权益受到难以弥补的损害的，可以在起诉前向人民法院申请采取责令停止有关行为的措施。"

② 业界讨论初步达成的方案：如果被许可人无意支付专利使用费，专利持有人别无他法，只能寻求禁令。其中被许可人无意支付专利使用费的表现可能包括：拒绝获得许可；表明不会支付许可费；拒绝由中立第三方确定 FRAND 许可条件；不适当的拖延第三方确定 FRAND 许可条件的程序，或不遵守第三方裁决结果。参见史少华：《标准必要专利诉讼引发的思考原则与禁令》，《电子知识产权》2014 年第 1 期，第 78 页。

人协商该专利的实施许可条件时，专利权人故意违反其在标准制定中承诺的公平、合理、无歧视的许可义务，导致无法达成专利实施许可合同，且被诉侵权人在协商中无明显过错的，对于权利人请求停止标准实施行为的主张，人民法院一般不予支持。"

笔者认为，用 FRAND 原则作为专利侵权之诉的抗辩理由，确实能在一定程度上防止标准必要专利权的滥用，但在此制度下 FRAND 原则只有消极的防御作用，是"盾"而非"矛"，[①] 而专利实施者也非常被动。由于对禁令救济的限制需要满足一定的条件，且是否满足有赖于公权力机关的判断，那么在获得许可之前，实施人的权利状态极不明确，如果径自实施标准必要专利，将面临巨大的风险。而现代社会生产生活的快节奏高效率使得此时谈判的拖延对于实施方而言更为不利，如果不赋予其主动起诉请求专利人授予许可的权利，则寻求许可方只能被迫接受不合理的交易条件或者放弃进入该市场。这将从事实上纵容专利劫持，使得专利权人因其专利被纳入标准而额外获得的收益，不但对其他市场主体不公平，也不利于标准的推广和产品的兼容，并最终损害消费者的利益。

2. 强制许可

为了规制滥用知识产权的垄断行为，我国《专利法》还将反垄断作为专利强制许可的一种情形，根据该法第四十八条第二款的规定："专利权人行使专利权的行为被依法认定为垄断行为，为消除或者减少该行为对竞争产生的不利影响，国务院专利行政部门根据具备实施条件的单位或者个人的申请，可以给予实施发明专利或者实用新型专利的强制许可。"这一规制路径对于普通的专利权而言或许已经足够，但对标准必要专利而言尚显欠缺。首先，"可以"意味着是否给予专利实施者许可依赖于行政机关的自由裁量，这或许能从整体上保持市场竞争活力，但单个的标准必要专利实施者可能得不到有效的保护。其次，强制许可涉及公权力对私权利的干预和限制，申请审核程序必然严格谨慎而耗时长久，且在给予强制许可之前专利权人若不授予许可并没有任何不利后果，这也将从事实上使得专利实施人陷入被动。

---

① 田丽丽：《论标准必要专利许可中 FRAND 原则的适用》，《研究生法学》2015 年第 2 期，第 67 页。

（二）《反垄断法》规制路径的不足

我国反垄断法立法考虑到了滥用知识产权造成的垄断，但仅在第五十五条作了概括性的规定，[①] 并没有针对此种特定的垄断情形制定具体的规则，对于违反 FRAND 原则的垄断行为的规制主要还是依托于"滥用市场支配地位"的认定。2015 年 8 月 1 日起生效的国家工商行政总局《关于禁止滥用知识产权排除、限制竞争行为的规定》中对此作了细化规定，其中第十三条专门针对标准必要专利权滥用进行了规制，并在该条第二款第二项中引入了 FRAND 原则。[②]

然而我国目前反垄断立法对知识产权滥用的规制主要还是着眼于行为类型的强调和细化，但在法律责任方面仍然以行政责任为主，民事责任仅局限于损害赔偿。因此，若标准必要专利权人拒绝依照 FRAND 原则授予许可，专利实施者仍然不能依据反垄断法向法院提出要求专利权人授予许可的诉讼请求，而只能依据滥用市场支配地位要求损害赔偿。笔者认为，一方面此种救济方式具有事后性，需等到损害发生才能寻求保护。另一方面，在知识经济和全球化背景下，尤其是在高科技产业领域，标准必要专利实施者若因为专利权人不合理地拒绝授予许可而无法进入市场，其损失往往是难以估量的。而依据反垄断立法，损失的认定和计算可能非常困难且不足以弥补事实上的全部损害。

（三）小结

综上所述，我国现有法律制度对标准必要专利滥用的规制似乎有些力不从心，即使善意地秉承 FRAND 原则，专利的实施者也无法直接请求专利权人授予其许可。正因如此，华为诉 IDC 公司一案中法官在说理部分需要采用类推解释的方法。而标准化组织要求专利权人作出"FRAND"声明正是考虑到标准必要专利权人的特殊市场地位，希望为专利实施人创设一种请求权基础，从而为其提供更为直接的、能够延伸到事前的保护。它不

---

　　① 我国《反垄断法》第五十五条规定："经营者依照有关知识产权的法律、行政法规规定行使知识产权的行为，不适用本法；但是，经营者滥用知识产权，排除、限制竞争的行为，适用本法。"

　　② 根据该项规定，具有市场支配地位的经营者没有正当理由，不得在其专利成为标准必要专利后，违背公平、合理和无歧视原则，实施拒绝许可、搭售商品或者在交易时附加其他的不合理交易条件等排除、限制竞争的行为。

仅意味着标准必要专利权人在进行专利许可时须遵循公平、合理、无歧视的原则，更重要的是，当寻求许可方愿意善意磋商并接受符合该原则的许可条件时，专利权人有义务向其授予许可。

四、如何将 FRAND 声明引入司法裁判的依据

由于我国现有法律制度尚不足以有效地规范标准必要专利权的行使、为寻求许可的其他市场主体提供足够的保护，而专利权人根据标准组织要求作出的 FRAND 声明在我国尚不能通过合同或单方允诺等民法上的解释发挥作用，因此笔者认为有必要进行立法上的完善，为 FRAND 声明成为司法裁判依据构建制度桥梁。但具体应在哪个法律部门实现，笔者认为值得考虑的主要是民法、专利法和反垄断法，下文尝试逐一作简单的考量：

第一，我国民法受大陆法系的影响根深蒂固，整个制度大厦几乎都建立在意思自治、合同相对性等基本原则之上，若为了发挥 FRAND 声明的作用而强行突破合同相对性或引入单方允诺制度，可能会牵一发而动全身。且即使我国民法认可"第三人利益合同"下第三人对于债务人的请求权或者承认单方允诺的效力，鉴于民法对意思自治的推崇，也不适宜赋予公权力机关直接裁量确定具体许可条件的权力。

第二，专利法的立法宗旨和目的主要在于"保护发明创造专利权，鼓励发明创造"[1]，虽然也会在具体制度设计中兼顾社会整体利益和专利实施者的利益，但仍以赋予并保护专利权人私权利的价值取向为主导。而 FRAND 声明从产生之初就意在约束专利权，且对标准必要专利权人课以比普通专利权人更为严格的要求，若在专利法中加入相关条款，不仅与该法的立法宗旨有所龃龉，甚至可能引发一些排斥反应，造成立法混乱。

相较之下，笔者认为在反垄断法中构建 FRAND 声明作为裁判依据的制度桥梁更具可行性。一方面，反垄断法的功能和价值取向与 FRAND 声明具有高度的一致性，在反垄断法中赋予标准必要专利实施者以 FRAND 声明为基础的请求权并无矛盾；另一方面，根据主流观点，反垄断法作为典型的市场监管法兼具公法和私法性质，由其赋予司法机关责令标准必要专利权人依照 FRAND 声明内容授予许可甚至直接裁量确定许可条件亦无不妥。此外，反垄断法具有域外效力已得到普遍认可，这将更有利于保护

---

① 参见我国《专利法》第一条。

本国企业免受国际市场上的专利劫持。

五、结　语

　　知识经济的背景下，行业标准的制定已不可能绕开专利技术，而专利技术一旦成为标准，其封锁效应使得专利权人在专利许可谈判中占据极大的优势地位，进而容易引发专利劫持。专利权人的贡献在于技术创新而非专利的标准化，因此不应从专利的标准化中获得额外的收益。为了平衡各方当事人及社会整体利益，维护有效的市场竞争秩序，应当设置相应的规则，防止标准必要专利权人滥用其标准地位。标准组织在其知识产权政策中要求标准必要专利权人作出 FRAND 声明正是希望以此限制专利权的滥用，为专利的实施者创设一项关于专利许可的请求权基础。在我国现有的专利法制度和反垄断法制度尚不充分而民法制度下又无法将 FRAND 原则解释为请求权基础的背景下，确有必要进行立法方面的完善，在反垄断立法中为 FRAND 原则成为司法裁判依据构建制度桥梁。

美国知识产权搭售反垄断规制的实践与借鉴

胡安栋[*]

提要： 美国立法针对知识产权搭售问题主要采取反垄断立法和知识产权立法两种方式进行规制。美国不同时期的司法实践对知识产权搭售的态度摇摆不定。美国知识产权搭售立法发展、司法实践以及理论研究，对我国规制知识产权搭售行为具有一定的借鉴意义。在立法形式上，我国反垄断法制定不久，不易修改，但可通过反垄断条例或指南的形式，依法规制知识产权搭售现象。

关键词： 知识产权搭售；美国；反垄断

一、美国知识产权搭售反垄断的立法现状

对于知识产权搭售问题的处理，美国有着丰富的实践经验，并且在此基础上形成了一套独特的治理体系。美国不同于其他国家采用反垄断的方式进行规制，而是采用反垄断与防止专利权滥用的双重方式来规制知识产权搭售问题，这种双管齐下的方式能够很好地达到规制知识产权搭售的效果。从美国当前的立法现状来看，防止知识产权滥用与反垄断法中包含了一系列的规制知识

＊ 胡安栋，河北经贸大学研究生，研究方向为知识产权。

产权搭售的法律规范。

（一）规制知识产权搭售的反垄断立法

美国规制知识产权搭售的法律规范主要包括两部法律：一部是1890年的《谢尔曼法》，另一部是1914年的《克莱顿法》，这两部法律尽管经历了一百多年的历史，但依然有着很高的价值，它们是美国反托拉斯的标杆。

1890年出台的《谢尔曼法》是美国乃至世界上第一部系统的、由国家权力保证其实施的现代反垄断法。[①]1914年由于国会对《谢尔曼法》的执行不满并且为了加强反托拉斯法的实施，美国便出台了《克莱顿法》。这两部法律共同规制着美国的几种搭售形式，为美国搭售问题的解决提供了良好的法律保障。

《谢尔曼法》中第一条规定，所有合约用信托或其他的方式形成联合，抑或共谋，以限制州际或与外国之间的商业贸易，那么就被定义为非法。在法院的慎重考虑之后，所有签订这样合约或共谋的人或个体将被定为有罪，并立下相关罪名，并且将被最多罚款5 000美元，或最多进入监狱1年，或者同时包括两者。第二条规定，如果任何人进行垄断，或试图进行垄断，或联合任何人或集团进行垄断，或者垄断任何州贸易的部分，抑或联合外国，将被定为重罪，同样立下罪名。在法院的慎重考虑之后，所有签订这样合约或共谋的人或个体将被定为有罪，并立下相关罪名，并且将被最多罚款5 000美元，或最多进入监狱1年，或者同时包括两者。

《克莱顿法》第三条规定商人在其商业过程中，不管商品是否授予专利，只要商品在美国准州内、哥伦比亚区及美国司法管辖权下的属地及其他地域内使用、消费或零售、出租、销售或签订销售合同，以承租人、买者不使用其竞争者的商品作为条件，予以固定价格，给予回扣、折扣，如果该行为实质上减少竞争或旨在形成商业垄断，是非法的。

由此可见，《谢尔曼法》对知识产权搭售行为的界定与规制都比较模糊，都是一些原则性条款，在司法实践中的操作性不强，不利于在司法实践中对知识产权搭售问题进行有效的规制。《克莱顿法》则与其不同，为了弥补《谢尔曼法》中的不足，它在条文规定上更加细致，从而能更好地推动反托拉斯的实践进程，达到规制知识产权搭售的效果。

---

① 辜海笑：《美国反托拉斯理论与政策》，北京：中国经济出版社2005年版。

（二） 规制知识产权搭售的知识产权立法

用知识产权法来规制垄断是一种新颖的方式，但是知识产权与反垄断法的渊源由来已久。1623 年英国专利法就被称为《垄断法规》——世界上第一部具有现代含义的专利法。美国法院判例将知识产权滥用行为进行总结并发展出知识产权滥用原则。① 以 1942 年的 Morton 盐业公司诉 G. S. Suppiger 公司案为标志，美国最高院正式确立了专利权滥用原则。但随着时间的推移，人们逐渐对知识产权的滥用原则有了质疑和不满。1950 年美国大幅度修改的《专利法》增加了三种不属于专利权滥用的情形。1988 年美国国会推出了《专利法修正案》，不仅增加了两项不属于专利权滥用的情形，而且也对市场支配进行了全新的界定。

1988 年的《专利法修正案》与以往对市场支配地位认定的看法不一致。在 1988 年之前，市场支配地位认定的方式以权利人是否享有该产品的专利为依据，即专利权人享有该产品专利便推定专利权人对此类产品行业拥有支配地位。如果专利权人滥用专利权限制、排除竞争，便认定其存在知识产权的垄断行为。该项规定对市场支配地位的认定存在不合理的地方在于不能仅以专利权人享有该专利便认为其拥有该产品市场支配地位。正如 Unithern Food Sys. , Inc. v. Swift-Eckrich. Inc. 判决中强调的那样：对市场支配地位的界定不仅仅只考虑权利人拥有该项专利，而且还应当对相关市场进行严格的经济学分析。② 于是美国国会便在 1988 年颁布了《专利法修正案》。该修正案规定，不可仅因为在某项产品享有专利权便直接推定该产品在市场上具有市场支配地位，即不再将拥有知识产权等同于拥有市场支配地位本身。美国司法部和联邦贸易委员会在 1995 年联合发布的《知识产权许可的反托拉斯指南》中也确立了该项原则。该规定认为反托拉斯部门并不假定知识产权不会仅因为某企业拥有知识产权而确认其具有市场支配地位，即反托拉斯部门不会仅因为某企业拥有知识产权而认定其具有市场支配力。因为在确定市场支配力的同时，还要考虑市场中是否有该类产品的替代物。即使该知识产权人享有市场支配力，也不一定认定其市场支配力存在违法。如果产权人具有维持或进行垄断的目的，则其支配地位的获得或维持就可能违反反托拉斯法。当然，即使该知识产权获得或

---

① 魏珍妮：《知识产权滥用的反垄断规制》，《法制与社会》2007 年第 5 期，第 197 – 198 页。
② J. M. 穆勒著，沈超等译：《专利法》，北京：知识产权出版社 2013 年版，第 431 页。

维持是合法的，也可能会使权利人在涉及知识产权的行为方面具有损害竞争的较强实力。①

美国 1995 年《知识产权许可的反托拉斯指南》的第五部分内容对搭售问题进行了规定："搭售"被定义为"一方出售某产品的协议……其条件是买方还要购买不同的（或搭售的）产品，或者至少同意他不会从其他的供应商购买该搭售的产品"。Eastman Kodak Co. v. Image Technical Services，Inc.，112 S. Ct. 2072，2079（1992）。在某些案子中，以被许可人购买另一项知识产权或产品或服务作为被许可人能够获得一项或几项知识产权许可的条件被判定为违法搭售。尽管搭售安排可能导致反竞争的效果，但上述安排也可能带来效率的显著提高和有利于竞争的好处。在行使其公诉自由裁量权时，主管机关将会既考虑搭售的反竞争效果，也考虑搭售所带来的效率提高。如果符合下列条件，主管机关可能会对某一搭售安排提出质疑：①出售者在主产品市场中拥有支配力；②该安排对搭售产品相关市场的竞争有负面影响；③该安排所带来的效率提升不及其反竞争的效果。主管机关并不推定专利、版权或商业秘密当必然赋予其所有者市场支配力。

该指南不仅吸收了许多美国司法实践中的观点，而且也有一些独到之处，这使它的内容更加细致、具体，并增强了实践操作性，为美国知识产权搭售问题的解决提供了良好的指南。

美国之所以通过双重规制的方式进行约束是因为在知识产权搭售的问题上知识产权法与反垄断法存在不同的特点：第一，专利权抗辩原则是盾而不是矛；第二，专利权滥用行为并不必然违反反垄断法，专利滥用原则可以得到矫正。②

二、美国规制知识产权搭售行为的司法实践

（一）司法实践的基本状况

美国在研究知识产权方面有很久的历史，而知识产权搭售则是知识产权滥用中重要的一部分，同样也是美国"九不准"之一。美国在搭售方面

---

① 赵启彬：《论技术标准中知识产权滥用行为的反垄断规制》，《知识产权文丛》（第一卷）。
② 许春明、单晓光：《专利权滥用抗辩原则》，《知识产权》2006 年第 3 期，第 23 页。

的法律制度和理论学说可简单地分为"古典的搭售原则"阶段、"芝加哥学派"阶段、"后芝加哥学派"阶段三个阶段。相应地，对搭售的反垄断规制也可以简单划分为本身违法原则、本身合法原则及合理运用原则的适用。①

1. "古典的搭售原则"阶段

该阶段出现在《克莱顿法》产生之前。在此之前，美国对知识产权搭售问题没有专门的法律加以规制，而且人们也未认识到知识产权搭售造成的严重后果，导致这一时期的搭售行为基本上都能得到豁免，这在 Heaton-Peninsular 案件中得以明显的体现。该案件中法院支持搭售条款，认为对纽扣市场的控制来源于专利机器，这是一个合法的结果，不会影响市场限制竞争。② 后来，美国在实践中逐渐认识到知识产权搭售带来的危害，并且之前的《谢尔曼法》对其规定的也过于宽泛，因此便在 1914 年推出了《克莱顿法》。该法典型的案例便是 Morton Salt Co. v. G. S. Suppiger Co. 案。在 1947 年的 International Salt Co. v. United States 案件中美国才正式确定专利搭售应当结合专利滥用原则进行反垄断规制。

2. "芝加哥学派"阶段

本身违法原则是反垄断执法的一种重要原则。虽然该原则可以提升执法效率，节约司法成本，但是该原则经过一定时期的发展，逐步暴露其缺陷和不足：该原则在简化程序、节约成本的同时，可能会损害反垄断执法的公平与正义，这在一定程度上也忽略了经济生活的复杂性和多样性。于是在 20 世纪 90 年代之后，芝加哥学派对知识产权搭售问题上主张运用合理原则来逐渐取代此前的本身违法原则。美国在 1995 年的《知识产权许可的反托拉斯指南》中规定，并非所有的搭售协议一律是违法的，而是应当区别对待，视其对市场竞争的影响而定。该指南认为搭售协议违法的要件在前面已经做过阐述，此处便不再赘述。因此，我们在一般情况下是无法判定知识产权搭售是否一定违反托拉斯法。美利坚合众国诉微软案，253F. 3d34（D. C. Cir. 2001），是美国反托拉斯法典型案件，最终交由司法部处理，其中微软公司被指责垄断和从事不当行为，违反了《谢尔曼法》（1890 年）第一条和第二条。这部法案是 1998 年 5 月 18 日由美国司法部

---

① 文学国：《滥用与规制》，中国社科院 2002 年博士学位课题。

② TIFFANY L WILLIANMS. The intersection law and antitrust law in the context of patent tying arragements，Mercer law，2007，35（6）：pp. 1043，1042，1049.

（DOJ）和 20 个州发起的。司法部认为微软滥用在 Intel 芯片的个人电脑操作系统和网络浏览器上的垄断力量。这个案例最关键的问题在于微软是否被允许将其旗舰的 Internet Explorer（IE）Web 浏览器与 Microsoft Windows 操作系统进行捆绑销售。微软表示，Windows 和 IE 的合并是创新和竞争的结果，二者现在是同一个产品，且有着千丝万缕的联系，消费者正在利用免费 IE 所带来的所有好处。一审法院认为微软符合知识产权搭售行为，属于反垄断范围，因此一审中微软败诉。微软不服进行上诉，哥伦比亚巡回法庭审理此案并认为应当按照合理原则分析此捆绑销售问题，而不能按照本身违法原则一概而论。因此做出裁决：撤销原审判决，将案件发回重审，后来双方达成和解，此事便宣告结束。

3. "后芝加哥学派"阶段

进入 20 世纪以来，"芝加哥学派"思想逐渐受到挑战，一些反垄断经济学者、法官和律师应用经济学的一些原理对其进行分析得出不同的结论。由于这一学派诞生在"芝加哥学派"之后，而且主要是修正"芝加哥学派"的自由主义反垄断的不足，因此被称为"后芝加哥学派"。

该学派中对搭售问题的观点是专利池许可与分散专利拥有状态相比，可降低总的许可费用，同时也可以激励专利权人进行新的研发与创新，减少被许可方被阻止使用专利的风险。搭售协议只有在销售者具有市场支配力、搭售对于竞争具有负面影响并且其负面影响超过其对提高效率的正面作用时，搭售才可能是非法的。因此执法机构的主要精力集中在分析专利池的专利组成以及这样的组成是否使得专利池参加者损害竞争的可能性。[①]对于此项问题，美国为了保护本国专利权人的利益，开始全面地使用合理原则来解释搭售问题。2005 年美国十大专利案件中的 Illinois Tool Works Inc. v. Independent Ink 就有所体现。Illinois Tool Works 附属公司 Trident 公司生产打印机头并对该技术拥有专利，该公司要求购买者在购买打印机头时必须购买其生产的未申请专利的墨。打印机墨制造商 Independent Ink 根据《反垄断法》向加利福尼亚州联邦地方法院起诉，指控 Trident 公司在其专利产品打印机头上捆绑销售非专利产品墨的行为违法。联邦地方法院审理后，以 Independent Ink 未提供 Trident 拥有专利权市场支配力的证据为由驳回诉求。Independent Ink 提起上诉，2005 年 1 月，上诉法院推翻原判，

---

① 王先林：《知识产权与反垄断法——知识产权滥用的反垄断问题研究》（修订版），北京：法律出版社 2008 年版，第 118 页。

裁定 Independent Ink 无须证明专利权市场支配力的存在。2005 年 4 月，Trident 诉至最高法院。① 最高院作出的判决推翻了上诉法院的判决并裁定专利权并不必然能为专利权人带来市场支配地位，Independent Ink 有义务提供 Trident 拥有市场支配力的证据。

（二）知识产权搭售的司法认定

搭售也被称为附带条件交易，即一个销售商要求购买其产品或者服务的买方同时也购买其另一种产品或者服务，并且把买方购买其第二种产品或者服务作为其可以购买第一种产品或者服务的条件。在这种情况下，第一种产品或者服务就是搭售品，第二种产品或者服务就是被搭售品。知识产权搭售是一种特殊的形式，即专利权人利用其对该产品专利权的优势要求购买者购买另一种产品或服务或者不向其他人购买该搭售产品或服务。

通过对美国搭售规制历史的分析以及立足当前美国立法和司法现状，我们可以从如下几个方面对知识产权搭售问题进行界定。

1. 搭售人对搭售产品有垄断势力

市场的垄断力量又称为市场势力。在司法实务中，要证明市场势力，必须将专利权人的很多典型行为排除在反垄断范围之外。而对于垄断势力的认定也经历了一系列的过程，以美国 1988 年《专利法修正案》为标杆，划分为两大阶段。美国尽管很早出台了立法，但是其在实务之上却没有跟上立法的节奏。因为美国是判例法国家，遵循先例是其基本制度，因此在美国高院之前的一些判例包含许多错误的情况，但是即使是错误的，也只能由最高院的判例进行推翻，这样就导致一些法院在司法实践中不知所措并出现同案不同判的情形。因此，对于市场支配地位的判断不能仅仅以专利人享有专利权而推定其拥有市场支配力，还应该对相关市场进行严格的经济学分析。

2. 搭售的两种产品必须是可区分的

在知识产权搭售中，搭售产品与被搭售产品必须是相互独立的两种产品，二者在功能与性质上存在明显的不同，并且都能够独立存在。如果被搭售产品只有与搭售产品一起才能产生购买者要求的效果，就不存在搭售的问题。但是，像知识产权领域内的搭售，由于技术性较强、专业性高，对于一般公众来说难以区分和发现。因此，知识产权领域内的区分标准的

---

① Illinois Tool Works Inc. v. Independent Ink，547 U. S. 28（2005）.

确立对于我们界定知识产权搭售很有必要。

3. 是否存在强迫因素

对于违反意思自治的知识产权搭售中是否存在强迫因素，我们的回答是肯定的。但是不能因此就对知识产权搭售问题一概地认为是违法行为，我们还应该多考虑意思自治的成分，如果搭售合同中不违反当事人意思自治，就不能认为违法。因此，意思自治在知识产权搭售中具有重要的地位。美国法院在 Eastman Kodak Co. v. Image Technical Servs Inc. 一案中指出：销售方可使用强烈的令人不快的劝告、鼓励或甜言蜜语来促使购买者购买被指控被搭售的产品。为了支持指控，必须证明实际强迫的存在，只有在销售方超过了劝告的范围而实际上在强迫客户未得到搭售产品而购买被搭售产品时，才构成违反反托拉斯法，而仅仅拒绝销售不属于强迫。商家自己有权决定选择客户并可拒绝向他人出售货物或提供服务，只要这种拒绝不是出于非法目的。①

4. 知识产权搭售对相关市场是否有负面影响

专利权人利用自己的专利权利的优势地位，强行将其他产品进行捆绑销售，这对于被搭售产品有竞争关系的厂商来说是一种不当的竞争行为。知识产权搭售利用本专利产品的优势地位来支配被搭售产品的市场，从而导致专利权人的垄断地位从上游蔓延到下游地区。1992 年美国柯达公司案件便体现了这种行为的影响。柯达公司通过对零配件与维修服务捆绑销售，达到对零配件生产上的优势扩展到维修服务领域。因此，此类知识产权搭售行为会造成限制竞争，造成垄断。

以上这四种情形是对美国知识产权搭售的界定。虽然满足这四种情形不一定就能判断构成知识产权搭售，但是其基本上涵盖了知识产权搭售行为。我们在对知识产权搭售界定的时候，还应多考虑知识产权中的合理原则，以便能够更好地对该问题进行精确的界定。

三、美国知识产权搭售反垄断规制的经验与借鉴

美国对知识产权搭售的规制经过了一百多年的历史，积累了大量的司法实践经验，同时也创设了大量优秀的立法成果，为美国知识产权搭售的

---

① 罗伯特·P. 墨杰斯，皮特·S. 迈乃尔等著，齐筠等译：《新技术时代的知识产权法》，北京：中国政法大学出版社 2003 年版，第 937 页。

规制奠定了坚实的基础。美国先进的知识产权搭售规制对我国今后法律制度的完善也提供了很大的帮助。

对于知识产权搭售的问题，我国当前在立法和司法上仍有很大的缺陷和不足，相关的法律法规也很是有限。我国在 2015 年出台的《关于禁止滥用知识产权排除限制竞争的规定》，由于其属于部门规章，位阶不高，而且规定得也比较模糊，因此不利于对知识产权搭售进行规制。我国《反垄断法》第五十五条规定："经营者依照有关知识产权的法律、行政法规规定行使知识产权的行为，不适用本法；但是，经营者滥用知识产权，排除、限制竞争的行为，适用本法。"从该法规来看，我们在合理使用知识产权赋予的权利时，将会排除在该法规制的范围外。如果我们滥用权利排除、限制竞争将会受到法律的制裁。该法虽然对知识产权滥用有所规制，但是其内容有限、原则性较强，不能很好地发挥反垄断法对知识产权搭售的规制作用。因此，我国对知识产权搭售问题的法律规则还需进一步提升。

美国优秀的立法体制和司法实践对我们都有很大的帮助作用，但是我们应当保持清醒的认识，立足于自己当前的国情，采取相应的措施来完善我国立法和司法体制，而不是盲目地照抄照搬美国的东西。

首先，美国的双重规制制度对于知识产权搭售问题的规制对我国有很大的借鉴意义。《反垄断法》与《专利法》不同，其主要侧重于经济方面的法律规制，而《专利法》则是侧重知识产权方面的规制，二者侧重点不同，但是殊途同归，都是对知识产权滥用上的规制。虽然《反垄断法》能够包含知识产权领域，但是毕竟其属于经济法，不能对知识产权垄断方面做到很详细的划分和规制，因此，对二者职责范围的划分有很大的作用。《反垄断法》属于经济法范畴，因此对知识产权搭售作出原则性的规定即可，而《专利法》则属于知识产权范畴，应当对知识产权搭售作出详细的规定，二者相辅相成，为知识产权搭售规制作出各自的贡献。

其次，由于我国反垄断法制定不久，不易修改，但是可以制定一些知识产权许可的反垄断条例和相应的指南。

（1）制定《知识产权反垄断条例》。

①《反垄断法》刚刚制定不久，不宜对其作出修改，因此可以出台相应的反垄断条例。②《反垄断法》关于知识产权搭售问题的规定原则性过强，尤其是在对知识产权搭售的问题上，因此需要一部对知识产权搭售的反垄断法律。

（2）制定《知识产权反垄断指南》。

在世界上对于知识产权搭售规制的指南大约有两种比较先进，分别是欧盟的《关于技术转让协议适用欧共体条约第 81 条的指南》和美国的《知识产权反托拉斯指南》。由于分析框架是一种系统性、整体性很强的东西，因此只能在这些模式中选择一种而不应将二者结合或融合。① 笔者认为美国的指南是世界上较为先进的成果，其本身吸纳了许多先进的理论成果，因此我们应该选择美国指南的基本框架来指导我国立法。

最后，修改《专利法》，增加对知识产权搭售的具体规定，增强对其规制的实践操作性。

《专利法》是我国专利制度的基石，也是我国知识产权制度的重要组成部分。由于我国专利法制定有一定年限，存在着一些不足和缺陷，因此需要对《专利法》进行修改。对于《专利法》的修改，应当制定具体的关于知识产权搭售问题的制度，从而更好地提高实践中的可操作性。《专利法》不同于《反垄断法》，其应当对反垄断进行细化，因为毕竟《反垄断法》属于经济法的范畴，对于知识产权搭售问题不可能做到面面俱到，因此《专利法》便承担起此项重担。

四、结　语

美国对知识产权搭售反垄断的规制有着丰富的司法经验和先进的立法制度，并且在司法实践中取得了很好的规制知识产权搭售的效果，为我国知识产权搭售的规制提供了大量的立法和司法材料。我国关于知识产权搭售的规制还比较落后，知识产权搭售的情况经常出现，严重损害了当事人的利益。因此，我们国家应当积极参照美国的体制，在吸收和引进先进经验的同时，应当立足于自己国家的国情，创建出一套适合自身的司法制度，从而更好地对知识产权搭售问题进行规制。

---

① 孙磊：《专利许可中"搭售行为"的规制》. 清华大学硕士学位论文，2007 年，第 36 页。

PPP 项目中反垄断风险规制路径分析

臧俊恒[①]

提要： 近年来我国政府关于支持 PPP 项目发展的措施数量之多、范围之广、立意之缜密足以显示出中央领导者推动经济体制改革的决心。但良好的制度安排需要在实践中检验其成效。为控制地方债务规模，加强预算管理而催生的 PPP 项目于我国国情考虑很不周延，其背后蕴含着垄断的法律风险。PPP 产生目标多元化及动机的"不纯洁性"很容易异变为政府实施行政垄断的工具。公共物品的供给原理为 PPP 发展提供了制度渠道，对 PPP 项目要放权与限权相结合，PPP 项目仅适用于政府负有提供责任又适宜市场化运作的项目。针对 PPP 项目反垄断法律风险而言，应避免机构空转，重新焕发反垄断委员会的活力，加强反垄断执法机构对于行政垄断行为的执法活动，并将国有企业滥用权力实施垄断行为纳入反垄断法行政垄断范畴。

关键词： PPP 模式；政府法律风险；行政垄断；公共物品；国有企业

现代国家为改善政府服务的效率和有效性，有一个明显的转变就是趋于尝试合同关系的各种形式，通过合同治理背后的逻辑理念是，形式协议使所要求的履行标

---

① 臧俊恒，中南财经政法大学法学院经济法学硕士研究生。

准和可接受的成本水平变得清晰，从而履行能够被监督，并且可以要求那些造成违约的人承担责任。通过选择将义务限定于特定的任务和以货币来衡量和评价履行。[①] 推行 PPP 模式，使民间资本进入传统的基础设施建设和公共服务领域，提升管理效率，是解决自然垄断行业效率低下，垄断利润过高，促进相关市场竞争的有效范式。但私法规制并不足以应对这些问题，比如说，滥用国家的垄断权，以及保护第三人利益的需要，在设计 PPP 模式以提供公共服务时，我们可以发现大量的结构性问题。那么，在基础设施建设和公共服务领域是推行 PPP 模式，还是继续维持原有的行政垄断和自然垄断并存的路径？现行中国法治体系架构下改革者显然有些进退维谷：进一步，则会引发新形式的垄断，退一步，会使人们继续饱受国企垄断和行政垄断的双重压迫。

在法治化中国的框架下，从多层次系统分析和多学科的视角来思考是必要的。有鉴于此，本文将首先从此问题的原因出发，为何在 2014 年财政部会大力推行 PPP 模式改革？PPP 模式与既往的融资模式有什么根本区别？政府缘何通过"借钱"提供公共服务和基础设施建设？先进的制度设计需要良好的国家治理，然而社会现实总是与制度规划存在差距，PPP 模式产生的先天畸形会异变为政府和经营者实施垄断行为的"怪胎"。然后结合政府与市场关系的格局，厘清并重构公共产品适用范畴，剥离不适用 PPP 模式的领域。最后，结合上述制度维变，强调反垄断法对 PPP 项目的监管，构建事前事中事后防范机制。

一、合作治理与风险意识下的 PPP 基础理论

自十八届三中全会到国务院及其各部委的部门规范性文件中，关于支持 PPP 模式发展的政策如雨后春笋般涌现，政策涉及 PPP 项目的方方面面、立意缜密，从中可以体会到中央政府推动经济体制改革，发挥市场在资源配置中的决定作用的决心。但制度规划还主要处在宏观的顶层设计，落实到社会现实仍需细化，否则良好的制度设计可能与最终目标背道而驰。

---

① 休·科斯林著，郭小莉译：《规制合同》，北京：中国人民大学出版社 2014 年版，第 332 页。

3. 基础设施建设投资需要

2014 年宏观经济下行压力加剧，国内 GDP 增长速度持续下降。尽管 2014 年国内经济发展保持平稳增长，但是投资领域增长点仅限于房地产的建安工程投资，国内经济高速增长模式面临重大考验。中央政府希望通过基础设施投资拉动经济增长。2014 年政府批复了涉及一系列基础设施建设和公共服务等投资领域的新型城镇化规划、城市群区域协同发展的规划，发改委 21 天批复 16 条铁路、5 个机场的动作都显示了国家通过投资建设促进经济增长的决心。① 大量的基础设施建设项目，政府融资却大大受限。在不靠财政刺激，且政府举债受限较大的前提下，政府作为资金需求方能求助的就是社会资本，PPP 模式将是在稳健的货币政策和财政政策之下，大力推行基础设施建设和推行新型城镇化的主要融资途径。

4. 引导民间资本流入

地方财政收紧、政府举债过高受限之时，社会资本却困于无处投资。由于基础设施建设和公共服务领域大多处于传统的自然垄断行业，国有资本在该领域的绝对垄断性导致市场壁垒较高，其中的利润大多被大型央企分割，致使民间资本很难真正流入。传统的民间资本则大量流向了股市和楼市，股市低迷、震荡不稳定，楼市则受政府宏观调控限制较大。另外大量民间资本流向民间金融领域，而脱离了监管，无实体投资而高利率空转的民间金融却是拖垮整体经济的根源。因此，PPP 模式为政府和民间资本结合提供了一个连接的纽带，政府和企业各取所需，政府可以借此缓解地方债务危机，解决资金困境；同时民间资本可以释放投资活力，进入传统的自然垄断行业领域，提升人们所诟病的服务质量和管理效率问题，同时可以分享该行业的利润，引导社会资本流向正确的领域，还有利于解决金融监管难题。

(三) 风险意识与合作治理的连接：PPP 未来发展的关键

伴随着 PPP 模式的引入与发展，PPP 项目风险在政府与私人主体之间合理分担成为合作双方共同关注的焦点。PPP 模式旨在借助物有所值原则，通过竞争性磋商制度在公私双方认可的基础上实现风险分担。鉴于项目全生命周期持续时间的跨度较长，因此物有所值原则的主要驱动就是风险转

---

① 参见《国家发改委 21 天内批复 16 条铁路 5 个机场　发力稳增长》，http：//news. xinhua-net. com/politics/2014 – 11/07/c_ 1113150751. htm，2015 年 8 月 25 日。

移与合理分担，即将风险向最有控制能力一方转移。对于政府和私人主体而言，风险的合理分担需要从 PPP 项目的全生命周期来分析和评价所有潜在风险，在合同签订环节将风险合理地分配给最有能力控制的一方，这样在 PPP 项目实施时才可能激发利益相关方提前策划并采取有效的措施应对各种可能的风险，实现风险管理的系统化。

但 PPP 项目领域所面临的法律、政治、经济等复杂性因素使风险分担决策并不是一项可以信手拈来的工作。在推行 PPP 此项决策上，中国的公共政策缺少不同利益之间的博弈机制，互联网的出现，城市中产的声音不断被放大，正在逐渐绑架政府。而国家政策的失败或有得有失的结果并非单纯源于设计欠佳的政策或资源不足。国家还必须与反对派作斗争，这些反对派的一部分是在悄然、间接地进行着反抗，而另一部分则是选择公开对抗。更何况是政府部门和私营机构在目的、投资收益期望、管理能力等方面均存在很大差异，这就意味着不同的参与方对风险和他们管理风险能力的感知各不相同，而这些不同的感知将会严重影响到参与方处理风险的方式和对风险的定价。

上述问题表明风险分担在 PPP 项目实施过程中的复杂性，而公共服务项目收益流不确定且其服务质量和价格与公众直接相关，令私人投资者介入此类项目较为谨慎，同时近年来，我国政府大力推行 PPP 模式，也出台了一系列的 PPP 专项规范性文件，由于政府急于加快 PPP 模式的发展，许多 PPP 项目在运行中面临着诸如立法、执法及社会等层面的法律风险。在此笔者仅讨论项目实施过程中执法层面的垄断化法律风险。

二、执法层面的政府法律风险识别：异化垄断

为解决地方债务危机，控制地方债务规模，推动新型城镇化发展，引导民间资本合理投资而催生的 PPP 模式，其产生目标的多元化及现实功利性很容易异化为地方政府行政垄断的工具，因此更需要加强政府对 PPP 项目的监管。有必要考察分析影响 PPP 异化为垄断的现实因素，在此基础上分析相关制度规划的现实可行性，寻求完善对策，以将国家中的顶层制度设计较好地落实于社会。从目前实际情况来看，PPP 模式异化为垄断主要发生在两个方面，一是项目储备，二是项目的主体，其实质都与政府相关。

（一）项目储备：个体逐利性与 PPP 项目公共性之矛盾

中央财政新规的颁布，对于地方政府来说太多的融资渠道被封，从形式上一定会使社会资本更多地参与到基础设施建设中，为继续控制一些经营性领域，只能通过 PPP 模式向市场主体让渡部分利益。但不论是传统的融资平台、BOT、BT，亦或 PPP，都不过是表层的组织形式，在当下中国，国资为大、民资为小的根本游戏规则短期内很难做出改变。例如早期，BOT、BT 模式兴起以后，从表层来看市场主体成立了自己的项目公司独立运营，参与到了基础设施建设分得了政府的利润。但实际上，抛开民间资本在项目中拥有的股份决策权不谈，就连投资人的利润都要采用成本加成的方式固定化，大量的资本溢价流向政府。

对于社会资本而言，如果是纯公共服务项目或准公共服务项目，以股东利益最大化为宗旨的企业肯定不会仅仅为承担企业社会责任置股东利益于不顾，投资建设没有任何回报且无法收回成本的非经营性 PPP 项目。如果从事该项目，那么该企业的利益驱动点在哪里？政府付费回收成本？至少企业目前还无法做到，也没有这样的能力主动承担社会公共服务，企业肯定会通过其他领域寻求利益平衡。如果是经营性项目，就会关系到具体由哪个企业去实施。在这些问题未及认真思考的情况下就急于推行 PPP，仅凭一个"公共资源交易平台"，通过一个竞争性谈判招投标就想解决问题，这样又会陷入政府采购与招投标腐败的怪圈难以自拔。

凡社会资本与政府公权交叉，必然会出现利益交换和利益输送。宏观上，为解决地方债务危机而产生的 PPP 弊大于利；微观上，不要说是大批量新型城镇化的 PPP 项目，即便是市政项目中的城市绿化、停车场设计、物业公司的选择等衍生资产细节，都是权力寻租的重灾区，背后看不见的资本流动将会诱发新一轮的腐败。

（二）项目的主体：公私利益博弈失衡

理想情形下的 PPP 社会资本方应是非国有资本或外资，只有这部分资本才最富有效率、创造力，由于历史的原因民间资本在基础设施建设领域企业存量少且经济实力弱，外资企业由于法律的限制、观念的束缚引入困难。短期来看，政府为了完成公共设施建设只能与存量央企合作。即本次改革的核心是 SPV 一定要有非当地政府资本成分。在发改委公示的 13 个 PPP 示范性项目中，有 12 个项目是与国有企业合作，约占 92%。

第一，PPP 项目的民间资本一方多为国有资本成分。垄断租金在国企与政府之间进行分割，竞争秩序则受到伤害。[①] 作为传统的基础设施建设的垄断行业，即便有外资进入，也不是来参与竞争，而是与既有企业形成利益集团享受垄断利润的。[②] 公共领域的天然垄断状态并没有得到根本的改善，在垄断不充分的条件下，PPP 项目的运营者利用这些条件限制产品产出以操纵价格，必然损害公众利益，而且其公共资源利用效率低下也会从根本上损害公共利益。[③] 如果企业的垄断权是国家授予的，它们在排挤竞争对手时则不必考虑自身利益，也不必考虑消费者利益，国有企业实施的滥用市场支配地位行为，大多是因为行使国家给予的特许经营权。加之国企与政府间的政治经济利益关系，地方国有企业和中央国企分公司归属于地方政府管辖，在实务中，PPP 项目的 SPV 公司中本地政府的股权比例大于其他资本，容易演化为地方政府操纵本地国企实施行政垄断行为。

这种合作即名为 PPP 项目实为政府或国企经营。实际操作中，此种公私合作打着 PPP 的旗号提供公共服务和基础设施建设，但是作为合作主体的私人公司在缴纳一定股份之后基本无法参与 PPP 项目的任何决策，即使在公共服务和基础设施建设上与 SPV 发生关系也都是以个体形式与"SPV"发生的市场行为。项目公司的实际运行完全由政府或政府所属的国有企业来操纵，其收益也主要由其分享。那么，既然如此，政府为什么还要打着 PPP 项目公司的旗号呢？这与国家对 PPP 的扶持政策密切相关。由于在理论上真正的合作是公私双方平等参与的合作，另一方主体完全为市场主体，所以国家出台大量财政资金扶持 PPP 就是扶持广大市场主体发展。国家近年来出台了大量支持 PPP 的政策，包括直接地补贴和信贷、融资等方面的优惠政策。正是由于这些优惠政策，很多地方政府便有极大动力成立假 PPP 公司来独享优惠政策和丰厚利益。

第二，在社会资本一方为非关联国有资本的情况下，国务院及其各部门的文件对政府与社会资本方的平等地位的重视，也是当前推行 PPP 最大的困境。企业与政府的地位之间很难做到哪怕是形式上的平等，如果不听从政府的条约安排，在政府管辖范围内会受到来自税务、工商、土地各方面的压力，容易发生叠加和聚合效应。政府行政权力的强制性在谈判中掌

---

① 许光耀：《行政垄断的反垄断法规制》，《中国法学》2004 年第 6 期。

② 王先林：《我国反垄断法实施的基本机制及其效果》，《法学评论》2012 年第 5 期。

③ 陈婉玲：《公私合作制的源流、价值与政府责任》，《上海财经大学学报》2014 年第 5 期。

握的话语权远远超过企业的能力。为了在项目审批谈判中争取自己的利益，企业通过人情关系联络政府。虽然双方在合谋的情况下，企业也会赚取一些垄断利润，但为了回馈行政机关，公司将部分利益作为行政权力的租金，更多的垄断利润进入政府及其个别工作人员的手中。

总之，无论是 BOT、BT，还是 PPP，在中国的体制内部推行 PPP 模式最大的障碍仍然是来自于地方政府方面的限制。垄断化法律风险的主体仍在于政府，其实施的形式依然是传统的行政垄断行为。推行 PPP 模式的关键仍是尽量减少政府的干预，加强对行政限制竞争行为的治理。但由于行政垄断的复杂性，以及与非经济因素关联的密切性，真正破除行政垄断，需要拓宽研究的视野和规制的手段。

三、公共物品：政府与市场关系再平衡

现实中的 PPP 与其理想状态还相差甚远。真正的公私合作，不是政府与其所属国有企业的合作，而是由私人公司真正参与到决策中的合作；不是损害社会公共利益的合作，而是有利于社会公共利益的合作；不是为了合作而合作，而是该合作的合作，不该合作的由政府自己来做。对于 PPP 的认识我们不能仅仅从理论或想象出发，而应从实际和现实出发。

（一）市场缺陷：公共物品供给不足

政府与市场的关系问题是经济法乃至整个社会科学的基本问题，构成了公私二元结构的假设体系。在市场经济条件下，政府和市场都是资源配置的方式，二者各自具有自己的功用。市场主要是通过调节供求关系满足个人的利益，政府则通过财政税收手段提供公共物品满足社会需要。但是二者所处的层次并不同，在市场体制下，相对于政府配置，市场配置的范围更广、规模更大，在总体上也更有效，因此通常都应交给市场配置。①即市场对资源配置起决定性作用，而政府则是在市场对资源配置起决定作用的前提下弥补市场失灵和市场缺陷。

随着经济的发展和生产的社会化，市场的内在缺陷和外部缺陷导致市场在某些领域的资源配置中产生失灵，而公共物品供给缺失是市场失灵的主要表现。由于公共物品的不可分性和消费的非排他性导致了公共物品搭

---

① 张守文：《政府与市场关系的法律调整》，《中国法学》2014 年第 5 期。

便车现象普遍，而克服人们搭便车的成本非常高，即以利润最大化的商人不会投资提供这些公共物品，但这些公共物品基础设施对于国民经济发展来说又是不可或缺的。[①] 基于市场在公共物品供给不足，政府就有必要承担自己的职能。

因此，在市场对资源配置发挥决定性作用的前提下，政府弥补市场失灵主要是靠提供公共物品满足社会需要完成的。在维护市场竞争秩序和进行宏观调控等纯公共物品领域，政府有必要满足社会需要；在教、科、文等准公共物品领域，政府有必要参与和调整；在物质生产投资规模大的领域，政府主要承担一些基础设施建设。

（二）政府失灵：自然垄断行业放松管制的需要

市场失灵所在的公共物品供给不足——公共服务和基础设施建设领域大多是自然垄断行业所在的部门。基于传统的政府弥补市场失灵职能，在我国政府是通过成立国有企业提供公共物品的，但依靠国家政策而获得的行业准入的国企由于缺乏竞争而带来的效率低下、攫取垄断利润被人们所诟病。自然垄断行业所处的领域是最为典型的市场失灵领域。[②] 政府成立国有企业的初衷是为了维护公众利益，发挥规模效益，然而长期垄断带来的却是高成本低效率的经营模式。特别是作为垄断行业，在经营过程中滥用市场支配地位谋取垄断高价、强迫交易、实施差别待遇等行为。推动国有企业改革，放开传统的公共物品和基础设施建设领域所处的自然垄断行业和环节，引入民间资本改善公共服务的质量和效率，一直是我国社会各界的期望。然而基于前述分析，由于行业的垄断状态，民间资本中国有资本的进入并不是来参与竞争的，而是来分享利润的，或因自身力量的弱小而成为政府垄断的工具。

（三）PPP：政府与市场路径回归

传统公共行政理论认为，政府应该提供所有的公共物品；新公共行政管理理论将公共物品分为核心公共物品和混合公共物品，政府应该提供核心公共物品，即使存在市场失灵也应该直接由政府提供。笔者认为，理论上的正确性并不意味着现实的可行性，交易成本理论忽略了各个国家的经

---

① 刘大洪：《经济法学》，北京：中国法制出版社 2008 年版，第 113 页。

② 王先林：《垄断行业监管与反垄断执法之协调》，《法学》2014 年第 2 期。

济发展程度、政治环境、社会文化等重要因素。而在我国制约 PPP 模式发展，影响公共物品质量和效率的根源仍然在于国企背后的政府行政权力。

从国家规定来看，PPP 项目的适用领域是十分广泛的，但这些抽象的项目及各个环节真的就全部适合于 PPP 模式吗？哪些是政府本身就应该承担的责任，哪些项目是原本就不应该政府提供而被政府借以"私人不愿意提供"揽权，哪些是本就应该由市场来提供的或者随着现代科技的发展应完全放开市场由社会资本提供的？我们要根据公共物品的特性和我国的现实经济发展状况并紧跟现代科技的发展，剥离那些真正适合 PPP 模式的项目。

1. 限权：纯公共物品依然由政府来承担

基于公共物品的公益性和消费的非排他性特征，公共物品确实是社会所必需的，但私人一般难以收回成本而不愿意提供。政府应当继续承担提供纯公共物品的职能，这既是政府的权力也是政府的义务，政府不能以财政限制、利润率低为由将其推卸给市场主体来提供，更不可以在基础设施建设和公共服务产品完成之后向最终消费者实施垄断行为。即便有些纯公共物品可以通过政府购买来完成，但是现阶段基于公共物品的质量和国家安全的角度，这部分不应交由市场来解决，切不可在 PPP 模式浪潮下为减少自身的责任而将所有项目包装为 PPP 模式，简政放权不等同于推卸责任，主动承担提供公共物品的责任更不可与揽权相提并论。

2. 放权：市场能解决的就交给市场

由于公共物品的市场失灵，政府在许多基础设施建设和公共服务领域发挥了至关重要的作用，充分发挥了政府的职能。但是过去政府同时还承担了许多完全应由市场自己就可以提供的经营性项目，却被政府以"市场失灵"原因揽权赚取垄断利润。按照司马迁的概括"善者因之，其次利导之，其次教诲之，其次整齐之，最下者与之争"，政府不应与市场主体在同一层面竞争，应回归政府的非营利性或公益性，即市场能够解决的问题都交给市场。当继续简政放权，简化行政审批手续，减少审批事项，将 PPP 项目中本属于市场提供的产品领域放开，政府应主动退出该行业或某些环节。减少行政干预对市场主体的约束，把本不应该设限的领域交还市场，真正放开市场，解放市场主体，盘活市场经济，这样政府的税收也会大幅度地增加，从而更好地承担政府自身的职能。

3. PPP 模式：政府与市场的共同选择

厘清政府与市场的界限之后，我们可以重构 PPP 模式的适用范畴，

PPP 模式适用于政府负有提供责任又适宜市场化运作的公共服务、基础设施类项目。PPP 模式可以充分发挥政府和市场各自的优势，弥补各自的缺陷，形成双向互动模式。若政府或国有企业提供该部分公共产品效率低下、缺乏竞争力、服务质量难以让公众满意，这就耗费了大量的财政资源，从人民手中攫取垄断利润。选择 PPP 模式本质上在于公共资源领域配置相关市场，引入社会资本的竞争活力，提升公共服务的质量和效率，有利于节约政府财政成本，缓解财政压力。同时基于公共产品质量安全的要求，政府又不可完全放开交由个人利益最大化的市场主体解决，所以选择政府与社会资本合作是最适宜的。但我们必须认清，在 PPP 模式中政府依然是公共物品的提供者，承担主要的责任，无论如何都不可以将公共产品的责任施加给市场主体，更不是"甩包袱"，政府必须采取一定的诱导性规范使社会资本获得应有的回报。

四、执法层面政府法律风险防范：行政垄断治理

在分析了新一轮 PPP 改革的现实背景原因，厘清 PPP 异化为垄断的具体情形并分析其制度根源，并借助政府与市场关系的二元博弈分析，剥离出 PPP 模式真正适合的领域。对上述问题的深入认识，有助于切实把握相关机制的实施条件，预测其运行效果。PPP 在复杂的制度条件和社会环境中运行，相关制度措施付诸实践后其运作成效会受到多方面因素的制约，地方政府利用行政权力实施行政限制竞争行为是其中最大的障碍。而笔者在文中提出的一些现实问题，并不是反对 PPP 模式，而是强调在改革过程中可能遇到的困境及复杂的社会环境造成的挑战，对这些困难要有清醒的认识和思想准备。其实不只是 PPP，很多政策措施都容易被地方行政权力利用，为此，破除行政垄断，推动反垄断执法有利于 PPP 模式的开展。

（一）监管主体：反垄断委员会

PPP 模式理论上是一项促进整体社会利益增加的非常优秀的政策，但由于政府公权和社会资本的交叉，凡是有政府参与的领域都有可能成为权力寻租的来源，无论是经营性项目还是非经营性项目，对于 PPP 项目而言均关系到行政审批的范畴更可能发生腐败行为。因此加强对 PPP 项目的监管非常必要，这也是学者一致的意见，但究竟由谁来监管却各有所见。陈婉玲教授主张国务院应当创设一个独立于发改委和各行业主管机构的 PPP

综合监管机构，而邢会强教授认为，PPP 模式下的政府既是合作者，又是监管者。① 然而 PPP 项目的政府机构与社会资本方具有千丝万缕的联系，由其负责项目设计并监管难以落实竞争政策。② 现阶段改革进入深水区和攻坚期，自己制定改革措施，由自己监督自己，不可能真正破除垄断利益，行政垄断改革需要破冰。

笔者认为，在大部制改革背景下国务院没有必要再新设立一个监管机构，利用现有资源就可以完成 PPP 监管的目标。我国反垄断法通过以来，行政垄断执法活动从数量上相对于其他垄断行为而言确实偏少。从国家发改委公布的案件来看，仅有 4 个案件，③ 而另一个负责行政限制竞争行为执法的工商总局网站至今没有相关案件。行政垄断行为案件的数量如此之少，国家发改委归结为规制行政垄断的困难在于行政机关竞争意识普遍较弱、干预市场的路径依赖、现有的政治经济体制、执法资源有限。④ 发改委本身主要承担宏观调控职能的机构，负责 PPP 项目的征集和设计，其并不适合 PPP 项目的监管。而且在强大的行政机关面前，在政治利益博弈中，执法机构作为一个司局级部门确实力量较小。另外，未必要等到工商、发改委、商务部三大反垄断执法机构统一，虽然推动三大反垄断执法机构统一是人们的愿望，也有利于反垄断执法，但短期内并不是一项现实可完成的任务。要真正有效规制滥用行政权力限制竞争，对于 PPP 项目的监管，现阶段应该在反垄断委员会的指导下发挥工商总局和商务部的作用。

我国的反垄断委员会是由国务院副总理担任主任，包括财政部、国资委、工商总局、交通运输部等在内的 14 个国务院部委代表参与的议事协调机构，反垄断委员会本身就是独立于各部委、各地方政府的高级别机构，对于监督和协调 PPP 项目是最有效的机构。国务院要真正发挥反垄断委员会对于竞争政策的促进作用，协调各部门、各行业主管机构之间的产业政策和竞争政策的冲突，避免反垄断委员会空转。同时，工商总局对 PPP 项目中政府实施的行政垄断行为要严格执法，PPP 项目的合同需要交由工商

① 邢会强：《PPP 模式中的政府定位》，《法学》2015 年第 11 期。
② 陈婉玲：《公私合作制的源流、价值与政府责任》，《上海财经大学学报》2014 年第 5 期。
③ 河北省交通运输厅等部门滥用行政权力排除限制竞争案冀交公〔2014〕407 号、山东省交通运输厅滥用行政权力排除限制竞争案发改办价监〔2015〕501 号、云南省通信管理局滥用行政权力排除限制竞争案、蚌埠市卫生计生委滥用行政权力排除限制竞争案发改办价监〔2015〕2175 号。
④ 国家发改委价监局：《竞争政策与行政性垄断》，《华东政法大学学报》2015 年第 4 期。

总局审查，另外在政府与社会资本合作建立合营企业或者合并时，如果达到了商务部规定的标准也应该按照规定向商务部提交审查，做好事前防范机制。

（二）程序审查：公平竞争审查制度

2015 年 3 月，国务院为打破制约创新的行业垄断和市场分割，提出要建立公平竞争审查制度，纠正地方政府不当补贴或利用行政权力限制、排除竞争的行为。究竟何为公平竞争审查制度？通过体系解释，该制度是为了建立全国性统一大市场而纠正地方行政垄断行为的制度，相比较于反垄断法的规定，该文件在涵盖反垄断法第五章包括的各种行政垄断行为下增加了政府补贴行为，这也是向欧盟竞争法学习。无论如何，该制度的提出将对防范和纠正地方政府的垄断行为发挥积极的作用。对于 PPP 项目，我们可以借鉴竞争评估制度的内涵，将 PPP 项目优先适用公平竞争审查制度，竞争评估的实施者应当以反垄断委员会为主，[①] 对其合同中的具体协议进行竞争评估，提前防范和阻止政府制定限制竞争的措施，避免和减少其对竞争的不合理限制。

（三）国有企业：拓宽行政垄断规制主体

由于 PPP 项目的合作者中至少有一方是国有企业，而国有企业的垄断权是国家所赋予的，国企在经营活动中的行为实质上是由政府所控制的。我国《反垄断法》第三十二条规定："行政机关和法律、法规授权的具有管理公共事务职能的组织不得滥用行政权力，……商品。"《反垄断法》第七条规定："国有经济占控制地位的关系国民经济命脉和国家安全的行业以及依法实行专营专卖的行业，国家对其经营者的合法经营活动予以保护……促进技术进步。"从法律体系来看，我国反垄断法是适用于国有企业的，尽管实践中执法机构并没有对国企实施的各种垄断行为进行处罚。在欧盟生产企业和公共领域向民间资本开放后，欧盟成员国基于国家本位利益或社会公共利益考虑，常常对本国企业提供各种行政扶持或施加特定行政影响，妨碍欧盟统一市场的成立。[②] 因此欧盟制定了一系列的反垄断法令，要求各成员国限制公共垄断、禁止国家向特定企业提供补贴以及加强

---

① 张占江：《中国法律竞争评估制度的建构》，《法学》2015 年第 4 期。
② 翟巍：《欧盟公共企业领域的反垄断法律制度》，《法学》2014 年第 6 期。

国家与企业之间的透明度等。① 在我国，行政限制竞争的主体被限定为行政机关和组织，并没有将国企涵盖其中。国有企业通常受政府权力的影响间接实施垄断行为，行政垄断导致政企不分，所以我们应借鉴欧盟附属设施理论，执法机构可以依法规制国有企业滥用行政权力破坏市场秩序的行为。

五、结　语

从传统的政府为弥补市场失灵提供公共物品，到政府提供公共物品的弊端显现，此后伴随科技发展，PPP 模式成为弥补政府和市场双重失灵而衍生出来提供公共物品的有效范式。但理论上的正确性仍需借助实践的考验。我国本次推行 PPP 模式有着自身特殊的背景，产生目标多元化及动机的"不纯洁性"使事务繁忙的政府难以分身，导致 PPP 模式在实践中容易演化为政府和国有企业实施垄断行为攫取垄断利润的桥梁，而 SPV 就成为先天不足的"怪胎"。所以一项良好的制度需要后天的耐心扶植。对于PPP 异化为垄断，政府是其中的关键因素，行政垄断行为是其表现形式，而如何制约行政垄断这一问题，由于牵涉面广，遇到的问题多、挑战大。针对 PPP 现阶段的反垄断监管和审查而言，应该重新焕发反垄断委员会的活力，避免机构空转，同时加强反垄断执法机构对于行政垄断行为的执法活动，并将国有企业滥用权力实施垄断的行为纳入反垄断法行政垄断范畴。由于政府换届带来的契约问题一直令企业缺乏信心，更应当推行竞争文化，倡导契约精神，提升政府公信力。

当然我们也要对改革保持信心，凡是变革总会带来希望，中央规范地方债务，使地方债务更加透明和规范，地方政府融资确实受限很多，或多或少都会使民间资本进入基础设施建设和公共服务领域，而每次变革带来的一点改变，积蓄起来将有利于国家的大变革。暂时的困境是难免的，但我们要为大变革积蓄力量，不断促进我国的经济成熟发展。

① 　姜颖：《法国国有企业管理体制改革的历程及成效》，《法学》2014 年第 6 期。

浏览器屏蔽广告行为的法律探究

李　赟[*]

提要： 具有广告拦截或快进功能的浏览器使视频网站的商业模式受到一定冲击，引发了若干纠纷。浏览器对视频广告的拦截、快进等行为应当如何定性，在我国现有法律框架内有一定的现实困难。在分析判断相关行为的性质时，理应重点从现有法律法规、用户体验和需求、技术中立等几个方面进行考虑，特别要重视用户利益的维护。

关键词： 屏蔽广告；不正当竞争；用户利益

一、屏蔽网络广告技术及相关争议

所谓网络广告屏蔽技术，一般是指用户或者一些互联网企业针对网页浏览器所开发的一种拓展程序，用户安装了该程序之后，可以拦截包括各种网络广告在内的页面要素，使这些内容不被下载和显示进而达到屏蔽网络广告的功能，比如现在世界范围内非常流行的 Adblock Plus 插件。近年来，随着互联网技术的发展和互联网市场竞争的加剧，为了吸引用户，一些浏览器运营商或者计算机软件开发商在其浏览器或者计算机软件上也

---

[*] 李赟，华南理工大学法学院硕士研究生。

开始自带屏蔽广告的功能，比如猎豹浏览器、Ad Muncher（奶牛）和AD-safe广告管家。此外，一些浏览器运营商还专门开发了可以快进视频网站贴片广告的功能，比如傲游就推出了一款带有"视频广告快进"功能的浏览器，此种快进功能也能使用户达到屏蔽网络广告的目的。此类新型浏览器具有以下两个特性：①浏览器所自带的广告屏蔽功能一般默认设置为关闭，是否开启完全由用户选择；②该屏蔽功能并非只屏蔽某一特定网站的网络广告，而是可以屏蔽所有不特定网站的网络广告。

屏蔽网络广告的技术问世，对于广受网络广告折磨的用户来说不失为一大福音，但是此举却极大触动了各大互联网企业的商业利益，进而引发了一系列竞争纠纷。例如，2012年优酷公司认为金山旗下的猎豹浏览器通过技术手段恶意拦截视频网站的合法贴片广告，侵害了视频网站及其广告客户的正当权益，构成不正当竞争并将金山公司诉至法院；① 2012年金山推出了可以拦截与屏蔽移动广告功能的"手机毒霸"软件，此举遭到了多盟、触控科技等19家广告代理商和应用开发商联合声明和抵制，认为其构成不正当竞争；2013年，百度认为360将可以专门屏蔽其网络广告的插件放在其应用网站和浏览器的明显位置构成不正当竞争并将其诉至法院；2014年傲游推出了带有视频广告快进功能的浏览器，此举将其推上了风口浪尖之境，遭到优酷、爱奇艺、乐视等网站的封杀，并认为其构成不正当竞争。

二、浏览器拦截、快进广告行为是否构成不正当竞争

（一）《反不正当竞争法》一般性规定的适用

我国《反不正当竞争法》对不正当竞争行为的规定框架为：第二条是关于不正当竞争行为的一般规定，第五至十五条对11种不正当竞争行为进行了列举，属于特别规定。在法律适用方面，仅当竞争行为不在第五至十

---

① 法院在一审判决书中指出："虽然本院认定本案中原告合一公司（优酷网的经营者）的商业模式具有正当性，但不意味着确认该商业模式已经对消费者权益保护做了充分考量。被告对猎豹浏览器开发设置过滤视频广告软件，一定程度上是为了迎合目前部分网络用户改变对优酷网视频广告过多、过长的不良体验需求。在现行法律法规及司法实践对某项市场行为尚无明确法律评价的情况下，要求市场经营者对其就某项用户需求进行开发经营，从决策到实施过程中能完全明晰其行为的法律定性，存在一定的现实困难。"

五条规定的 11 种行为方式的范围内时，才能适用第二条的一般规定。① 对此，最高人民法院明确承认，虽然该条第二款可用于维护市场公平竞争，但也应注意严格把握适用条件，以避免不当干预阻碍市场自由竞争。凡是《反不正当竞争法》已通过特别规定做出穷尽性保护的行为方式，不宜再适用一般规定予以规制。可见，对于一般规定的适用，需同时具备三个条件：一是法律对某种竞争行为未作特别规定；二是其他经营者的合法权益确因该竞争行为而受到实际损害；三是该竞争行为因确属违反诚实信用原则或公认的商业道德而具有不正当性或可责难性。

（二）浏览器拦截、快进广告是否构成不正当竞争

浏览器拦截、快进广告是否构成不正当竞争的行为方式并不属于特别规定所列举的范围，只能适用一般规定予以判定。需要逐一判断：是否实际损害了其他经营者的合法权益，是否违反诚实信用原则或公认的商业道德而具有不正当性或可责难性。

1. 未损害视频网站运营商的合法权益

拦截或快进广告的行为，对各大视频网站既有商业模式的冲击是无疑的，且对其商业利益可能造成一定的消极影响。但不能就此推定该行为具有可责难性。

首先，视频网站的"免费视频 + 广告"的商业模式本质上是一种商业盈利的思路，属于思想范畴的内容。根据版权法传统的"思想与表达二分"原则②，商业模式并不具备当然获得法律保护的资格或条件。一旦某种商业模式获得法律保护，那么当其他经营者的竞争行为触及或冲击该商业模式时，就有涉嫌侵权的风险。如此一来，不仅破坏市场竞争规则，也不利于商业模式创新。所以，法律不应随意介入、阻碍或限制商业活动，除非出现了违反法律、商业道德或者损害公共利益的商业模式。因此，商业模式本身并不受法律保护。视频网站对其商业模式也不享有任何法定

---

① 我国《反不正当竞争法》第二条规定：经营者在市场交易中，应当遵循自愿、平等、公平、诚实信用的原则，遵守公认的商业道德。本法所称的不正当竞争，是指经营者违反本法规定，损害其他经营者的合法权益，扰乱社会经济秩序的行为。

② 作为能够以某种有形形式复制的智力创作成果，作品是其作者一定构思的表达。版权法规只保护作者一定构思的独创性，表达这种保护不能延及构思本身。这是界定版权保护范围的一项基本原则。RAYMOND T NIMMER. The law of computer technology. Warren Gorham & Lamont, 1985.

权利。

其次，广告的被拦截或快进也不会必然导致视频网站的商业收益的减损。实际上，视频网站的贴片广告收入并非其唯一收入来源。除贴片广告外还有"对联"广告、"弹窗"广告、"外链"广告、播放中的"暂停"广告等。因此，不能武断地推定，拦截、快进广告行为切断了视频网站的所有或主要收入来源。况且，值得注意的是，即使广告得以正常播放，也不能确保用户完整地观看了广告。

再次，即使对视频网站的利益有影响或造成了减损，也是互联网行业正常商业竞争的结果，是商业竞争所需要的。退一步讲，即使拦截、快进行为确实令视频网站的广告赞助费减少，也是正常商业竞争的必然结果。在互联网领域，新技术的出现必然会使某些既得利益者受损。具有中立性的广告拦截、快进技术的出现必然会冲击既有的商业利益格局。客观上讲，是广大网络用户在饱受冗长广告的折磨后对无广告、少广告的观看体验需求催生了具有拦截、快进功能的浏览器的诞生。因此，这是用户市场催生和选择的结果。浏览器开发商并未强迫用户在观看视频时必须使用拦截或快进功能，而是赋予其选择权。可见，在判断是否损害他人合法权益时，不能单纯地从表面上、客观上判定，而必须综合考虑各种因素，至少要具备可责难性，才构成"不正当"性。为此，不能认定浏览器本身损害了视频网站的合法权益。并且在我国，无论是包括竞争法在内的知识产权法，还是其他民事法律，均没有保护经营模式的具体规定。在司法实践中，虽然已有"免费视频+广告"经营模式并不违反反不正当竞争法的原则精神和禁止性规定的观点，但尚无判决明确认定该经营方式属于商业惯例。

最后，基于民事领域"法无禁止即可为"的理念，该经营模式属于合法获取财产性利益的方式，最高人民法院在"3Q大战"中就认定，被上诉人以此谋求商业利益的行为应受保护，他人不得以不正当的干扰方式损害其正当权益。当今我国互联网市场并不只存在"免费视频+广告"的经营方式，"授权后使用"或"特定视频+收费"的经营模式亦大量存在，并在市场内有不俗的份额。如盛大文学就更多地采用"授权后使用"；也有视频网站在免费提供部分视频的基础上，对其他特定视频采用付费后观看的经营模式。因而，商业模式的侵害并不构成对商业惯例的违反，更不宜认定为不正当竞争行为。

2. 不违反诚实信用原则或公认的商业道德

关于竞争行为"正当性"的认定，应以是否违反诚实信用原则或公认的商业道德为基准。在《反不正当竞争法》的层面，诚实信用原则更多是以公认商业道德的形式体现出来的。

（1）符合"理性经济人"的道德水平要求。

商业道德是按照特定商业领域中市场交易参与者即"经济人"的伦理标准来加以评判的，既不同于个人品德，也不能等同于一般的社会公德，体现的是一种商业伦理。也就是说，要以"理性经济人"的道德水平来要求市场交易参与者，理性经济人追逐利益的行为是符合商业道德的基本要求的。浏览器的开发运营商为获得商业利益而争夺网络用户，开发出能为用户带来更好体验的浏览器，其行为符合理性经济人的道德水平，法律没有任何理由对其责难。

（2）不违反互联网行业公认的商业道德。

《反不正当竞争法》所要求的商业道德必须是公认的，是特定商业领域普遍认知和接受的行为标准，具有公认性和一般性。具体到个案，公认的商业道德应结合案件具体情形来分析判定。在互联网领域，《互联网终端软件服务行业自律公约》所确立的规则应可作为互联网企业在市场竞争中须遵守的公认的商业道德。该公约第十九条规定，除恶意广告外，不得针对特定信息服务提供商拦截、屏蔽其合法信息内容及页面。而猎豹和傲游浏览器拦截、快进贴片广告的行为并未屏蔽或拦截视频网站提供的合法信息内容和页面；用户观看视频的体验不仅未受影响，还得以提升和改善。因此不违反互联网行业的诚实信用原则和公认的商业道德。

三、国外的视频网站商业模式

美国互联网视频运营商十分重视用户选择、观看体验和需求。早在几年前，美国主要视频网站就对"免费视频＋广告"的商业模式进行了改造。目前的做法大致可分为两类：一种是用户可以自行跳过广告的模式，即 YouTube 模式；另一种是用户自己选择观看广告的模式，即 Hulu 模式。

（一）YouTube 模式

2010 年 12 月，YouTube 正式推出了新的广告格式"TrueView"，这种格式不仅能让用户跳过不感兴趣的广告，还赢得了广告商的认可。True-

View 与以往使用格式的差别在于：当 TrueView 格式的广告开始播放时，用户会在视频画面中看到一个"五秒钟"的倒计时器，同时还会出现一个箭头，用户若不想观看，顺着箭头点击即可跳过广告，重新回到之前浏览的内容。YouTube 可直接令用户自行选择是否跳过视频广告，其配套的盈利方式在于，YouTube 的广告商是以用户在 YouTube 视频网站上的广告点击量为付费标准的。广告商只有在用户点击了广告的情况下才会支付广告费，若用户选择跳过而不点击广告，广告商就无须支付费用。这样赋予了用户很大的选择权。YouTube 采用这种广告策略不但改进了用户的观看体验和服务质量，还提高了广告的有效性和效率。因为，用户当然会倾向于对自己选择的广告有兴趣。如此便实现了广告商、视频网站运营商和用户三者的共赢。

（二）Hulu 模式

2010 年 8 月，为增强在线视频广告业务的盈利能力，视频网站 Hulu 计划让用户自己选择观看的在线广告。出于降低用户对广告的抵触情绪的目的，Hulu 开发了多样性技术来提升用户观看视频时的体验。用户可根据喜好选择观看相应的广告，或者选择观看一段电影预告片以代替观看广告。让用户自行选择观看广告的方式使得 Hulu 为广告商提供了更具针对性、更有效的宣传。通过实现用户的自主选择，Hulu 能帮助广告商将广告更有效、更精准地送至目标用户手中。同时，也让用户更容易接受广告。与 YouTube 的相似之处在于，Hulu 采取这一广告模式也是以广告收费模式为基础的。Hulu 并不以固定价格向广告商出售广告位置，也不以固定价格向内容提供商支付内容成本，而是按照每个月、每个广告（或节目）的观看次数来与广告商和内容供应商进行结算。可见，Hulu 让用户自己选择接受的广告信息这一模式对多方利益而言效果更好。

技术的发展历史表明，技术的发展往往具有超前性。当一项技术诞生之时，我们完全没有必要急于对其作出评价或是非判断。尤其是当某项技术的发展前景尚不明朗时，更是不宜贸然禁止或限制，反而应当留有余地，循序渐进，为创新和发展留下一定的空间。作为一项新技术，浏览器拦截、快进广告的功能，法律也无须急于阻碍其步伐，而应缓行一步，交由市场判断。没有一成不变的商业模式，现代互联网时代的进步不仅仅依靠的是技术的进步，更多的是对固有商业模式的推陈创新，我们可以对其他发达国家的更有利于消费者的商业模式进行借鉴，而不是现在的"广告＋免费"商业模式就必须受到保护，这只是有利于现有的利益相关方，反不正当竞争法的立法宗旨是要去推动我国科技、商业模式的进步以及保护广大消费者这一弱势群体的利益，固守现有一些企业的利益只会阻碍我们在互联网时代与国外企业竞争创新的机会。

四、反思与建议

我国《反不正当竞争法》虽然将保护用户的合法权益作为立法目的之一，但似乎并未在具体规定中明确指出达成此目标的具体途径或方法。在判定经营者的行为是否构成不正当竞争行为时，法院也未将用户利益或需求作为重要考量因素。这既是我国立法的缺憾，也是司法不成熟的表现。

现代的反不正当竞争法应当服务于三重目的，即保护竞争者、保护用户以及维护代表公共利益的竞争。可见，不正当竞争行为必须进行功能上的界定，要特别保护有关各方的利益，即市场运作中相关当事人的利益。应当承认，我国《反不正当竞争法》第一条的规定体现了这一精神。因为，该条款将立法目的规定为"为保障社会主义市场经济健康发展，鼓励和保护公平竞争，制止不正当竞争行为，保护经营者和消费者的合法权益"，"消费者的合法权益"即对用户利益的体现。然而，该法的具体条文却未涉及有关用户（消费者）权益保护或救济的规定，《消费者权益保护法》虽是专门性法律，但极少涉及竞争行为中的消费者保护问题。可以说目前我国《反不正当竞争法》对用户利益的保护尚停留在间接保护的层面，即通过规范经营者之间的竞争行为以实现间接保护用户（消费者）利益的目的。虽然有学者认为，竞争法对用户的保护是一种深层次的保护，即通过维护竞争机制（the competitive process）和提高经济效益，从整体上导致产品、服务质量的提高和价格的降低，使用户获得福利即实现所谓的用户福利最大化；但笔者认为，具体规定远比宣示性条款更具可操作性和可实现性。无论是对用户权益的"间接"保护还是"深层次"的保护，最终都离不开具体规定的实施和落实。况且，目前我国网络领域内的消费者保护问题尚未引起足够重视，这种用户利益的保护需求更为突出和迫切。因此，我国《反不正当竞争法》应当创设具体规定以确保对用户权益、需求或选择权的维护和救济等方面予以完善。例如，针对经营者的不正当竞争行为设立用户公益诉讼制度。

另外在认定竞争行为的正当性时，我国法院应当更多、更充分地考虑用户利益、需求或选择权。从美国的相关司法经验来看，用户利益是法院在判断是否构成不正当竞争行为时一个十分重要的标准，并在类似案件中表明了支持类似于金山的广告屏蔽工具开发商的态度。用户利益标准的确立有利于法院在经营者之间发生纠纷时准确、合理地对相关行为进行定性，有效规范互联网市场。德国也有类似案例，结果也是类似的。反观我国，法院在类似案件中似乎更偏重甚至仅着眼于相关经营者（运营商）的利益是否在客观上受到了影响，而用户利益或需求往往处于易被忽略的地位。因此，我国法院在认定互联网领域中的不正当竞争行为时，也应将用户（消费者）利益、需求或选择权纳入重点考虑因素的范围。

论行业协会联合抵制行为违法性的认定规则

李荣锦[*]

李荣锦[*]

提要：我国工商总局于 2015 年 7 月发布了首例关于行业协会联合抵制行为的指导性处罚案例，这无疑给理论和实务界的学者们提供了很好的违法性认定的参考依据。但由于我国《反垄断法》等相关规范规定过于笼统，因此有必要对违法性的认定标准加以分析。本文就首先分析借鉴美国成熟的认定标准，并以此次发布的指导性案例为切入点，从中提取出我国目前的认定标准，将两者加以对比分析，得出我国在违法性的认定方面所存在的不足。并且在文章的最后提出了改进建议，以期能够完善我国针对行业协会联合抵制行为违法性的认定标准。

关键词：行业协会；联合抵制；违法性；反垄断

2015 年 7 月国家工商总局公布了首例联合抵制交易的反垄断行政执法案例，即广州市番禺动漫游艺行业协会联合抵制反垄断的行政处罚案，这为今后反联合抵制的垄断行为提供了实践中的参考依据和样本。特别是由于美国法院的法官根据《美国谢尔曼反托拉斯法》（*Sherman Antitrust Act*，以下简称《谢尔曼法》）所引申出的本身违法原则和合理原则之争，对中国的联合抵制

---

* 李荣锦，华东政法大学国际法学院研究生。

行为违法性认定造成了一定的混乱和误解。这就需要对美国和中国的联合抵制行为违法性认定进行对比分析，找出我国存在的不足，以此加以改进。特别要指出的是，由于我国仅仅公布了首例案例，并且违法主体为行业协会，因此本文就主要讨论行业协会联合抵制行为违法性的认定。

一、美国联合抵制行为违法性认定标准

联合抵制行为①是指"一些共谋者出于一定的目的或可预见的后果，联合拒绝向市场上具有直接竞争关系的经营者进行交易，以将该经营者驱逐出市场的限制竞争行为"②。在这里要特别强调的是，很多学者在认识联合抵制行为时有一个误区，认为仅仅存在着经营者之间相互联合排挤其他竞争者的行为，即横向联合抵制。其实联合抵制行为不仅包括了横向联合抵制，还包括纵向的联合抵制行为③，只是这种联合抵制通常与滥用市场支配地位相竞合，可能归属于拒绝交易的情形。④ 由于此种联合抵制行为较为复杂，本文暂不做讨论。这里所讲的联合抵制行为仅包括横向联合抵制行为，也就是狭义上的联合抵制行为。

美国关于联合抵制行为的违法性认定主要来源于美国的《谢尔曼法》第一条的规定："所有限制州际或对外商业贸易，以托拉斯或其他形式组成联合，签订合同或秘密协议的，都属于违法行为。"⑤ 由于美国是判例法国家，因此在成文法如此笼统概括的情况下一般依靠的是法院法官的解释。因此在美国的司法实践中逐渐延伸出了两种主要原则，即本身违法原则与合理原则。

（一）本身违法原则

本身违法原则是指："只要企业实施了反垄断法所禁止的行为，法院

① 布莱克法律词典解释原文为：A type of secondary boycott by two or more competitors who refuse to do business with one firm unless it refrains from doing business with an actual or potential competitor of the boycotters.

② 徐士英：《竞争法论》，北京：世界图书出版社 2010 年版，第 125 页。

③ 纵向联合抵制行为是指处于产业链上下游之间具有垂直关系的经营者之间实行的联合抵制。

④ 李剑：《论联合抵制交易的违法性判断标准》，《当代法学》2009 年第 3 期，第 104 页。

⑤ 原文为：Every contract, combination in the form of trust or otherwise, or conspiracy, in restraint of trade or commerce among the several States, or with foreign nations, is declared to be illegal.

将不考虑企业实施这种行为的目的和后果而径直判决其非法。"① 美国法院在实践中最早使用本身违法原则的案例是 1904 年 W. W. Montague & Co. v. Lowry 一案。在本案中行业协会的成员之间达成了一项垄断协议，为的是维持零售商的原有价格，以此减少竞争对手的数量。在本案中，法官并没有真正使用本身违法原则的表述，但依然具有重要的意义，因为法院第一次在实践中将行业协会的联合抵制行为视为违法行为。② 相比而言，在 Klor's, Inc. v. Broadway-Hale Stores, Inc. ③ 一案中法院真正地运用本身违法原则判定联合抵制行为涉嫌违反反垄断法，法院指出："联合抵制行为被认为是违法行为的范畴，不因在一定环境下合理而被认为是合法的，即便有时某些抵制行为有降低价格和刺激竞争的作用。"也就是说一旦做出联合抵制的行为就涉嫌反垄断行为，从而确立了本身违法原则。虽然此种判定方法较为简单，但是存在着很多漏洞，特别是没有提到除外规定，限制了行业协会的竞争力。

（二）合理原则

合理原则要考虑的因素并不仅仅是行为本身，法院还要根据企业实施限制竞争行为的目的、后果及行为人的市场份额等因素判断某种限制是否违法④。Silver v. New York Stock Exchange⑤ 一案具有里程碑式的重要意义，它标志着在判断联合抵制行为时由本身违法原则开始向合理原则的转变。法官在裁判书中不仅提到了竞争因素，还考虑到了其他相关因素，最重要的是法官还提到了除外规定："有法律依据，符合法律目标，合理使用联合抵制，有程序保障。"从此判决开始，越来越多的法院开始使用合理原则进行违法性认定，它本身具有很多优点，特别是能够更加客观地来认定垄断行为。但也存在着很多弊端，由于此原则的使用要耗费大量的时间，严重挤占司法资源，而且合理原则也没有代表法院对联合抵制行为的容

---

① 郑鹏程：《美国反垄断法"本身违法"与"合理法则"适用范围探讨》，《河北法学》2005 年第 10 期，第 122 页。

② 王长秋：《中国市场中联合抵制的反垄断法规制》，《河南师范大学学报》（哲学社会科学版）2005 年第 6 期，第 116 页。

③ Klor's, Inc. v. Broadway-Hale Stores, Inc., 359 U. S. 207（1959）.

④ 郑鹏程：《美国反垄断法"本身违法"与"合理法则"适用范围探讨》，《河北法学》2005 年第 10 期，第 123 页。

⑤ Silver v. New York Stock Exchange, 373 U. S. 341（1963）.

忍，依然有很多联合抵制行为被判定违法。

（三）一元序列分析模式

正是由于两种认定原则都有着很多的弊端，因此目前而言越来越多的法院开始转变思路，改变本身违法原则与合理原则相对立的思路，而是将两者开始有条件地融合，有学者称之为"一元序列分析模式"（a unified continuum model）。

具体而言，主要分三步：第一步是进行初步分析，这种行为是否总是具有提价减产的后果，如果能肯定此种因果关系并且被告缺乏相应理由抗辩，那么就可以直接认定为此种联合抵制是垄断行为，不需要再考虑第二步，也就是相当于本身违法原则。第二步是如果被告提出了合理的抗辩理由，认为该联合抵制行为有一定的积极促进作用，那么法官就需要考虑以下几个因素："①是否具有提价减产后果。②是否具有压倒性反竞争后果。③是否为达到效率目标所不可缺少的。"[①] 第三步是如果前两步还不能分析出该行为是否属于垄断行为，再适用合理原则进行分析。

可以看出此种分析模式简化了合理原则的思路，而且提高了效率，节约了司法资源，可以预测的是此种认定方式将会在美国越来越多的判例中得到适用。由于联合抵制行为在实践中具有通性，因此无论是在美国还是在我国，针对联合抵制行为都有着较大的相似性。虽然我国与美国属于不同的法律体系，但美国的违法性认定方式对我国依然有着借鉴意义。下面笔者就结合我国的法律规定及案例对我国联合抵制行为违法性认定做一分析。

二、我国关于联合抵制的法律依据及存在的问题

（一）《反垄断法》中的相关规定

由于我国《反垄断法》出台时间较晚，因此我国针对联合抵制行为违法性的认定散见于《反垄断法》中，并且没有针对行业协会的联合抵制行为进行单独认定，因此只能参照一般经营者来进行认定。具体而言，主要

---

① 万政伟、王坤：《论美国反托拉斯法中的本身违法原则》，《杭州商学院学报》2004 年第 2 期，第 48 页。

有以下几个条文：

首先，是第十三条第五项的规定："禁止具有竞争关系的经营者达成下列垄断协议：……（五）联合抵制交易……"因此从法条中可以看出，我国对联合抵制行为进行了约束，特别是针对在横向协议中通过垄断协议达成的联合抵制做了禁止性规定，但是规定得过于笼统，没有对违法性的认定方法进行明确。

其次，还有第十六条针对行业协会的规定："行业协会不得组织本行业的经营者从事本章禁止的垄断行为。"其实这一条已经将行业协会从一般经营者的范围内区分出来，但仅此一条的规定却又显得过于单薄，究竟行业协会是否属于一般经营者？在联合抵制行为的违法性认定方面是否适用一般经营者的规定？都是需要加以明确的问题。

最后，由于并不是所有的联合抵制行为都是垄断行为，或者即便属于联合抵制的垄断行为，但由于促进竞争的效果可以抵消其限制竞争的效果，因此可以不予以处罚，这就涉及了联合抵制的除外规定[①]和豁免[②]。由于我国《反垄断法》并没有对除外和豁免进行详细区分，都规定在了第十五条中："经营者能够证明所达成的协议属于下列情形之一的，不适用本法第十三条、第十四条的规定：……属于前款第一项至第五项情形，不适用本法第十三条、第十四条规定的，经营者还应当证明所达成的协议不会严重限制相关市场的竞争，并且能够使消费者分享由此产生的利益。"从法条中可以看出，我国仅仅是针对联合抵制行为的豁免进行了规定，并针对不同情形明确了不同的证明责任，但并没有对除外情况进行规定。这无疑给实践中的违法性认定造成了一定困难。

（二）《工商行政管理机关禁止垄断协议行为的规定》中的相关规定

除了上述的《反垄断法》中的相关规定以外，为了更好地操作实施，国家工商总局于 2010 年 12 月颁布了《工商行政管理机关禁止垄断协议行为的规定》（以下简称《规定》）。其中第七条规定："禁止具有竞争关系的经营者就联合抵制交易达成以下垄断协议：（一）联合拒绝向特定经营

---

① 反垄断法中的适用除外，是指即使特定领域的行为表面上符合垄断行为构成要件，也将其排除在反垄断法适用范围之外的制度。

② 联合抵制行为的豁免即针对联合抵制控诉的合法抗辩。豁免与除外的区别参见熊聘：《联合抵制中的反垄断法问题研究》，中国政法大学硕士学位论文，2010 年，第 36 页。

者供货或者销售商品；（二）联合拒绝采购或者销售特定经营者的商品；（三）联合限定特定经营者不得与其具有竞争关系的经营者进行交易。"以及第九条："禁止行业协会以下列方式组织本行业的经营者从事本规定禁止的垄断协议行为：（一）制定、发布含有排除、限制竞争内容的行业协会章程、规则、决定、通知、标准等；（二）召集、组织或者推动本行业的经营者达成含有排除、限制竞争内容的协议、决议、纪要、备忘录等。"这在立法的层面对联合抵制行为的行为方式进行了规定，也是对《反垄断法》第十六条的补充规定，为今后更好地区分垄断行为和非垄断行为起到了示范作用。但是仅仅规定行为方式还不够完整，特别是对影响效果规定的缺失，在违法性认定方面会使得标准不够统一。

同时《规定》还对"垄断协议"和"协同行为"进行了区分①。这就为联合抵制的主体，即本文中的行业协会联合抵制的形式进行了明确。不仅包含我们常见的以口头或者书面形式达成垄断协议，也包含在实际竞争中协调一致的"协同行为"，例如通常所讲的"跟风"等行为。可以看到，《规定》对《反垄断法》进行了细化，特别是对于联合抵制行为方面的认定更加详细明确，在实践中具有指导意义。但是对于联合抵制行为所带来的影响等因素较少涉及，因此依然存在着一定的评价标准不稳定、难以把握等现象。

三、我国实践中对行业协会联合抵制行为违法性的认定

由于我国之前一直没有在实践中对行业协会的联合抵制行为做出过反垄断的执法案例，因此大多数是学术上的讨论，而且受美国本身违法原则和合理原则的影响，多数较为赞同美国的合理原则，并且集中从横向角度进行分析②。由于国家工商总局主要负责非价格垄断协议、滥用市场支配地位的查处等③，因此2015年7月国家工商总局在其官网上发布了广州市番禺动漫游艺行业协会联合抵制反垄断的行政处罚决定书。④ 这对于我们在实践中认识

---

①　《工商行政管理机关禁止垄断协议行为的规定》第二条。

②　李剑：《论联合抵制交易的违法性判断标准》，《当代法学》2009年第3期，第105页。

③　鲁篱：《我国行业协会限制竞争行为法律规制监督体系的构建与完善》，《西南民族大学学报》（人文社科版）2009年第2期，第106页。

④　《广州市番禺动漫游艺行业协会联合抵制反垄断的行政处罚决定书》，http://www.saic.gov.cn/zwgk/gggs/jzzf/201512/t20151208_164680.html，2015年12月23日。

联合抵制的垄断行为具有指导意义，因此我们就从处罚决定书来入手，分析我国在反垄断执法中对联合抵制行为违法性的认定标准。

（一）案情简介

广州番禺动漫游戏产业博览会的主办方（当事人）发起了一份由52家会员及联盟企业共同签署的《展会联盟协议书》。该协议书明确规定，当事人的会员单位及联盟企业仅参加由该协会主导、主办或者承办的广州展会，不能参加与本行业无关或协会认为不能参加的展会。并且在协议中明确规定："协会会员单位、本协议联盟企业一致同意，抵制非法展会、绝不参加与本行业无关或者协会认为不能参加的展会。"

因此就本案的事实情况来看，显然行业协会为了打压其他同行业协会，禁止会员参加其他协会举办的展会，应当认定为构成了行业协会的联合抵制行为，应当对其予以处罚。下面我们就对其理由进行分析。

（二）实践中违法性的认定

首先，工商局认为"52家会员企业属于经营同种或类似业务的独立经营者"，因此存在着竞争关系。这是对于联合抵制主体的认定。

其次，会员通过签订《展会联盟协议书》的书面形式表现出来，对签署企业产生现实或者潜在的制约力和影响力。这是对于联合抵制行为方式的认定。

再次，工商局认为《展会联盟协议书》将排斥、限制动漫游戏展会行业本应有的自由竞争，对广州市动漫游戏展会市场的健康发展产生现实或潜在的危害。这是对于联合抵制行为影响的认定。因此通过上述行为认定《展会联盟协议书》属于垄断协议，根据《反垄断法》第十六条和《规定》第九条，认定行业协会的行为构成了联合抵制的垄断行为。

最后，由于上述案例中不存在《反垄断法》第十五条的豁免情形，因此对其予以处罚。

（三）我国与美国实践中违法性认定的对比分析

我国发布的首例针对行业协会联合抵制行为的处罚决定书，从处罚理由上来说较为充足，而且分析思路也十分明确，但依然存在着一定的不足。为了便于理解，我们可以通过对比借鉴美国的认定标准总结并借助下表进行对比分析。

表1　我国与美国对行业协会联合抵制行为违法性认定的对比分析①

国家	美国			中国
认定规则	本身违法原则	合理原则	一元序列分析模式	我国实践中的认定标准（以广州市番禺动漫游艺行业协会联合抵制行政处罚案为依据）
具体方法	行为本身违法	行为、目的、后果及行为人的市场份额等因素综合考虑	第一步：是否总是具有提价减产后果。如果有，直接认定违法；没有，进行第二步 第二步：①是否具有提价减产后果；②是否具有反竞争后果；③是否为达到效率目标所不可缺少 第三步：如果前两步还不能适用，则适用合理原则	（1）行为主体认定，即存在竞争关系 （2）行为方式认定 （3）行为影响的认定 （4）不存在豁免情形
认定依据	美国《谢尔曼法》第一条及相关判例			我国《反垄断法》第十三、十五、十六条，以及《工商行政管理机关禁止垄断协议行为的规定》第九条

　　通过对比分析我们可以看出，目前我国在认定联合抵制行为是否构成垄断行为时已经初步形成了一个思路，并且能够结合具体情况较为清楚地认定联合抵制行为是否会构成垄断。但是这并不代表我国对联合抵制的违法性认定已经足够完善，依然还存在着很多的不足之处。通过与美国的认定标准进行对比，我们发现主要还存在以下两点的不足：

---

　　①　具体认定方法通过上文总结可得。

（1）对行为主体的规定不清，导致实践中的认识混乱。

《反垄断法》中对于联合抵制主体要件的要求是"具有竞争关系的经营者"，但是否抵制方全部的经营者都必须具有竞争关系，则没有明确规定。① 那么行业协会的认定是否也要参照经营者的标准值得考虑。由于《规定》第九条的规定过于笼统，因此在对行业协会的认定过程中，就存在着很多的漏洞。这就导致在实践中认识混乱的问题，特别是在本案中，一方面处罚决定书对行业协会的处罚也依照《反垄断法》第十三条的"经营者"的标准；另一方面值得注意的是本案仅仅处罚了行业协会，作为会员的真正经营者却得以逃脱，这不得不引起我们的重视。是否在以后的执法案例中，一旦涉及行业协会的联合抵制行为就仅仅处罚行业协会本身，这值得我们进一步的思考。

（2）对于行为影响缺乏规定，导致实践中执法机关拥有很大的自由裁量权。

通过对比美国和中国的认定方法可以看出，美国在认定联合抵制的违法性行为时，对于行为的影响格外地重视，特别是在"一元序列分析模式"中，不仅要考虑是否具有提价减产的后果，还要考虑违反竞争的后果。而我国在相关立法中缺少此方面的规定，并且在本案的处罚决定书中的理由部分，对行为造成破坏的后果分析十分简单。这就造成在以后的处罚案件中，针对行为后果的裁量，处罚机关将会拥有很大的自由裁量权，而且很容易造成处罚的不公和标准的不统一，给反垄断的实施造成困难。

四、我国关于联合抵制行为规定需要改进的地方

由于我国针对行业协会联合抵制的立法上存在着一定的疏漏，因此就导致了实践中必将出现一系列的问题。虽然我们应当对国家工商总局公布的第一起针对联合抵制的反垄断处罚案例予以积极肯定，但为了今后在实践中的标准更加明确，防止垄断现象的发生，有必要在以下几个方面做出改进：

（一）将一般经营者与行业协会从立法上区分

由于对行业协会的认定标准不清，对其行为方式规定不足等原因，容

---

① 张白沙：《联合抵制行为的认定方法》，《法制与社会》2012 年第 31 期，第 181 页。

易造成实践中的处罚混乱现象的发生。因此首先就应该对"行业协会"实质含义规定进一步明确。比如，各种商会组织，众多的专业性协会等，它们在功能上具有相似之处。但由于体制的关系，它们并没有以行业协会的身份而被纳入法律规制的范围。① 其次，两者在适用方面也应该适用不同的法律规范。结合前述的案例来看，实践中的执法机关在认定行业协会的违法性时适用了主体为"经营者"的标准，这在实践中也许可以勉强做扩大解释，但是在立法本意上讲是存在很大的缺陷的。因此有必要对两者的垄断行为加以详细的区分，针对两者不同的行为方式做一定分离，而不是将两者混为一谈。

《规定》的第九条在这里是一个尝试，将行业协会的垄断行为单独规定。但是很多问题又随之而来，特别是这种规定不够详细，而且法律层级较低，仅仅是在工商行政执法中得以适用，而目前我国的反垄断执法是各自分离的，② 因此这一规定很难在其他执法机构得以适用。不得不说类似《规定》第九条这样的立法意图应该在《反垄断法》中得以体现才能真正将行业协会的联合抵制行为进行有效规制。

（二）针对联合抵制行为的影响加以规定

无论是《反垄断法》还是《规定》都对垄断行为的影响几乎没有判定，这在实践中的应用就比较困难。笔者猜测立法者的意图是将类似联合抵制行为的垄断行为的影响评价交给行政执法机关，让常年工作在第一线、有着丰富经验的反垄断执法机关来认定更加有效率。确实，如果按照此种思路，将会比在法条中大段地罗列影响评价准则更能提高实践中的效率，因为在分析不同市场环节之间的联合抵制交易行为时，还要着重分析该行为给市场环境带来的后果以及其是否具有积极意义。③ 此种方式虽然有很多有利的影响，但也存在着很大的风险。

通过上文中我国和美国实践中的认定方法相对比可以看出，美国在联合抵制违法性的认定中十分强调对行为影响的评价，因为反垄断的目的就

---

① 冯海清：《行业协会垄断行为的法律规制研究》，《商品与质量：理论研究》2010 年 10 月刊，第 65 页。

② 王晓燕、辛宇鹤、王东伟：《行业协会限制竞争行为的法律规制》，《中国市场》2009 年第 9 期，第 92 页。

③ 魏梦琪、孙云飞：《浅析联合抵制交易行为合理分析原则的适用》，《中国价格监督检查》2012 年第 1 期，第 46 页。

是维护市场的公平竞争秩序。如果完全交由行政执法机构来认定，无疑将会赋予执法机构过大的自由裁量权，同时这也会造成实际中标准的不统一，使得《反垄断法》的预测可能性大为降低。特别是我国与美国的法律体系还不一致，我国应当规定以更加明确的成文法来作为认定联合抵制行为违法性的标准。因此从长远来看，我国需要在《反垄断法》等法律中明确一定的行为影响，进行有效评价，从而确立一套完整的违法认定标准。就现阶段而言，可以发布相关的反联合抵制的指导性指南[①]或者制定相关行业协会准则，为实践中的行业协会提供参考依据。

（三）完善我国在违法性认定中的除外规定和豁免制度

我国的《反垄断法》以及《规定》都仅仅规定了豁免制度，对除外规定的缺失可以说是一大疏漏。除外规定所解决的主要问题就是反垄断相关法律的适用问题，这是前提，也是必须首先解决的先决问题。因此我们有必要在相关法律中明确区分商业性的联合抵制行为与非商业性的联合抵制行为。因为如果联合抵制行为本身是为了实现社会公共利益，保证公平正义的实现，这不仅不应当被认定为垄断行为，反而应当得到社会的支持与肯定。[②] 而且我们设立行业协会的目的本身就是规范行业的行为规范，保证公平竞争，因此有必要对除外规定加以明确，保证行业协会的正常开展和运行。

我国豁免制度的疏漏主要集中在了集体豁免制度上。在实践中联合抵制行为大多数是为了获得优势的谈判地位，或者对抗垄断行为本身，正因为如此，截至 2015 年 7 月才发布了第一起针对联合抵制的反垄断执法案例。因此我们除了那些明显是为了垄断本身而进行的联合抵制行为之外，应该赋予集体经营者这一权利。这种现象在我国的对外贸易中体现得尤为突出，因此目前我国《反垄断法》第十五条规定的个体豁免显得有些单薄。集体豁免制度的增加无疑可以更加合理地促进竞争，使为了垄断本身而进行的联合抵制行为尽量减少发生。

---

① 蔡宇珂：《联合抵制行为的反垄断法规制研究》，广东商学院硕士学位论文，2013 年，第 31 页。

② 鲁篱、周道树：《美国集体抵制行为反垄断法规制的经验及启示》，《环球法律评论》2007 年第 4 期，第 57 页。

五、结　语

我国一直以来对行业协会的联合抵制行为的违法性认定都停留在学理的讨论上，很多认定标准的提出也都是借鉴美国的成功经验。美国在这方面由于发展较早，随之而来的成熟经验也值得我们学习，特别是合理原则以及"一元序列分析模式"都是相对成熟的产物。随着我国工商总局指导性案例的发布，给理论和实务界提供了一个非常好的参考依据，但这并不代表我国对联合抵制行为违法性认定就已经十分成熟和完善。由于我国《反垄断法》相关规定较为笼统和概括，以及《规定》的位阶较低等原因，从而使得在实践中的标准不够具体和统一，这就有必要，特别是针对我国行业协会联合抵制行为的违法性认定标准进行明确。在这一方面我们切不可照搬美国的合理原则或者"一元序列分析模式"，应该结合我国的实际情况，从区分经营者与行业协会、规定行为影响以及完善除外规定和豁免制度等角度来考虑，特别是针对现阶段还可以发布指导性指南等。相信我国在不久的将来一定可以建立一套完整的联合抵制违法性认定标准，以此规范市场，建立合理有序的竞争环境。

试论竞争评估在我国政府采购领域的适用

袁　野[*]

提要：政府采购是我国实现政府职能的重要方面，其设立的目的是提高政府采购的效率，以及节约政府的财政资金。我国政府采购实践中存在着大量限制竞争行为，不利于政府采购市场的健康发展，浪费了社会的资源与财富，降低了政府采购的质量。公平竞争是政府采购制度的核心，公平的竞争环境才能保证政府采购人将合同授予最具有竞争力的供应商，从而达到公共利益的最大化。通过对政府采购行为的竞争评估，能够规范政府采购中政府的行为，使政府对政府采购领域竞争的限制降到最低。

关键词：政府采购；限制竞争；竞争评估

我国《政府采购法》自 2003 年 1 月起实施，正式将政府采购定义为"各级国家机关、事业单位和团体组织，使用财政性资金采购依法制定的集中采购目录以内的或者采购限额以上的货物、工程和服务的行为"。这一概念的核心本在于强调政府出于公共需要作为消费者参与市场交易从中取得货物或者商品。然而，随着现代社会政府采购数量的增长，政府当仁不让地成为市场中最大的消费者，政府采购领域成为供应商之间展开竞争

---

* 袁野，武汉大学法学院硕士研究生。

的重要领域。由于缺乏和政府采购法相配套的完善政策环境，法律的可操作性差，对政府采购行为约束力不强以及监督机制不健全，政府权力寻租便有了得以滋生和蔓延的土壤。随之而来的是政府采购实践中大量存在的各类排除、限制供应商参与竞争或公平参与竞争的限制竞争行为。可以说，公平竞争是政府采购制度的核心，公平的竞争环境才能保证政府采购人将合同授予最具有竞争力的供应商，从而达到公共利益的最大化。通过对政府采购行为的竞争评估，能够规范政府采购中政府的行为，使政府对政府采购领域竞争的限制降到最低。

一、我国政府采购中政府对竞争的限制

（一）政府采购的起源与发展

政府采购是政府的重要职能之一，政府采购起源于西方世界的自由资本主义时代，政府采购制度最早形成于 18 世纪末 19 世纪初的英国。1782年，英国政府首先设立皇家文具公用局并采用公开招标的购买方式为政府采购办公用品。此外，瑞士也有 200 多年的政府采购史。同一时期，美国联邦政府将政府采购制度引入民用部门。第一次世界大战前，西方各国多为自由市场经济制度，政府承担着"守夜人"的角色，很少干预经济，因此政府采购并未在此时受到重视。20 世纪初，尤其是 1930 年的经济危机以后，凯恩斯的国家干预主义兴起。不少国家认识到，国家干预可以促进国民经济的发展，变革旧的自由市场经济体制成为当务之急。各国干预经济的基本手段之一就是通过刺激公共产品的供给需求，带动私人资本的投资。在公共产品的供给方面，政府一般有两种模式：一是由政府直接投资生产或通过建立国有企业进行生产经营，这种模式被称为"政府生产"；二是政府在开放的市场上通过与私人企业订立采购合同的方式完成公共产品的供给，这种模式被称为"政府采购"①；一方面，政府为激活经济而有目的地增加政府采购，另一方面，公共组织大量增长，政府采购开始在经济发展中扮演起越来越重要的角色。"二战"之后，凯恩斯主义逐渐被各国政府接受，各国纷纷放弃自由放任的传统经济模式，建立现代市场经济体制，开始用"政府之手"对经济进行宏观调控，而政府采购自然成为宏

---

① 王克稳：《经济行政法基本论》，北京：北京大学出版社 2004 年版，第 191 页。

观调控经济最重要的手段。国家通过政府采购来调整经济结构、增加就业、带动国民经济增长，政府采购在国民经济中的重要性日益突出。至二十世纪六七十年代，不少新兴工业化国家和发展中国家为了发展经济，大规模建设基础设施，并且加大力度扶持重点行业发展。这些国家往往技术水平较低，许多设备和技术需要从发达国家引进，为了提高外汇的使用效率，发展中国家纷纷实行政府集中采购，政府采购因而成为一种国际性制度。任何国家的政府出于公共需要都要购买各种各样的货物或服务来支持国家机构的正常运行和提高公众的生活水平。据估测，全世界的政府采购金额每年可高达数千亿美元，占世界贸易总额的10%以上。我国2001年政府采购规模大约为653.2亿元，占当年GDP的7%①。

　　我国政府采购的试点始于1995年。在《政府采购法》正式出台之前，为了规范政府采购活动，中央行政机关和不少地方立法机关相继发布了规范政府采购行为的部门规章和地方性法规及地方政府规章，但是，这些立法较为分散，法律效力较低，规定不完善而且内容重复较多。于是，1999年4月，国家正式成立政府采购法起草小组，经过三年多的努力，《中华人民共和国政府采购法》于2002年6月29日由第九届全国人大常委会第二十八次会议通过，并于2003年1月1日起正式实施。这标志着我国的政府采购制度初步建立起来。由于我国政府采购制度建立较晚，尚处于初级阶段，经验较少，因此在政府采购的实践中存在着大量的限制竞争行为，严重阻碍政府采购目的及功能的实现。如地方政府通过地区封锁、部门垄断等方式强制或变相强制本地区、本部门的采购单位购买其特定的产品和服务，或者以各种方式阻挠和限制供应商自由进入本地区、本行业的政府采购市场，或者以各种不合理条件对供应商进行差别待遇、商业贿赂等。这类行为严重影响着供应商的积极性，也影响了政府采购的效率。另外，《政府采购法》可操作性不强，政府采购行为缺乏事前监督与事后审查机制，供应商权利受到侵犯之后现有法律能够提供的救济更是少之又少。从1995年试点工作之后，直到2002年，才有了浙江省金华市益迪医疗设备厂因为对政府招标行为的公开性存有质疑并认为自己遭遇侵权，将农业部全国畜牧兽医总站和农业部畜牧兽医器械质量监督检测中心告上了法庭，

---

①　姚艳霞：《政府采购国际法律制度比较研究》，济南：山东人民出版社2006年版，第120页。

从而引发了被媒体称为"政府采购第一案"的诉讼。① 在此影响下，随着人们法制意识不断增强，关于政府采购的诉讼也越来越多，但这也从侧面反映，政府采购中存在不少政府限制竞争行为。

（二）政府采购中的政府限制竞争行为

政府采购中的限制竞争行为，包括政府采购中采购方的限制竞争行为以及供应商之间的不正当竞争行为。本文仅讨论政府采购中的政府限制竞争行为，以政府采购中的行政垄断行为和政府任意选择采购方式为例。

1. 政府采购中的行政垄断行为

关于行政垄断的概念，杨紫烜教授将其称为行政限制竞争行为，"是指行政机关和法律、法规授权的具有管理公共事务职能的组织滥用行政权力，排斥、扭曲或限制市场竞争的行为"。② 漆多俊教授将其定义为"政府及其所属部门滥用行政权力限制市场竞争的行为"。③ 综上，笔者认为政府采购领域的行政垄断行为有以下几个特点：首先，实施的主体大多是地方政府机关；其次，行政机关的行为是对行政权力的滥用，超越了其职权范围；再次，其目的通常是实施地方保护主义或者为了谋取自身不合法的利益；最后，其实质是限制了政府采购领域的市场竞争。

在我国政府采购实践当中，常见的行政垄断行为主要有以下几类：

第一，地方政府的地区封锁行为。一些地方政府出于地方保护或者是自身利益的考虑，滥用行政权力排除限制外地供应商进入本地市场参与政府采购，或者是要求本地供应商只能参与本地的政府采购活动，抑或是在非招标性的政府采购方式中，直接内定本地供应商为政府采购商品供应商的行为。

第二，差别对待供应商。政府采购中，采购人为了确保采购目标的实现，往往对有意向的供应商进行资格审查，即对投标人的资质、信誉、技术能力等方面进行审查，有时还针对采购项目的特殊要求规定供应商的特定条件。为了鼓励公平竞争，《政府采购法》规定，对供应商的审查，只能限于供应商履行法定义务如依法缴纳税收和社会保障资金与履行采购合

---

① 杜福海、矫杨：《全国首例政府采购纠纷案为"阳光下的交易"敲响警钟》，《复印报刊资料》2002 年第 9 期。

② 杨紫烜：《经济法》，北京：北京大学出版社 2010 年版，第 229 页。

③ 漆多俊：《经济法学》，北京：高等教育出版社 2007 年版，第 168 页。

同所必需的条件两方面审查，但不能借审查之名行排挤供应商之实。采购人为了达到排斥其他潜在投标人的目的，有时在资格预审文件中提出不合理的条件或者要求，使一些潜在的投标人丧失了参与投标的机会，如以供应商的地域身份、行业身份排斥其他地区、其他行业的潜在供应商，以技术设备方面的私有协议限制同行业的其他供应商等。

第三，强制交易行为。政府采购方要求中标者必须购买某个经营者的商品或必须出售某种商品给其指定的经营者，为中标者指定采购商品原材料的供应商或销售厂家。采购方的行为从一定程度上限制了其他经营者提供产品的权利，违背了政府采购法公平竞争的原则。

第四，信息封锁行为。政府采购方在发布政府采购的信息时，通过一些不符合法律规定的发布形式实施信息流通的封锁。如提前发布信息的时间过短，只能通过特殊方式才能找到政府采购信息等方式排除其他供应商的参加。在非招投标的政府采购方式中，采购方违法地不发布政府采购信息，只通知采购方已确定的供应商，直接限制了其他供应商参加政府采购的权利。

2. 任意选择采购方式

我国《政法采购法》专设第三章"采购方式"，明确规定了政府采购可以采取的方式和主要采购方式，而在实践中依然存在着政府任意选择采购方式的现象。如在某市的一起政府采购投诉中，政府采购监督部门接到一供应商的投诉，投诉参与的一项政府采购活动存在违法违规行为，即市政府采购代理机构违规改变政府采购方式，公开规定的是采取竞争性谈判的采购方式，实质上却进行了邀请招标的程序①。

二、政府采购中引入竞争评估的必要性

政府采购法出台之后即被人们称为"阳光法案"，在该法下，政府财政资金使用行为应当被公众知悉和监督，而要做到政府采购的阳光和透明，必然需要坚持政府采购领域的竞争公平，唯有坚持充分的公平竞争，才能约束和限制政府采购方权力。相反，如果政府采购领域的竞争不充分，政府可以滥用权力限制该领域的竞争，不仅难以实现政府采购满足公

---

① 政府采购信息报：《采购方式不能随意更改》，本溪市政府采购网，http://caozuoshi-wu. caigou 2003. com/anlidianping/2015－03－04/26030. html，2009 年 11 月 4 日。

共需要维持国家机构正常运转的初衷，还极易为政府采购中寻租行为的滋生和蔓延提供更多的空间。然而，我国的现有制度却不足以保证政府采购领域的公平竞争，政府采购实践中也时有出现如前所述的诸多政府限制竞争行为，原因主要有以下几点：

首先，政府采购的监管机制不完善。依据我国《政府采购法》的规定，政府采购监督管理部门是各级人民政府财政部门。《政府采购法》又有明确规定，我国的政府采购监督与政府采购执行应当是不同机关，且不得有牵连关系存在。但是由于"财政部门承担了管理国家财政收支的重要职能，全面管理一个巨大的政府采购市场可能会使其不堪重负、难以给予特别重视。更何况财政部门与采购人政府机关行政层级平行，缺乏行政管理的权威性，难以有效统筹协调平行机关采购工作进行综合监管"①。这说明了我国政府采购法设置的监管机制是存在问题的，按照现行监管制度的设置难以达到对我国政府采购进行监管的目的。

其次，政府采购法自身可操作性不强。"我国的《政府采购法》仅确立了我国政府采购的法律和政策框架，操作性差，需要制定具体的实施细则。"②"从现行的法律法规来看，存在原则规定多、具体细则少，禁止规定多、配套罚则少，部门规定多、适用规范少。"③ 我国的政府采购法于2002年已经颁布，在2003年已经实施，但是政府采购法的相关实施配套机制却一直未有出台。经过了八年的磨炼，在2010年时国务院法制办公室公布了《政府采购法实施条例》的公开征求意见稿，但是经过一年的时间，我国政府采购法的实施条例仍未出台。因此，在我国的政府采购领域，只有《政府采购法》是全国人民代表大会常务委员会发布的，具有最高的法律效力。其他都是国务院法制办发布的一些意见，财政部颁布的暂行办法，以及各省制定的地方管理办法。这些制度虽然对我国的政府采购管理有着重要的作用，但是由于它们的法律地位不高，要对全国政府采购活动中存在的限制竞争行为起到一个约束作用还是比较难的。《政府采购法》本身的可操作性不强，其实施细则又暂未出台，这就给政府采购活动留下了隐患，给政府采购限制竞争行为的出现留有了缺口。

① 杨灿明、李景友：《政府采购问题研究》，北京：经济科学出版社2004年版，第96页。
② 曹富国：《〈中华人民共和国政府采购法〉释义》，北京：机械工业出版社2002年版，第145页。
③ 王九洲：《供应商串通投标的成因及对策浅析》，《中国政府采购》2010年第2期。

　　再次，政府采购法与竞争法衔接不到位。我国政府采购制度中的竞争机制不够完善，与竞争法体系的衔接不够紧密。没有建立规制政府采购限制竞争行为应与竞争法相结合的理念，政府采购主体对于政府采购中需要的公平竞争意识也不强烈。政府采购方可能因没有认识到竞争对政府采购的重要性，而实施一些限制竞争的行为。供应商则会因在政府采购竞争机制不够完善的环境下，忽视公平竞争的要求而采取各类限制竞争的行为。

　　基于上述原因我国政府采购领域存在着大量政府限制竞争行为，这些行为阻碍了公平竞争，使得特定的主体以获益为目的，其所造成的结果就是很多没有资质的供应商取得了政府采购合同，政府在花费了市场价格，甚至是高于市场价格的情况下，并未购得其所需要的货物、服务、工程，或者购买到的是质量低劣的货物、服务、工程。这种限制竞争的行为，不仅违背了政府采购制度出现的目的，也不利于我国健康统一的经济市场的形成，此外还造成了我国财政资金的严重浪费。因此，笔者认为有必要引入一种能够在既定法律和政策体制内规制和约束政府采购行为的机制，这就是竞争评估机制。

　　竞争评估，是指竞争主管机构或其他机构通过分析、评价拟定中（或现行）的法律能（或已经）产生的竞争影响，提出不妨碍法律目标实现而对竞争损害最小替代方案的制度。[①] 评估旨在使政府干预对竞争的影响恢复到政府干预与自由竞争的最优组合状态。它包括两个阶段：初步评估，通过竞争影响核对清单，快速识别出限制竞争的法律；深入评估，通过反垄断分析，判断法律对竞争限制的合理性。如果法律对竞争的限制是不合理的，则提出改进方案，建议修改或废止原来的法律；反之，则予以保留。[②]

---

　　① 张占江：《中国法律竞争评估制度的建构》，《法学》2015 年第 4 期。
　　② 张占江：《政府反竞争行为的反垄断法规制路径研究》，《上海财经大学学报》2014 年第 5 期。

三、探索建立我国的政府采购竞争评估机制

（一）评估对象

OECD 将竞争评估对象统一用"laws and regulations"来界定，但在实践中各个国家的竞争评估对象却不尽相同，例如韩国已经从最初的全国立法①拓展到了地方立法①，日本也在 2010 年正式引入竞争评估制度，而且仅针对全国立法之下的次级立法②。笔者认为，我国政府采购领域竞争评估的对象应当是对正在进行的和将要进行的政府采购行为。从目前我国对影响政府采购领域竞争的政府限制竞争行为所采取的措施来看，无论是反垄断执法、司法还是清理和废除"妨碍公平竞争的各种规定和做法"，均是事后救济措施，指向的对象均是现行政府采购领域中的政府限制竞争行为。政府采购中政府行为对该领域竞争的影响仍然处于一个较高的水平，这种影响既有中央层面的也有地方层面的，既表现为行政法规、规章也表现为政策、文件、规定和做法。如果要充分发挥市场在资源配置中的决定性作用，让竞争政策成为基础性的经济政策，通过对现行政府采购领域的政府行为进行全面、系统的竞争评估无疑是十分必要的，这也是当前我国竞争评估工作的重点。但是，由于现行政府采购数目繁多，在短期内对所有政府采购领域的政府行为进行评估，进而做出判断是否限制了该领域竞争是不切实际的，因此我们不妨学习域外的竞争评估经验，对政府采购领域严重影响竞争的行为先行评估，如前文所述的政府任意选择采购方式行为以及行政垄断行为。这意味着政府将有效集中资源去促进有着重大意义的政府采购改革。

（二）评估依据

我国《反垄断法》出台已 7 年有余，这期间由工商管理机构处理的包括具体行政性垄断行为在内的行政垄断案件仅为 30 多件，即使加上国家发改委制止滥用行政权力制定限制价格竞争规定的案件，这个数字也不会再

---

① See KFTC, Annual Report, 2010.

② See Controlling Anticompetitive Action by the State: The Role of Competition Advocacy/Competition Assessment—Japan's Experience.

有明显提高。在韩国，仅 2012 年这一年，KFTC（韩国公平竞争交易委员会）就审查了 407 项现行法律规定，发现了 26 项存在反竞争问题并提出了修改方案；审查了 1 593 项法律规则草案，发现了 22 项存在反竞争问题并提出了修改方案①。

如同其他反垄断制度的引入一样，我国竞争评估制度的引入应该遵循各法域所普遍遵循的基本制度原理，重点是要明确竞争评估依据和建立合适的评估机制。法学研究不能一味地要求每一项改革举措都必须有直接的法律依据，而是应该去解释和论证如何在实践和发展中完善法治。② 因此，笔者认为可以对《反垄断法》第九条进行适当的解释，作为我国引入竞争评估制度并完善反垄断制度体系的基础。

我国《反垄断法》第九条规定，反垄断委员会负责拟定竞争政策，但没有明确这一权限的具体内涵。而对这一权限内涵的准确把握，取决于对两个关键概念"竞争政策"和"拟定"的解释。对此，我们可借鉴先进法域的经验对之进行合理解释，进而以此作为进行竞争评估的依据。

首先，对"竞争政策"作广义解释。学理上，对"竞争政策"存在三种不同的理解。狭义层面的竞争政策，仅指反垄断法。但是，仅仅发挥反垄断法的"事后调节"功能无法达到保护竞争的目的，还需要运用其他的政策工具才能实现市场机制的有效运行。如此一来，就使竞争政策从狭义层面扩展到了中观层面。中观层面的竞争政策，是指一切有利于竞争的政策，包括反垄断政策、民营化政策、放松管制政策以及贸易自由化政策等。这一层面的竞争政策以"促进竞争"为目标，涵盖为发展竞争性市场机制所采取的各种公共措施。然而，维护和弘扬市场竞争机制并非一国经济政策的唯一目标，在此之外，还存在限制竞争的政策，如政府对贸易施加关税或非关税壁垒、对外国投资设立障碍、对市场交易及其价格进行控制、提供国家补贴等。而广义层面的竞争政策，是指所有影响企业行为和产业组织结构的政府措施，不仅涵盖"促进竞争"的内容，还应该包含"限制竞争"的安排③。广义解释对于确保公共政策的统一性和权威性，并最大限度地发挥竞争机制的作用具有非常重要的意义。在竞争作为市场经

---

① Seungbin Kang. KFTC's competition advocacy and it's implications, China competition policy forum: competition policy in transition, Beijing July 31 – August 1, 2013, p. 7.

② 叶必丰：《区域经济一体化的法律治理》，《中国社会科学》2012 年第 8 期。

③ EC. What is Competition Policy? http://ec.europa.eu/competition/consumers/what_en.html. March 20, 2015.

济核心这一点成为普遍共识的前提下，政府即使不得不限制竞争，也应该将对竞争的损害降到最低。

其次，对"拟定"进行解释。从汉语语义上讲，"拟"即草拟，"定"即"制定"和"修改"。负责拟定竞争政策，就是负责影响竞争的立法制定和修改。而反垄断机构不是立法机构，更多的是广泛参与立法过程，并充分表达意见，确保法律向着有利于竞争的方向制定。这一解释完全符合其他法域的制度惯例。比如，韩国《规制垄断与公平交易法》第六十三条规定，有关政府机构在建议制定或者修订以决定价格、不正当的共同行为等限制竞争事项为内容的法律时，必须事先咨询 KFTC 的意见。又如意大利《竞争法》第二十四条规定，为了更有效地保护市场和竞争，只要竞争主管部门认为法律、条令或政府规范性文件中的条款对竞争造成扭曲，或者影响了市场的正常运行，并且如果这种扭曲或影响不是基于公共利益而作出，就有权向制定该条款的议会或者政府机构发出通报，同时，就如何消除上述条款对竞争带来的不利影响向议会提出意见或建议。

由此，"反垄断委员会负责拟定竞争政策"可以被解释为通过与有关机构的沟通，向其充分表达意见，促进有关法律向有利于竞争的方向制定或修改的权力。进一步说，反垄断委员会这一权限内含对法律进行竞争评估的正当性。竞争评估是反垄断委员会合理履行这一职责的必经途径，只有对法律制度安排的竞争影响作出评估，才能提出有利于竞争的意见。

这样的解释不仅具有国际经验基础，而且也符合《反垄断法》自身的制度体系安排。《反垄断法》第三十七条规定，行政机关不得滥用行政权力，制定含有排除、限制竞争内容的规定。反垄断机构禁止类似规定正是以对类似规定的竞争评估为前提的。《反垄断法》第九条还进一步规定，反垄断委员会负责组织调查、评估市场总体竞争状况，发布评估报告。而影响竞争市场总体竞争状况的因素就包括公共政策。

因此，对于经过评估认为不合理限制竞争的规定，反垄断委员会可以在组织调查、评估市场总体竞争状况和发布评估报告时，把法律对竞争影响的评估意见递交有关部门，敦促其修改这些不合理限制竞争的规定。当然，通过《反垄断法》第九条的合理解释确定竞争评估依据，只是在现有法律框架下建立竞争评估的合法操作空间。从长远来看，与韩国等国家一样，必须通过制定《竞争评估指南》来详细规定评估的原理、方法，确保评估的可操作性。

（三）评估主体

目前，我国还未明确建立竞争评估制度，竞争评估工作尚处于探索阶段，尚无专门的机构统一负责政府管制的竞争评估工作。部分学者认为，在清理和废除妨碍全国统一市场和公平竞争的各种规定和做法的过程中，一般按照"谁制定、谁清理"的原则由规定做出机关各自分散实施。由于规定制定机关掌握了大量相关信息、熟悉该领域业务，由其进行竞争评估有利实施和协调。但是，通常制定机关缺乏相关竞争评估专业知识，而且由于其本身就是利益相关方，容易影响该项工作的开展，实际操作就很可能达不到预期的目标。

根据 OECD 出具的竞争评估原则报告，关于竞争评估机构的选择，大抵分为三种不同方案。除了上文提到的由政策和规定者进行评估的模式外，还有由竞争机构进行评估以及建立专门负责的竞争评估机构。其中，政策制定机构进行评估，有助于确保政策制定者在政策制定初期就考虑到竞争影响问题。而且，政策制定机构较之其他部门更了解相关领域的具体情况，以及掌握更多评估所需要的信息。在美国、欧盟等法域，竞争评估制度被整合进管制影响评估制度（regulatory impact analysis，RIA）中，任何政策制定机构在制定政策草案时都必须提供包括竞争影响分析在内的管制影响分析报告。但是，如果没有深厚的竞争文化，又没有第三方对其工作进行审核，政策制定者很可能不会很严肃地对待竞争评估；而且，这些机构本身也缺乏竞争评估的专业知识和技能。比较而言，由竞争机构进行评估有助于确保评估的专业性，毕竟竞争评估这项工作要求具备界定相关市场的能力和竞争法相关的专业知识和技能。而且，反垄断机构对整个市场竞争秩序负责，不容易受到特定利益集团的影响。因此，韩国试图将上述两种方案的优势结合在一起：由政策制定机构进行初步评估，初步评估认为可能对竞争机制产生不利影响的，将直接由 KFTC 进行深入评估；反之，初步评估认为政策不会对竞争机制产生不利影响的，则由 KFTC 对初步评估结果进行审核，以决定是否还需要进行深入评估。如果 KFTC 的结论是"不需要"，那么评估程序终止，政策可以通过或发布；如果 KFTC 认为初步判断不够客观，还需要进一步的深入评估，那么它将会同政策制定机构共同进行深入评估。最后，就建立专责的竞争评估机构这种模式而言，机构的独立性对评估的有效性至关重要。专责机构除了保证其独立性外，还确保了评估所需要的资源不受竞争执法的拖累。作为联邦制国家，澳大利亚为了最有效地减少竞争的制度障碍，于 1995 年建立了高度独立的国家竞争委员会（NCP），专门负责对国家、州或地区法规和规章制度的竞争影响进行评估和监督。正是由于 NCP 的高效工作，才确保了澳大利亚对所有法律竞争评估的顺利实施。

就我国实际情况而言，竞争评估的机关应根据评估对象的不同而有所不同。对于现行政府采购的竞争评估，由于涉及面广、数量多，工作量巨大，因此建议借鉴韩国的做法，由竞争机构评估，也就是由反垄断执法委员会为主的评估模式。如果竞争评估机构经过初步评估后，发现该政府采购行为明显影响竞争的，则由采购机关自己直接改正，并将改正措施上报主管机关；如果经初步评估发现有可能影响、限制竞争的，并且需要进一步深入评估的，那么就应该提交给竞争评估机关进行全面、深入的评估；竞争主管机关评估后，提出修改意见，交由政府相应机关改正。这种制度设计既可以发挥政府采购机关的专业特长，又可以发挥竞争评估机关拥有的丰富的竞争评估能力和知识，有利于做好竞争评估工作。

四、结　语

政府采购是国家调控经济的一个重要手段，最重要的作用在于政府对某些特定行业发展的支持和刺激。政府采购传入我国的时间并不长，但随着政府采购在我国的不断深入，我国政府采购的数量占据社会总采购量的比重将越来越大，政府采购的重要性也与日俱增。我国政府采购行为中存在着大量政府限制竞争行为，而现有法律制度和监督机制并不完善，所以就有必要引入竞争评估对其进行规制。

2015 年 3 月，中共中央、国务院颁布了《关于深化体制机制改革加快实施创新驱动发展战略的若干意见》，提出要"探索实施公平竞争审查制度"。国家发改委主管部门负责人也表示："发改委将深入推进竞争政策实施，探索建立对各类经济政策的公平竞争审查制度。"[①] 这里提到的"公平竞争审查制度"实际上就是竞争评估制度。这充分表明竞争评估制度已经进入中央高层的决策视野，必将在未来发挥积极作用。而在政府采购领域引入竞争评估机制，能够为今后建立中国法律竞争评估制度提供必要的铺垫。

[①]　王尔德：《中国与欧盟、美国已并称三大反垄断司法辖区》，《21 世纪经济报道》，2015 年 2 月 10 日，第 7 版。

关于滥用市场支配地位反垄断规制中 "正当理由" 认定研究

黄莹莹*

提要：正确理解把握"正当理由"不仅有助于掌握经济法内在价值、基本宗旨等，对于我国市场监管也发挥着重要的作用，从而在理论上可以提供支持分析，在实践操作上也可以明确其可行性。这对我国反垄断法的完善是必不可少的一部分，有利于进一步提高主体间效率、增进多方利益公平分配、维护实质性竞争，可以进一步化解实践与规范之间的差距。

关键词：滥用市场支配；正当理由；"正当理由"认定；实体；程序

一、引 言

众所周知，滥用市场支配地位行为是众多国家所共同禁止的垄断行为之一，从本质上分析，这是一项基础性垄断行为。而相关的经营者集中和行政性垄断从其具体的主体表象演化为过后的行为模式。但是很重要的一点是，行为主体的"没有正当理由"，是作为认定该行为构成滥用市场支配地位的重要限定条件之一。

《中华人民共和国反垄断法》（以下简称《反垄断

---

* 黄莹莹，广东财经大学法学院硕士研究生。

法》）列举滥用市场支配地位行为类型第十七条分为两款，第一款规定滥用市场支配地位的法定类型和该法的立场，第二款规定市场支配地位的法律定义。该法第十七条第一款规定："禁止具有市场支配地位的经营者从事下列滥用市场支配地位的行为：（一）以不公平的高价销售商品或者以不公平的低价购买商品；（二）没有正当理由，以低于成本的价格销售商品；（三）没有正当理由，拒绝与交易相对人进行交易；（四）没有正当理由，限定交易相对人只能与其进行交易或者只能与其指定的经营者进行交易；（五）没有正当理由搭售商品，或者在交易时附加其他不合理的交易条件；（六）没有正当理由，对条件相同的交易相对人在交易价格等交易条件上实行差别待遇；（七）国务院反垄断执法机构认定的其他滥用市场支配地位的行为。"

我们可以发现，以上除第七项作为兜底条款外，其他六项规定的六类滥用市场支配地位行为——垄断高价和垄断低价、掠夺性定价、拒绝交易、强制交易、搭售、差别待遇均设定了认定滥用市场支配地位的限定条件：后五项，明确以"没有正当理由"作为认定滥用市场支配地位的要件之一；垄断高价和垄断低价虽然没有"正当理由"的字眼，但将交易价格"不公平的"高或低作为认定垄断高价或垄断低价的要件，而价格的公平与否实质上是价格行为的正当与否，也是价格行为上的有"没有正当理由"。从法条分析来看，《反垄断法》认为"不具备正当理由"是滥用市场支配地位行为的构成要件。

二、滥用市场支配地位反垄断规制中"正当理由"概述

（一）关于滥用市场支配地位

如何对是否存在滥用市场支配地位的行为进行认定？根据我国法律法规，有以下三个相关方面：一是明确界定存在的相关市场；二是证明在该市场上，该主体具有法律规定的市场支配地位；三是进一步证明主体行为属于滥用其支配性有利地位。在我国的《反垄断法》体系中，仅仅是具有前述两个要件并不会构成法律认定的滥用市场支配地位，因为市场不禁止市场存在支配性地位，而是禁止存在的滥用市场支配行为。所以关键性问题是对于滥用行为的界定，也是影响主体行为性质的核心要素。在我国反垄断法上"滥用"一词有"不适当、不正当甚至违法"的意思，而德国法

学家狄特瑞希·霍夫曼认为"'滥用'本身并无道德上或刑事上的因素，一种行为若由其他企业实施则可能是正常的竞争，但若由拥有市场支配地位的企业实施就构成'滥用'并受到禁止，因为在第二种情况下该行为对市场结构将产生充分影响并将威胁到有效竞争"①。由此可见，作为滥用行为的实施主体，必须存在有市场支配地位，往往外在的表现形式为进行垄断定价、掠夺性定价，还有较为常见的价格歧视、拒绝交易、搭售行为等行为表现模式。这都会造成效率低下，损害正当竞争的对手，进一步损害消费者的利益，对市场潜在的活力和竞争力造成严重损害的行为。滥用市场支配地位的垄断行为不具有客观合理性，而是否具备"正当理由"可谓是判定企业是否具有市场支配地位的量化标准。

（二）关于反垄断规制

《反垄断法》2008 年起施行，从之前的疲惫无力到近几年反垄断执法力加强，已然呈现重要的变化，越发呈现常态趋势。那么，具体到实施的环节中，对于滥用市场支配地位的制度实践，若无正当理由，具备市场支配地位经营者的垄断高价或低价、掠夺性定价、拒绝交易、限制交易、搭售以及差别待遇等行为应视为违法②。但在实践过程中，经营者会提出各种理由予以抗辩。例如，出于产品整合创新目的③、维护产品品质④、应对对手竞争等。而仅在法律价值层面分析其正当理由的内涵⑤，是远远不足的，对于滥用市场支配地位，反垄断规制中"正当理由"认定的实体与程序制度没有一个具体实际操作的制度。因而，对正当理由认定实体与程序制度进行深入研究显然成为必要。

（三）关于反垄断规制中"正当理由"

滥用市场支配地位规制中的正当理由规则指执法机构排除经营者行为正当理由的法律规则。这体现了反垄断法本身内在价值，并进一步提供相

---

①　DIETRICH H. The German Competition Law. Kluwer Law and Taxation Publishers, 1983：p. 147.

②　《反垄断法》第十七条规定。

③　United States v. Microsoft Corp. , 253 F. 3d （D. C. Cir. 2001）.

④　Eastman Kodak Co. v. Image Technical Services, Inc. , 504 U. S. 451 （1992）.

⑤　肖江平：《滥用市场支配地位行为认定中的"正当理由"》，《法商研究》2009 年第 5 期，第 92 −95 页。

关制度解决机制，使之进一步具备客观合理性，突出其属性特征。

"正当理由"原则始于1911年的标准石油公司诉美国一案，对其著名的论述是布兰迪法官在芝加哥证券交易案中做出的。① 它指市场上某些被指控为反竞争的垄断行为并不被视为必然性的违法行为。需要通过对企业或经营者在商业或贸易领域的行为及其相关背景进行合理的分析，以是否在实质上损害有效竞争、损害整体经济、损害社会公共利益为违法标准的一项法律确认原则。根据这一原则，只有那些"不合理"地限制竞争行为才是反垄断法所禁止的，这条原则成为反垄断法领域应用最广泛的基本原则。这也是该条原则发展的历史渊源，其使用适用情形可由此一窥。

"正当理由"原则要求正确看待市场中的竞争行为于社会、政治、经济发展目标所起到的作用和影响。还有对于内在深层次的公平、效益、公共利益和社会整体利益等核心价值所起到的多方面影响进行评估。在这个信息时代，涉及滥用市场支配地位的案件大都与知识产权相关②，一家企业如果能够长期垄断一种技术，就能在市场上长期占据支配地位，获得垄断性利润，若政府予以干预会损害企业创新的动力③。同时，应当进一步评估该企业行为所产生的正面和负面影响对整个行业起到的效果，以及对于整体平衡化、协调各方效益最佳值，避免产生边际效益和产生放纵滥用竞争的行为。

三、滥用市场支配地位反垄断规制中"正当理由"认定制度探析

在当代的法治社会，要求社会由规则来进行统治。在执法机构或者裁

---

① "合法性的正确检验是，强加的这一限制是否仅仅规制竞争，还是可能促进竞争，或者这一限制是否抑制，乃至破坏竞争。为了确定这一问题，法院必须通常考虑这一限制所针对的行为以及针对这一行为的详细事实；限制施加前后的条件；限制的性质及其实际上的或可能的影响。" Board of Trade of City of Chicago v. United States, 246 U. S. 231, 238 (1918).

② 如微软反垄断案件，1997年10月美国司法部指控微软垄断操作系统，2001年11月，双方达成过渡性协议，不再对微软进行拆分。此案的处理结果体现了美国政府在新经济时代维护竞争、鼓励创新的产业竞争政策意图，将对今后信息经济产业的企业市场行为产生巨大的影响。2008年10月百度因"竞价排名"被诉滥用市场支配地位，我国法院分析了百度行为的"正当理由"，判决驳回原告的诉讼请求。

③ 王晓晔：《反垄断法》，北京：法律出版社2011年版，第207页。

判者处于信息劣势的前提下，经营者提供的正当理由事实也并非真正的案件事实。但好在两种逻辑形式在价值判断上保持了一致，那就是经营者行为在反垄断法价值多元化背景下有可能是合理的，而合理的理由可能源于《反垄断法》内在价值与规则的统一，也可能来自外部经济、社会的现实需求。这种价值判断使得正当理由规则能够在"形式"和"实质"① 上都满足合理性要求。从而保证滥用市场支配地位规制不至出现偏颇。

（一）"正当理由"认定的实体制度

在对"正当理由"进行认定时，从实体来看，存在以下问题：一是对于"正当理由"的认定标准，以何标准进行评定。二是该标准是单一的还是复杂的，如果存在复杂的多项标准，各项指标之间的界限如何明晰。三是对于不同的利益诉求主体，所持有的观点是否可以成为抗辩理由。四是在不同的标准之间，行为的合理性、正当性判断是否存在一个价值位阶。

毫无疑问，在滥用市场支配地位行为的认定中，"正当理由"的提出人是被控实施滥用市场支配地位行为的经营者或者经营者团体②。可以在主体要件上进行抗辩的主要有三个方面：①是否为经营者；②是否具备市场支配地位；③是否属于适用除外的范围。由于反垄断法的适用应当是包括特定主体的特定行为和非特定主体在特定情形之外的特定行为。那么，若不具有行为的主体资格，即不构成实施滥用市场支配地位行为，就可以成为正当的抗辩事由。

《反垄断法》第七条第一款规定："国有经济占控制地位的关系国民经济命脉和国家安全的行业以及依法实行专营专卖的行业，国家对其经营者的合法经营活动予以保护……"该条第二款规定，此类"行业的经营者应

---

① 这里主要借鉴韦伯关于法的形式合理性和实质合理性的划分。按照韦伯及其追随者的解释，人类历史上的法律可以划分为形式的不合理的、实质的不合理的、形式的合理的和实质的合理的四种类型。其中，"形式"可被认为是意味着决定所采用的判断标准内在于法律制度之中，"实质"则表明决定的裁判标准来自于经济、社会、伦理道德等法外因素。而"合理性"（ration-ality）也被称为"理性"，意味着决定遵循的某些判断标准适用于所有类似案件，并因此衡量制度所采用的规则的一般性和普遍性。马克斯·韦伯著，张乃根译：《论经济与社会中的法律》. 北京：中国大百科全书出版社 1998 年版，第 60 页。DVAID M. TRUBEK. Max weber on law and the rise of capitalism. Wisconsin law review，1972（3）：p. 729.

② 这里所谓"相应的行为"，是指具备滥用市场支配地位客观方面要件的行为。比如，《反垄断法》第十七条第一款第三项中所规定的拒绝交易行为，被告承认自己实施了"拒绝与交易相对人进行交易"的行为，但被告认为自己不是"没有正当理由"的。

当依法经营，诚实守信，严格自律，接受社会公众的监督，不得利用其控制地位或者专营专卖地位损害消费者利益"。

可看出，《反垄断法》第十七条第一款中的"合法经营"和第二款中的"依法经营"中的"法"，应当包括反垄断法在内，其所要保护规制的行为即是行为人符合现行法律作出的合法性经营活动。所以，保护所有的合法经营者，不单纯是特定行为损害消费者的行为。因此，对于行为定性认识的"正当理由"抗辩范围就更广。

在对"正当理由"进行认定时，从实体来看，存在以下问题：一是对于认定"正当理由"的评定权由谁来拥有。作为经营者等一般主体是否可以作为参与判断的主体。二是对于具体的举证责任由哪方承担的问题。根据我国《反垄断法》规定，在认定具体市场行为是否构成滥用市场支配地位，由于该认定涉及多方的利益协调分配，所以对于该举证责任不仅是一项责任，同时更多的是一项权利。作为其他经营者、消费者也可以享受到该项权利。三是如果存在市场调查机构，那么其相应取得证据的证明力如何来规范。四是对于"正当理由"的提出时机，是作为前置的必经程序，还是作为发生后来应付相应的处罚措施或应诉抗辩时提起的对抗理由。五是在具体的程序上，在执法和司法中认定滥用市场支配地位的行为，根据合理原则的要求全面分析考察各个方面的正当性，包括主体，行为、后果及其因果联系，主观过错，程序等四个方面，这些内容的程序如何具体地规范操作。

（二）"正当理由"的提出与认定中的程序性问题

反垄断法在行为和责任的认定中一般会采取无过错责任，而不用考虑故意或过失。这样有助于增强经营者的自律，规范市场竞争行为。而在现实生活中，主观过错因素难以认定。如果在程序上，将主观要素加以考虑，那么，对于事实认定会更加复杂，不利于后果分析。

我国的《反垄断法》没有对"正当理由"的提出与认定程序作出明确细致的规范。关于"正当理由"的认定权和认定程序，即是由谁来证明经营者提出的"正当理由"是正当理由，这涉及反垄断权力分配问题。由于反垄断法的公法属性决定了对于该问题的认定并不会由一般经营者、消费者来认定。很明显的是，反垄断执法机关和法院所拥有的认定权，分别是其行政权和司法权的体现。根据《反垄断法》第五十三条的规定，法院的认定内容，既包括对被告提出的"正当理由"的认定，也包括对反垄断执法机构认定行为的再认定，即最终认定。再者，法院的认定并不必然属于第二次认定。向反垄断执法机构提出控告程序，不是提起诉讼的前置性程序。但是，与此同时，反垄断执法机构行使认定权，也应当细化程序性规定，保障控告方和被告方权利，保证双方或者一方的听证权利。而且，还应当全面考察市场行为及相关垄断行为的经济、社会效果和正面负面效果。

四、滥用市场支配地位反垄断规制中"正当理由"认定在我国的实践

（一）总体情况及特点

在认定滥用市场支配地位行为时，考察行为人理由的正当性，关键点在于能否实现其自身利益与他人利益、公共利益的共生和互利。换言之，通过对滥用市场支配地位的反垄断，通过利益机制的矫正，实现机会公平与结果公平、形式公平与实质公平的统一。

当行为人实施滥用市场支配地位行为为自身带来超额垄断利益时，有时基于经营模式的自身特点、利益共生的动机，有时基于品牌推广的利他目的，常常会很好地兼顾经营者、消费者和国家利益。对此类行为一概禁止，既无效率也不利于增进公平。

滥用市场支配地位行为和其他垄断行为的共性在于"垄断"。垄断的根本属性是排除或限制竞争。而竞争是市场经济有别于计划经济的基本特征，竞争机制是市场经济的效率和公平优势之所在。因此，反垄断的直接目的就是维护竞争、促进竞争，或者将被垄断排除或限制了的竞争进行恢复和重建。也正是在这个意义上，反垄断法"保护竞争而非竞争者"成为耳熟能详的命题。①

这一理念也体现在美国法官对诸多著名案件审判的论述和学者的分析之中。比如，在对掠夺性定价行为的认定中，降低价格的销售行为是否应

---

① 这一命题由美国法官在1962年"布朗鞋业案"中提出后，影响越来越广泛，成为反垄断执法机构和学术界基本认同的观念。Brown Shoe Co. , Inc. v. United States, 370 U. S. 294（1962）；DEBRA A. VALENTINE, The goals of competition law, May 13 – 14, 1997, http：//www. ftc. gov/speeches/other/dvspeech. shtm.

当被认定为掠夺性定价行为，促进竞争还是阻碍竞争是根本的区分点。①
在对独家交易行为的认定中，对竞争排除和限制的程度（主要体现在排斥
竞争对手、阻碍潜在对手进入市场）是判断的重要依据，②如实施独家交易
行为前后，同一品牌的经营者是增加了还是减少了？独家交易行为对竞争
对手进入相关市场的成本是否构成影响？③

　　如果要判断某一市场行为是限制竞争还是维护竞争、是促进竞争还是
阻碍竞争，当然要运用合理原则进行全面的经济分析。100多年来各国反
垄断的经验已经形成了许多可资借鉴的法律规范和操作程序，许多国家的
反垄断立法在界定滥用市场支配地位时加上"正当理由"这一控制用语，
并不一定意味着所有的滥用市场支配地位行为均需运用合理原则。对强制
交易等对竞争损害具有较强确定性的行为，是可以制定简化程序以节约时
间和司法资源的。

（二）现状及法律依据

　　在探讨《反垄断法》第十七条规定的滥用市场支配地位行为认定中
"正当理由"的范围和内容时，有必要将其与第十五条关于联合限制竞争
行为豁免条件的规定作对照分析。从效率、公平和竞争等角度考察联合限
制竞争行为的目的或效果、利弊，与第十七条的规定在内容上具有一
致性。

　　再者，我国《反垄断法》第十七条关于滥用市场支配地位行为的规定
与第十三至十五条关于联合限制竞争行为的规定在表述模式上分别具有相
似性。从操作层面出发，反垄断执法部门完全可以根据不同的行为制定不
同的、详细的配套标准。在细化标准时，对滥用市场支配地位行为和联合
限制竞争行为中各自不同的行为类型也要作出适当的区分，如掠夺性定价
和价格歧视的"正当理由"在大同之下也应有诸多的小异。

　　反垄断法要禁止的行为就是那些既具有垄断行为的其他要件又"没有
正当理由"可资豁免或除外的行为，即法律意义上的"垄断"。经济学意
义上"垄断"的集合与法律意义上"垄断"的集合之差，便是具有"正

---

①　Matsushita Elec. Indus. Co. v. Zenith Radio Corp. ，475 U. S. 574，594（1986）.

②　ERNEST GELLHORN，WILLIAME KOVACIC. Antitrust law and economics. 4th ed. West Pub-
lishing Co. ，1994：pp. 344 – 345.

③　MYONG-HUN CHANG，Exclusive dealing contracts in a successive duopoly with side payments，
Southern economic journal，1992，59（2）.

当理由"的、仅具垄断行为形式但不违法的"垄断",或曰"合法的垄断"。这样,"非法的"垄断就与狭义反不正当竞争法所规定的不正当竞争很好地对应起来,进而形成了竞争法统一的目标:通过禁止不正当的竞争包括"没有正当理由"的垄断和狭义的"不正当竞争",恢复、保障或促进正当的市场竞争。

五、完善滥用市场支配地位反垄断规制中"正当理由"认定的实体与程序制度的立法思考和建议

从各国立法看,"自由"毫无疑问是反垄断法所首倡的价值。如果当事人被经济上强势地位者或者社会优越地位者所压迫,在事实上并无决定自由或者缺乏事实上选择被许可之事的可能性,那么自由价值将毫无意义。因而,为维护市场主体意志不受压制、行为不受限制,反垄断法必然通过对契约自由的限制来实现市场的整体自由。为了防止国家"好心办坏事",出现干预悖论,反垄断法对自由限制的行为本身也需要"限制",否则国家干预肆意侵入私法自治的领地必然造成个体自由与整体自由的冲突。为了协调这种冲突,反垄断法一般对执法机构或者裁决机构附加一定的论证负担,也即主张限制个体自由的裁决者必须负担论证自己价值取向正当的责任[①]。所以说,无正当理由不得对经营者的自由经营加以限制。

可以看出,"正当理由"规则不仅体现出了反垄断法本身潜在的价值内容,也体现反垄断法本身多元价值的属性冲突与协调发展。目前学术界主流观点都认为,反垄断法存在多元价值[②]。为了平衡价值冲突,反垄断法必须作出具有内在一致性的规则安排,否则反垄断法制度将丧失理性。其中这类规则安排的重要内容之一就是正当理由规则。由于不同利益主体

[①]　王轶:《民法价值判断问题的实体性论证规则——以中国民法学的学术实践为背景》,《中国社会科学》2004年第6期,第113页。

[②]　与反垄断法价值多元论相悖的是"一元论",而且一元论者多突出效率价值的唯一地位。例如,柏克法官认为,《谢尔曼法》立法者除了考虑配置效率(allocative efficiency)几乎没有考虑什么。R. BORK. Legislative intent and the policy of the sherman act. The journal of law and economics, 1966(9):p. 7. 那么在福利分配领域,实际也涉及生产者、消费者两方主体,反垄断法不可能仅关注生产者效率实现而忽视消费者在资源配置中的地位。因而从这个意义上讲,效率价值内部本身就存在着生产效率和分配效率(后者衍生出消费者福利价值)的冲突。因此无论多元论还是一元论,反垄断法不可能仅关注一方主体的价值追求。

在反垄断立法中存在博弈，每个主体都要为自己的利益目标寻求价值正当性。因而反垄断法价值多元化必然引起价值冲突，而裁判者也不得不为保护此价值而牺牲其他价值。正当理由规则强调，为保护某项价值目标而不得不牺牲另一项价值时，必须充分论证这种取舍的合理性。以搭售行为规制为例，反垄断法将搭售作为滥用市场支配地位行为进行规制的主要依据就是搭售可能造成经营者在市场的垄断力量不正当地向搭卖品市场传导，从而在市场造成垄断，妨碍竞争。

（一）我国现行有效的"正当理由"认定实体与程序制度立法

法的实质理性与形式理性是一个相对的概念，"形式指的是法律内在的东西，实质指的是法律外部的世界"①，实质理性主要强调"（决定的）裁判标准是由法外因素所决定，如基于政治的、经济的、伦理道德的、宗教的等其他非法律因素来判断"②。

目前，由于反垄断法具有明显的公共政策导向，国家干预也日益参与到法律的实施，目的在于维护具有公共利益性质的"竞争""公平""效率"以及"消费者福利"等价值。但是这些价值目标很难在立法中给出量化、明确的规定，因而使得反垄断法裁决不得不依赖法外的经济、社会甚至是商业伦理与道德因素进行解释。而正当理由规则也是裁判者寻求反垄断法外裁判标准的重要路径。

（二）"正当理由"认定实体与程序制度的完善

寻求抽象与具体连接点的思维实际就是类型思维。没有类型就没有思维，哈特认为，"对具体事物的分类是法律决策的核心"③。由此可见，设计法律类型是使法律规则具体化、法律事实抽象化并解决规则抽象性与事实具体性矛盾的重要法律方法论。正当理由的类型也可以通过归纳滥用市场支配地位案件事实并发现经营者行为合理理由的共性，或者依靠反垄断法价值理念并将其具体化而实现。

从广义上讲，对商品或服务良好的主观体验以及客观上的消费者剩余

---

① 理查德·波斯纳著，苏力译：《法理学问题》，北京：中国政法大学出版社2002年版，第51页。

② 叶明：《经济法实质化研究》，北京：法律出版社2005年版，第40页。

③ H L A HART. Positivism and the separation of law and morals. Harvard law review, 1958（4）: p. 610.

都属于消费者福利的范畴。具体而言，它体现在以下类型当中：一是降低价格，这是经营者以最直接的方式将成本节约配置给消费者，无论是掠夺性定价还是搭售，经营者通过明示低价或者暗中折扣的方式使消费者能够以较低的价格获得较好的商品或服务。二是降低交易成本，交易成本是影响消费者福利水平的重要因素，因而经营者的某些行为通过降低交易成本获得效率上的正当性。例如，经营者提供技术匹配、功能互补的搭售产品，免去了消费者因自身经验不足而产生的搜寻成本、学习成本。三是保证质量，有时经营者可能为保证产品的品质，维护自身品牌商誉而实施涉嫌滥用市场支配地位的行为。这是因为产品功能的发挥有赖于完整的产品系统，互补的产品、兼容的技术或者统一的标准对于产品功能发挥必不可少。

我国工商行政管理机关在禁止滥用市场支配地位行为时，也要考虑"有关行为是否为经营者基于自身正常经营活动及正常利益而采取"①。由于经营者是市场活动的主体，其活力维系着市场组织系统的健康。因而，一旦经营者失败，必然影响市场整体效率。所以，允许经营者以"经营必要"抗辩垄断指控，也是反垄断法维护市场合理竞争的应有之义。而就内容而言，经营必要主要体现在以下三个方面。

在特殊情形下，经营者并非意图排挤对手，而是考虑到对方可能履行不虞。因而为使自身经营不致遭受风险，经营者可据此主张自己的权利。第二种情形主要指的是特殊商品如不采取低价、搭售的方式销售可能会造成生产、销售的浪费。这些特殊商品包括易腐烂、超过时令或者已被新产品替代的老旧产品等。该类商品的销售可能面临价格歧视、掠夺性定价以及搭售指控，但经营者目的并非排挤竞争或者掠夺，因而往往可作为行为正当理由。另外一种情况是，经营者如果面临破产、重整的困境，采取销售上的非常手段基本也能得到反垄断法的豁免。由于这些特殊情势很容易举证，因而反垄断执法机构一般也都对基于上述理由而采取的行为做出排除。

科斯教授强调，"法律程序正是改善选择条件和效果的有力工具"，程序化应成为反垄断法现代化的重要标志之一②。那么，对于"正当理由"的认定制度可以进行程序化将会是法律的进步之一。

---

① 《工商行政管理机关禁止滥用市场支配地位行为的规定》第八条。
② 焦海涛：《论现代反垄断法的程序依赖性》，《现代法学》2008 年第 1 期，第 51 页。

按照《反垄断法》实施中国家公权机关的参与和分工，可以将滥用市场支配地位正当理由规则的实施分为行政模式与司法模式。其中，行政机关具备反垄断知识和技术优势，从而使反垄断法实施呈现"行政中心主义"，但同时也带来人们对行政机关滥用自由裁量的担忧。同时，司法机关虽长于程序控制，但在知识生产层面却并未"适应反垄断浓重的专业化底色"①。由此可见，无论行政执法还是司法程序，正当理由规则的实施都需要在程序细节上做出适当调整。如果适用行政程序实施正当理由规则，就需要严格限制执法机关的自由裁量权。而适用司法程序，则需要增强司法机关的知识生产能力，提高司法机关解决反垄断问题的专业性。

一是加强正当理由规则行政实施的程序控制具有必要性，避免存在裁量权失当的情形。

二是针对执法机构的调查或决定，经营者有权申辩以及听证。《反垄断法》第四十三条规定，被调查的经营者有权陈述意见并提出相关事实、理由和证据，反垄断执法机构应当对此予以核实。由于在我国收集意见的程序"非正式"，② 所以，有必要引入正式的听证程序，也即将听证程序作为反垄断执法机构作出裁决的必经环节，以保证经营者能充分辩护其行为的正当性。

三是按照学界的通说，证明责任的分配指的是在诉讼中将提供证据的责任分配给一方当事人，并且该方在举证不能时要承担败诉风险。在反垄断民事诉讼中，也应当对证明责任予以合理分配，从而激励当事人提供案件信息，"拓展法官采集决策信息的空间"。

笔者认为应当由被告经营者来承担。一方面，被告经营者承担正当理由事实的证明责任具备规范基础。《最高人民法院关于审理因垄断行为引发的民事纠纷案件应用法律若干问题的规定》提出，被诉行为属于滥用市场支配地位的，如被告以其行为具有正当理由进行抗辩，则被告应对此承担举证责任。另一方面，被告经营者承担正当理由事实的证明责任也具备法理基础。正当理由作为案件积极事实，应当由被告承担证明责任。在诉讼中，原告主张的是消极事实：被告"没有正当理由"；而被告主张的则是积极事实：自己具备"正当理由"。从逻辑上讲，原告必须穷尽一切被

---

① 吴元元：《反垄断司法的知识生产——一个知识社会学的视角》，《现代法学》2014 年第 6 期，第 50 页。

② 王柱国：《论行政规制的正当程序控制》，《法商研究》2014 年第 3 期，第 30 页。

告不具有正当理由的可能性才能完成举证责任，而被告仅需提出些许正当理由即可完成举证责任。比较而言，主张积极事实难度自然要低于消极事实。美国法学家麦考密克提出，"有关争点的事实独为当事人所熟知时"，则该当事人应当就此负担证明责任①。正当理由事实存在于被告经营者从事涉嫌滥用市场支配地位的主客观因素中，因而由被告证明该事实才是合理的安排。

四是可将专家意见作为辅助的因素来进行综合性考量。从司法系统外部引入专家意见成为必要。相关领域的专家可以针对经营者行为的经济原理、模型等作出专门的解释或说明，以满足法官对案件判断的知识需求。就法律渊源而言，《民事诉讼法》第七十九条规定："当事人可以申请人民法院通知有专门知识的人出庭，就鉴定人作出的鉴定意见或者专业问题提出意见。"该条规定为法院引入专家意见提供了制度基础。同样地，在我国的《反垄断法》也可以借鉴适用这个模式来摸索研究，从而为辅助法官正确判断经营者正当理由提供知识基础。

六、结　语

"正当理由"的认定，关系到经营者行为是否构成滥用市场支配地位，因而可以看出认定制度的实体和程序方面都有着重要的意义，该制度可成为执法机构与经营者衡量的重要工具。由于现实的实践复杂性和司法立法的逻辑性，对"正当理由"的认定进行阐释、归纳可以化解实践规范之间的差距。

---

① 约翰·W. 斯特龙著，汤维建等译：《麦考密克论证据》，北京：中国政法大学出版社2004年版，第651－652页。

论《反垄断法》中互联网行业 "相关市场"的界定

——再析 360 诉腾讯垄断案

张 俊[*]

提要: 互联网行业具有很多不同于传统企业的特性,这些特性对互联网行业反垄断执法带来了新的挑战。"相关市场"的界定是反垄断执法的源头与基础,互联网行业相关市场界定主要考虑相关产品市场和相关地域市场,界定方法有传统的合理可替代性方法、新兴的 SSNIP 检测法等,这些传统方法对 2015 年"携程网"与"去哪儿网"合并以及谷歌应对垄断诉讼仍有重要借鉴意义。360 诉腾讯垄断案(以下简称"3Q 案")作为"互联网反垄断第一案",其判决结果在学术界引发了很大的争议,笔者认为相关地域市场被定义为大陆、产品市场界定为网络用户客户端市场更为合理。

关键词: 互联网行业;相关市场;反垄断;3Q 案

一、引 言

我国现如今已经进入"互联网 + "时代,自 20 世纪以来,互联网行业在所有的行业中呈现出最快、最富有活力的发展态势。在过去的二十年里,随着经济的发

---

* 张俊,安徽财经大学法学院 2014 级法律硕士研究生。

展，使用互联网的人数急剧增多，根据中国互联网络信息中心（CNNIC）统计，截至 2013 年 6 月底，中国互联网人数规模达 5.91 亿，半年总计新增人数 2 656 万。互联网普及率为 44.1%，较 2012 年底提升了 2 百分点。[①]由于互联网行业数量巨大、增长迅速等特点，早期进入互联网的各企业逐渐发展成为网络巨头，垄断诉讼也不免随之而来。1997 年 10 月发生的美国政府起诉微软滥用垄断地位案，是全球范围内影响最大的互联网垄断案件。自那时以后，谷歌、雅虎、百度等互联网巨头也纷纷受到反垄断调查，多次遭受反垄断诉讼。我国自 2008 年《中华人民共和国反垄断法》（以下简称《反垄断法》）实施之后，互联网行业由于其独特的信息资源传播技术，成为反垄断执法的重点之一，但同时又由于互联网案件的复杂性，互联网产业也是反垄断工作的难点之一。

自 2010 年腾讯推出 QQ 医生、QQ 保镖等软件，试图进入计算机安全软件市场，与安全软件市场巨头奇虎 360 初次交锋，至 2014 年 2 月 24 日，最高人民法院对 360 诉腾讯垄断案做出判决，长达 4 年的 3Q 大战终于落下了帷幕。这场被称为"互联网反垄断第一案"[②]的结束，为我们敲响了警钟，引发我们在未来如何在互联网行业适用反垄断法的思考。本文将以 3Q 大战中"相关市场界定"这一焦点为视角，对互联网行业反垄断法相关市场的界定进行浅要的分析。

二、互联网行业反垄断法"相关市场"界定特殊性

互联网行业不同于传统行业，它集信息服务、交易服务、通信服务、销售服务等多种服务于一身，具有自己的独特特性，正是这些特性使得互联网行业相关市场的界定更加复杂。

第一，互联网行业对传统企业的冲击首先来自其地域特性。互联网行业以互联网为平台，看似应该把全球界定为互联网行业相关市场的地域市场，然而由于语言、习惯及法律等不同，将全球界定为互联网行业的相关地域市场似有不妥，甚至在更多的具体案件中，将国家作为相关地域市场都有些过于宽泛。例如，淘宝网上所销售的电话充值卡或者游戏点卡等充值服务，由于其充值的特性，使得服务提供者并不需支付相应的运输成

---

① CNNIC：《CNNIC 第 32 次互联网报告：网民规模》，第 1 页。
② 中华人民共和国最高人民法院民事判决书——（2013）民三终字第五号。

本，因此将其地域市场界定为全国甚至全球都是有一定的合理性的；然而某些互联网零售类服务，例如衣服、食品等销售，却因为其运输成本的增加以及产品保质期等因素，与传统市场能够形成一定的竞争，这个时候将地域市场界定为全球就显得过于宽泛，具有一定的不合理性。笔者认为在具体案件下，所涉及的因素更为广泛，这就使得界定相关地域市场的定义更加复杂。

第二，互联网行业的双边平台特性。与传统行业的单边市场不同，互联网行业往往具有双边市场甚至多边市场特性，处在双边市场中的企业面对的是两个或者两个以上的消费群体，而且这些消费群体之间存在一定的关联性，一个消费群体的变动会对另外的消费群体造成影响。① 例如谷歌、百度等搜索引擎服务，搜索引擎企业与广告商以及网络用户之间即构成双边市场的特性。网络用户使用免费的搜索引擎服务进行信息的挑选与浏览，而网络用户的增多会促进广告商在搜索引擎上的广告投资，如果没有广告商的投资，免费的搜索引擎服务就难以存在，而免费的搜索引擎服务又是广告投资的基础与平台。互联网是一个良好的双边市场平台，它给双边市场的发展提供了一个良好的环境，然而这种特性也使得相关市场的界定问题变得更为复杂。

第三，互联网行业的交叉网络外部性。交叉网络外部性指某个服务或产品随着使用该产品的用户增多，其价值也随之逐渐攀升。② 这种特性使得互联网行业呈现一种"奥林匹克规则"，即同一个行业一般只有前三名能够存活并不断发展。例如，腾讯在即时通信市场份额达到80.8%，百度搜索引擎市场份额达到77%。这种交叉网络外部性为互联网行业的"巨头"提供了良好的生存环境，用户在选择商品或者服务时，宁愿选择使用人数众多的产品或服务，也不愿选择那些产品性能更优秀或者价格更低廉的服务。例如，随着使用QQ、微信的用户增多，QQ和微信的价值也随之提高，对每一个使用QQ和微信的用户的作用随之提高，同时促使更多用户去使用QQ和微信。

第四，互联网行业的技术创新的重要性。在互联网行业，普遍存在一种用户锁定效应，谁率先推出技术创新往往谁就能够率先称霸市场。技术

---

① 王维国：《移动互联网的行业特性分析》，《中国管理信息化》2013年第7期，第79页。

② 张铭洪：《网络外部性及其相关概念辨析》，《广东工业大学学报》（社会科学版）2002年第4期，第88页。

市场关注的是技术交易，而技术是以知识产权为主体的，界定相关技术市场是为了防止具有专利所有权企业通过垄断损害其他企业的创新积极性，从而对消费者产生不良影响。而在界定相关技术市场时，就需要考虑技术竞争和价格竞争等多方面的因素。

三、互联网行业《反垄断法》"相关市场"的界定理论与具体界定

《反垄断法》第十二条：本法所称相关市场，是指经营者在一定时期内就特定商品或者服务（以下统称"商品"）进行竞争的商品范围和地域范围。

（一）"相关市场"界定的相关理论

1. "相关市场"的分类

相关市场范围的界定主要考虑两种因素：第一，与相关的产品市场有关，即在特定的情况下，被告的服务或者产品等与哪些具有类似功能的产品或者服务之间具有明显的竞争关系；第二，与相关地域市场有关，即被告的产品和服务所提供的地理范围或空间范围内，存在相关产品或服务之间的竞争。

（1）相关产品市场。

早期的相关产品市场指能够与被考察产品或服务发生竞争关系的同种商品或服务的集合，经过相关市场研究的不断加深以及各种各样的司法实践，这个概念渐渐从同类商品或服务演变为与被考察商品或服务发生竞争关系或有密切替代关系的所有商品或服务的集合。在考察两个或者两个以上的产品或者服务是否具有密切替代关系时，通常从消费者（需求）的角度进行分析。

在从消费者需求的角度考察产品之间是否具有密切替代性时，消费者决定选择什么样的产品，往往考虑两个因素，一个是产品的价格，另一个是产品的品质和用途。若这些需要考虑的价格用途等具有合理的可替代性，则这两种或多种产品之间有着近似替代性，当这种近似替代性达到一定程度时，这两种或多种产品就可以互相成为密切替代品，从而可以将其视为同一相关产品市场。而从生产者即供给的方面考虑相关产品市场时，

一般要考虑生产者的制造技术、设备和投入成本等因素，并以此判断生产者放弃这种产品转而生产其他类似产品所需要成本的高低。转产成本高的两种产品替代性就低，反之，转产成本低的两种产品替代性就高。因为从生产者角度考察相关产品市场较为复杂而且得出的结论未必正确，所以在司法实践中较少从生产者的角度考察相关产品市场。

（2）相关地域市场。

相关地域市场是对被考察产品的纵向地理分割，分割的依据是产品之间的空间替代性，空间替代性弱的产品应归属于不同的相关地域市场，反之，空间替代性强的则应归属于同一相关地域市场。相关地域市场具有这一特点，即生产者在这个地理范围内销售产品，而消费者在这个地理范围之内可以购买与生产者之间具有竞争关系的同类产品。因此，当生产者不满足于当前利润或其他如成本增加等因素而对其所销售的产品采取涨价措施时，消费者就极有可能在这个地理范围内购买其他与生产者销售产品具有密切替代性的同类产品。

在确定相关地域市场时，往往需要考虑以下几个方面的因素：一是运输产品或服务所需要的成本。当运输成本在销售的价格中所占比例较大时，生产者往往会降低运输成本来获得更多利润，此时的相关地域市场就较小。二是消费者选择。消费者在购买零售商品时，便利程度很重要，消费者往往会选择较为方便的产品或服务，考虑这一因素时界定的相关地域市场往往较小。三是不同国家不同法律以及关税等阻碍贸易的障碍。法律的不同、进出口的关税以及其他阻碍贸易的各种障碍会增加境外生产者进行销售的经营成本，如果因为成本的提高而相应地提高产品销售价格，就会促使消费者发生消费转移，购买其他具有相似替代性的产品，减少对该商品的购买，因此该地域市场的范围就不会包括境外市场。四是产品的特性。能够长期保存的产品不会因为运输时间等因素而导致产品的损坏，其相关地域市场自然比保存时间短的产品要更加宽泛。

2."相关市场"界定的方法

（1）合理可替代性方法。

合理可替代性方法考虑的是两种或两种以上的商品或服务之间是否存在合理的可替代性，在用途上能否满足用户的同一需求，从而决定这两种或以上的商品或服务是否应该纳入同一相关市场。合理可替代性方法产生于美国最早的反垄断法——《谢尔曼法》和《克莱顿法》，这是产生时间最早的相关市场界定方法，也是后来相关市场界定方法产生的基础。例如

1976 年"布朗兹联合公司案"中，布朗兹公司在香蕉市场所占份额达到40%以上，欧共体委员会认为其在市场中占有支配地位，并滥用市场支配地位获取不正当利益，违反了欧盟的反垄断法，因此对其做出处罚处理。该案争议焦点之一即欧共体委员会认为相关市场应当为香蕉市场，而布朗兹公司则认为香蕉是水果的一种，与其他水果具有合理的可替代性，能够形成竞争关系，应该将相关市场界定为水果市场。①

（2）SSNIP 检验方法。

SSNIP 方法是指在界定相关产品市场时，假定有一个企业在一个市场内具有垄断地位，它在这个市场内施加一个小幅但显著且永久的提价之后，如果只有很少或者根本没有消费者进行消费转移，假定的垄断企业其利润不受这个提价的影响，则这个市场就是该企业的相关市场。②

如果结果不符合上述结果，则在该初始市场中加入合理的可替代商品，重复以上的检验方法，直到提价能够使垄断企业从中获利，则此时所确定的市场即为相关产品市场。

合理可替代性方法与 SSNIP 检验方法在界定相关产品市场中都有着极其重要的作用，笔者认为在两者不同环境的分类使用中，合理可替代性方法是最容易操作、最容易让人接受的市场界定方法，然而在具体的司法实践中也有很多不足：从生产者和消费者两个方面考虑相关市场，其范围有可能不一致；产品的价格、物理特性以及用途可能在一定程度上对市场的界定造成偏差；可替代性较弱，没有一个明确的定位，结果受执法者主观影响较大等。而 SSNIP 方法是相关市场界定所使用的主流方法，因为它以定量分析为基础，不同于合理可替代性方法的模糊性，其受反垄断执法者主观影响较小，相关产品市场界定更为准确。

（二）互联网行业反垄断法"相关市场"的具体界定

1. 产品市场

根据美国近年来互联网行业的司法实践，我们可大致将互联网相关产品分为互联网社交、互联网零售与互联网广告三个类别。尽管这样的分法

---

① MBA 智库文档：《管理学经典案例 20 篇》，http：//doc. mbalib. com/view/77c1ac 367823c5bfbf23f811bf94aa51. html，2014 年 5 月 16 日。

② 韦静：《相关市场认定的反垄断法分析》，《长江大学学报》（社会科学版）2010 年第 2 期，第 188 页。

并不全面，但涉及了目前各大互联网巨头企业，如谷歌、百度、腾讯、亚马逊、淘宝等。

（1）互联网广告服务。

互联网广告又被称为在线广告，是指将互联网作为平台，对企业的产品或服务进行宣传，从而达到盈利目的的一种销售行为。互联网广告通常依附于一些搜索引擎或者门户网站之上。对于互联网广告业能否作为一个单独的相关产品市场，在学术界存在很多争议。作为广告的一种形式，互联网广告与传统的广告并无本质区别，互联网广告与其他一些媒体之间具有合理可替代性，例如电视、广播、报纸等。[①] 但互联网广告与传统广告相比，在手段上又有很多不同，因此很可能被单独认定为一个相关产品市场。例如，当用户通过百度搜索词条时，就有可能触发广告商的广告网站链接，对于用户而言，这个弹出的广告也许会吸引一定的关注，从而达到广告商宣传的目的。

（2）互联网零售服务。

亚马逊、淘宝等属于互联网交易平台。随着互联网的普及，它们通过互联网几乎销售所有品类的商品或者服务，这种产品或服务与传统的实体店销售之间具有极大的可替代性。虽然互联网零售具有一定的特性，如用户可以足不出户进行商品的购买，而且还可以通过其他已购买用户的评价对商品进行挑选，这给予了购买者极大的便利。但是，互联网决不是用户购买商品的唯一方式，如果互联网零售商对商品进行提价，必定会促使用户向其他零售商或实体店转移，所以将互联网零售业单独作为一个相关产品市场就显得过于狭窄。在具体案例中，应该依据交易习惯、运输成本等多种因素对相关产品市场进行界定。

（3）互联网社交服务。

社交网络是基于互联网的发展而发展起来的社会群体之间进行交流的一种方式，以互联网为基础，在现实社会中并不存在这种交流方式。社交网络服务不同于互联网零售及互联网广告服务，上述两种服务只是基于互联网而产生的一种新的服务方式，而互联网是社交网络生存的土壤，在现实世界几乎找不到可以合理替代的相关服务。例如，某个社交门户网站关闭或注册条件由免费改为收费，用户为了满足需求，不太可能转向实体世

[①]　杨东、郑双十：《新经济条件下相关市场界定的法律问题》，《中国工商管理研究》2011年第7期，第108页。

界进行交流，而更大的可能是会在其他社交门户上进行注册。因此，在区分社交网络的相关产品市场时，相关市场的界定往往只局限在互联网企业内，从而使相关产品市场的界定过于狭窄。①

2. 地域市场

由于互联网的信息传播的快捷性，以及资源共享的特性，在互联网行业，几乎不存在"地域"这一特性。传统的地域市场是由运输成本和产品储存期等因素所定义的，但在互联网行业，由于互联网平台的特点，产品的运输几乎不需要成本。网络无视了物理空间这一特点，也许两个互联网用户分处地球两端，但在互联网上，他们并没有受到物理空间过于遥远所带来的影响。地域市场在互联网行业的定义可以分为以下两种情况：

（1）产品或服务只存在于互联网。

有些产品或服务是因为互联网而存在的，没了互联网，这些产品或服务亦会无法存在。如社交网络、即时通信等服务，这些服务在实体世界无法找到相应的替代品，与实体世界没有竞争，竞争仅存在于互联网之上，而由于互联网的无地理边界的特性，此时的地域市场应当界定为互联网本身。但是，互联网不是一个地理区域，不能满足传统的地域市场需求的界定要求。所以有学者认为，在这种情况下，相关地域市场界定的形式意义大于实质意义。② 除此以外，由于文化、语言、习惯等差异，在界定相关地域市场时，往往将界定范围局限在国家之内，而不是互联网覆盖的全球范围。

（2）产品或服务在现实有可替代的产品或服务。

有些产品或服务虽然存在于互联网之上，但在现实世界中人们可以找到合理的可替代的产品或服务。例如，亚马逊、淘宝等交易网店，其所销售的食品、服装等产品在现实世界存在相应的替代品，此时再将地域市场界定为互联网便显得过于狭窄。在这种情况下，产品运输所产生的物流成本，服务所覆盖的地理区域等在界定地域市场时都需要考虑。

---

① 吴韬：《互联网行业反垄断案件中的相关市场界定：美国的经验与启示》，《电子知识产权》2011年第5期，第31页。

② 吴韬：《互联网行业反垄断案件中的相关市场界定：美国的经验与启示》，《电子知识产权》2011年第5期，第31页。

四、"3Q 案"判决对相关市场界定的启示

相关市场，即与案件具有联系和关系的特定市场，是指互相施加竞争约束的同类产品或者密切替代产品存在的一定时间范围和空间范围。[①]2013 年 3 月在广东省高级法院一审的"3Q 案"，一审判决奇虎 360 败诉而之后奇虎 360 提出上诉。[②]"3Q 案"终审开庭审理之后法院在该案中对相关市场如何界定成为媒体最为关注和双方争议的焦点。相关市场的界定是反垄断案判决的重点与难点，确定了相关市场，反垄断案的难题便会迎刃而解。中国的"反垄断法"只是一个有关市场概念的一般描述，之后为了提供指导，以确定相关的市场，提高透明度，国务院反垄断执法机构于 2009 年 5 月 24 日颁布了《国务院反垄断委员会关于相关市场界定的指南》，包括界定相关市场的依据，相关市场的含义等 11 个条文。但遗憾的是，该条文没有对具体如何界定相关市场进行详细表述，对法院的直接指引作用有限。因此，"3Q 案"作为互联网行业诉讼标的最大的反垄断案件，对以后类似的案件具有重要的指引作用。

在"3Q 案"中，从最高人民法院的终审判决书来看，法院对"相关市场"的认定主要分为以下两个部分：

（1）"相关市场"被定义为"网络服务""用户市场""广告市场和其他网络服务市场"。法院认为，由于互联网的特性，当今互联网竞争实际上是用户资源的竞争，经营者依靠提供免费平台获取用户资源实现盈利和提供服务，就这个平台而言，即时通信服务越来越成为其他社交服务的附属产品，仅提供一个使用平台，包括即时通信、电子邮箱、网络游戏等捆绑服务，与社交网络有着密切的联系，不能构成独立的市场。虽然这一结论引发了很多争议，但法院毕竟进行了详细的说理，还是具有一定的说服力。

（2）相关地域市场界定为全球。法院认为，在互联网的情况下，没有物理空间的概念，特别是在服务领域，不需要物流，这与传统的地理市场的定义不同，它首先考虑的是空间运输成本，物理上的空间间隔已经被互

---

① 李虹：《相关市场理论与实践——反垄断中相关市场界定的经济分析》，北京：商务印书馆 2011 年版，第 1 页。

② 中华人民共和国最高人民法院民事判决书——（2013）民三终字第五号。

联网彻底消除。腾讯的主要经济收入来源于即时通信等捆绑销售或服务，因为 QQ 的用户遍布全球，因此否决了原告将地域市场界定为大陆市场的说法，将地域市场界定为全球。

对于本案相关市场的界定，业界和学界一直存在争议。孟雁北教授认为，地域市场的定义应在我国法律管辖的范围，衡量软件产品的相关市场价值的意义不大，比如如何认定全球各个国家的 QQ 市场份额，缺乏具体的可行性。虽然互联网是全球性的，不分国界，但对于中西方文化存在巨大的差异这一问题需要具体考虑。对于 QQ 这样的互联网即时通信类服务，语言起到至关重要的作用，即使 QQ 可以推广到国外，但有多少人理解中文呢？有多少人会去使用 QQ 这样的中文软件呢？因此，在全球范围内对相关区域市场的界定并不科学，缺乏一定的说服力。同时由于互联网行业发展的迅速性，本案诉争时间和诉讼时间有 3 年的时间差，这 3 年互联网行业的服务、技术、产品等因素都要进行分析考虑。王先林教授认为，本案相关市场除了从需求替代角度出发外，还应该考虑相应的供给替代，并强调创新竞争对互联网服务产品等的影响。法院将相关市场界定为平台市场，即时通信、社交网络、微博等都属于同一相关市场，虽然有些宽泛，但还是很合理、很具有说服力的。[①]

笔者认为，如何确定两种或多种商品服务是否存在竞争关系、是否处于同一竞争市场，是反垄断执法的起点与重点。只有通过界定相关市场的范围，才能准确地确定市场竞争是否存在垄断或不正当竞争。然而由于互联网案件的复杂性，相关市场的界定往往存在一定的争议，在新兴的互联网行业中，相关市场的界定是一个巨大的挑战。

相关市场界定的严格性往往体现在反垄断的工作中，如果市场界定过于狭窄，就会限制竞争，制约企业的权力行使，造成不必要的资源浪费，拖慢企业的发展；而如果相关市场界定得过于宽泛，那些正在行使或者将来可能会行使不正当竞争或垄断的企业就有可能脱离法律的制裁。因此，"从某种程度上来说，产品或者服务的每一个供应者都可能构成垄断，实施不正当竞争行为，如果相关市场的界定过于狭窄达到一定程度"。[②]

对反垄断案件的原告与被告等当事人来说，界定相关市场具有不可忽

---

① 王先林：《互联网行业反垄断相关商品市场界定的新尝试——3Q 垄断案一审法院判决相关部分简析》，《中国版权》2013 年第 3 期，第 21 页。

② 约翰·亚格纽著，徐海等译：《竞争法》，南京：南京大学出版社 1992 年版，第 56 页。

视的意义。"3Q 案"中奇虎 360 之所以败诉，一个重要的原因便是相关市场界定的错误。奇虎 360 认为相关市场应为大陆的即时通信市场，腾讯占有 80% 的市场份额，而我国《反垄断法》第十九条明确规定了市场支配地位的推定方法，该条第一款规定："有下列情形的，可以推定具有市场支配地位：一个经营者在相关市场的市场份额达到二分之一的"，由此认为腾讯在即时通信市场具有市场支配地位，然而法院将相关市场界定为全球的即时通信、社交网络等整合市场，因此 360 准备的一系列证据均失去了相关市场这一前提，从而导致自己在该案中败诉。笔者认为，法院将地域市场界定为全球是不合理的。虽然互联网具有开放性的特征，大陆之外也有很多用户在使用腾讯 QQ，但仅以此就得出地域市场是全球的结论则稍显牵强，在界定地域市场时，海外市场应当仅作为考虑的因素之一，例如，拍摄一部中文电影，不能因为海外有华侨或者中文爱好者观看这部电影，就说这部电影的地域市场是全球。至于产品市场，表面上看，QQ 经营的是即时通信，而奇虎 360 是安全软件方面的巨头，二者应该不存在竞争关系，但由于网络的外部延伸性以及用户的锁定效应，腾讯以 QQ 客户端软件为基础，逐渐将触手伸向网络游戏、电子邮箱、社交微博甚至安全软件市场，这一发展影响了奇虎 360 的利益。在此过程中，腾讯甚至让用户在腾讯 QQ 和奇虎 360 之间做出"二选一"的决定。因此，笔者认为两家争夺的是用户资源，是网络用户的客户端市场，因此，本案将相关产品市场界定为"网络服务、用户市场、广告市场等网络整体服务市场"是恰当的。

在当今的"互联网 ＋"的发展过程中，越来越多的案件引起了我们的注意。例如，携程网与去哪儿网合并，以及谷歌应对反垄断诉讼案件，网络发展越来越迅速，由此带来的问题也越来越值得我们注意。"3Q 案件"的判决与处理，"相关市场"的概念有着举足轻重的作用，由此在之后的互联网反垄断中，"3Q 案件"将有着重要的指导作用。但因为互联网企业具有的各种不同于传统企业的特性，法院在反垄断执法方面面临着一系列的问题，如互联网行业的双边市场特性及交叉网络外部性等，因此在互联网领域应当慎重地使用反垄断法。

论政府反竞争行为综合规制的路径建构[*]

王 贵[**]

提要： 政府反竞争行为已成为进一步深化改革的桎梏与"深水区"、已成为全面推进依法治国的阻碍和"绊脚石"，对于政府反竞争行为的规制乃大势所趋、势在必行。但是不论从宏观上还是微观上来说，政府反竞争行为由于产生原因的多样性和表现形式的复杂性，对其规制难度大，传统的以行政系统内部自我纠偏、以行政控权为中心、以行政性垄断执法为代表的规制模式明显供给不足，必须拓宽规制政府反竞争行为的视野和路径。可行途径之一就是"综合多元规制模式"，构建一套以竞争政策为优先、以竞争评估为前置、以竞争中立为标准、以竞争执法司法优化为目标、以竞争文化倡导为辅助的"五位一体"的多层次、多维度、多纵深的规制政府反竞争行为的机制与路径。

关键词： 政府反竞争行为；竞争政策；综合规制；路径建构

　＊ 本文系国家社会科学基金项目"竞争性国有企业改革路径的法律困境和出路"（12BF088）、国家 2011 计划司法文明协同创新项目的阶段性成果。

　＊＊ 王贵，武汉大学竞争法与竞争政策研究中心助理研究员，武汉大学法学院经济法专业博士研究生。

一、政府反竞争行为规制路径调整的必要性

政府反竞争行为是以"政府"为代表的公权力机关在其对市场进行调节或者干预过程中，因公权与私权的不当结合，而有意或无意地制定、实施的以限制或排除竞争为目的或者在效果上损害竞争机制的行为。当前我国的改革已经到了"攻坚克难"的关键时刻，遇到的最大障碍就是政府本身，规制政府反竞争行为已成当务之急。大量事实证明，凡是影响体制改革进程、阻碍社会经济发展、损害民主法治制度的几乎均关于公权力运行的诟病，严重损害我国的社会经济发展。这无一不反映了行政权力与市场机制的较量。政府权力的运行尤其是反竞争行为对于市场体制的影响，已经成为进一步深化改革的桎梏与"深水区"，是关系到我国市场经济能否持续发展的当务之急。

但不可忽视的是，至少从宏观和微观两个角度的因素使我们有理由关注政府反竞争行为的规制难度。从宏观上说，一方面，整个国家经济体制的改革是由上而下进行的，政府在体制改革中起着主导性的作用，一系列的改革政策与措施都是在政府权力运行中得以出台与推行的。政府部门行使权力的理念和方式，行政权力运行对于体制改革的成效具有决定性作用。另一方面，我国经济体制改革的目标是要彻底改变配置资源的方式，即从依赖行政权力运行的人为配置资源，转变为依靠市场交换和竞争机制来配置资源。政府对于经济权力的运行既是改革的主导又是改革的对象的特点增加了规制的难度。从微观上说，政府反竞争行为产生原因复杂，其中交织着公权与私益的不当媾和、既得利益集团的阻碍和抗争、国有企业与垄断行业的制度惯性、传统文化与竞争文化冲突等因素，犬牙交错、难以理清；另外，政府反竞争行为表现形式多样，既有故意的，也有无意的；既有纵向行业性的，也有横向地方性的；既有显性的，也有隐性的；既有直接参与的，也有间接参与的；既有具体行为，也有抽象行为等。

针对政府反竞争行为，应有之义是在行政系统内加以监督和纠偏，但是由于政府反竞争行为产生原因的多样性和表现形式的复杂性，规制难度大，无论是从理论上还是实践上，传统的以行政系统内部自我纠偏、以行政控权为中心、以行政性垄断执法为代表的规制模式明显供给不足，存在规制效果不确定、易导致对权力过度依赖、缺乏有效的衡量标准、不利于

竞争法的统一实施、难以规制隐性的行政权力运作等问题。① 因此，必须拓宽规制政府反竞争行为的视野和路径，为此，需要从政府反竞争行为的实质影响着眼：政府反竞争行为的最终后果是以资源配置效率降低为基本特征，那就以纠正市场运行失灵为目标的方式加以监督和纠偏，要重视从市场层面寻求根本性的解决路径，同时采用多种方法，制定有针对性的措施，统筹兼顾、综合治理。可行路径之一就是"综合多元规制"，构建一套以竞争政策为优先、以竞争评估为前置、以竞争中立为标准、以竞争执法司法优化为目标、以竞争文化倡导为辅助的"五位一体"的多层次、多维度、多纵深的规制政府反竞争行为的机制与路径。"五位一体"综合规制路径的提出，正是一条从约束行政权力着眼，从维护市场竞争着手的有效路径。

二、确立竞争政策的基础与优先地位

（一）竞争政策优先的理论论证

一个国家除了有促进竞争的竞争政策之外，还存在其他大量的社会和经济政策，如财政政策、产业政策、贸易政策、投资政策等，都是政府干预市场力量的具体表现。虽然所有经济政策的共同目标有一定的相似性，但是在其互相实施的过程中，由于具体政策目标与措施不同，不可避免地相互之间产生一些抵牾和冲突，进而其他政策中存在的限制竞争的因素会直接对竞争政策的效果带来影响。尤其在中国社会转型和政府力量强大的宏观背景下，政府主导下的深化改革是我国经济发展的主流。由于竞争于政策地位和功能尚未得到充分重视，在政策产生冲突之时，政府往往倾向牺牲竞争政策而促成其他政策目标的实现。如在 2008 年金融危机过程中，不同于欧盟在金融危机之时竞争政策与产业政策并重，我国过度倚重产业政策来提振经济、摆脱经济低迷，忽视竞争政策对于经济的长远促进作用。②

---

① 徐士英：《竞争政策视野下行政性垄断行为规制路径新探》，《华东政法大学学报》2015年第 4 期。

② 孙晋：《国际金融危机之应对与欧盟竞争政策——兼论后危机时代我国竞争政策和产业政策的冲突与协调》，《法学评论》2011 年第 1 期。

当然，基于利益多元化，各种经济政策目标与实际效果之间存在冲突是可以预见并容易理解的。但是，冲突之下的有效协调才是解决问题所在的根本之道，如何协调冲突，竞争法学界基本形成统一认识：竞争政策应当被定位为市场经济的基础性经济政策，竞争政策的理念应当贯穿于其他经济政策，影响和约束其他经济政策的制定和实施。[①] 这种观点也得到竞争执法一线的回应，许昆林在任国家发改委反垄断局局长时曾撰文指出："逐步确立竞争政策在经济政策中的基础性地位。"[②] 2014 年国家工商行政管理总局局长张茅在《人民日报》上发表署名文章中明确提出：……不断提升竞争政策的地位作用；使市场在资源配置中起决定性作用，需要确保并不断提升竞争政策的地位。[③] 原因在于：竞争政策是在过度竞争和竞争不足之间寻求一个平衡，并持续促进经济发展，而政府对市场的过度干预会危害经济的健康发展。已有学者对若干国家进行了实证调查[④]，确定时间段内在分布于 12 个国家的若干产业中统计全要素生产率，发现国家的长远发展与竞争政策的有效实施密不可分。相对于产业政策来说，竞争政策的优先地位是市场经济的本质要求、是产业政策有效发挥作用的前提，有利于防止政府产业政策失败。[⑤] 从国际通行做法上看，竞争政策作为其他经济政策的基础和优先得到了广泛的认同。德国和日本随着经济的发展和市场机制的完善，两国都从过去的经济统治法转向了以竞争秩序为目的的竞争法，产业政策让位于以竞争为宗旨的竞争政策；[⑥] 欧盟和美国则一以贯之，不断强化竞争政策的有效实施。

具体到政府反竞争行为，竞争政策主要是对政府经济干预行为的内容和后果是否排斥、限制乃至扭曲市场竞争机制进行甄别、判断和纠正。由于竞争政策的直接目标是维护市场竞争机制，而政府反竞争行为本质上就是政府在调节和管理经济的过程中过度干预或不当行权时实施限制或扭曲

---

① 徐士英：《竞争政策研究——国际比较与中国选择》，北京：法律出版社 2013 年版，第 8 - 9 页。

② 许昆林：《逐步确立竞争政策的基础性地位》，《中国经济导报》，2013 年 10 月 22 日，第 A02 版。

③ 张茅：《让竞争政策更有力地助推市场经济》，《人民日报》，2014 年 8 月 18 日，第 010 版。

④ 徐士英：《中国竞争政策论纲》，漆多俊主编：《经济法论丛》（第 25 卷），北京：法律出版社 2013 年版，第 31 - 46 页。

⑤ 刘桂清：《反垄断法中的产业政策与竞争政策》，北京：北京大学出版社 2010 年版，第 23 - 24 页。

⑥ 根岸哲、舟田正之著，王为农、陈杰译：《日本禁止垄断法概论》，北京：中国法制出版社 2007 年版，第 3 页。

竞争的行为，这种行为会使竞争政策与政府反竞争行为之间产生交集。但在根本上，竞争政策之所以有"资格"和"能力"规制政府的反竞争行为，原因在于竞争政策于市场经济国家的经济政策体系中具有基础和优先地位。这种优先地位是由"市场（机制）在资源配置中的决定性作用"所决定的。竞争、供求和价格是市场机制的三大要素，市场决定资源配置，实质就是让供求机制、价格机制和竞争机制等经济规律起决定性作用。而其中最重要的是竞争机制，因为只有通过竞争，价格才能随供求的变化而波动，价值规律才能发挥作用，从而才能实现优胜劣汰，最终使社会资源的配置得到优化。竞争机制的良好运行，能够反向遏制政府的反竞争行为。竞争政策的基础和优先地位是十八届三中全会提出"处理好政府和市场的关系，使市场在资源配置中起决定性作用和更好发挥政府作用"的本质要求和题中之义。

（二）竞争政策实施的域外考察

通过对美国、欧盟、日本、澳大利亚、俄罗斯、韩国等以竞争政策规制政府经济权力做法的比较研究，可以归纳出以下特点：

（1）方式多样。

不仅仅局限于竞争法范围内的"硬法"规制，也从纯粹的政策和政治角度对政府限制竞争行为进行"反制"。如澳大利亚1991年的《国家竞争政策》致力于排除各级政府及其部门的限制竞争措施，成效斐然，该政策也成为许多国家效仿的典范；俄罗斯在《保护竞争法》之外，另制定《发展竞争纲要》，其中的重要内容就是消除行政壁垒，禁止联邦主体行政机构和地方自治机构限制竞争的行为。

（2）层次高。

在法律规制层面，一些国家不仅制定有竞争法，或明示或默示地对政府限制竞争行为发挥规制作用，而且也通过宪法对政府的限制性行为进行规制。如美国宪法第一条的隐性商业条款、澳大利亚宪法第九十二条，在法院被赋予执行宪法条款的背景下，这些规定对推动洲际之间或地区之间的商贸自由、防止地方保护主义，起到了重要作用。

（3）规制对象广泛。

不同于我国反垄断法对政府限制竞争行为以"滥用权力"为前提的选择性规制，许多国家更注重结果导向，只要政府行为有损害市场竞争效果的，都在法律反对之列。如乌克兰《保护经济竞争法》第十五条规定：

"权力机关、地方自治政府机关、行政性经济管理和监管机关作出的任何行为、制作的书面或口头指示、达成的协议或者其他任何作为或者不作为，如果导致或可能导致阻碍、消除、限制或扭曲竞争的后果，将被认为是反竞争行为。"

（三）我国实施竞争政策的障碍及其渐进式突破

1. 障碍

以竞争政策规制政府经济权力，本质上是要让市场成为经济发展的决定性力量，这是对我国长期存在的政府主导经济发展的体制惯性的一个根本性颠覆，习惯了通过在市场上进行"择优选择"并加以倾力扶持从而彰显政绩的政府部门，会本能地产生抵触性反应。进而言之，习惯了由政府为自己掌舵和时时寻求政府特殊照顾的中国企业，也会非常不适应，甚至当经济出现困难时会责难政府的"漠不关心"，这反过来会为政府出手干预市场竞争提供借口。另外，以竞争政策规制政府经济权力，需要有能够担当此任且发挥主要作用的机构。毫无疑问，竞争主管机构应该在其中扮演重要角色，但我国的反垄断主管机构，不论是级别地位还是规制权限、规制手段等都存在很大欠缺。而且，一个或几个特定的主管竞争政策的机构"凌驾于"其他政府机构之上，也会导致既有的政府内部权力秩序"混乱"，在政治系统内部也会遇到阻力。

2. 渐进式突破

鉴于目前我国存在的机制体制和观念障碍，以竞争政策规制政府经济权力，不可能一蹴而就、全面铺开，而应循序渐进、逐步开展。第一步，在全社会，特别是在政府和企业中普及竞争政策知识，传播和培育竞争文化，使竞争观念深入人心。同时，在现有框架内加强对行政垄断的查处力度，公布一批典型案例。第二步，在整合现有几家反垄断执法机构力量的基础上，将国务院反垄断委员会改造成权威、专业且相对独立的竞争主管部门，并通过修改反垄断法扩大行政垄断的规制范围，赋予竞争主管机构一定的直接执法权，特别是要将竞争主管机构针对政府部门的竞争倡导职能法定化。第三步，构建竞争政策与其他经济政策的协商机制，其他政策制定时对其竞争效果由政策制定部门向竞争主管机关征询意见。第四步，时机成熟时，在国家层面制定我国的竞争政策纲要，对政府经济干预行为提出全面的竞争导向要求，并同时寻求在宪法条款中明确竞争政策的基础和优先地位。

三、政府反竞争行为的竞争影响评估和审查

对于政府反竞争行为，传统的规制方式是通过严格竞争执法和司法来加以控制，属于一种事后规制措施，在政府反竞争行为产生严重后果时进行救济，此时损害已经发生，并且往往需要长时间的竞争调查，对于等待进入市场的市场主体来说往往意味着要花费很高的成本。基于这种考虑，在事后规制之外，对政府反竞争行为还需要形成一种预防性的事前规制措施，通过对反竞争行为发生前的审查、评估与制止，从而在根本上阻却行为对竞争的损害作用。事前规制措施与事后规制措施两者并用，互相补充、相辅相成。竞争审查或竞争评估，是指竞争主管机构对公权机关尤其是行业主管机关已制定的或者正在拟定的法律法规或者公共政策，按照竞争与反垄断的理念，进行意见咨询、审查或评估，以辨别其是否具有限制竞争效果并进行相应调整或纠正的制度。①

（一）域外经验

（1）韩国。

韩国《规制垄断与公平交易法》第六十三条规定，相关行政机关的主管领导在实施制定或者修改含有反竞争因素的规章或批准含有反竞争因素的措施前，如含有固定价格、限制市场进入、限制商业管理、实施不合理的卡特尔等，应先向公平交易委员会（KFTC）征询意见。KFTC 认为该规定或措施含有反竞争条款，有权建议相关行政机关修改上述反竞争条款。以上规定同样适用于未事先向委员会征求意见的规章和措施。同时该法第六十四条规定，为保证法律的实施，KFTC 还有权向其他部门、机关或行业组织征求意见、获取材料、进行合作。通过该制度，KFTC 于 2007—2009 年三年间，先后成功预防了 82 个反竞争法规的出台。另外，该组织也编制《反竞争性法律评估指南》，其中包含审查反竞争法律法规的标准和典型案件，并寄送到所有行政部门，希望各部门在起草阶段就能防止反竞争行为的产生。

另外，除了上述制度之外，KFTC 还引入了竞争影响评估制度，2008年底修改的《制定法律法规影响评估指南报告》，KFTC 应当对各部门制定

---

① 张占江：《论政府反竞争行为的反垄断法规制体系》，《法律科学》2015 年第 4 期。

或修改的法律进行对竞争潜在影响的评估。评估大概分为两步，初步评估和深入评估。初步评估主要从法律是否限制或削弱供应商的市场进入、竞争力、竞争激励以及消费者的选择范围和信息获取难度四个方面进行评估；深度评估则主要从相关市场界定、竞争影响分析以及可替代方案等几个方面进行评估。从 2009 年到 2014 年 10 月，KFTC 一共对 1 907 件法律法规进行了竞争影响评估，有 65 件被认为有潜在的限制市场竞争的效果（见图 1），并建议相关部门采取替代性措施，以防范潜在的反竞争法规损害竞争。① 此外，KFTC 还致力于推翻已有不合理的市场进入，从而使市场形成更有利于竞争的结构。

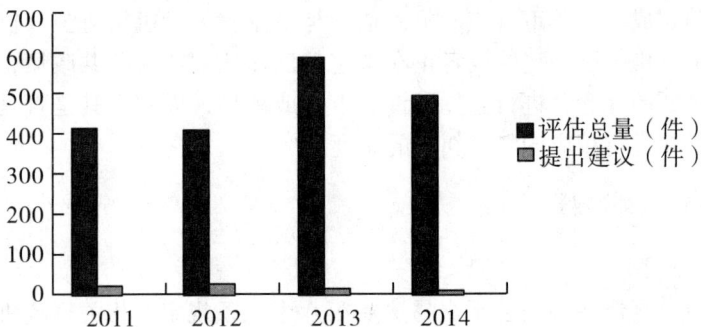

图 1　KFTC 对法律法规的竞争影响评估

（2）日本。

日本于 2010 年 4 月引入了竞争影响评估。尽管该制度的引入还处于初级阶段，但很多新制定或新修改的法律法规已经受到竞争影响评估。其实，根据 2007 年的"竞争政策评估法案"，就已经必须对法规进行实现评估，而竞争影响评估也正好成为其中一个组成部分。日本对法规的竞争评估主要根据经合组织（OECD）的竞争评估工具书中的清单来判断（见图 2）②，是否需要对某个法规进行竞争影响评估，主要进行成本和收益的比较、竞争效果的评价以及可替代性方案的选择，从而实现竞争主管机关与行政部门之间的博弈与协调。

---

① KFTC. Recent Activities in Competition Assessment in Korea, Asia Competition law Forum, Shanghai：Asia Competition Association，2014，pp. 25 – 31.

② 应品广：《法治视角下的竞争政策》，北京：法律出版社 2013 年版，第 197 – 198 页。

1.规制是否会对市场竞争造成影响？	⟹	意味着对企业没有影响

在竞争评估清单中具体描述政府规制行为会在什么市场上对市场竞争造成影响	在规制评估报告中写明对市场竞争没有影响

2.规制会对市场竞争产生什么影响？
（1）是否会直接或间接地限制企业数量？
（2）是否会限制企业竞争的方式或行为？
（3）是否会降低企业进行竞争的激励（或增加企业避免竞争的激励）？

对以上任一
问题的回答为

对以上任一
问题的回答为

很明显政府规制行为会对竞争造成影响

在规制评估报告中写明
"不会对市场竞争造成影响"

在竞争评估清单中详细描述规制会对市场竞争造成什么影响

在规制评估报告中说明政府规制行为可能会对竞争造成什么影响

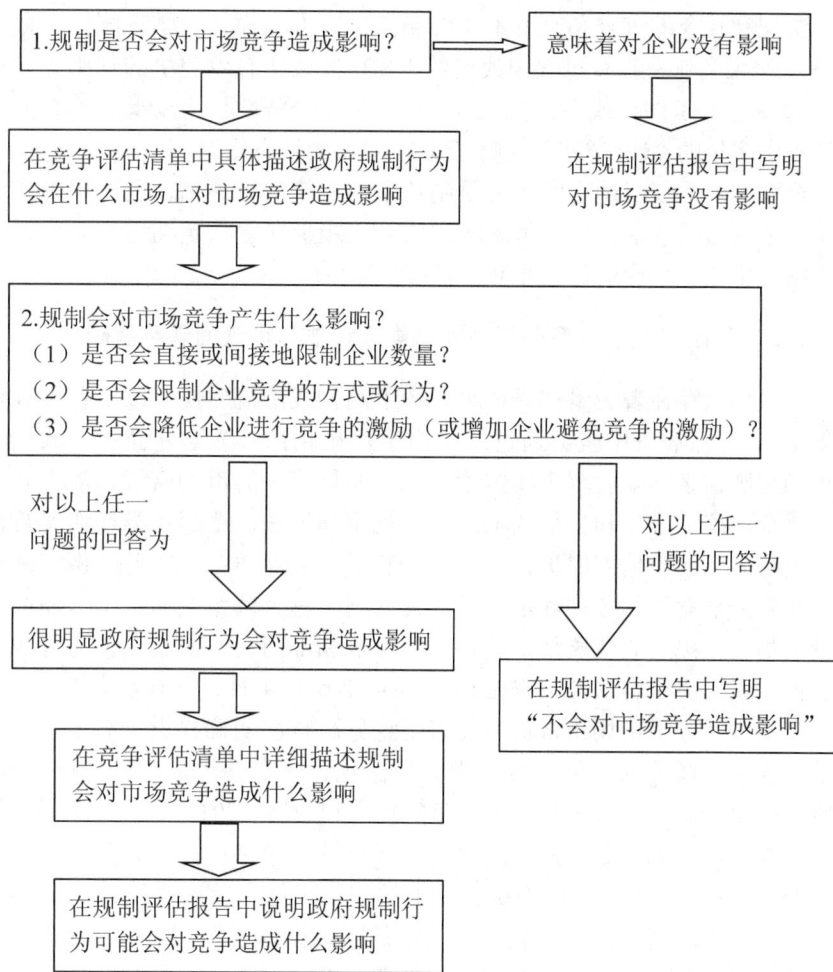

图 2　日本对法规的竞争评估

（3）澳大利亚。

根据《竞争原则协议》第五条的规定，澳大利亚政府承诺对已存在的含有竞争限制因素的现行立法进行审查，并进行相关的改革，并且逐步推动至地区政府立法的审查。《竞争原则协议》第五条第一款规定了竞争审查和改革的指导原则，即立法不能限制竞争，除非限制竞争对整个社会所造成的利益大于损失，且该立法目标必须通过限制竞争的方式才能实现。1996 年各级政府都推出了审查时间表，并逐步开展对联邦和地方政府的法

律、法规和政令的审查和改革工作，涵盖了方方面面。有学者统计，截至
2013 年澳大利亚在审查过程中找出约 1 800 件破坏有效竞争的规则，并对
其中 85% 进行了纠正或者禁止，这有助于推动经济增长。①受此影响，澳大
利亚近十多年的 GDP 增速都保持了 3% ~4% 的较高比例。②

　　澳大利亚不仅对现有的相关限制竞争的法律进行评估，也对将来或者
正在拟定的新的立法进行竞争影响评估，逐步形成立法定期评审制度，并
会根据产生的竞争影响提出相应建议。

（二）我国对政府反竞争行为竞争影响评估和审查的现实基础

　　我国仍然存在着大量"妨碍公平竞争的行政法规、规章以及各种规定
和做法"。十八届三中全会通过的《决定》中指出：为建立公平开放透明
的市场规则，必须要改革市场监管体系，实行统一的市场监管，清理和废
除妨碍全国统一市场和公平竞争的各种规定和做法，严禁各类违法实行优
惠政策行为，反对地方保护，反对垄断和不正当竞争。《决定》将清理和
废除妨碍公平竞争的各种规定和做法提升到了重大政策层面。十八届四中
全会也指出：提高立法质量，防止地方保护和部门利益法制化；完善规范
性文件、重大决策合法性审查机制。2014 年 6 月 4 日，《国务院关于促进
市场公平竞争维护市场正常秩序的若干意见》再次明确提出，对各级政府
和部门涉及市场准入、经营行为规范的法规、规章和规定进行全面清理，
要废除妨碍全国统一市场和公平竞争的规定和做法。2015 年《关于深化体
制改革加快实施创新驱动发展战略的若干意见》第一次提出要建立公平竞
争审查制度；《关于推进价格机制改革的若干意见》首次明确提出"实施
公平竞争审查制度，逐步确立竞争政策的基础性地位"。2016 年发改委反
垄断部门的一项重要工作就是建立公平竞争审查制度③。以上都为我国竞
争评估制度的实行提供了理论支撑和现实基础。

（三）我国的制度设计

　　首先，在条件许可的情况下，分阶段、有次序地对业已制定或者实施

---

　　① ROD SIMS（Chairman of ACCC）. Driving Prosperity Through Effective Competition. The Mexico Forum, 8 January, 2013, Mexico City, p. 10.

　　② OECD. Competition Assessment Principles. Version 2. 0, 2010, p. 32.

　　③ 新华网：《公平竞争审查制度　反垄断执法将加强有关提议已上报国务院》，http：//fj. china. com. cn.

的政府规范性文件进行清理，对其中具有限制竞争效果的予以修正或者废除。可以借鉴澳大利亚在清理审查已制定的法规的做法，在充分考虑具体国情与实际的情况下制定一个时间表，从中央到地方逐步推进并开展审查，各级政府发布年度报告公开审查的进度，以便监督各部门是否按时对照时间表推进审查。

其次，一方面建立意见咨询制度，行政机关在实施干预市场行为之前，必须事先通知竞争主管机构，征求并尊重其竞争评估意见或改正建议，有关机构如果要拒绝接受竞争主管机构的意见或建议，也不采取改正举措，必须做出合理的解释或证明其行为的正当性。具体说来，国务院可赋予反垄断委员会相关职责，国务院各部委和地方各级政府在制定含有限制竞争因素的规定和政策时，应当事前征求反垄断委员会的意见，并且逐步保障意见的效力和相应的强制力。另一方面，构筑均衡原则指导下的全面竞争评估制度：初步评估与深入评估相结合。[1] 对某些规定和做法进行竞争评估是需要成本的，只有某项规定与做法带来的妨碍竞争的后果足够大时，才能展开竞争评估活动。竞争评估不应当一步到位，因为大多数规定和做法不会对竞争造成很大限制。竞争评估制度应分为初步评估和深入评估两个阶段。初步评估用以过滤不需要进行评估的规定和做法。深入评估建立在初步评估的基础之上，评估深度应与初始程度确立的不利影响成正比，主要采取量化的指标对竞争限制的成本与收益是否符合比例原则进行审查，并要求提出损害更小的可替代措施。

再次，增加竞争评估的透明度和可操作性。为此，可以根据美国的经验以及 OECD 出版的《竞争评估工具书》制定发布我国的评估指南，详细规定竞争主管机构的评估权限、标准、程序和内容。确保相应机构有足够的权限可以对更多限制竞争的法律法规和管制措施进行审查、评估并提出候选政策，以提升其规制政府制定、实施法律行为的能力。

最后，设立政府反竞争行为投诉机制。上述的评估和审查可以预防大部分的反竞争的规定和政策，但是难免百密一疏。为了防止这种情形，可以借鉴欧盟关于国家援助的投诉机制，任何人都有权向竞争主管机关（在我国可为国务院反垄断委员会）投诉各部委及各级政府和法律法规授权具有公共管理职能的机构发布的未经过审查，却含有排除、限制竞争效果的

---

① 张占江：《政府反竞争行为的反垄断法规制路径研究》，《上海财经大学学报》2014 年第 5 期。

规定和政策。反垄断委员会接到投诉后，根据情况决定是否立案，并展开调查，若确实存在限制竞争效果，可要求制定部门撤销、改正或提出替代性方案。

四、政府干预市场的行为应当以竞争中立为标准

（一）竞争中立的缘起、概念与不同立场

竞争中立是澳大利亚联邦政府于 20 世纪 90 年代在国有企业改革的过程中首次提出的概念。澳大利亚于 1993 年开始国有企业的公司化改革，但是此次改革成果并不尽如人意，国有企业仍然享有源自于政府的诸多优势①。基于此种情形，澳大利亚政府在 1996 年就提出并制定了"竞争中立"原则，作为其"竞争政策"的重要组成部分，以更为严厉的措施来尽可能弱化政府行为对竞争的不利影响。② 其后澳大利亚进行了一系列改革深入实施竞争中立，取得了明显效果；后来这一理念和规则逐渐为欧美等发达经济体所认同，并且在其推动下 OECD 发布两份报告③来增强对竞争中立的研究；而且美国还将竞争中立加入到 TPP 谈判中，明晰要在 TPP 谈判框架内通过竞争中立来引导或束缚他国国有企业的竞争；这都使得竞争中立完成了从国内规则到国际视角的转变。④

竞争中立大致指当国有企业不能因为其国有性质或者所开展的活动而拥有相较于一般私营企业更多的特权或者优势。⑤ 换句话说，政府不能运用其立法权或财政权力使政府的商业活动在与私营企业竞争时获得某些优势。实行竞争中立的目的在于消除国有企业与私营企业之间扭曲的资源分配机制，为两者创建一个公平的竞争平台。该政策的总体安排是对与国有企业相关的

---

① TONY GREENWOOD, DAVID WILLIAMSON, JIM ARMITAGE, GARY RUMBLE & DONALD MAGAREY, Corporatization and privatization of State – owned Enterprises: Some Australia Perspective, 17 Hastings Int'l & Comp Law Review, 741, 199. 这种优势主要通过税收减免、融资优惠、交叉补贴、管制优势、政府采购等方式获得，从而扭曲市场竞争秩序。

② 汤婧:《"竞争中立"规则：国有企业的新挑战》,《国际经济合作》2014 年第 3 期。

③ 这两份报告为: *Competitive Neutrality and State-Owned Enterprises: Challenges and Policy Options*, *Competitive Neutrality: Maintaining a Level Playing Field Between Public and Private Business*.

④ 李晓玉:《"竞争中立"规则的新发展及对中国的影响》,《国际问题研究》2014 年第 2 期。

⑤ *Commonwealth of Australia: Commonwealth Competitive Neutrality Policy Statement*.

法律法规和行政性文件进行系统的审查，按照竞争中立的标准进行修改甚至予以废除，以使国有企业的运营环境尽可能地与私营企业相当。

尽管关于竞争中立的基本内涵理解较为一致，但是如何实施以及所处立场则差异较大。澳大利大通过立法和政府间协议予以实现，澳大利亚联邦政府和地方政府签订了三项协议①，以实现包括税收中立、信贷中立、监管中立等在内的竞争中立政策，并设立投诉机制来保证国有企业竞争者的同业监督；欧盟主要通过《欧盟运行条约》第一百零六条来予以适用，该条要求不管是国有企业还是私有企业均应受到约束，成员国的国有企业不得排除管辖，否则委员会可以相应地采取强制性措施，还通过"透明度审查"来保障竞争中立的实施；② 美国主要通过主导跨区域的经济贸易规则来实现竞争中立，比如希望在 TPP 和 TTIP③ 谈判中引入竞争中立的高标准，来削弱参与谈判的国家对于本国内国有企业的补贴和优惠，变相达到保护美国企业的竞争力的诉求；④ 国际组织主要是通过发布研究报告、"指南"和"最佳实践"等形式，为国际竞争政策的交流和"趋同"做努力。其中在竞争中立问题上，尤以经济合作与发展组织（OECD）和联合国贸易和发展会议（UNCTAD）的成果最为突出⑤。

（二）作为衡量政府干预市场竞争标准的竞争中立之突破

通过对不同制度和立场的竞争中立的比较，基于不同发展阶段和不同利益诉求，可发现不同国家和地区适用竞争中立虽形式不一，但其促进市场竞争的本质还是较为一致的。其核心价值取向都在于建立公平的市场竞争环境，且其作为衡量一个国家是否具有公平竞争与自由贸易环境的重要尺度已被普遍接受。所以，本部分在竞争中立这个核心价值取向的基础上，不仅将竞争中立作为衡量国有企业改革是否促进公平竞争的评判标

---

① 包括《竞争原则协议》《行为规范协议》和《执行全国竞争政策和相关改革协议》。

② 赵雪清、温寒：《欧美竞争中立政策对我国国有企业影响研究》，《河北法学》2013 年第 1 期。

③ "跨太平洋战略经济伙伴关系协定"（TPP）和"跨大西洋贸易与投资伙伴协议"（TTIP）。

④ 应品广：《竞争中立：中国的实践与展望》，《WTO 与国际经贸治理》2014 年第 6 期。

⑤ OECD 陆续发布：《国有企业与竞争中立原则报告》《竞争中立和国有企业——挑战和政策选择》《竞争中立——确保国营企业和私营企业公平贸易》《竞争中立最佳实践报告》《竞争中立：经合组织建议、指南和最佳实践汇编》《竞争中立：合作伙伴和成员国的国家实践》；UNCTAD 开展项目《竞争中立政策的实施比较研究》。

准，并且将竞争中立这一理念推广到全面评判政府权力干预市场竞争合理与否标准的维度上。那么在此就有必要在紧抓竞争中立的价值取向的基础上、在参考国外竞争中立实践的层面下，探讨若将其推广作为衡量规制政府干预市场竞争的标准，其合理性和可行性如何。另外，在讨论其合理性时，有必要发掘我国本土关于竞争中立的内生资源。如十八届三中全会倡导的建设统一开放、竞争有序的市场体系和发展混合所有制经济等，以更贴近我国实际和国情。

政府权力在干预经济的过程中，会通过直接或者间接介入市场的行为，进而可能偏离其保护竞争机制的职责，产生损害竞争机制的反竞争行为，扭曲公平的竞争环境。尤其是作为一个转型经济国家，我国政府对经济不当干预的最大"副产品"——对市场竞争的限制尤为普遍和严重，甚至形成了制约市场经济发展的体制性障碍。此时就产生了一个问题，即需要在政府运用权力合理干预市场和防止政府滥用行政权力限制和排除竞争之间取得一个平衡。如何实现这一平衡，是一个宏观而复杂的问题，既需要考虑不同制度安排下政府影响市场的广度和深度，也需要考虑一个国家内在经济制度的特殊性和历史性，而可行的一个路径就是在以竞争政策为基础和优先的前提下，通过事前对政府运用权力的行为进行竞争评估，事后通过执法和司法规制政府反竞争的行为，并以推进和倡导竞争文化为辅助。而不论事前的评估或者事后的规制，都需要一个标准作为评价政府干预市场行为正当、合理与否的尺度，这个标准就是竞争中立。可见，这里所用的竞争中立，是在原有适用到国有企业改革的基础上，范围远远超过其本来的含义，是对竞争中立思想运用的一个突破，并提供一个新视角。（见图3）

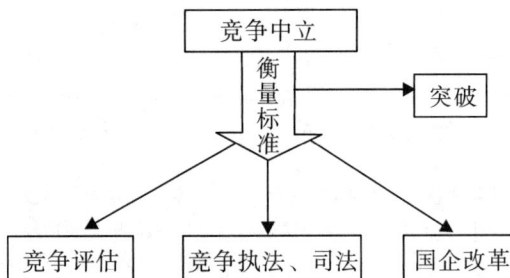

图3　竞争中立衡量标准

（三）标准之具体适用

1. 竞争中立作为政府行为竞争影响评估的标准之适用

政府行为对于市场的干预与政府职能的发挥存在一个程度的把握问题，如果该干预的没有干预，则会造成市场的混乱和政府的不作为；如果管得过多、过宽，则可能会限制市场竞争、阻碍统一大市场的形成、损害市场主体的自主经营权和消费者利益，甚至滋生腐败，从而消解市场活力，产生一系列反竞争的效果，可见，政府干预市场的行为必须适度。而如何让政府行为适度呢？这需要事前和事后的双向规制。事前的规制工具就是对政府行为的竞争效果进行评估，而评估的标准则是竞争中立：符合竞争中立要求的，应当评估为政府行为促进市场竞争，反之则不然。具体来说，本部分就是要考察在竞争中立的视角下，对政府行为竞争影响的评估过程中需要考量哪些因素，如哪些政府行为可以作为竞争中立适用除外情形，以及政府行为是否必要、是否合比例、成本与收益等问题，从而保证政府在干预市场过程中对于交易机会、经营负担、投资回报等方面保持中立。

2. 竞争中立作为衡量竞争执法、司法适当性的标准之适用

控制政府干预市场竞争行为的适度性，需要事前和事后规制措施共同作用，事前对政府行为进行竞争性评估，事后则主要依靠严格地实施竞争法，包括行政执法和司法审查。同样，衡量竞争执法和司法的适当性与否也需要以竞争中立作为标准。就竞争执法来说，需要明确哪些政府行为可以豁免适用竞争中立，需要保证竞争执法机关对于同一层级的不同机关之间、不同层级的中央机关和地方机关之间的中立。在对企业的执法过程中，则需要执法机关在执法对象的选择（如国有企业和私营企业之间、外资企业与内资企业、大型企业与中小企业等），执法宽严度、豁免的标准等方面保持中立。就竞争司法来说，同样需要司法机关在受案范围、原告资格、审查标准、审查程序、法律责任等方面保持中立，在公共利益与私人利益的平衡上保持中立。

3. 竞争中立作为评价我国国有企业改革中的标准之适用

竞争中立的最初指向就是评价政府在市场竞争这个层次上是否对国有企业与私营企业平等对待，并且关于这个问题，国外也已经有了不同的立场和实践。具体到我国，适用竞争中立评价我国的国企改革问题，需要结合我国的国情、所有制形式、法治环境、经济发展阶段、产业政策等问题

进行综合评价。这需要确立竞争中立可以评价的范围，因为竞争中立并不能评价所有国有企业及其所有业务，对于从事公益性业务、掌握国家经济命脉或涉及国计民生的自然垄断业务不适用竞争中立予以评价，对于从事的一般营利为目的商业性业务都需要适用竞争中立予以评价。但是需要注意的是，这个分类是一个动态的过程，伴随着经济的发展和社会形势的变化而有所差异。在这个分类予以评价的过程中可以考虑这些因素，包括但不限于：①国有企业提供公共服务和履行社会责任的特殊性；②国有企业是否因实施国家产业政策而获得特殊待遇；③国有企业是国家长远规划发展的组成部分；④国有企业在确保财政收入方面的功能。

五、优化关于政府反竞争行为的执法与司法

上文已经提到，关于政府反竞争行为的规制，除了事前预防外，事后纠正和救济也是两个重要的方面，事后进行政府反竞争行为的规范则主要集中于竞争法律的执法与司法上，所幸学界与实务界对于竞争法律的执法与司法救济给予了充分的重视，研究较多，对于执法、司法存在的问题和优化具体方式都已经做了较为详细和深入的研究，并基本形成了共识，本部分只做一个简单的梳理和归纳。

（一）执法、司法存在的问题

在执法方面，主要集中于执法机构设置不合理和法律责任不健全两方面。在执法机构设置上，我国反垄断执法机关分属于国务院的国家工商总局、国家发改委和商务部三部委，执法力量分散、执法级别不高，权威不大，使得反垄断执法机构很难保持独立性和高效性。尤其是政府反竞争行为背后一般都有政府保护地方企业或保护某些大企业的动机，政府和企业间的关系盘根错节，调查难度很大，如果反垄断执法机构没有相当大的独立性，它就无法同政府部门反竞争行为做斗争，也就无法有效进行规制。在法律责任设计上的不足，归纳起来，可分为三个方面：第一，反垄断执法机构要求在发现行政性垄断时只能对实施行为的上级机关提出建议，这就排斥了反垄断执法机关的直接管辖权，使得反垄断执法机构在处理行政性垄断行为时权限严重不足，削弱了反垄断机关规制政府反竞争行为的能力。第二，法律责任承担方式规定不完善，只规定了行政责任，缺少民事责任甚至刑事责任；同时，"责令改正"的责任形式在法律实践中尚需进

一步细化，应在多长时间内责令改正、不予改正后果是什么等问题目前都是空白。第三，责任承担主体尚显狭窄，没有对行政性垄断的受益企业规定单位责任，也未将责任延伸至企业高管人员，可能使这些企业为了攫取高额利益而反向推动政府反竞争行为的实施。

在司法救济方面，《行政诉讼法》未修改之前，其规定不完善之处主要表现：由于我国《行政诉讼法》将抽象行政行为排除在法院的受案范围之外，因此虽然《反垄断法》对抽象行政行为的审查有规定，但该规定实际上不具有可操作性，抽象行政性垄断行为无法得到司法救济。同时，我国《反垄断法》仅规定行政性垄断控制的行政体系内的方式，被行政性垄断侵害的企业或者消费者无法提起民事诉讼和行政诉讼。可见目前规定无法完全保护相关主体的合法权益。

（二）优化执法、司法的途径

关于执法机构的设置问题，在现有的体制下，成本最小且最便捷的途径，就是在相关法律的授权许可下，通过国务院反垄断委员会将相关执法力量整合，将该委员会从执法协调机构升级为执法统一、权威更大、层次更高的竞争执法机关。并且确立高度独立性原则、执法人员专业化原则、职责明确原则、多机构协调原则，以更好地促进反垄断执法工作。

如何完善法律责任，首先应建立行为主体的责任追究机制，明确行政性垄断的责任，加大对行政性垄断的制裁力度。为增强处罚建议的权威，可由整合后的国务院反垄断委员会提出执法建议，并可逐步赋予反垄断委员会建议的强制力，从而增强建议的权威性和执行力。针对行政机关实施反竞争行为的法律责任仅是在行政系统内的自我监督责任形态，作用有限，可设定对"受益者"的罚没违法所得和行政罚款的责任，这有利于阻止相关经营者实施通过对行政特权的依附获取垄断利益的行为;[①] 另外反垄断机构可以通过向社会公开的方式追究行政机关的名誉责任，以形成较强的舆论压力，遏制政府反竞争行为的实施。除非受政府反竞争行为受益企业的董事、经理等高级管理人员能够证明其已经尽适当的努力阻止企业配合政府实施反竞争行为，否则企业高管人员对与此种行为都应该承担相应的法律责任。

对于政府反竞争行为的司法救济，则有必要在新《行政诉讼法》（以

---

① 桑林：《行政性垄断的表现形式及其法律规制》，《中国工商管理研究》2007 年第 6 期。

下简称"新行诉法")的修改背景下进行探讨。深圳斯维尔科技公司诉广东省教育厅涉嫌行政垄断案由广州中院于 2014 年 6 月 26 日一审判决广东省教育厅败诉。作为行政性垄断正式进入诉讼程序的第一案，其为改进行政性垄断的司法途径提供了实证参考。下面就几个方面介绍新行诉法对于行政性垄断司法审查的影响①：

首先，"新行诉法"在五十一至五十二条规定符合该法规定的起诉条件的，人民法院应当立案；否则当事人可对不予立案裁定提起上诉，或者通过向上级机关投诉来保障立案权利，这一系列关于立案登记制的改革，有利于降低行政性垄断立案的门槛，减少行政权力对司法的干预。其次，"新行诉法"在第十二条第一款第八项明确将"认为行政机关滥用行政权力排除或者限制竞争的"列入受案范围，这给法院准确判断案件的类型和范围提供了较为清晰的指引，提高法院办案效率。再次，根据"新行诉法"第五十三条的规定，行政相对人在进行行政诉讼时，可以一并请求对规范性文件提请法院进行合法性审查。上文提到，广泛存在的各类规范性文件是政府实施反竞争行为的重要手段，新法的修改无疑对政府的反竞争行为规制提供了一个新的可行化方案。最后，"新行诉法"第三条规定，原则上行政机关的负责人应当出庭参与诉讼，这对于行政机构内部对欲做出的行为的合法性审查有一定的促进作用。

六、培育与倡导竞争文化

(一) 我国竞争文化的薄弱

竞争文化，不是一个具有明确概念和内涵的语词，大致应当是包含了人们业已形成的关于市场、竞争或竞争现象的一系列观念、价值、行为模式、规则乃至法律规范的统称。②

从传统来看，我国古代长期以来的封建小农经济生产方式，以自给自足为主，较少产生商品交换，自然也不可能进入商品交换大量存在的商品

---

① 黄勇：《新形势下反行政垄断执法与司法：挑战、思考与展望》，《价格理论与实践》2015年第 1 期。

② 徐士英：《竞争文化与和谐社会——论中国反垄断立法的社会基础》，《江西财经大学学报》2005 年第 1 期；叶卫平：《竞争法角度的竞争与竞争文化解读》，张守文主编：《经济法研究》，北京：北京大学出版社 2006 年版，第 209 – 225 页。

社会；在传统施政方略上，为了维护统治的稳定和对社会的有效控制，统治阶级提倡并实际推动"重农抑商"理念，限制了商业竞争产生和存在的土壤；古代社会治国以礼为主，并渗透到社会的方方面面，其实质是确定一种较为稳固的社会阶层的分级，以此来分配资源与利益，在这种差别有序的格局下，也不太可能产生自由平等的交易关系。这都表明，我国古代不存在竞争文化产生和发育的社会基础和制度土壤。

新中国成立后的很长一段时间内，都是高度集中的计划经济为主导，资源由国家计划加以分配，改革开放以后，尤其是 1992 年之后，我国开始社会主义市场经济的建设，引入竞争机制，非公有制企业与国有企业之间、私营企业之间、国有企业之间均逐渐开展竞争，竞争的展开也迎来了我国二十多年的经济高速发展。同时随着不同主体间竞争意识开始增强，竞争文化也开始在我国传播。但是，现阶段的竞争文化还呈现一些不足：一方面政府在行使公权力过程中对市场竞争秩序维持的意识不足，政府部门在规制和调控市场经济过程中，还存在损害市场竞争的行为；另一方面市场竞争主体也缺乏正当竞争和自由竞争的观念。①

（二）我国竞争文化建设

竞争文化是社会大众对市场的规律性把握而形成的意识，其在自身形成和发展过程中可以孕育竞争法律制度，而且还能影响竞争立法的内容和具体制度，并增强立法的科学性、缩减立法成本。所以竞争文化的培育和倡导，有利于规制政府反竞争行为，促进事前竞争审查和评估的顺利进行、保障竞争执法和司法的有效开展、推动政府和公民形成共同维护市场竞争的守法环境的建设。

从规制政府反竞争方面来说，我国可以通过以下方式建设竞争文化：首先，市场竞争的本质是鼓励公民勇于兴业，企业积极参与市场竞争，只有让市场的参与者丰富起来，市场竞争的活力才能够维持，才能够形成一种内生张力，在有公权力介入竞争时"条件反射"式地形成一种抵制或排斥。其次，竞争主管机关还可以鼓励消费者和中小企业进行正当权益的维护，帮助消费者组织壮大，从而能聚合更多社会力量以对抗政府的反竞争行为；竞争主管机关也可以牵头组织国内学者和专家授课和培训，针对行

① 文学国、孟雁北等：《反垄断法执行制度研究》，北京：中国社会科学出版社 2011 年版，第 291 - 292 页。

政机关进行竞争法律知识的普及和宣传工作，并且与相关国家和国际组织进行深入广泛合作，交流规制政府反竞争行为的经验。最后，新闻媒体也应积极发挥舆论监督的作用，对政府反竞争行为适时报道并持续关注，以倒逼相关行政机关自我纠错，督促竞争执法机关及时执法，同时舆论报道本身也会对民众竞争文化的培育和宣传起到良好的推动作用。在社会上培育和倡导竞争文化，要避免"单向进"，采取"互动进"，避免"突击倡导"，采取"常态倡导"，进而在全社会形成浓郁的竞争氛围和健康的竞争文化，让广大公民和企业自觉监督和抵制政府的反竞争行为，并帮助政府矫正其反竞争行为。

浅析我国《反垄断法》中对行政性垄断行为的法律规制
——兼评斯维尔诉广东省教育厅一案

游晓玲*

提要： 我国《反垄断法》采取"原则性立法"模式，在无充分的司法实践论证的情况下，斯维尔诉广东省教育厅一案作为第一起进入实质性行政诉讼程序的案件首次触及了行政性垄断行为的标准，以及完善反垄断执法的思考。美国反垄断实践中形成的"本身违法原则""合理原则"和"国家行为论"，以及俄罗斯反垄断立法中对政府行为的认定标准和其反垄断执法机构职权的设置对规制我国行政垄断极具借鉴意义。

关键词： 行政性强制交易行为；反垄断法；行政权；反垄断执法机构

一、案件由来与规制困局

全国职业院校技能大赛由教育部发起，联合国务院有关部门、行业和地方共同举办的一项年度全国性职业教育学生竞赛活动，是专业覆盖面最广、参赛选手最多、社会影响最大、联合主办部门最全的国家级职业院

---

* 游晓玲，中国人民大学法学院 2014 级法律硕士（非法学），主要研究方向为经济法。

校技能赛事。2013 年 1 月 17 日，教育部下发教职成函（2013）2 号《教育部关于成立 2013—2015 年全国职业院校技能大赛组织委员会和执行委员会的通知》，决定成立 2013—2015 年全国职业院校技能大赛组织委员会，作为 2013—2015 年全国职业院校技能大赛的领导机构。业内习惯将由教育部组织的比赛称为"国赛"，由各省组织的选拔比赛称为"省赛"。

2014 年年初，教育部首次将"工程造价基本技能"列为该赛事赛项之一。2014 年 3 月国赛执委会办公室公布的《"工程造价基本技能"赛项规程》中规定赛项所用软件为广联达独家的认证系统、广联达土建算量软件 GCL2013 和广联达钢筋算量软件 GGJ2013。当年 4 月 1 日，以广东省教育厅、高职院校、行业企业等组成的工程造价广东"省赛"组委会发通知称，大赛由广东省教育厅主办，广州城建职业学院承办，广联达软件股份有限公司协办。在随后组委会公布的《赛项技术规范》和《竞赛规程》中都明确，赛事软件指定使用与国赛相同的广联达独家的认证系统、广联达土建算量软件 GCL2013 和广联达钢筋算量软件 GGJ2013。

一直在积极介入"工程造价基本技能"国赛和各地省赛赛事的斯维尔公司，认为广东省教育厅指定独家赛事软件的做法，有滥用行政权力之嫌，违反了反垄断法，于当年 4 月 26 日，斯维尔向广州中院提起行政诉讼。

广州中院在判决当中指出，根据《反垄断法》第三十二条规定："行政机关和法律、法规授权的具有管理公共事务职能的组织不得滥用行政权力，限定或者变相限定单位或者个人经营、购买、使用其指定的经营者提供的商品。"省教育厅"指定独家参赛软件"行为符合构成行政垄断的要素条件，即在主体上，省教育厅是"行政机关和法律、法规授权的具有管理公共事务职能的组织"；在行为上，其"指定独家参赛软件行为"符合"限定或者变相限定单位或者个人经营、购买、使用其指定的经营者提供的商品"；至于"滥用行政权力"，法院依据《行政诉讼法》规定"行政机关应对自己的具体行政行为负有举证责任"，认定省教育厅对自己"指定独家参赛软件"行为不能提供证据证明其合法性，为此省教育厅构成"滥用行政权力"。[①]

作为首次进入实质诉讼程序的行政垄断案件，斯维尔诉广东省教育厅一案一审判决引起法律业内高度评价，认为该案的审理和判决皆是对司空

---

① 参见（2014）穗中法行初字第 149 号广东省广州市中级人民法院一审行政判决书。

见惯的行政垄断的有力反击。一直以来，行政性垄断最具争议的焦点在于：①如何认定"行政垄断行为"；②对"规范性文件、政策"等抽象行政行为，是否可以提起反垄断诉讼。

一审法院虽然对以上问题都给予了正面回答，但并未从根本上解决这两个问题。例如，对于"行政垄断行为"的认定标准是否只需认定行政行为本身违法，还是需再考虑行为合理性。[①] 又如，针对行政垄断案件难进入诉讼程序的问题，是否可以加大反垄断执法机构的权力，不单只赋予其"调查权"和"建议权"，而应有实际审理和查处的权力，在制止反垄断上发挥主要作用，让法院作为当消费者或企业受到行政垄断行为侵害时可以得到司法救济的最后保障。[②] 可见，在我国政企分离不够彻底的环境下，行政性垄断一直不能得到有效根治，因此在实体上如何认定行政性垄断行为，在程序上如何更有力地打击行政垄断现象成为规制行政垄断的主要困局。

目前该案已进入二审程序，不管二审判决如何，都将在反垄断法史上具有里程碑的意义。本文旨在结合我国目前《反垄断法》和外国的立法经验，对以上问题进行探究。

二、我国行政垄断立法评析

（一）行政性强制交易行为的认定标准

1. 我国《反垄断法》第三十二条的评析

我国《反垄断法》第三十二条规定了禁止行政强制交易行为。[③] 根据该规定行政机关滥用行政权力排除限制竞争行为应具备三个要件：一是主体为行政机关和法律、法规授权的具有管理公共事务职能的组织；二是行政机关及相关组织有限定或者变相限定单位及个人经营、购买、使用其指定的经营者提供商品的行为；三是行政机关及相关组织在实施上述行为过

---

① 参见张挥：《判定行政性垄断行为的标准和适用原则》，《法制日报》，资料来源 http：//news. sina. com. cn/o/2015 - 08 - 05/065932175011. shtml，2016 年 4 月 14 日。

② 参见王晓晔：《行政垄断问题再思考》，《中国社会科学院研究生院学报》2009 年第 4 期。

③ 《反垄断法》第三十二条规定："行政机关和法律、法规授权的具有管理公共事务职能的组织不得滥用行政权力，限定或者变相限定单位及个人经营、购买、使用其指定的经营者提供的商品。"

程中滥用行政权力。其中，第二个要件通常表现为以明示或暗示的方式设定特定的标准、设定有唯一指向性的条件等，剥夺单位和个人的选择权，主要依据现实情况判断，而对于第一和第三要件所要求的行为主体和行为标准的认定仍有较大争议。

（1）行为主体的认定。

在主体方面，我国《反垄断法》规定的行政违法主体只有两类：行政机关和法律、法规授权的具有管理公共事务职能的组织。对行政机关的界定在理论和实践中并无太大争议，指的是依宪法或行政组织法的规定而设置的行使国家行政职能的国家机关。① 相反，对于"具有管理公共事务职能的组织"的行政性垄断主体地位的确定一直模棱两可。

① "管理公共事务职能"。

在西方，公共事务是与私人事务相对的概念，是指提供涉及全体社会成员公共利益的公共产品与公共服务的相关活动。公益性是其本质特征，其受益对象是一定范围的社会公众，而公众对公共服务和产品各方面的需求和偏好的千差万别决定了公共事务的多样性及复杂性，也决定了管理公共事务的职责不能也无法由个人承担。② 因此，在教育、科学、文化、科技、卫生、体育、环境等领域就形成了各自管理公共事务职能的组织。

管理公共事务职能组织的成员自愿让渡出自己的某些权利和自由，使其在内部享有公权力。这些根据自己的组织章程（组织成员的授权），对其组织成员甚至对组织外相对人行使一定公权力。通过法律、法规的授权，管理公共事务职能的组织可以像行政机关一样行使一定行政职能成为行政主体，具体包括诸如行政机构（行政机关的内设机构、派出机构及专门机构）、事业单位、企业组织以及行业协会等社会自治组织。例如，《律师法》《注册会计师法》和《烟草专卖法》就分别对律师协会、注册会计师协会和全国烟草总公司进行了授权；又如中国地震局、中国气象局和中国证券监督委员会等组织在国务院"三定方案"中被表述为"国务院直属事业单位"。被授权组织一般应具备下述条件：A. 相应组织与授权行使的行政职能无利害关系；B. 相应组织具有了解和掌握与所行使行政职能有关的法律、法规和有关技术知识的工作人员；C. 相应组织具备所授权行政职能行使所需要的基本设备和条件；D. 对于某些特别行政职能，被授权组织

---

① 参见姜明安主编：《行政法与行政诉讼法》，北京：北京大学出版社 2011 年版，第 91 页。

② 参见王惠岩：《公共管理基本问题初探》，《国家行政学院学报》2002 年第 6 期。

还应具备某些诸如保密、安全、技术及经验等特殊条件。[1]

②"法律法规授权"。

判断管理公共事务职能组织是否为行政性垄断的主体的关键就在于这些组织是否获得了"法律、法规授权"。所谓"法律、法规授权","法律、法规",应该是《立法法》所规定的全国人民代表大会立法、全国人民代表大会常务委员会立法和国务院立法。但是,现阶段,由于中国立法制度的特殊性,可以立法而又具有效力(部门规章以上)的立法主体数不胜数,规章更是有过之而无不及,其中多有涉及"授权"。《最高人民法院关于执行〈中华人民共和国行政诉讼法〉若干问题的解释》第二十、二十一条把规章授权也包括在"法律、法规"授权范围,从这来看,规章所授权的主体也应该视为法律、法规授权组织。有学者提出只有全国人大及其常委会通过立法对特定组织的授权才是根本意义上的"授权",其他机关如国务院及其各部门、省级人大及其政府、较大市的人大及其政府所进行的"授权"都只是在全国人大及其常委会通过立法确定了行政权配置的基本框架以后所做的"二次授权",超出最高权力机关确立的行政权配置框架而进行的所谓"授权"行为只能认定为"委托行为"。[2]

笔者赞同此种观点,认为"授权"应是一种立法行为,而不是行政权范畴。因此,在分析"二次授权"时,除了要考察被授权组织是否通过"二次授权"获得相关权力,还应先考察全国人大及其常委会是否赋予了授权机关相应的权力。

③权利范围。

这些组织是否行使了这一权力。实践中由于管理公共事务职能组织在组织方式和财政支持等方面对行政机关具有高依附性,使对其的定位仍较为模糊,难以辨别某个管理公共事务职能组织做出的某行为到底是"市场行为"还是在行使"行政权力"。再加上公共行政组织在行使其行政权力过程中通常是在行政机关的法规、政策乃至名目繁多的其他行政规范性文件的支持下,使其行为的违法性更难辨别,因此当其排除、限制竞争时就极易成为反垄断乃至反行政性垄断的治理盲点。要解决这一问题,应先要判定该组织被授予的权利范围,而权利范围的确定又有赖于明晰的授权方

---

[1]　参见姜明安主编:《行政法与行政诉讼法》,北京:北京大学出版社2011年版,第115页。

[2]　参见朱学磊:《"法律、法规授权的组织"之身份困境及其破解》,《江汉学术》2015年第6期。

式以及正确区分被授权组织本身所具有的社会公权力和被授予的行政权。

一方面，如果授权方式直接且明确，那么行政主体和行政相对人通过法律文本就可以判断某一组织是否得到授权。例如，《行政许可法》第二十三条规定，法律、法规授权的具有管理公共事务职能的组织，在法定授权范围内，以自己的名义实施行政许可。这一规定将所授权力性质限定于"行政许可权"，有利于各方当事人对被授权组织行使权力的性质作出判断。然而，像行政处罚、行政许可或行政强制这些被成文法典类型化易被认知的行政权仍为少数，更多其他行政权仍需进一步地判断，也就造成了授权模糊。例如《高等教育法》第十一条规定，高等院校享有办学自主权，实行民主管理；此处的"办学自主权"就过于笼统，容易引起分歧。

另一方面，如上文所述，被授权组织往往是在本行业内部已有可以影响行业成员权利、义务的公权力，在得到法律、法规的授权后就集行政权和行业自主权于一身。不能简单地将享有公权力的组织的行为均认定为行政性行为，需结合个案分析该组织行使的是国家公权力还是社会公权力。例如，《学位条例》规定高等院校有权授予学士学位，是否意味着"授予学士学位"是一种行政权，还是只行使其本身享有的办学自主权。类似于这种对被授权组织行使的权利性质的具体认定更多还是需要法院在司法过程中不断积累经验，到一定程度时可通过立法机关将特定类型的行政权类型化，逐步减少笼统授权的现象。

④小结。

综上，行政性垄断主体中具有管理公共事务职能的组织应具备以下条件：A. 该组织具有管理公共事务职能；B. 该组织经过全国人大及其常委会以立法的方式授权或由其他有权机关通过制定法规、规章的方式授权；C. 该组织行使的权力在授权范围内。针对不具有法律、法规授权的管理公共事务职能的组织，如果是根本就无行政机关的授权，此时就不属于行政性垄断的主体，应考虑是否符合其他垄断行为；如果是行政机关所授权力不属于其本身享有的行政权，即某行政权是行政机关无权授予的，则行政机关的授权行为本身就属于"滥用行政权力"，且行政机关应对该具有管理公共事务职能组织的行为负责，因该行为有着行使国家公权力的表象，且该组织也是基于行政机关"授权"而做出行为。

（2）何为"滥用行政权力"。

对于"滥用行政权力"的定义，学界一直都没有定论，使反垄断法在规制行政性垄断方面只能起到有限的作用。我国学术界对如何定义"行政滥用职权"一直存有争议。有权威性的解释采用反向排除法来确定"滥用行政权力",提出"一般应考虑以下因素:A. 该行为是否具有排除、限制竞争的效果,只有排除、限制竞争的行为才为反垄断法所禁止;B. 该行为是否有法律或者政策依据,如果行政机关和法律、法规授权的具有管理公共事务职能的组织的行为是依据法律或者国家政策做出的,即使具有排除、限制竞争的效果,也不属于滥用行政权力的行为"。[①]

对于解释中的第一个因素,有学者认为"行政强制交易并不以客观上产生了排除或限制竞争的效果为要件。换言之,行为主体以排除或限制竞争为目的实施滥用行政权力的行为,即使客观上未出现排除或限制竞争的效果,也应受到反垄断法的规制;出现排除或限制竞争的效果是该行为的加重情节。"[②]笔者同意不以出现排除、限制竞争效果为要件的观点。原因如下:首先,作为行政强制交易行为的主体,行政机关及具有管理公共事务职能的组织具有国家公权力的公信力,其行为影响的范围及后果往往高于其他垄断行为的主体;其次,行政强制交易行为本身侵害了市场主体的市场交易自由和竞争自由等权利,与市场经济所秉持的自由、平等、竞争的价值完全相悖;再次,行政强制交易行为侵害了消费者的合法权益,剥夺了消费者的自主选择权和公平交易权;最后,行政强制交易行为也侵害了市场交易的规则,甚至扰乱了社会经济秩序,因而也侵害了社会整体利益。因此,笔者认为"排除、限制竞争"既可以是滥用行政权力的主观要件,也可以是其客观要件,只要满足其中一个要件,即可构成行政垄断。

同时,权威性解释中将所谓具有法律或者政策依据的"滥用行政权力"行为合法化的观点值得商榷。这一观点体现了美国《反托拉斯法》"国家行为论"中反垄断法不能干涉国家主权行为的观点。然而,针对我国国情及立法现状,其立足点虽基于对公共利益的考虑,但迄今为止没有任何一部法律对何为"公共利益"进行规范。所以"就《反垄断法》对行政垄断的规定而言,行政垄断反而得到了法律形式的豁免和确认"。[③]

我国鲜有行政垄断案例的原因之一恰恰就在于行政垄断行为多以"红

[①]　参见全国人大常委会法制工作委员会经济法室编:《〈中华人民共和国反垄断法〉条文说明、立法理由及相关规定》,北京:北京大学出版社2007年版,第39页。

[②]　时建中主编:《反垄断法——法典释评与学理探源》,北京:中国人民大学出版社2008年版,第340页。

[③]　薛兆丰著:《商业无边界:反垄断法的经济学革命》,北京:法律出版社2008年版,第160页。

头文件"的形式存在。特别是我国很多规范性文件本身就具有违法性，我国《反垄断法》对违反反垄断法的抽象行政行为的规制仅在第三十七条做了原则性的表述"行政机关不得滥用行政权力，制定含有排除、限制竞争内容的规定"；那么，当某行政机关违反《宪法》《立法法》《国家机构组织法》及"三定方案"等授予法定职权的立法时，便可启动全国人大及其委员会或地方法制办进行立法审查，确认违法后，如果其规定的内容有"排除、限制竞争"可能性时，笔者认为便可认定该行政行为构成行政性垄断。然而，当某行政机关在法定职权内立法时，而我国对行政性垄断的违法性认定权和处罚权仍在上级政府手中，再加上涉及垄断的抽象行政行为大都是为维护地方利益或行业利益，因此对于下级政府所制定的违反反垄断法的规范性文件，上级政府完全有可能不作违法性认定。此时，如果还将具有法律或政策依据作为某行政行为合法的依据实属不妥。

因此，笔者认为，判定是否构成"滥用行政权力"时不应以是否达到"排除、限制竞争"效果为要件，对行政行为是否有合法依据应先审查其制定机关是否有权制定相关内容，之后再对其制定内容是否违反反垄断法做出判定。

2. 各国对"政府行为"认定

(1) 美国反垄断法适用原则及"国家行为论"。

①本身违法原则和合理原则。

在美国百年的反垄断历史中，经过不断地自我否定和改良确立了"本身违法原则"和"合理原则"，两者的定义和适用范围都未被明确界定，孰优孰劣也未有定论。

"本身违法原则"起源于最高法院对《谢尔曼法》第一条的解释。[①]在《谢尔曼法》颁布之初，最高法院一直倾向于适用"本身违法原则"处理案件，该原则仅以行为是否发生为标准判断违法与否，而不考虑这一行为的结果和目的。这一原则简化了反垄断法的适用程序，审理案件的法院或反垄断执法机关不需对案件做很多调查，认定标准比较简单，取证难度小，审理周期短。因此，其最大的优势就是节省了司法成本、提高了诉讼效率，并且对执法人员的专业素养要求不高。但是，这种"一刀切"的粗

---

① 《谢尔曼法》第一条规定"任何契约以托拉斯形式或其他形式的联合和共谋，若以限制州际或国际贸易或商业目的，就是非法的。任何签订上述契约，或从事上述联合、共谋者，均被视为严重犯罪"。

放型执法方式，使涉案行为的积极经济效果和可能对竞争产生的积极影响往往被忽略，因而不利于对涉案主体利益的保护，从长远来看将会打击企业创新和规模化经营的积极性。因此，有学者提出在适用"本身违法原则"时，只有明确认识到某种垄断行为只会产生"损害市场竞争和消费者利益"的消极作用，而不可能产生积极作用的情况下，才可以对这种行为适用"本身违法原则"。①

随着反垄断案件频出，"本身违法原则"的适用越来越为人所诟病，从1911年"美国标准石油公司案"到1998年"美国诉微软案"逐步确立了"合理原则"的地位，慢慢取代了"本身违法原则"。依据这一原则，市场上某些反竞争行为不必然被视为非法，而需要根据具体情况来定，其结论往往建立在大量的数据分析基础上，因而会产生大量的诉讼成本，诉讼效率也大大降低。但该原则体现了反垄断法的灵活性，能更好地反映反垄断制度的终极价值目标——社会整体利益价值目标的要求。② 更重要的是弥补了"本身违法原则"的不足，可以综合考虑行为人所处的市场结构、行为的市场势力、行为人限制竞争的目的，以及行为人所做的限制竞争行为是否是其提高效率所必需的要件，不仅充分保障了涉案企业的合法权益，也有利于维护市场经济的活力。

目前，美国司法部门和学术界对"本身违法原则"和"合理原则"各自的适用范围和定义均为未能有一致意见。现在在美国直接适用"本身违法原则"的案件越来越少，我国《反垄断法》第十五条和第二十八条对"合理原则"也有所体现。③

②"国家行为论"。

行政性垄断不同于垄断协议、滥用市场支配地位和具有或者可能具有

---

① 参见耿璐娜：《美国判例对我国反垄断执法技术问题之启示》，四川社会科学院硕士学位论文，2010年。

② 参见朱慈蕴：《反思反垄断：我国应当建立温和型的反垄断制度》，《清华大学学报》（哲学社会科学版）2003年第2期。

③《反垄断法》第十五条规定："经营者能够证明所达成的协议属于下列情形之一的，不适用本法第十三条、第十四条的规定：（一）……属于前款第一项至第五项情形，不适用本法第十三条、第十四条规定的，经营者还应当证明所达成的协议不会严重限制相关市场的竞争，并且能够使消费者分享由此产生的利益。"第二十八条规定："经营者集中具有或者可能具有排除、限制竞争效果的，国务院反垄断执法机构应当作出禁止经营者集中的决定。但是，经营者能够证明该集中对竞争产生的有利影响明显大于不利影响，或者符合社会公共利益的，国务院反垄断执法机构可以作出对经营者集中不予禁止的决定。"

排除、限制竞争效果的经营者集中，它形成于我国计划经济体制向市场经济转型的特殊国情之下。因而，在美国、欧盟等反垄断法律制度相对完善的司法辖区，并未将行政性垄断视为一种"垄断行为"。传统上，《反托拉斯法》也仅适用于私人企业，是美国"自由企业的大宪章"，但《反托拉斯法》并不是不能适用于政府的限制竞争行为。

美国最高法院分别在 1943 年 Parker v. Brown 和 1975 年 Goldfarb v. Virginia State Bar 中确立并发展了"国家行为论"（State action doctrine），将《反托拉斯法》适用于地方政府限制竞争的行为。① 根据"国家行为论"，可以得到反托拉斯法豁免的行为分为以下三类：A. 国家立法、法院判决和国家的执法行为；B. 地方政府的行为，如地方政府发布行政规章；C. 依据国家法律实施或者能够体现国家意志的私人行为。② 然而，这三类行为获得豁免的条件有所不同。《反托拉斯法》对国家主权行为不能干涉，因此法院对国家立法、法院判决以及国家级政府部门的行政执法活动不予调查，即便他们做出的限制是不合理的，这类型为毫无疑问可以从《反托拉斯法》得到豁免。③ 对于市政府、地方政府以及政府所属机构的限制竞争行为，要求通过"国家法律"或者"最高法院判决"说明该行为是"国家明确规定的政策所产生的可预见后果"。④ 而私人行为即便是得到政府的批准或授权也不能轻易得到《反托拉斯法》的豁免，须证明他们的限制竞争行为得到了国家的有效监督，即不存在滥用国家授权的可能性。⑤

"国家行为论"作为解释行政垄断最具参考性的反垄断学说。我国的基本国情和面临的垄断行为，至少给我们两点启示：第一，《反垄断法》不应适用于一个国家的全部经济活动，国家仍可通过其主权行为实现限制竞争的目的；第二，坚决抵制政府与个人共谋，打着国家的幌子，实际为个人谋取不正当利益的行为。

---

① Parker v. Brown, 317 U. S. 341（1943），Goldfarb v. Virginia State Bar, 421 U. S. 773, 791（1975）.

② 因美国是联邦制国家，51 个州在性质上享有部分主权，州政府的行为可得到反托拉斯法的豁免，"国家行为论"中的"国家"不是"nation"之意，而是州（state），参见 WILLIAM HOLMES. Antitrust law handbook 2001 edition. West Group, p. 657。

③ Hoover v. Ronwin, 466 U. S 558（1984）.

④ Southern Motor Carriers Rate Conference, Inc. v. United States, 471 U. S. 48, 62－63（1985）.

⑤ California Retail Liquor Dealers Ass'n v. Midcal Aluminum, Inc. , 445 U. S. 97（1980）.

（2）经济体制转型国家的行政垄断立法。

一个国家的垄断规章制度受多种因素影响，其中经济体制是基础性因素。作为特定所有制形式下社会资源配置的运行方式，经济体制决定了政府与企业经营决策的权利边界和相互关系。[①] 行政垄断也就变成转型国家在经济转型过程中形成特有的经济现象和政治现象。因此，经济转型中市场结构的相同或近似的特点决定了转型国家之间的法律制度具有很强的可借鉴性。其中，俄罗斯反垄断立法最具有代表性。

俄罗斯《竞争保护法》对行政垄断的认定标准，既包括实质性限制竞争及侵害经营者利益，也包括存在"可能"消除竞争的危险的情况，且行政垄断行为包括作为，也包括不作为。这种"二元双层"标准的本质意义在于塑造了一种区别于传统事后救济的预防性调整模式，这种模式已经影响到有关转型国家反垄断立法，如乌克兰《经济竞争保护法》（2001 年）第六条、阿塞拜疆《反垄断法》（1997 年）第七条等。而我国《反垄断法》第五章总体强调"行为"和"阻碍、排斥或者限制竞争"，即属于"作为"加"结果"的"二元单层"标准，没有吸收"可能"标准的制度优点。

对于抽象行为的行政垄断，俄罗斯《竞争保护法》确立了两种机制：A. 由反垄断机关审查行政机关制定的涉嫌反竞争的法律规范；B. 反垄断机构对生效的抽象行政行为向仲裁法院申请，由法院最终认定其效力。这两种机制既树立了反垄断机构的权威，也保障了出台的规范性法律文件在竞争关系上的"无害化"。中俄法律地方立法违反反垄断法的规制虽然都可能达到纠错的效果，但相比之下，俄罗斯反垄断法确立的由反垄断机构实施的事前纠正和事后矫正机制能够产生"截弯取直"的制度效率。

此外，我国《反垄断法》规定的行政垄断类型包括：强制限定交易行为、地区封锁行为、排斥或限制外地经营者参加招投标行为、排斥或限制外地经营者在本地投资行为、强制从事经济性垄断行为和抽象的限制竞争的行政行为。而俄罗斯《竞争保护法》在此之外还规定了三种特殊类型的行政垄断：一，不公平待遇，即无正当理由给予特别主体以经济上的优惠；二，职能混同，即权力机关同时享有经营主体的职能；三，联合实施的行政垄断行为。由此可见，比起我国《反垄断法》所列举的类型，俄罗

---

① 参见宋彪：《经济法：翻转课堂教学方法与实践》，北京：中国人民大学出版社 2015 年版，第 299 页。

斯反垄断法列举的行政垄断类型更为丰富。我国法律规制的行为类型设计的只是某些"单独实施的行政垄断"中的部分内容，而上述"联合实施的行政垄断"中的一些类型及另一些单独实施的行政垄断没有涉及。① 目前我国《反垄断法》中只作有限列举的做法是一个较为封闭的规章制度体系。良法是善治的前提，从长远看，为达到治理法治化有必要设置规制范围更宽的行政垄断类型或设置规制行政垄断的一般条款。

3. "斯维尔诉广东省教育厅"一案中的被告资格及行为认定

（1）被告资格认定。

在"斯维尔诉广东省教育厅"一案中，以广东省教育厅、高职院校、行业企业等组成的工程造价广东"省赛"组委会发通知称，大赛由广东省教育厅主办，广州城建职业学院承办，广联达软件股份有限公司协办，组成工程造价基本技能赛项组委会。之后的《赛项通知》《竞赛规程》和《赛项技术规范》都是由工程造价基本技能赛项组委会经报送广东省教育厅审核通过后发出的，落款均为工程造价基本技能赛项组委会。

对于组委会的身份认定，可以明确的是，它们不属于行政机关，那它们是否属于管理公共事务职能的组织？作为全国性职业教育学生竞赛活动在广东省境内的选拔赛，具有明显的公益性，属于公共事务范畴。"省赛"组委会通过省教育厅发布的通知成为统筹负责赛事活动的组织者，而"省赛"组委会发布的通知授权工程造价基本技能赛项组委会管理工程造价赛项，可以说两个组委会均是履行管理公共事务的职能。

那么组委会享有的赛事组织权是否属于行政权？根据上文的分析，组委会的权力属于教育部和广东省教育厅的"二次授权"，而教育部和广东省教育厅又是否享有该项权力。根据《国务院办公厅关于印发教育部职能配置内设机构和人员编制规定的通知》（国办发〔1998〕108 号）中关于教育部职能的规定中并无组织赛事权，广东省教育厅的职能也并不包括该权力。举办该赛事所依据的《国家中长期教育改革和发展规划纲要(2010—2020 年)》和《国家教育事业发展第十二个五年规划》也未将赛事组织权赋予教育部，因此，他们并无权授予组委会赛事组织权，组委会也不是"法律、法规授权的具有管理公共事务职能的组织"。

---

① 俄罗斯的联合实施的行政垄断不是指强制要求实施的垄断。参见 A. H. 尼古拉耶夫娜：《俄罗斯竞争法》（俄文版），Зерцало 出版公司 2007 年版，第 325 页。转引自刘继峰：《俄罗斯反垄断法规制行政垄断之借鉴》，《环球法律评论》2010 年第 2 期。

同时，应注意的是，在广东省选拔赛赛事通知中规定的主办方仍是省教育厅，且本案中的赛项技术规范和竞赛规程等文件均是在经省教育厅审核通过后才予以公布，证明赛事有关事项仍是由省教育厅负责，并且不排除参赛方是基于省教育厅这一象征国家公权力的行政机关的权威而参赛。那么，从实质上看，省教育厅行使的是其行政机关外表下的国家公权力；从表象上该赛事也"披着"政府组织的"外衣"。因此，组委会组织赛事行为的责任主体应为广东省教育厅，且依据行政诉讼法规定"行政机关应对自己的具体行政行为负有举证责任"，如果省教育厅不能证明自己组织赛事及指定独家软件的行为合法，便有"滥用行政权力"之嫌。

（2）行为认定。

除了上述分析中指出的广东省教育厅本身并不具有赛事组织权外，有"滥用行政权力"之嫌外，笔者通过"本身违法原则"及"合理原则"对其指定广联达公司产品和设备的行为是否构成"滥用行政权力"做出如下分析：

工程造价技能的学习或比赛操作，都必须使用专业的软件程序及其操作平台。而生产这类软件程序的企业，在我国主要有斯维尔、广联达、上海鲁班、品茗、神机软件等。单纯从技术上讲，这些软件只是在具体操作上有所不同，本质上并无不同。它们的主要区别在于为便于结算，每个省份或地区会惯于使用同一家软件。比如南方一般使用神机、斯维尔和鲁班，而北方使用 PKPM 和广联达较多，也就是说这几种软件相互之间互为替代品。从效果上分析，指定使用广联达公司独家软件和相应设备的做法，极有可能使原本使用非广联达公司产品的参赛方因此而购买广联达产品从而增加广联达的市场份额形成垄断。另外，从程序上分析，根据广联达的答辩可看出，虽然国赛执委会经过公开答辩遴选在广联达、斯维尔和上海鲁班中选择广联达作为高职组工程造价基本技能赛项提供工程造价竞赛平台、软件、技术支持，但在广东省选拔赛中并未经过公开答辩遴选或招投标方式选定比赛所用软件和相关设备。因此，从"本身违法原则"角度分析，正如笔者上文中指出不应以是否达到排除、限制竞争为效果认定是否构成强制限定交易行为，即使仍有不少院校仍使用非广联达公司的软件，广东省教育厅的行为已违反了《反垄断法》第三十二条规定。

此外，虽然教育厅指出广东选拔赛选用与"国赛"相同的软件，是为了更好地与"国赛"衔接，使选手更快适应竞赛规则从而取得好成绩，具有合理性。但是，针对"国赛"组委会指定使用广联达软件程序的做法，斯维尔在起诉广东教育厅之前，4 月 16 日就向教育部提起了行政复议。教育部专门邀请相关专家对于在"国赛"中指定参赛软件的做法是否违法进行论证。专家们给出的意见是，该做法违反了《反垄断法》等法律规定。为此，原定于 6 月 13 日举办的工程造价基本技能的"国赛"没有如期举行。同时，通知中并未强制要求各省选拔赛应独家使用第三人相关软件，其他省组织的选拔赛也存在不要求独家使用广联达相关软件的情形，比如四川省允许参赛院校自行选择斯维尔公司、广联达公司软件。另外，工程造价软件是应用面较窄的软件，并不像通用软件具有大量客户，往往价格不菲。该指定行为不仅使平时教学没有使用指定软件的参赛方额外支付购买参赛软件和培训的金钱成本和时间成本，而且使参赛选手在短时间内也难以与平时使用指定软件的参赛选手在同等条件下公平竞争，因而从"合理原则"来讲广东省教育厅的指定行为已属于"滥用行政权力"。

综上所述，笔者认为广东省教育厅在该案中被告适格，指定独家使用广联达软件和相关设备的行为构成"滥用行政权力"，且已有个别高职院校因《赛项规程》的规定确已购买广联达软件的事实也证明了广东省教育厅的指定行为确实能够达到限定参赛方购买指定产品的效果。因此，广东省教育厅构成行政强制限定交易。

（二）反垄断执法机构的权力完善

在确认行政垄断成立的前提下，关于行政机关的责任承担在我国《反垄断法》立法中仍有缺憾。正如"斯维尔诉广东省教育厅"一案，一审判决中虽然认定广东省教育厅指定使用独家软件的行为违法，但并未给予实质性惩罚。对于斯维尔公司，赛事已经结束，案件却尚未审理完结，其公平竞争权遭受损害已成既定事实，除了能为后来人提供借鉴经验似乎其他也已于事无补。因此，对于行政垄断案件的行政救济和司法审查仍有待完善。

1. 我国《反垄断法》第五十一条的评析

《反垄断法》第五十一条规定的对行政垄断的救济措施包括：由上级机关责令改正，以及对直接负责的主管人员和其他责任人员依法给予处分；反垄断执法机构在其中的作用只是"向有关的上级机关提出依法处理的建议"。① 笔者认为该条规定存在的缺陷包括：首先，我国是单一制国家，上下级政府机关之间具有隶属关系，由上级机关处理的方式很难打破各种行政垄断；其次，该条规定排除了司法机关的司法审查和司法救济；最后，反垄断执法机构的权力过于有限。

（1）上级机关的不作为。

目前行政垄断的治理主要靠的还是行政系统内部或党纪监督解决，行政性垄断行为的出现，往往是出于行政机关和公共行政组织内个别主管领导为谋取不正当的个人或小集团利益，或为实现特定的目的而实施的。因此责令改正和行政处分两种方法明显过于简略和无力，基本未起到威慑违法者的作用。

该条所做的规定与较早前出台的《反不正当竞争法》第三十条中规定的由上级机关责令改正和给予行政处分的规定几乎没有太大差别。早在《反垄断法》出台前，薛克鹏教授就指出行政垄断和经济垄断不应用同一种方法规制，行政机构是其中的一方当事人和始作俑者，公正原则决定了对行政垄断的规制必须通过行政之外的力量来实现。如果以行政权反对行政垄断，则在理论和实践方面都是空谈。② 事实证明，因在实践中很多地方的上下级部门之间都是利益共享者，上级机关往往采用告诫的方式，目前这种上级机关包揽认定权和处理权的模式几乎达不到所需的执法效果。即使上级机关并未有包庇下级机关的情况，他们也往往缺乏反垄断意识。正如王晓晔教授指出上级机关不是特定的机关，更不是特定的司法机关，这些机关的工作人员一般没有很强的反垄断意识，从而也缺乏处理竞争案件的能力。③

因此，在大多数行政性垄断案件中，上级机关多采取了不作为的消极做法，使反垄断法并未真正起到规制行政垄断的作用。

（2）鞭长莫及的司法机关。

这种由上级机关独揽处理权的规定，使法院更倾向于将行政垄断规制

---

① 《反垄断法》第五十一条："行政机关和法律、法规授权的具有管理公共事务职能的组织滥用行政权力，实施排除、限制竞争行为的，由上级机关责令改正；对直接负责的主管人员和其他直接责任人员依法给予处分。反垄断执法机构可以向有关上级机关提出依法处理的建议。"

② 参见薛克鹏：《行政垄断的非垄断性及其规制》，《天津大学学报》（哲学社会科学版）2007 年第 3 期。

③ 参见王晓晔：《中国最新反垄断法草案中若干问题》，《上海交通大学学报》（哲学社会科学版）2007 年第 1 期。

归类为"上级机关"专属处理的事务，也使规制行政垄断离开了法律的轨道。从实际情况来看，从《反不正当竞争法》和《反垄断法》出台以来，行政垄断案件迄今为止也只有"斯维尔诉广东省教育厅"一案进入正式的诉讼程序。其中有非法律方面的原因，也有法律上的原因。

新《行政诉讼法》的修订为行政性垄断诉讼提供了更为广阔的平台。其中最大的突破在于将明显不当的行政行为纳入救济范围，也就是说在行政诉讼中，法院既可审查合法性，也可审查合理性。[1] 然而，有权审查不等于有权救济，对于不构成违法的不当行为，司法机关必须尊重行政权在裁量范围内合法行使，因为裁量权是行政权的最重要特征，是实现普遍正义和个案正义协调统一的保障。[2] 如果司法机关想代替行政机关做出判断，有可能要么因专业壁垒无法胜任，要么因成本太高而无法承受。另外，行政垄断通常以抽象行政行为的方式做出，虽然目前新《行政诉讼法》规定了规范性文件附带审查制度，但规范性文件仍不具有可诉性，行政相对人只有在受到某一行政行为的侵害时才可提起行政诉讼。

综上，在目前行政机关对行政性垄断法律责任的追究并不积极的情况下，司法机关很难发挥主动权积极适用并且跳出反垄断法追究行政垄断的法律责任。

（3）权力有限的反垄断执法机关。

目前，我国反垄断法由国家工商总局、商务部和国家发展改革委员会分割执法，按照是否涉及价格因素分别负责滥用行政权力排除、限制竞争的反垄断执法工作。然而，不管是按照《反不正当竞争法》还是《反垄断法》，除发改委在涉及价格方面有处罚权外，其他两个机构没有追究责任的权力，并不能有效打击行政性垄断行为。由于这两部法律中对行政垄断的法律责任规定可操作性差、力度弱，导致在实际执法中对行政性垄断案件的查处难度较大。工商部门虽然积极采取了行政建议或行政告诫的方式，制止了不少行政垄断行为，但统计数据表明，工商部门追究行政垄断的效果并不十分理想。自《反垄断法》2008年至2013年六年内，全国工商机关共查处垄断案件1 400件，其中查处行政性垄断案件仅30件。[3]

---

① 《行政诉讼法》第七十条："行政行为有下列情形之一的，人民法院判决撤销或者部分撤销，并可以判决被告重新作出行政行为：……（六）明显不当的。"
② 参见张峰振：《论不当行政行为的司法救济》，《政治与法律》2016年第1期。
③ 参见《亮剑执法护公平——全国工商机关反垄断执法工作综述》，http://www.saic.gov.cn/jgzf/fldyfbzljz/201308/t20130828_137651.html，2016年4月13日。

因此，针对上述"上级机关"和"司法机关"在规制行政垄断方面天然的缺陷，赋予反垄断执法机构更多权力是解决责任追究困境的根本出路。外国法律多设置专门的反垄断机构，不仅有权对涉嫌垄断的企业主动调查，而且可以直接进行处罚。被处罚者虽有权申请司法救济，但法院一般只进行形式审查，而不审查裁决的实质内容。王晓晔教授也认为"在企业普遍寻求政府保护或者通过政府'寻租'的社会环境下，《反垄断法》不可能得到认真和有效的执行。我国应借鉴其他国家或者地区反垄断法的经验，把调查和审理这类案件的任务统一交给反垄断执法机构"。①

赋予反垄断执法机构较大的权威性和独立性不仅能解决上级机关的不作为问题而且能有效解决司法机关专业性不够的难题。一方面，反垄断执法机构可以充分利用其自身在竞争领域的专业特长，做出体现国家竞争政策和有关竞争法律制度的决策和处理决定，极大地弥补上级机关和司法机关在专业知识和竞争理念上的缺失。另一方面，赋予反垄断执法机构独立展开调查并做出处理决定的权力，可以对上级机关怠于行使职权的行为起到督促作用。

2. 俄罗斯国家反垄断委员会

在反垄断执法机构的权力完善方面，同我国一样面临行政垄断问题的俄罗斯《竞争保护法》具有一定的借鉴意义。在俄罗斯反垄断法中就赋予了反垄断执法机构行政处罚权和诉讼权。首先，根据《竞争保护法》第二十三条规定，反垄断机关有权"根据本法对经济主体作出有约束力的决定"；对抽象行政行为而言，"反垄断机构有权确认联邦行政机关、联邦各部门行政机关、地方市政当局机关、其他执行政府职能的机构或组织、政府预算外基金、俄罗斯联邦中央银行制定的违背了反垄断立法的规范性法律文件或非规范性法律文件不发生效力，全部或部分无效"。也就是说，如果有证据证明其他立法违反《竞争保护法》的，反垄断机关可直接做出决定并发布执行令。其次，如果某行为有垄断危险，为防止违法行为出现而作出停止令，包括终止限制竞争协议和协调行动。最后，就诉讼权而言，反垄断机构有权对已生效的抽象行政行为向仲裁法院提起确认无效

① 参见王晓晔：《行政垄断问题再思考》，《中国社会科学院研究生院学报》2009 年第 4 期。

之诉。①

　　一项法律制度是否能有效运行，很大程度上取决于其所规定的条款是否能准确地反映并解决现实问题，所谓准确，即既不能滞后也不能过于超前。而对该制度的运行效率最直观的评价指标就是其出台以来的案件数量，自 1991 年《商品市场竞争及限制垄断行为法》将"行政机关和地方自治管理机关限制商品市场竞争"作为一种独立的限制竞争行为予以规定以来，行政垄断的案件逐年增多，2002 年该法修订突出了对行政垄断的规制后，行政垄断案件一直是反垄断案件中数量最多的案件类型。② 这在一定程度上表明，俄罗斯这种行政前置模式使反垄断机构对行政垄断案件的处理大都能够执行，反映了现实的需求。借鉴俄罗斯这种通过赋予反垄断执法机构行政处罚权和诉讼权，使其更有权威的方式对我国行政垄断的规制大有裨益。

　　3. 小结

　　在目前反垄断执法机构没有处理权的情况下，虽然无法使实施行政垄断行为的行政机关承担相关法律责任，但可以另辟蹊径通过法律所允许的方式来追究行政机关的法律责任。例如，可以借鉴俄罗斯的做法，当行政机关发布的规范性文件经反垄断机关或法院确认违法，通过公示案件客观上会降低该权力机关的形象和威信。垄断或组织实施垄断的行为人多为企业或行政主体，商誉或舆论对它们来说很重要，公布其垄断行为及处罚实际上也是对行为人的一种责罚。③ 在"斯维尔诉广东省教育厅"一案中的广东省教育厅相关人员就被施加了相当大的舆论压力。在我国，一些特殊法律规范中对政府违法行为已经部分开始采取这种方法，如地方政府没有按照义务教育法规定的财政拨款比例拨付财政资金，将予以通报批评。我国《反垄断法》可以吸收这些中较为成熟的做法。

---

　　① 根据 2008 年 6 月 30 日俄罗斯联邦最高仲裁法院《关于仲裁法院适用反垄断法的有关问题的解释》（No. 30）：如果反垄断机关证明：法令、行为（不作为）可能或能够导致阻止、限制、消除竞争的，相关行政机关没有指出具体的联邦法律允许该机关作出有争议的法令、实施行为（不作为）的，反垄断机构的主张即告成立。

　　② 参见刘继峰：《俄罗斯反垄断法规制行政垄断之借鉴》，《环球法律评论》2010 年第 2 期。

　　③ 史际春：《反垄断法理解和适用》，北京：中国法制出版社 2007 年版，第 335 - 336 页。

三、结　语

只要存在企业的竞争行为，政府的管理行为就会同时存在。我国当前仍处于从计划经济向市场经济过渡的阶段，特别是我国经济生活中仍存在大量政企不分的现象，政府具有天然的垄断意识，禁止政府部门滥用权力限制竞争是我国《反垄断法》的重点，也是难点。从上文的分析中可以看出，目前我国反垄断立法仍有很多缺陷，包括滥用行政权力的主体界定不清，"滥用行政权力"的标准不明以及执法机构权力不完善等问题，应借鉴外国立法不断完善我国《反垄断法》，为市场中的主体提供公平竞争的环境，才能使市场在资源配置中真正地起决定性作用。诚然，要创造一个健康的资本市场，单靠反垄断法并不能有效规制行政性垄断行为，应辅之以行政诉讼法和其他相关法律，构建一个有效的规制体系。

近期行政垄断案例的实证考察及反垄断法分析

裴 轶[*]

提要: 2015 年, 国家发改委和商务部调查处理了一系列 "行政垄断" 的案件, 展示了我国贯彻实施《反垄断法》的决心和加强政府职能的良好愿望。但是, 行政垄断虽然在我国法律中有所规定, 却没有专门的术语来表达其确切定义和表现方式。本文将结合最近的一系列行政垄断案例, 以及域外相关立法与司法实践, 对这一垄断行为进行分析与考察, 并分析欧美成功经验中的可借鉴之处。

关键词: 行政垄断; 强制交易; 行业垄断

自 2008 年 8 月 1 日我国《反垄断法》正式施行以来, 这部被誉为 "经济宪法" 的法律, 为我国营造公平有序的市场环境, 推动经济良性发展发挥了巨大作用。《反垄断法》第三条明确规定了垄断行为的种类包括垄断协议、滥用市场支配地位以及经营者集中, 行政性限制竞争行为并没有被纳入这种普通分类, 而是采取第五章专章立法规制。2008 年 8 月 1 日, 我国《反垄断法》实施的第一天, 北京四家防伪企业, 将国家质检总局诉至北京市第一中级人民法院, 这也是我国反垄断法实施

* 裴轶, 南开大学法学院博士研究生, 主要研究方向为中国反垄断法学理与实务、欧美竞争法比较研究。

以来第一起有关行政垄断的案件，并且由于被告"身份显赫"，作为国务院的直属部门，从而被多家媒体冠以"中国反垄断法第一案"的称号相继报道。由此案引发的一系列行政法问题，如国家质检总局的行为是否构成行政垄断、北京市第一中级人民法院的裁定是否合法等，引起了学界一系列的讨论。2015 年，国家发改委反垄断局声称"破除行政垄断是该局2015 年的首要任务"，并大刀阔斧地调查处理了一系列行政垄断案件，这些案例的出现为学界讨论"行政垄断"提供了很好的素材和实践经验，本文将结合这些案件的调查结果，并结合欧盟、美国等域外的成功经验，对于行政垄断的性质、危害、如何规制提出一系列建议。

一、中国法律的相关规定

学界通常认为，行政垄断行为常表现为"强制交易、行业垄断、区域垄断"三种。"强制交易"指的是强制或者限制他人交易的行为，"行业垄断"则是因为对某些特殊行业如电信、水、电力等进行准入的限制，政府或政府的行业主管部门为保护某特定行业的企业及其经济利益而实施的排斥、限制或妨碍其他行业参与竞争的行为①。"区域垄断"作为我国的行政垄断中最常见的一种垄断形式，一般指的是"地方政府及其职能部门通过行政权力建立市场壁垒的行为"，主要表现为在同等条件下，地方政府或其职能部门为了本地区的利益，针对在本地销售的外地产品，采用制定地方法规、规章、质量标准，乃至仅仅采用命令、通知、决定的方式，以质量检验、核发销售证照、收费等名义，增加外地产品流通成本，即通过差别待遇限制外事产品流入本地市场，禁止本地资源流出，实施行政垄断。其本质是寡头市场形成后，只需默示无须明示即可达成协议。

---

① 以 2014 年的内蒙古移动公司案为例，2014 年 4 月内蒙古自治区工商行政管理局于对中国移动通信集团内蒙古有限公司（内蒙古移动）涉嫌垄断行为进行立案调查，认为其手机上网套餐数据流量"月末自动清零"的事实，涉嫌滥用市场支配地位，对竞争秩序产生了不当影响，要求其积极整改。本案调查中发现，内蒙古移动至 2015 年 3 月 31 日共有在网用户 1 557.758 4 万户，占全区总户数的 64.08%，从市场份额上显然具备支配地位，但是内蒙古移动在提供手机上网服务时，通过制定和使用格式合同的方式，将消费者每月未使用的套餐数据流量"月末清零"。而作为国有控股公司，内蒙古移动的市场支配地位并非由自由竞争中取得，而是由于行政权力的介入而获得，其倚靠这种公权力取得的支配地位对消费者实施不正当的价格，但由于市场已被其占有以及使用习惯，使得消费者别无选择只能接受，是非常典型的行业垄断案例。

但是在目前的法律规定上，并没有专门出现"行政垄断"这个术语。"行政垄断"这一名词虽然常为普通民众所津津乐道（"民告官"的挑战性心理始终存在于中国的法制环境中），但究其根本，这并非是一个专业的法律术语。不论是1993年颁布的《反不正当竞争法》，抑或是2008年开始实施的《反垄断法》，都没有在法律条文中明确使用"行政垄断"这一术语，而只是对于行政机关滥用行政权力、干预市场竞争的行为做出了明确的禁止性规定。

我国《反垄断法》在规制行政性竞争方面，除了总则中的第八条，还专设第五章全章对行政性垄断行为作出了禁止性规定的列举，并于第七章中的第五十一条规定了行政垄断的法律责任，主要涉及两类垄断行为，即"强制交易"和"制造内外地不公平的竞争条件"。相比之前缺乏明确的法律规定，这些法条的设定肯定是有进步意义的，至少使我们在规制行政性垄断行为方面有法可依，也表明了立法者对于行政垄断所持的坚决反对的态度，从而有利于提高各级政府机构的反垄断意识，也有利于建立一个维护竞争、保障市场自由平等的法制环境。同时在政府职能转换方面也是一个有力的信号，一旦其他地方在政策操作方面出现地方保护或者地方部门滥用行政权力的现象，垄断执法机构可以发挥其应有的职能。但是在具体规定方面我国反垄断法还有待改进，否则将不能有效地遏制行政垄断，这也是本文展开讨论的目的。

《反垄断法》第八条明确规定："行政机关和法律、法规授权的具有管理公共事务职能的组织不得滥用行政权力，排除、限制竞争。"由此条可见，我国的反垄断法同样适用于以下两类对象：一是行政机关，二是法律法规授权的、具备管理公共事务职能的组织。然而此处的"行政机关"应当区别于《行政诉讼法》或《宪法》所讲的"行政机关"，而应当限定于"参与市场竞争，实施市场行为的"行政机关，排除代表国家而行使职权的中央政府。诚然，反垄断法在西方国家中被视为"经济宪法"，但只是为了表明其在市场经济中的重要调节作用，并不意味着它可以判断国家的主权行为是否构成权力滥用。美国早在1943年的 Parker v. Brown 案中就由美国最高法院做出判决："国会不要求国家服从《谢尔曼法》。国家可以自己的名义，以私人不被允许的反竞争方式从事管理或者行为。"① 所以我国的《反垄断法》同样不关注有权代表中央政府的行政机关，甚至一切行使

---

① Parker v. Brown, 317 U. S. 341, 350 – 51(1943).

国家职权的行政机关，而只将从事市场行为的行政机关纳入管辖。至于第二类"法律、法规授权的具有管理公共事务职能的组织"，当其和第一类行政机关一样，从事民事活动时，则成为民法上的平等主体，若其从事了限制竞争的行为，则会被纳入反垄断法的管辖范围而成为反垄断法上的主体。在此，反垄断法不关注该组织或行政机关的权力来源，而只关注其所从事行为的性质，他们的"主体身份取决于行为的性质，""强行将其与经济性垄断主体（如企业）区分开来，道理是不充分的"①。同样依照第八条所规定，《反垄断法》的调整对象是"滥用行政权力限制竞争的行为"（包括其抽象行政行为与具体行政行为），而不是一概反对政府实施的限制竞争行为。在此，"滥用"一词代表着该行为的越权使用和过度使用，既包括行为主体实施了超越被授权范围（如违背了授权者的授权目的和要求）的行为，也包括该主体实施了没有超越范围但过度使用的不当行为。而如何认定该行为是否越权，是否构成滥用，应该由反垄断法来判断。由此可见，如果一个行政机关或公共组织，从事了滥用行政权力限制竞争的行为，事实上造成了对于其他市场参与者的不公平待遇，或导致对某些企业、行业或地区的不公平待遇，且并没有相关法律法规的授权或超过了该授权权限，那么这种行为就可以被认定为滥用行政权力的行为，从而受到《反垄断法》的规制。

　　第八条既可以视为规制行政机关实施滥用抽象行为的法律依据，也可以视为判断其具体行政行为的依据。与此同时，《反垄断法》第五章设专章列举了应当被禁止的滥用行政权力的行政垄断行为。具体为：

　　（1）第三十二条，强制交易行为。即行政机关及其授权组织，违背市场经济中平等自愿的交易规则，利用国家及法律赋予的行政权力，限定或变相限定单位或个人经营、购买、使用其指定的经营者提供的商品，从而排斥其他竞争者提供的商品②。

---

①　许光耀：《行政垄断的反垄断法规制》，《中国法学》2004年第6期。

②　2015年5月，国家法规对安徽省蚌埠市卫计委在药品集中招标采购中，涉嫌滥用行政权力排除限制竞争的行为进行了调查并发出建议函。本案中，蚌埠市卫计委分三次组织发布公告，进行药品采购。其中，4月10日发布的《蚌埠市公立医疗机构临床用药单品种带量采购询价公告》（皖C-2015-CG-X-111）中，不仅确定了30种药品的品种、规格和剂型，还直接确定了生产企业，排除和限制了同种药品不同生产企业之间的竞争，不利于通过市场竞争形成合理价格，发改委认为其违反了《反垄断法》第三十二条和第三十七条"行政机关不得滥用行政权力，制定含有排除、限制竞争内容的规定"要求，要求其进行整改。

（2）第三十三条，地区封锁。即禁止地方行政机关及其授权主体实施地方保护，设置地区性壁垒而限制市场竞争的行为。这一条也是我们俗称的"地方保护主义"的体现。这种人为地设置地区贸易壁垒的行为，可以称作当前行政垄断中表现最突出、危害最大的一种，因为该行为直接阻碍了商品的自由流通和市场竞争，损害了公平、自由的竞争秩序，妨碍"建立统一、开放、竞争有序的市场体系，危害社会主义市场经济体制的建立与完善"①。2015年，国家发改委根据举报，对四川、浙江两省卫生和计划生育委员会（以下简称"卫计委"）在药品集中采购中，涉嫌违反《反垄断法》、滥用行政权力排除限制竞争行为进行了调查。调查发现，四川省卫计委在组织实施本省药品集中采购工作中，通过"印发《四川省医疗机构药品阳光采购管理暂行办法》，对医疗机构采购本省药品比例进行考核，对未达到比例要求的采取一定惩罚措施实施地方保护行为，损害了相关市场的公平竞争"，"在2014年药品挂网采购中，禁止全国均未挂网/中标的外地药品挂网，而相同条件下的本地药品可以参与挂网，限制此类外地药品进入本省市场"，"公布《2015年四川省公立医院药品集中分类采购实施方案（征求意见稿)》中，通过经济技术标评审中给本地企业额外加分、本地企业可以不占指标单独入围商务标评审等方式，重点支持本地药品生产企业参加双信封招标"等行为实施地方保护行为，破坏了外地和本地企业之间的公平竞争，分别属于《反垄断法》第三十三条第四项所列"设置关卡或者采取其他手段，阻碍外地商品进入或本地商品运出"和第三十四条所列"以设定歧视性资质要求、评审标准或者不依法发布信息等方式，排斥或者限制外地经营者参加本地的招标投标活动"行为。而浙江省卫计委也是通过印发红头文件设定歧视性资质要求、评审标准或者不依法发布信息等方式，并且实施了《反垄断法》第三十二条"限定或者变相限定单位或者个人经营、购买、使用其指定的经营者提供的商品"行为，两省卫计委均因违反《反垄断法》相关规定而被发改委发出司法建议函要求整改。

（3）第三十四条，限制跨地区招投标行为。一般商业活动中的招投标行为应当具有"程序公开透明""招标程序公开竞争""招标结果公正公

----

① 《反垄断法》第一条明确规定了我国反垄断法的立法多元化的立法目的，即其直接目的在于预防和已知垄断行为，保护市场公平竞争，其最终目的则为了提高经济运行效率，维护社会整体公益和全体消费者的权益。

开"的特点。而在实践生活中，政府采购更是经常使用此种程序来进行。但是，如果行政主体滥用行政权力，违反招投标过程中的公开、公正、公平原则，以设定特定的歧视性资质要求、评审标准或不依法发布信息等方式，排斥或限制外地经营者参加本地的招投标活动，就是典型的滥用行政权力实施行政性限制竞争行为。这种行为相比于地区垄断的其他表现，显然更加不易发觉，因为行政机关可以在幕后直接参与，也可以通过制定红头文件等抽象行政行为来"暗箱操作"，那么在实践中的规制难度肯定更大。对此，我国1999年颁布的《招标投标法》对此项行为也做出了限制性的规定①。同样在前文提到的安徽省蚌埠市卫计委案件中，蚌埠市卫计委通过发布竞争性磋商公告（皖 C – 2015 – CG – C – 168），对本地和外地经营者设置不同的资质要求，排除了外地潜在投标者，不利于促进相关市场充分竞争，控制药品虚高价格，违反了《反垄断法》第三十四条规定，而被发改委要求整改。

（4）第三十五条，限制跨地区投资的行为。这条主要是针对地方行政主体滥用行政权力，对外地经营者采取歧视性的措施，排斥或限制其在本地投资或设立分支机构，实施地方封锁的行为。这种直接针对"资本"的管制，会直接限制自由的市场经济，因为市场经济主要是靠资本驱动和活跃的，限制和遏制资本的流动，必然直接损害市场经济的自由和健全。

（5）第三十六条，强制从事垄断行为。这一条特别针对行政主体强制经营者从事《反垄断法》规定的一些垄断行为，包括：实施限制竞争的协议、滥用市场支配地位以及从事违法的经营者集中。在这种情况下，行政主体利用自己管理者的优势地位，为保护本地区或本行业的利益，强迫经营者实施法定的垄断行为，如迫使下属行业中形成"价格卡特尔"②或行

---

① 参见《招标投标法》：第五条招标投标活动应当遵循公开、公平、公正和诚实信用的原则。第六条依法必须进行招标的项目，其招标投标活动不受地区或者部门的限制。任何单位和个人不得违法限制或者排斥本地区、本系统以外的法人或者其他组织参加投标，不得以任何方式非法干涉招标投标活动。

② 以中国的民航业为例，尽管我国民航市场上有诸多国营或民营的航空公司，表面上有多个竞争者共同存在，但是民航主管部门多年来一直以管控航线价格为借口，发布相关规定，规定航空公司必须严格执行国家计委和民航总局的规定的客票价格，等于迫使各大航空公司间形成了价格卡特尔，从而限制了本该由自由竞价现象来行使的自动调节资源配置的功能。

政性"拉郎配"①。

（6）第三十七条，专设一条限制抽象行政垄断行为。第三十二至三十六条所涉及的各种行政垄断行为，都可以既通过具体行政行为来实施，也可以通过抽象行为来实施。而本条之所以专门做出一个貌似"重复性"的规定，是因为限制竞争的抽象行政行为与具体行政行为相比，其危害性显然更大——抽象行政行为适用的对象更加广泛且更加不确定，适用的效力也更加持久，审查行为更为隐蔽，而相对的经营者更加无从反抗。但是本条的条文规定上有一个明显的问题，即根据最高人民法院在 2000 年 3 月10 日开始实施的《关于执行行政诉讼法若干问题的解释》中指出，抽象行政行为是指"行政机关针对不特定对象发布的能反复适用的行政规范性文件"，可见抽象行政行为应当是行政机关制定行政规则的全部活动，依据国务院《国家行政机关公文处理办法》中的规定，各种抽象行政行为包括命令、决定、公告、通告、通知、通报、议案、报告、请示、批复、意见、函、会议纪要 13 类形式，并没有本条中所使用的"规定"，再结合《行政复议法》第七条的规定以及《立法法》第五十一条和七十一条的规定，可见本条中的"规定"，应当限定为行政法规、行政规章以外的其他由行政机关制定的具有普遍约束力的能反复适用的规范性文件。本条行文模糊，在司法实践中必然会导致执法机关和行政主体以及经营者的理解分歧，进而阻碍《反垄断法》的有效实施，这一点希望在此之后的修正案或者相关的司法解释中可以得到改进。

.

二、行政垄断的成因与性质

（一）行政垄断的行为类型

传统观点一般认为，行政垄断或者说是行政性限制竞争行为，是由于一个国家处于经济体制转型期（通常是由计划经济转向市场经济），"由于依附于旧体制的权力运营机制没有根本改变，加之转型时期的经济利益驱

---

① "拉郎配"指行政主体滥用行政权力干预企业合并的行为。这种行为不仅会导致经济力量的集中造成垄断性的市场结构，从而损害市场的正常竞争秩序，更有可能损害被强制要求合并的经营者（往往本身是优势企业）本身的利益，可以说危害极大。

动和法律法规的不健全，行政机关或享有管理公共事务职权的组织利用行政权力谋求本地区或本部门的经济利益，从事的排除或限制市场竞争的行为"①。但是如前文所说，这种将"行政垄断"归咎于体制缺陷的观点，并没有置身于反垄断法的前提下去讨论，显然忽略了行政垄断行为其本身的性质和危害性，对于《反垄断法》的实施显然缺乏价值。虽然我国《反垄断法》并没有在法条上给予行政垄断一个明确的定义，但是依据第八条的规定："行政机关和法律、法规授权的具有管理公共事务职能的组织不得滥用行政权力，排除、限制竞争。"并且第五章专章规定"滥用行政权力排除、限制竞争"的各种表现形式，由此可见，反垄断法上的"行政垄断"，所指的应当是，"行政主体，出于利益的驱动，滥用行政权力，阻碍、限制或扭曲市场竞争的行为"②，这些行为通常被分为三种类型：地区性垄断、部门或行业垄断、行政强制交易行为。然而这种分类只是列举式的概括，并没有一个清晰的分类标准，以地区性垄断而言，其是对市场的横向分割，本质是通过不公平的执法而损害了某一地区的经济秩序；而部门或行业垄断则是通过抽象的行政行为（以命令、指示、文件甚至地方立法的方式）纵向瓜分了市场，有可能损害一国的整体经济秩序，这种行政垄断的影响更为广泛和深远，且由于不可诉性③，而使得受害方无法通过诉讼途径来寻求保护。那么综上是否可认为"行政垄断"由于其行为主体的特殊性，所以是无法规制的呢？许光耀教授在其《论行政垄断并非反垄断法上的特殊问题》一文中，曾清晰地指出"法律既然是一种行为规范，其作用与功能的标准，应当是他能否对其调整对象即各种行政垄断行为进行有效的规制"，"除非是行政机关纯粹行使公法职能的行为，或与竞争无关的行为，传统的反垄断法模式对滥用市场支配地位的规制，足以涵纳行政主体进行的具体垄断行为，能够对其进行有效规制，因此行政垄断并非反垄断法上的特殊问题"④。本文同意这种观点，认为反垄断法可以一定程度的规制行政垄断，但是限于规制其中的"行政主体通过具体行政行为干预市场竞争"这一类型。

---

① 戴龙：《论行政性限制竞争行为规制的制度选择》，载于王晓晔主编：《反垄断法实施中的重大问题》，北京：社会科学文献版社 2010 年版，第 322 页。

② 许光耀：《行政垄断的反垄断法规制》，《中国法学》2004 年第 6 期。

③ 《行政诉讼法》第十三条第二款规定，人民法院不受理公民、法人或者其他组织对下列事项提起的诉讼"行政法规、规章或者行政机关制定、发布的具有普遍约束力的决定、命令"。

④ 许光耀：《论行政垄断并非反垄断法上的特殊问题》，《湖南社会科学》2003 年第 5 期。

（二）行政垄断的性质与构成要件

2014 年发改委向河北省交通厅发出建议函，依法对河北省交通运输厅、物价局、财政厅违反《反垄断法》相关规定，对本省客运班车实行通行费优惠政策，滥用行政权力排除、限制相关市场竞争的案件进行了调查，认为其损害了河北省客运班车经营者与外省同一线路经营者之间的公平竞争，违反了《反垄断法》第八条"行政机关和法律、法规授权的具有管理公共事务职能的组织不得滥用行政权力，排除、限制竞争"规定，属于《反垄断法》第三十三条第（一）项所列"对外地商品设定歧视性收费项目、实行歧视性收费标准，或者规定歧视性价格"行为，建议其责令交通运输厅等有关部门改正相关行为，对在本省内定点定线运行的所有客运企业，在通行费上给予公平待遇。2015 年，云南省发改委发现云南省通信管理局涉嫌违反《反垄断法》，滥用行政权力，组织电信运营商达成价格垄断协议，排除和限制相关市场竞争。经调查发现其违反了《反垄断法》第八条规定，属于第三十六条所列"滥用行政权力，强制经营者从事本法规定的垄断行为"的行为，责令云南省通信管理局进行整改，停止相关做法并依法对参与垄断协议的四家电信运营商进行了处罚。

在这两起最近的案件中，行政机关通过"固定价格"或"制定垄断协议"的行为干预和限制了当地市场上的竞争，损害了当地的竞争秩序，这些行政机关实质上是依靠其掌握的行政公权力（权力来源）而参与了市场竞争，从事了市场主体的行为（行为表现）。在这样的案件中，从事行政垄断行为的主体，本质上等同于具有支配地位或垄断地位的行为主体而参与市场竞争，因此完全可以适用《反垄断法》上禁止支配地位滥用的规定。

由此可见，构成可被反垄断法规制的具体行政垄断行为需要满足这几个要件：其一，主体是"行政机关和法律、法规授权的具有管理公共事务职能的组织"。《反垄断法》第八条的这一提法相比于《反不正当竞争法》第七条的"政府及其所属部门"显然更加确定具体。有学者提出，这样的规定仍然无法涵盖一切，比如对于实践中一些原本属于政府的部门、组织，现其正由行政单位向市场主体过渡的特殊阶段，反垄断法就无法判断其是行政主体还是市场主体①，本文认为依照我们前文的讨论显然不必有此担心。行政机关滥用市场支配地位，与经济性垄断主体滥用市场支配地位的行为的唯一区别在于支配地位的来源，但基于行为主义产生的反垄断法并不关注权力的来源而只是关注行为的性质与后果。在实践中，这两种行为应同样受到反垄断法的调整，其后果的不同只在于所需承担的法律责任的区别。其二，其损害的客体是市场主体之间的公平竞争关系，这个客体要件，使得具体行政垄断行为和行政机关及公共组织的其他行为相区别，如果行政机关及公共组织的行为，侵害的是其他的秩序和法益，比如损害了国家行政管理秩序、国家集体公民的财产权利或其他人身权利时，则不在反垄断法的调整范围之内。其三，主观要件，须出于对行政权力的滥用。依照行政法的理论，行政行为若完全忠实于法律法规而行使则被称之为"羁束行为"，这似乎符合依法行政的原理，但不符合现代国家的司法实践。因此各国均在法律允许的权限内赋予行政机关一定的行政裁量权限，行政机关的这种"裁量行为"如果超过了法律法规的范围则构成"裁量权限的越权"也就是"滥用"，如果行政机关或公共组织并无"越权"的故意但是其依法（上位法）的行为也损害了市场竞争秩序，则不在反垄断法的调整范围之内，应当寻求其他途径的救济，比如《立法法》中"由有关机关依照第八十八条的权限予以改变或撤销"条例。其四，客观要件，即实施了"排除、限制竞争的行为"，这与反垄断法关于垄断协议、市场支配地位的滥用、经营者集中而设定的违法性判断标准是一致的，这种违法性判断标准被我国一些学者认为等同于美国的"实质性减少竞争（Substantially lessen competition）"②，或者等同于欧盟法上的"显著性阻碍有效竞争（Significantly impede effective competition）"③，但事实上，我国《反垄断法》中的用语"限制、损害竞争"并没有像美国、欧盟反垄断法上那样使用"实质性""显著性"等词语来表达对于限制竞争效果的限定。这种并非出于"效果原则"的违法性判断标准使得我国反垄断法规制的范围非常宽泛，可能导致许多并未实质性造成限制竞争效果的行为进入被调查审查的程序而使得我国反垄断法执法机构负担过重。同时，因为《反垄

---

　　① 戴龙：《论行政性限制竞争行为规制的制度选择》，载于王晓晔主编：《反垄断法实施中的重大问题》，北京：社会科学文献出版社 2010 年版，第 324 页。

　　② 史际春：《反垄断法理解与适用》，北京：中国法制出版社 2007 年版，第 237 页。

　　③ "Guidelines on the Assessment of Horizontal Mergers under the Council Regulation on the Control of Concentrations between Undertakings", official Journal of the European Union, 2004/C 31/03.

断法》没有授予执法机构对于行政垄断的审查权限，所以使得如何判断行政垄断行为的违法性缺乏实质性的参考标准。

（三）　与行业垄断的区别

之前许多观点认为，行业垄断是具体行政垄断行为的一种表现形式，是"政府机构直接或间接对市场进入、生产要素及产品流动等方面进行干预的一种系统性、结构性的现象"，是"由于在我国现行体制下，很多垄断性产业同时具备自然垄断与行政垄断的二元性特征，这使得区分自然垄断产业规制与行政垄断变得非常重要"①。但本文认为，行业垄断并非完全等同于具体行政垄断行为，行业垄断往往出现于天然缺乏竞争性的行业，如电信行业、公用企业、高科技产业等。其中，只有公用企业（如水电气暖、通信等行业）有可能是由于行政行为而造成行业垄断，从而与具体行政垄断行为有所竞合，而是其他的行业垄断，尤其是高科技行业，造成垄断的局面往往是由于该行业的网络结构，即占有支配地位的市场主体在无协议的情况下即可形成默示的通谋而造成垄断局面。这种局面的形成就不是由于行政权力的干预而是由其行业结构导致的，通常在实践中只要引入潜在竞争就可消除该行业垄断中的寡头局面。而具体行政垄断的本质在于行政主体在参与市场行为的时候，利用其行政权力获得市场支配地位，使得消费者别无选择而与之进行交易，这种交易行为本身就是违法的，往往不具备效力。而行业垄断本身可能是一个中性的状态描述，只有在损害了竞争秩序，违反了效率原则的时候，才能被纳入《反垄断法》的调整范围。

2014 年 8 月 7 日，国家发改委就发展生产性服务业促进产业结构升级召开新闻发布会，对国家发改委开展汽车行业反垄断调查一事做出回应。会议通报称，奥迪和克莱斯勒在汽车行业中确实存在垄断行为，并在广泛征求相关企业、行业协会、专家和律师意见的基础上，国家发改委对严重违反反垄断法的一些汽车整车、零配件生产企业和经销商进行了调查，并将根据违法的情况依法做出处理，从而维护汽车市场的竞争秩序，保护消费者的合法权益。在这个案件中，奥迪和克莱斯勒所形成的行业垄断，就并非行政权力的干预所导致，应当对其适用《反垄断法》中相应的规定，

---

① 张伟、于良春：《行业行政垄断的形成及治理机制研究》，《中国工业经济》2011 年第 1 期。

而非援引第八条、第三十三条、第五十一条的规定对其进行处理。由此可见，行业垄断与行政垄断虽有竞合，但并非完全相等，其在法理基础，调整对象方面都有区别，在司法实践中还需仔细甄别，并在用词上加以斟酌，区分对待，援引相应的法条做出明确具体有效的裁定。

三、其他国家对于行政垄断的规定

通常认为，"行政垄断"是行政主体滥用行政权力限制、排除市场竞争、损害市场公平的一种违法行为。可以说，反行政性垄断是"转型国家特有的现象"，原因在于在由计划经济向市场经济转型过程中，政府都存在着"滥用行政权力，排除、限制竞争的惯性"。这与素有"经济宪法"之称的欧盟等西方国家的反垄断法有着明显的区别。西方国家的反垄断法之所以具有"经济宪法"的地位，并不是因为它具有如同一个国家"宪法"一样高的法律效力，而主要是因为其维护的是市场经济的基本运行机制——竞争机制，保障的是市场主体的基本权利——竞争自由。"市场经济的基本特点是自由的市场主体从事自由的商业活动，这集中表现在市场主体的竞争自由。反垄断法的基本功能就是限制私人企业对竞争的限制，保护自由竞争的市场体制。因此，具有与宪法相似的基础性价值。"需要指出的是，西方国家的反垄断法是针对经济性垄断而言的，其价值判断的标准往往以经济效率为衡量标准，当然，也辅以社会公共利益等方面的伦理价值的判断。那么是否可以认为西方国家就没有行政垄断？答案显然是否定的。毋庸置疑，只要在有政府管制的地方，只要有公权力参与经济生活，就有可能出现行政垄断，只是各国对此的具体称呼及规制有所不同而已。

（一）美国

作为典型的自由市场经济国家之代表的美国，其国有经济成分的占有比例在主要发达国家中可谓是最低的①。因此，美国无法像欧盟国家那样，通过直接控制和管理国有经济来贯彻落实其经济政策。美国政府采取的是一种替代性的管理经济的方法，"一种以特殊的'调整'概念为中心的干

---

① D. SWANN. The retreat of the state: deregulation and privatization in the UK and US. New York: Harvesters Wheatsheaf, 1988: pp. 8 - 9.

预方式：在某些关键部门（运输、公共服务、能源生产与分配、银行与金融活动），企业的活动被置于联邦或地方机构的监护之下"①。由此可见，由于美国政府是通过对企业的直接管制来履行其国家经济政策调控的职能，这种直接管制就会导致某种程度上形成行政垄断。自美国联邦政府成立州际商业委员会对铁路干线和运输费率进行规制以来，美国政府对企业的这种行政垄断行为已有一百多年的历史，联邦政府规制的范围从铁路很快辐射至其他领域如电力、通信、民航及金融等，过度的管制不仅阻碍了美国企业竞争力的提高，同时由于不公正的管制还会引起市场的不公平竞争，最终导致权力寻租和腐败的现象。

自二十世纪五六十年代开始，美国经济社会掀起了反对政府规制的运动，在这种巨大的社会压力下，美国政府开始了重塑政府规制的行为，"在政府与市场、社会之间建立伙伴关系"是克林顿与戈尔在重塑政府运动中提出的重要口号之一②，由于美国政府的行为已经十分深刻地使其卷入美国的社会经济生活，所以美国所面临的问题已经不再是是否需要规制，而是在什么领域进行规制以及如何改进规制的效果。诚然，过多的政府规制会阻碍自由经济的发展，但是，缺乏有效的政府经济管制显然也是不利于竞争的发展的。美国放松规制的改革在后期由于矫枉过正出现了许多消极后果，如电力工业竞争的愈加激烈就促使一些核动力发电厂削减了他们在安保方面的投资，造成了极大的安全隐患和失业危机。表1展示了美国实施规制改革的目的和依据。

表1　美国实施规制改革的目的和依据

时间	改革目的	改革依据
1969 年	改革美国电话电报公司的垄断局面	微波通讯公司决议案
1976 年	改革对铁路费率的规制	《铁路振兴与管制改革法》
1977 年	放松对航空运输业的规制	《航空运输放松管制法》

---

① 亨利、勒帕日著，李燕生译：《美国新自由主义经济学》，北京：北京大学出版社 1985 年版。

② 尹栾玉：《美、日社会性规制政策演变的比较及其借鉴》，《当代经济研究》2005 年第 10 期，第 36－40 页。

（续上表）

时间	改革目的	改革依据
1978 年	调整电力输配和并网连接的管辖权并调整费率	《公用事业管制政策法》
1980 年	放松地面运输的管制	《机动运输法家用货物运输法》
1982 年	放松城市公共交通行业的规制	《公共汽车管制改革法》
1984 年	解除对有线电视业的管制	《电信电缆法》
1995 年	全面放开电信市场	《通讯竞争与解除管制法》
1996 年	进一步开放通信网络	《联邦通讯法》

资料来源：改编自丹尼尔·史普博著，余晖、何帆、钱家骏等译：《管制与市场》，上海：上海人民出版社 1999 年版。

由此可见，行政垄断具有普遍性和必然性，它并非某些转型国家所特有的现象，市场经济化程度较高的发达国家依然可能存在着行政垄断现象，行政垄断源于政府对经济生活的过度干预，包括对市场竞争的禁止、限制和妨碍，其发展具有渐进性。从美国的改革实践来看，政府应当在经济体制转型中逐渐改良其政策，而非完全退出经济活动，应当依据经济发展的态势，建立有利于促进经济增长和社会福利增长的制度，并且系统性地规范行政垄断行为。

（二）欧盟

自 1957 年，欧洲六国在罗马签订《欧洲经济共同体条约》开始，关于行政垄断（也称之为行政性限制竞争行为）的立法就列专条而进行了规定（原第三十七、九十、九十二、九十四条），具体可概括为三个方面，即限制但不禁止成员国实施行政型限制竞争行为；禁止成员国对国有企业或享有特权、专有权企业采取任何与欧共体不协调的措施；禁止成员国采取不合理的国家援助措施。之后虽然经过多次修改，但其中关于行政性限制竞争行为的规定内容仍然很少发生变化，之后为了更好地执行有关行政性限制竞争行为的条款，欧共体委员会还颁布了一系列的决定和指令，此外还有其判例法体系对于判例的积累和对于先例的援引，均对规制行政性限制竞争行为的发展和完善起到重要作用，由此欧盟行政性限制竞争行为的规制已经发展到了较成熟的阶段。欧盟将调查和审理行政性限制竞争行为案件的权限统一交给反垄断法执法机构欧盟委员会，并由该委员会监察成员国是否有滥用公共权力限制竞争的行为，另外，欧盟初审法院和欧盟法院以及成员国的各主管机构和法院，均在执行欧盟行政性限制竞争行为系行政垄断中起到极大的作用。

我国的竞争法立法制度方面，大多借鉴了来自美国和欧盟等发达国家地区的经验，并且由于中国与欧盟在 2003 年建立了全面战略伙伴关系，中欧之间有着大量的经济活动和投资往来，可以更多地结合我国经济现状来借鉴欧盟的制度。这既不会因为法系差异而重现水土不服，又更有利于中欧进一步的经济合作与往来，也能更好地促进中资企业在欧盟的发展，并且保护中资企业的海外利益。

（三）俄罗斯

如前文所述，行政垄断虽然也会出现在自由经济国家，但在转型经济国家肯定更为常见和严重，而且转型经济国家的竞争立法发展总体上总是晚于市场经济国家的，但在规制行政垄断的立法中，不论规制时间、完善程度、运行效果如何，俄罗斯反垄断法都取得了世人瞩目的成果，非常值得同为转型国家的中国所借鉴。"俄罗斯反垄断法的完善主要经历了两个阶段，每个阶段行政垄断都是完善内容的焦点和重点"[①]。

与中国《反垄断法》不同，俄罗斯的《保护竞争法》为行政垄断设立了明确的认定标准，其中既包括实质性限制竞争及侵害经营者利益，也包括存在消除竞争危险的可能的情况，且行政垄断行为包括不作为，从而建立起对行政垄断的判定标准以"作为或不作为"同时加上"已造成或可能造成"为条件的二元双层标准，这种标准塑造了一种区别于传统事后救济的预防性调整方法。而我国《反垄断法》总体上强调"实然行为"和"阻碍、限制竞争"，属于"作为加结果"的二元单层标准，没有涵盖"潜在可能"的判断。同时，不作为在我国《反垄断法》中只是指第三十四条的"不依法发布信息"，而不包括其他不作为的行政垄断行为，但在司法实践中，很多行政垄断都能以不作为的形式而达成，如不按规定发放营业执照从而阻止潜在竞经营者的市场进入，这就使得我国对于"潜在可能造成危害"的行政垄断或不作为的方式达成的行政垄断，将缺乏有效的规制和约束。如前所述，我国《反垄断法》规定的行政垄断的违法主体，

---

①　刘继峰：《俄罗斯反垄断法规制行政垄断之借鉴》，《环球法律评论》2010 年第 2 期。

只有行政机关及依法授权的公共组织，而不包括地方立法机关，但在司法实践中，我国颁布的经济类法律中有很大一部分被地方性法规以某种"实施办法"的形式而细化①，从而可能导致地方保护性的垄断现象。由于反垄断法排除了地方立法机关作为违法主体的存在，所以只能依据《立法法》阻却下级法律效力的达成，却无权进行主动纠错。

四、如何调整——反垄断法角度的调整建议

（一）当前《反垄断法》立法的不足

长期以来行政垄断都是一个非常复杂的问题，这主要由于其产生的背景不单纯是法律问题，它还包含了许多政治体制和经济转型期的固有弊端，仅靠一部反垄断法肯定无法彻底地解决行政垄断所带来的问题，但就反垄断法本身而言，至少可以提供一个判断标准，并且为纳入其管辖范围内的案件提供一个合理严谨的处置系统。前文已经在相关规定处论述了目前我国《反垄断法》中一些法条和文字表述的不足，此外，如何建立和完善一套反垄断法领域内的管辖制度、责任体系与执行机制，才是目前我们能够且应该为反垄断法这个学科所做的。

（1）管辖权的归属。这里所提到的反垄断法的管辖权，既包括何种案件应纳入反垄断法的管辖，也包括由何种机构来处理反垄断法的案件，尤其是行政垄断的案件。当前的反垄断法并没有将行政垄断的管辖权交给反垄断行政执法机关，依照我国的反垄断法，行政垄断的管辖权属于行政机关的上级部门而非法定的反垄断执法机构，这就使得在司法实践中，反垄断执法者缺乏有效的权限去启动主动审查和处理的程序，使得反垄断法中关于行政垄断的禁止性规定容易被架空从而失去公信力。同时何为"滥用"公权力，滥用或者称之为越权的这种行为，其边界究竟应该如何判断？由谁来判断？这也是法律中没有规定清楚的地方。另外，究竟何种案件应当纳入反垄断法的管辖？在这里不妨尝试以下调整步骤：第一，先判

---

① 2015年发改委向山东省交通厅发出司法建议函，即因为山东省多次印发有关文件，"限定或者变相限定单位或者个人经营、购买、使用其指定的经营者提供的商品"以及"制定含有排除、限制竞争内容的规定"，违反了《反垄断法》第三十二和三十七条，被责令依照第五十一条进行整改。

断其是否滥用了行政权力，即是否有"越权行为"；第二，是否滥用了因为公权力而具备的支配地位，若滥用了，则运用本身违法规则判断其行为违法；第三，同时应认定其是否成立垄断，系运用违法性判断标准来进行评判，如果成立，则将其纳入反垄断法的调整范围。

（2）可以将滥用市场支配地位的规则扩大适用于行政垄断。如前文所述，具体的行政垄断行为其本身并不是一种单独的垄断行为，本质上是行政主体利用公权力获得支配地位，并且滥用这种支配地位而参与市场活动，限制和阻碍了正常公平的交易竞争。因此，我国反垄断执法机构可以依据现有的反垄断法规定通过扩大对滥用市场支配地位的认定，比照法律中"滥用市场支配地位"的相关规定进行处理，达到在最大范围内规制行政垄断行为的目的。同时，我国《反垄断法》第七条虽然对于国有经济占控制地位的关系国民经济和国家安全的行业以及依法实行专营专卖的行业的合法经济活动予以了保护，但同时也规定上述主体不得利用其控制地位或专营专卖地位损害消费者的利益。这里的"控制地位"所指的，应当就是因为国家的授权或以往的经济体制所获得的主导地位，而非通常所说的由于竞争活动所获得的支配地位，这也从法条上为我们提供了可类比适用滥用支配地位规定的可能性。

（3）执行制度的冲突解决。在《反垄断法》出台前，规制行政垄断的各相关立法规定了繁杂不一的执法部门，如《反不正当竞争法》规定的是同级或上级机关，或者地方各级人民政府所属部门的规定，若含有地区封锁内容的，由本级人民政府改变或撤销，本级人民政府不做出决定的，则由上一级人民政府直到省级人民政府政府予以改变或撤销，但是各省级人民政府的规定，或国务院所属部门的规定，若含有地区封锁的内容则由国务院改变或撤销，与此同时，还有"各省、自治区、直辖市人民政府组织经济贸易管理部门公安部门和交通部门查处"等规定，这种层层推诿却权限划分不明的执行制度，使得本来就难以处置的行政垄断问题更加普遍。《反垄断法》出台后，专设第七章明确了违反《反垄断法》的法律责任，相比之前的规定有了很大的进步。但是作为执法机构的商务部、发改委、价格监督委员会，其本身就是许多反垄断法执法配套规定的制定者，而且没有司法权力，这就使得在执行的时候，一方面缺乏监督，另一方面也缺乏力度。但本文也不同意设立专门的反垄断执法机构，因为这在当前的中国政体框架下既不现实也不科学。这种既是裁判员又是运动员的困境，完全可以通过细化反垄断法执行指南，并且将反垄断法执法权力分权给各省级执法部门来予以解决，比如建立备案审查制度。

（4）建立备案审查制度。即行政机关所颁布的行政法律法规规定事先需要经过竞争审查再进行颁布，也就是说，行政机关应当自己先行审查所颁布的法律规定，是否会损害竞争，或者采取垂直的审查方式由上级行政机关先行审查，这种备案审查制度针对抽象行政行为的调整更有价值，更高效，也更符合各行业的专业规范，同时也更符合现代国家高效行政、专业行政的原则。

（5）启动私人救济程序。《反垄断法》第五十条规定："经营者实施垄断行为，给他人造成损失的，依法承担民事责任。"第五十条的出现为反垄断法的私人实施打开了一个豁口。然而本条的规定显得过于原则而缺乏可操作性，致使在实践中造成了反垄断法私人实施的许多障碍。反垄断法的私人实施可以克服公共实施的弊端，使得公共实施能够更为有效地发挥作用，也为受害人的权利救济开辟了一个新的途径。然而欲行私人实施机制，在我国目前的法治环境下，尚有许多立法和制度的缺位。尽管第五十条让我们看到了私人实施的曙光，但具体制度的建设与完善仍任重道远。为了应对愈加复杂的政治经济形势和更有利于社会矛盾的化解，私人实施应该得到重视和完善。

反垄断法实施体制从"二元"到"三元"的转变

杨童　王玥[*]

提要：反垄断法的"三元"实施体制（公共实施—集体诉讼—私人实施）的建立已然是迫在眉睫之事。但时至今日，集体诉讼仍无法被正式纳入到执法体制之中，主要是由集体诉讼特殊的功能定位与中国现有的民事诉讼制度在既判力、律师风险代理、原告资格等问题上产生的理论悖论与实践难题所引起。因此，本文将从现实诸多实践难题入手，重点对集体诉讼进行全新的功能定位，打破原有将集体诉讼作为私人诉讼制度一部分的二元执法实施体制（私人实施＋公共实施），提出集体诉讼制度具有私益和公益双重性质，进而将反垄断法的实施体制从"二元"变为"三元"并应用于现实案件中。

关键词：集体诉讼；"二元"实施体制；"三元"实施体制；反垄断法

众所周知，市场本身并不具备维护自由、公平竞争的机制，而市场运行中的企业为了减少竞争压力，逃避失败风险，往往会通过各种手段谋求垄断地位。因此，保护竞争便成为经济法维护市场经济秩序的核心。其中，反垄断法作为"经济宪法"，是国家塑形市场经济

---

* 杨童、王玥，天津财经大学法律经济学专业博士生。

法律体系，构建和维护公平自由的秩序框架和秩序环境的有效手段。因此，为了建立和完善市场经济体制，为企业营造一个公平竞争的制度环境，中国需要反垄断法，更需要反垄断法的实施体制。如果说法律的实施应达到三个目标：一是对受害者给予直接、充足的赔偿；二是对违法者给予应有的惩戒；三是对类似案件产生遏制与预防的作用。那么，反垄断法实施的实质就是实现私益与公益、赔偿与震慑、公平与效率的协调、统一。但近年来随着案件的多样化、复杂化，现有的"私人实施＋公共实施"的二元法律实施体制已无法实现应有的法律实施效果。现有的反垄断法"二元"实施体制在落实竞争政策，保障"市场机制对资源配置的决定性作用"等方面发挥的作用也显得力不从心。然而，当前中国正处于不断强调竞争政策重要作用之时，日后的反垄断案件必将增多，对反垄断法的实施也将提出更高的要求，二元法律实施体制必会面临诸多的实践难题。

一、反垄断"二元"实施体制的弊端

众所周知，近年来，中国不断掀起反垄断执法风暴，行政处罚屡创新高，民事诉讼层出不穷，这标志着中国初步形成了"公共实施（行政处罚为主）"和"私人实施（民事诉讼为主）"并存的"二元化"反垄断法实施体制。但是这种"二元化"体制存在着一定的法理悖论和实践难题。

（一）法理悖论：公共利益与个人利益不可调和

按照对于法律实施动用资源的划分，反垄断法的实施可分为公共实施与私人实施。所谓公共实施就是指由公共官员对垄断行为采取的任何行动，例如行政执法，刑事诉讼等。一般而言，公共实施会占用公共财政和权力资源，其目的在于维护公共利益。而私人实施则是指由私人市场参与者对垄断行为采取的任何措施，例如民事诉讼等。通常认为，基于利润最大化的"经济人"的理性，私人实施会根据自身的成本与收益来选择权利救济的方式、程度和范围，其目的在于保护个人利益。然而反垄断法作为经济宪法，其保护的竞争权是一项公私相融的权利。竞争权是竞争者在经济社会化条件下所应当享有的保护其利益的必要方式或手段，其不同于传统私法上的以意思自治为核心内容的私权制度，也不同于强调依法行政的公权力制度。这就意味着反垄断法的实施不仅仅关注竞争者的竞争利益，同时还要体现维护社会公共利益的社会本位理念。

然而，在反垄断法的"公共实施＋私人实施"二元执法机制之下，公共利益和个人利益无法协调：公共实施主要根据公法，以行政执法的方式维护公共利益。而私人实施则主要依据私法，通过民事诉讼保护个人利益，二元执法机制将公共利益和个人利益割裂。但随着市民社会的形成，公共利益和私人利益也并非泾渭分明，而唯有公共利益和私人利益协调相容，才能发挥私人"利己"的本性，促进经济的发展和社会的进步。但是二元执法模式不能很好地协调社会利益和个人利益。

（二）实践难题：司法效率与实质公平无法实现

反垄断法的"公共实施＋私人实施"二元执法机制无法实现公平和效率：在反垄断执法领域，行政处罚虽效率有余，但无法让受害企业和消费者直接获偿；民事诉讼虽注重程序公平，但由于审理期限长，赔偿数额低，诉讼成本高等原因，有失司法效率。

就法目的而言，反垄断法对不正当竞争、垄断等反竞争行为予以规制，实质上是社会价值的体现，它重在维护市场经济总体结构与运行的秩序和效率，侧重于从社会整体角度来协调和处理市场中个体与社会的关系，其固有的基本价值取向是社会本位，即关注社会公共利益。因此，我们可以认为反垄断法的本质是维护实质公平而不仅仅是形式公平。

竞争产生我们所期望的积极效果，即提高经济效益、促进市场经济稳定发展，由此也必将惠及消费者。如果说"竞争使消费者成为'上帝'，给消费者带来了巨大的社会福利"，那么，"限制竞争实际上就是限制了消费者选择商品的权利。所以可以说，反垄断法中的任何规定都是消费者权益保护法"①，反垄断法通过保护市场有序竞争、规范竞争者行为，确保市场经济的正常运行和整体经济的稳定发展，从而促使市场商品或服务的品类多样化，消费者的选择多元化。因此，任何不能保护消费者利益的反垄断法实施方式都不足以体现反垄断法保护竞争，维护公平的立法宗旨。

然而，实践中，"二元"的法律实施机制之下，"受害者的诉讼成本高于诉讼收益，违法者的违法成本低于违法收益"进而导致"私人实施无动力，公共实施无精力"的实践难题。例如，私人实施的典型案例——锐邦诉强生案，其原告虽然最终获得胜诉的裁判，但是其诉讼成本与诉讼收益相比仍旧相差较大。此外，我们可以注意到，原告锐邦公司实质上是被告

---

① 王晓晔：《中华人民共和国反垄断法详解》，北京：知识产权出版社2008年版，第85页。

强生公司的下游企业，并非此垄断行为的最终受害者——消费者。按照"反垄断法保护消费者"的理论，该案由于民事判决既判力的限制，其真正受损的消费者并未因此案的胜诉而得到任何直接或间接的赔偿，违法企业也未吐出其全部的违法所得。而在公共实施的典型案例"高通垄断案中，最终高通公司以 60.88 亿元的罚款而终结此案。看似天价的罚款，其实质并没有使高通公司因其违法行为遭受任何惩罚。无论是从其提交罚款的速度，还是从其提交后的相关言论，我们都可以看出"天价罚单"仅是其违法所得的冰山一角。此外，由于处罚的主体是国家发改委，所以罚款均需要上缴国库，这就意味着，由于高通公司的垄断行为而利益受损的消费者并没有因为该案而获取任何应得的损害赔偿。

表1　现有法律实施下的实践难题

典型案件	主要实施方式	法理缺陷	根本难题
锐邦诉强生案	私人实施	1. 公共利益损失未得到补偿 2. 受害者仅获得基本补偿，类似案件受害者诉讼激励不足 3. 无法形成对类似案件的震慑作用	受害者： 诉讼成本 > 诉讼收益 诉讼激励不足
高通垄断案	公共实施	1. 受害者无法得到应有赔偿，存在"搭便车"问题，起诉动机弱 2. 公共执法资源有限，执法成本高且存在政府失灵问题 3. 对违法者是象征性惩罚，违法成本低	违法者： 违法成本 < 违法收益 沦为鼓励性惩罚

二、集体诉讼的功能定位

　　为填补现有二元法律实施体制的法理悖论和实践难题，同时实现与国外法律实施体制的平等对接，亟须建立介于私人实施和公共实施之间的法律实施方式，集体诉讼制度正应此要求而产生。但长期以来，集体诉讼在中国饱受非议，阻碍了它在中国执法领域中的应用，究其原因是集体诉讼制度的功能未能被正确、清晰地定位。

（一）集体诉讼的界定、理论依据与目的

广义的集体诉讼是指各类群体性诉讼，与集团诉讼、群体诉讼等概念同义。正如张卫平教授所言，"为了便于叙述各国不同的群体性诉讼制度，尽可能将不同国家之间各有特点的群体性诉讼制度以不同的称谓加以区分，尽管各国群体性诉讼有着某些共同的特征，将其称为集团诉讼、团体诉讼、集体诉讼也可以"①。而狭义的集体诉讼则特指美国的集团诉讼或与此相似的制度。狭义的集体诉讼是指一个或数个代表人，为了集体成员全体的共同利益，代表集体成员提起的诉讼。法院对集体做出的判决，不仅对直接参与诉讼的主体有约束力，而且对没有参加诉讼的主体也有约束力（Stephen C. Yeazell，2008）。谷口安平教授认为狭义的集体诉讼不同于多数当事人诉讼。其根本在于狭义的集体诉讼"必定是指原告一方的集团化，即不包括被告一方人数众多的情况"②。

集体诉讼的理论依据主要体现在三个方面。首先，集体诉讼制度的法律根据是"任何人不得通过自己的违法行为获利"的衡平法思想（Richard A. Nagareda，2003）。其次，集体诉讼的经济学依据则是将成千上万个权利主张合并在一个诉讼中，从而实现"司法效益"（Richard O. Faulk，2003）。最后，集体诉讼的社会学依据则体现在受害者凭借一己之力无法"以弱对强"，通过组成一个集体，与侵害者达到结构上的均衡与对抗。

集体诉讼制度的目的是剥夺违法者的非法获利并预防违法行为，不仅使受害者可以直接获偿，社会整体也因此受益。它不仅是实现个体正义的工具，也是维护社会利益的武器（Michele Taruffo，2001）。

（二）集体诉讼的特殊功能定位

集体诉讼（或称集体实施）通过"拟制原告集体、代表代理起诉、胜诉可分成、败诉无损失"的制度设计，激励原告、律师等提起或参与诉讼，实现以弱（原告）胜强（被告）的目的。在维护集体中个人利益的同

① 张卫平：《诉讼框架与程式——民事诉讼的法理分析》，北京：清华大学出版社 2000 年版，第 316 页。

② 谷口安平著，王亚新、刘荣军译：《程序的正义与诉讼》，北京：中国政法大学出版社 1996 年版，第 187 - 188 页。

时，客观上达到维护社会利益的效果，从而弥补"私人实施无动力""公共实施无精力"的功能不足（见表2）。基于集体诉讼独特的功能定位，将法律实施体制从二元拓展成"公共实施—集体诉讼（集体实施）—私人实施"三元体制，三位一体、各具功能、不可替代、协调相容。

集体诉讼制度以其"胜可分成、败无损失"的方式降低诉讼成本和违法收益，以"补偿＋惩罚"的方式提高诉讼收益和违法成本。最终使诉讼成本低于诉讼收益，激发诉讼动机，达到私益目的，实现效率[①]；使违法成本高于违法收益，真正地在惩戒违法者的同时发挥震慑作用，达到公益目的，实现公平。用公式可以简单地表达为：

受害者（原告）：诉讼成本诉讼收益 使：诉讼利得＝诉讼收益－诉讼成本 >0

违法者（被告）：违法成本违法收益 使：违法损失＝违法成本－违法收益 >0

表2 集体诉讼制度的特殊功能定位

	私人实施	集体诉讼（集体实施）	公共实施
功能定位	私人利益	集体利益	公共利益
实施方式	私人诉讼＋法院裁决	集体诉讼＋法院裁决	行政立案＋行政裁决（如中国） 行政公诉＋法院裁决（如美国）
惩处原则	补偿性（损失赔偿）	二者兼有	惩罚性（多倍、1%~10%）
关注要点	"民不举，法不究"，个体激励强	"众不举，法不究"	"民不举，官也究"，存在"搭便车"行为
实施激励	受害者只获得补偿，激励不明显	受害者、代表人、律师都有激励	受害者不能直接获偿，几乎无激励

---

① 当然为了防止滥诉的发生，对诉讼的激励需要一定限度，要注意集体诉讼所具有的二重性质。

（三）集体诉讼与反垄断领域的契合性

如果将反垄断法实施领域用公共利益和私人利益为标准来进行划分，公共利益将会随着实施主体的减少而降低，私人利益则会随着实施主体的减少而上升。这就意味着在公共实施的阶段，相比于私益性，公益性更为重要。同理，在私人实施阶段，相比于公益性，私益性则占主导地位。然而，如图1所示，法律实施中的公益性和私益性趋势是两条相连的直线，这也就表示，在法律实施的过程中同样存在着公益性和私益性兼具的第三领域。在此领域，一般出现的案件都具备涉案人员众多、每个个体的损害不大、存在一定的社会影响但其实施的目的仍是私人权利的救济等特征。在"二元"法律实施体制之下，此类案件虽然目前并不显现，并不是因为中国反垄断领域不存在此类案件，而是由于在中国反垄断立法中没有类似"集体诉讼"这样的救济手段，所以此类案件的当事人大多选择息讼，或者以合同纠纷的方式寻求解决。然而，反垄断法作为第三法域的典型立法，它不仅需要如同私法一般注重个体利益的平衡，还需要如同公法一样着眼于公共利益的实现。因此，如果说传统的"二元"法律实施体制将反垄断法的实施过程割裂为两段无法衔接的线段的话，集体诉讼的补位恰好可以填补空白，从而使反垄断法更好地发挥其第三法域"经济宪法"的功能。

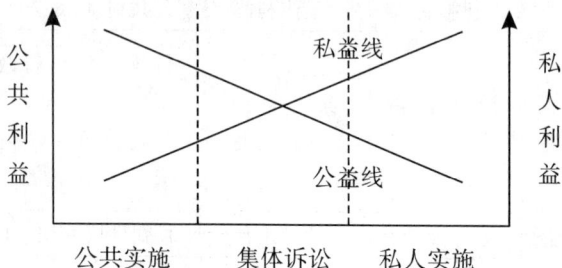

图1　三元实施体制的公益性与私益性程度示意图

三、反垄断"三元"实施体制的构建

（一）反垄断"三元"实施体制的结构

"为了填补市民法所剩留的空白状态"，反垄断法"从一开始，就表现出国家站在全社会的高度，从国民经济的整体出发对社会经济活动进行干预的社会利益本位立场"①。反垄断法既要对具有盲目性、自发性的自由竞争状态进行调控，实现经济稳定协调发展，又要对具有扩张性、官僚性的政府经济行为进行控制，防止因权力过度膨胀或权力至上而损害竞争者的利益，妨害市场机制对资源的基础性配置作用②。无独有偶，亚当·斯密也认为市场经济的有效运行需建立一个符合自然的秩序，即符合客观规律发展的社会秩序，这就需要排除不当的人为干涉而实行自由竞争和自由放任③。

　　由此，我们可以看出，反垄断法的实施关系到三大要素：竞争者、国家、消费者（如表3）。市场经济条件下，竞争者是整个市场竞争不可或缺的元素。有竞争者方有竞争，有竞争才有市场经济。竞争者法益是整个反垄断法法益的重要组成部分，但并不是唯一。与此同时，反垄断法赋予了竞争者以竞争权从而实现对其法益的保护。因此，竞争者通常可以通过私人实施的方式寻求其受损利益的补偿。根据"竞争法保护竞争而非竞争者"④ 的命题，我们可以发现反垄断法保护的是有序竞争，而此种有序仅靠竞争者是无法实现的。这就要求国家通过公共实施的手段保证，惩戒相关违法行为。而消费者，作为反垄断法实施的主体，在中国"二元"法律实施体制之下一直不被重视。但是，我们必须认识到，消费者其实是反垄断法实施的基础，保护竞争的最终目的其实就是保护消费者。而只有集体诉讼此类以消费者利益为出发点，为实力悬殊的平等主体达到势力均衡的实施方式方能激发消费者的监管作用，遏制垄断者的违法行为，从而实现良性有序的竞争格局和竞争环境。

表3　反垄断"三元"实施结构

	私人实施	集体诉讼	公共实施
功能	补偿	遏制	惩戒
保护目标	其他企业（竞争者）	消费者	公共秩序（国家）
对抗结构	实力均等平等主体之间	实力悬殊平等主体之间	非平等主体之间

---

① 金泽良雄：《经济法概论》，北京：中国法制出版社2005年版。

② 金泽良雄：《经济法概论》，北京：中国法制出版社2005年版。

③ 亚当·斯密：《国民财富的性质和原因的研究》（下卷），北京：商务印书馆2014年版。

④ 这一命题是美国最高法院在1962年的 Brown Shoe 案中首先提出的。

（二）反垄断"三元"实施体制的路径

按照产品属性而言，竞争是一种"共用品"。而反垄断则是一种旨在培育和促进竞争的公共政策。反垄断本身不是目的，而只是实现公共目标的手段。而"二元"法律实施体制的第一步无论是通过公共实施还是私人实施的方式其实质均是对于竞争者的保护。私人实施的发动者多为与垄断企业有横向或者纵向关系的竞争企业，而公共实施多数情况也是源于相关竞争者向有关部门的举报。因此，无论结果如何，"二元"实施方式总是期冀通过保护竞争者而促使有效竞争，进而间接维护消费者的权益（如图2）。但是此种路径本身存在两个问题：①消费者是否可以在此路径之下得到真正保护？②此种路径会不会扰乱有序竞争，从而阻止生产力的发展？

从现有的司法实践来看，无论是私人实施的锐邦诉强生案，还是公共实施的高通垄断案，上述的两个问题都得到了否定的答案。也就是说，"二元"实施体制并不能体现反垄断法的立法宗旨。那么，"三元"实施体制又应该以怎样的方式来实现反垄断法"保护有序竞争"的目标呢？

如图2所示，在"三元"实施体制之下，保护消费者是一切的出发点。消费者作为最庞大的市场主体，其势力却往往表现孱弱。但是，集体诉讼制度使消费者在此方面得到了均衡。"拟制原告""选择退出"以及"律师胜诉取薪"等制度均可以有效激励消费者提起反垄断相关诉讼，从而使其受损利益得到直接获偿。与此同时，从美国的司法经验来看，集体诉讼往往伴随的是巨额赔偿。这不仅可以使违法者上缴全部违法所得，更能遏制其垄断行为，进而达到保护竞争的效果。一旦市场有序竞争的环境得到维护，竞争者也就自然而然得到了保护。

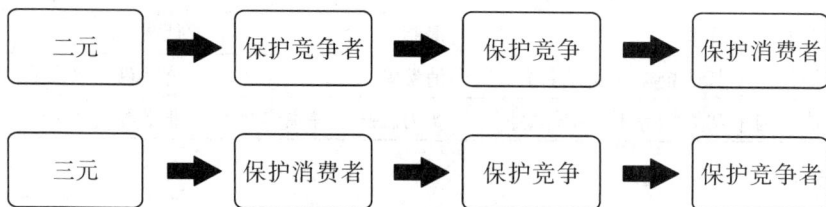

图2 反垄断法实施路径图

四、反垄断"三元"实施体制的案件定位

学界对于集体诉讼制度的引入一直存在争议。其原因除了对集体诉讼制度的功能认识不清，还有对其适用案件的定位不清。我们认为，集体诉讼的引入并非是对原有公共实施与私人实施体制的弱化，更不是分权。只有集体诉讼与公共实施和私人实施形成良性互动，各司其职，相辅相成，反垄断"三元"实施体制才能达到理想的功效。因此，反垄断案件在"三元"实施体制中的具体运用便显得尤为重要。无论采取哪种实施方式，无论是单独实施还是配合实施，都需要根据受害者人数和侵权损失情况而具体问题具体分析。"受害者人数"需综合考虑消费者和竞争者两个方面。"侵权损失情况"则主要考察受害人因垄断企业的垄断行为而遭受的损失。

依据受害者人数和侵权损失情况两大维度大体可将案件分为："人数众多，损失严重"，"人数较少，损失严重"，"人数众多，损失较轻"，"人数较少，损失较轻"四大类（如表4）。在此分类基础上，根据执法效果与执法成本两大原则，寻找适合不同案件类型的"最适"实施方式及其组合。

表 4　反垄断法实施方式适用案件类型

		损失情况	
		严重	较轻
受害者	人数众多	公共实施为主；集体实施为辅	集体实施
	人数较少	私人实施为主，集体实施为辅	私人实施

（1）"人数众多，损失严重"。

在反垄断案件中，所谓"人数众多"指因垄断企业排除、限制竞争效果的行为，受到损害的其他竞争企业、消费者等利益相关者人数众多。"损失严重"是受害者因垄断行为遭受较多损失。对于这类案件，为了达到应有的执法效果，应采用公共实施为主、集体实施为辅的实施方式。第一，由于违法企业给他人造成较大损失且涉案人数众多，所以其一定为具

有较大社会影响的案件，公共实施承担着维护市场秩序的责任。第二，基于受害者人数众多，且公共实施并不能使受害者直接受偿，集体诉讼可以作为辅助措施，用以弥补受害者受损的利益。

（2）"人数较少，损失严重"。

在一些受害人数较少，但是受害者损失严重的反垄断案件中，私人主体往往具备较强的实施动机。因此，此时可以采用私人实施为主，集体实施为辅的方式。此种情况下，受损的竞争者一般有能力也有动力去通过私人实施的方式寻求权利救济。但是，基于民事判决既判力的问题，私人实施的结果并不能使受损的消费者获得救济。因此，集体诉讼仍需辅助私人实施为消费者力争其利益的获偿。

（3）"人数众多，损失较轻"。

此类组合受害人数众多，但是侵权损害较轻。此时，单个私人主体基于诉讼成本的考虑并无动力发动私人实施，而反垄断相关部门也因为案件的社会影响微小而无精力采取公共实施。因此，唯有集体诉讼可以弥补这一缺陷。

（4）"人数较少，损失较轻"。

此种分类主要适用于竞争者之间的反垄断案件。由于此类案件受害人人数较少，而且侵权损失不大，私人实施的方式是最为经济且有效的解决方式。一案一判的私人实施方式可以使受害者得到更具有针对性的补偿。与此同时，对于参与市场竞争的企业而言，也可以有效地激励其参与市场活动，而不会因为法律实施的严苛而限制市场经济的发展。

"十三五"时期我国反垄断执法体制之重构研究
——基于国家治理体系和治理能力现代化目标的思考

白金亚*

提要："十三五"时期对国家治理的要求是实现国家治理体系和治理能力的现代化。具体到反垄断治理领域就是要实现反垄断治理体系和治理能力的现代化。如何实现反垄断治理体系和治理能力现代化，首先要做的是要破除以往反垄断执法体制的各种障碍，在"十三五"时期构建一个符合中国在该阶段发展所需要的新的反垄断执法体制，这是"十三五"时期我国发展环境、发展的指导思想、发展的主要目标、发展理念以及发展主线对我国反垄断执法体制改革提出的要求。"十三五"时期我国的反垄断执法体制的改革路径是清晰的，即组建一个统一、独立、权威的反垄断执法机构，同时完善地方反垄断执法体制，建立与产业政策部门与行业监管部门的协调机制并明确各方职责范围，在一个统一机构的基础上，完善现有的反垄断立法、司法和执法领域的法律法规、政府规章和规范性文件，同时对新的反垄断执法机构的执法依据、执法程序和考核机制进行统一和完善。

关键词："十三五"；国家治理体系现代化；竞争政

* 白金亚，上海师范大学法政学院经济法硕士研究生，中国法学会会员，兼任华东政法大学竞争法研究所研究员助理，研究方向为经济法基础理论，国有经济法，竞争法与竞争政策。

策；反垄断执法

一、问题的提出

　　在党的十八届三中全会做出《中共中央关于全面深化改革若干重大问题的决定》后，十八届四中全会又做出了《中共中央关于全面推进依法治国若干重大问题的决定》，其核心都是实现国家治理体系与治理能力的现代化。十八届五中全会审议通过的《中共中央关于制定国民经济和社会发展第十三个五年规划的建议》，以及十二届全国人大四次会议表决通过的《中华人民共和国国民经济和社会发展第十三个五年规划纲要》都明确把"国家治理体系和治理能力现代化"作为主要目标来展开规划。国家治理体系和治理能力现代化是国家治理涉及的各个方面所追求的总目标，是一项系统工程，反垄断是我国政府部门的职能之一，反垄断治理体系和治理能力的现代化显然也是该目标的要求和体现，反垄断执法体制的现代化无疑是反垄断治理体系和治理能力现代化的焦点问题。我国《反垄断法》自2008年实施以来，取得了积极进展，特别是十八大以来，一些反垄断领域重要的执法指南（见表1）以及各个领域具有代表性的执法案例①和执法数量（见表2）、反垄断民事诉讼案件数量（见表3）的大量增加促使我国

---

　　①　如2013年1月韩国三星、LG，中国台湾地区奇美、友达等六家大型面板生产商，因在中国大陆垄断液晶面板价格，被发改委罚款共3.53亿元人民币。2013年2月茅台和五粮液因实施价格垄断被发改委罚款4.49亿元。2013年8月合生元、美赞臣、多美滋、雅培、富仕兰、恒天然等六家存在价格纵向垄断的乳粉生产企业被罚6.7亿元。2013年8月按照国家发改委价监局要求，上海市物价局对上海黄金饰品行业协会及老凤祥等部分金店的价格垄断行为，罚款总金额1 059.37万元。2013年9月海南三亚的三家销售水晶的旅游购物店缔结价格同盟，罚款金额共计逾500万元。云南丽江八大旅行社集团在丽江市旅游协会旅行社分会的牵头组织下缔结价格同盟，合计罚款334.6万元。2014年5月依视路、博士伦等五家眼镜片生产企业因价格垄断，共计罚款1 900多万元。2014年8月12家日本汽车零部件、轴承生产商因价格垄断，共计被罚12.354亿元。2014年9月2日浙江省保险行业针对商业车险代理手续费等协商价格，参与者被处罚金1.1亿元。2014年9月9日亚泰、北方、冀东三家水泥企业因实施价格垄断，被依法罚款1.1亿元。2014年9月11日在国家发改委确认垄断行为后，湖北物价局对一汽大众销售公司及湖北8家奥迪经销商共罚款约2.8亿元。上海发改委对克莱斯勒（中国）汽车销售有限公司及其部分上海地区经销商共罚款约3 382万元。2015年2月10日对高通公司滥用市场支配地位实施排除、限制竞争的垄断行为依法做出处理，责令高通公司停止相关违法行为，罚款计60.88亿元。此外，2015年查处的河北省高速公路收费歧视案；山东省交通运输厅滥用行政权力排除限制竞争案；云南省通信管理局滥用行政权力排除限制竞争案。资料来源：国家发改委，国家工商总局网站。

反垄断执法成为世界反垄断执法域的重要一极，引起了世界上主要法域专家学者和执法机构及人员的广泛关注和肯定。反垄断执法的目的是为了构建充分竞争和更加具有创新活力的市场环境。当前，我国经济面临不容忽视的下行压力，供给侧改革方兴未艾，我国经济发展对市场经济的运行环境要求更为苛刻，这就给我们的市场监管部门提出了更高的要求，尤其是反垄断领域的执法，对市场秩序的影响更为深远。虽然当前国务院反垄断委员会①和三个法定的反垄断执法机构②在反垄断执法细则的制定和完善，以及执法效率和执法效果方面值得称赞，然而，我国的反垄断执法体制的多头执法现状一直为学者和实务部门所诟病（我国当前的反垄断管执法体制见图3）。关于反垄断执法体制的理想模式无论是在我国《反垄断法》立法前还是已经进入第十三个五年规划的今天，专家学者的意见基本达成了共识：组建一个统一的、权威的反垄断执法机构。关于反垄断法执法体制现状的批判，学者的意见也几乎是惊人一致，主要集中在：国务院反垄断委员会职能作用发挥不足，商务部反垄断局、国家发改委价格监督检查与反垄断局，以及国家工商总局反垄断与反不正当竞争执法局三个主要的反垄断执法机构的独立性、权威性与协调性不足，地方反垄断执法体制不完善，反垄断执法机构与产业政策部门和行业监管部门的协调性不足，反垄断立法的协调性不足，执法细则不完善，反垄断执法机构的专业性不

---

① 《中华人民共和国反垄断法》第九条：国务院设立反垄断委员会，负责组织、协调、指导反垄断工作，履行下列职责：（一）研究拟定有关竞争政策；（二）组织调查、评估市场总体竞争状况，发布评估报告；（三）制定、发布反垄断指南；（四）协调反垄断行政执法工作；（五）国务院规定的其他职责。国务院反垄断委员会的组成和工作规则由国务院规定。

② 2008年3月21日，国务院根据第十一届全国人民代表大会第一次会议的决议发布《国务院关于机构设置的通知》，确定国家发展与改革委员会、国家工商总局、商务部为反垄断法的执法机构。其中，发改委负责价格垄断行为，工商总局负责非价格相关的垄断协议、滥用市场支配地位、滥用行政权力排除限制竞争行为，商务部负责审查经营者集中行为。详见：《国务院关于机构设置的通知》，国发〔2008〕11号；《国家发展和改革委员会主要职责内设机构和人员编制规定》（2008年8月25日）第（二十三）项：价格监督检查司（2011年7月更名为"价格监督检查与反垄断局"）。起草有关价格监督检查法规草案和规章；指导价格监督检查工作，组织实施价格检查，依法查处商品价格、服务价格、国家机关收费中的价格违法行为，依法查处价格垄断行为；按规定受理价格处罚的复议案件和申诉案件。《商务部主要职责内设机构和人员编制规定》（2008年7月11日）第（十一）项：反垄断局。依法对经营者集中行为进行反垄断审查；指导我国企业在国外的反垄断应诉工作；开展多双边竞争政策国际交流与合作。《工商总局主要职责内设机构和人员编制规定》（2008年7月26日）第三部分第（三）项：反垄断与反不正当竞争执法局。拟定有关反垄断、反不正当竞争的具体措施、办法；承担有关反垄断执法工作；查处市场中的不正当竞争、商业贿赂、走私贩私及其他经济违法案件，督查督办大案要案和典型案件。

足，执法信息公开力度不足以及缺乏对反垄断执法机构的监督制约机制等等问题，① 对此不再赘述。本文致力于分析论证我国在"十三五"这一时代背景下对反垄断执法体制改革的需求及其必要性，"十三五"时期我国反垄断执法体制改革的应有路径，"十三五"时期我国反垄断执法体制改革后的影响及其问题的解决等其他涉及的问题。

表1　《反垄断法》实施以来的反垄断执法指南②

国务院	《国务院关于经营者集中申报标准的规定》（2008 年 8 月 3 日）
	《国务院反垄断委员会关于相关市场界定的指南》（2009 年 5 月 24 日）
商务部	《金融业经营者集中申报营业额计算办法》（2009 年 7 月 15 日）
	《经营者集中申报办法》（中华人民共和国商务部令〔2009 年第 11 号〕）
	《经营者集中审查办法》（中华人民共和国商务部令〔2009 年第 12 号〕）
	《关于实施经营者集中资产或业务剥离的暂行规定》（2010 年 7 月 5 日）
	《关于评估经营者集中竞争影响的暂行规定》（2011 年 8 月 29 日）
	《商务部实施外国投资者并购境内企业安全审查制度的规定》（2011 年 9 月 1 日）

---

① 参见王晓晔：《关于我国反垄断执法机构的几个问题》，《东岳论丛》2007 年第 1 期；覃有土、常莉奕：《论中国反垄断执法机构的设置》，《法学论坛》2004 年第 1 期；时建中：《对反价格垄断行政执法机制和体制的延伸思考》，《中国物价》2013 年第 11 期；戚聿东：《中国反垄断执法中的问题与政策建议》，《中国物价》2013 年第 11 期；王先林：《垄断行业监管与反垄断执法之协调》，《法学》2014 年第 2 期；李剑：《如何制约反垄断执法机构——反垄断执法机构的独立性与程序性制约机制》，《南京师大学报》（社会科学版）2010 年第 5 期；刘桂清：《反垄断执法机构新论——竞争政策与产业政策协调发展的视角》，《天津法学》2010 年第 2 期；许光耀：《〈反垄断法〉执法机构的管辖权划分与协调》，《价格理论与实践》2013 年第 2 期；孟雁北：《我国反垄断执法机构与政府产业规制部门的关系》，《中国人民大学学报》2015 年第 2 期；李俊峰：《产业规制视角下的中国反垄断执法架构》，《法商研究》2010 年第 2 期；丁茂中：《反垄断执法的移植与本土化研究》，《法商研究》2013 年第 4 期；侯利阳：《〈反垄断法〉不能承受之重——我国反垄断执法五周年回顾与展望》，《交大法学》2013 年第 2 期；万江：《国际反垄断执法的趋势、热点和启示》，《中国价格监督检查》2013 年第 11 期；朱宏文、王健：《从"两权合一"走向"三权合一"——我国反垄断执法机关导入准司法权的理论、路径和内容》，《法学评论》2012 年第 5 期；刘宁元：《关于中国地方反垄断行政执法体制的思考》，《政治与法律》2015 年第 8 期等。

② 资料来源：商务部反垄断局网站，http：//fldj. mofcom. gov. cn/；国家发改委价格监督检查与反垄断局网站，http：//jjs. ndrc. gov. cn/；国家工商总局反垄断与反不正当竞争执法局，http：//www. saic. gov. cn/fldyfbzdjz/。

（续上表）

商务部		《关于评估经营者集中竞争影响的暂行规定》（2011 年 9 月 5 日）
		《未依法申报经营者集中调查处理暂行办法》（中华人民共和国商务部令〔2011 年第 6 号〕）
		《规范对外投资合作领域竞争行为的规定》（商合发〔2013〕88 号）
		《关于经营者集中简易案件适用标准的暂行规定》（2014 年 2 月 12 日）
		《关于经营者集中简易案件申报的指导意见（试行）》（2014 年 4 月 18 日），《关于经营者集中申报的指导意见》（2014 年 6 月 6 日）
		《关于经营者集中附加限制性条件的规定（试行）》（中华人民共和国商务部令〔2014 年第 6 号〕）
国家发改委	已实施	《价格违法行为行政处罚规定》（2010 年 12 月 4 日修订）
		《反价格垄断规定》（国家发展和改革委员会令〔2010 年第 7 号〕）
		《反价格垄断行政执法程序规定》（国家发展和改革委员会令〔2010 年第 8 号〕）
	征求意见	国家发展改革委价监局制定的《关于汽车业的反垄断指南（征求意见稿）》（2016 年 3 月）
		《横向垄断协议案件宽大制度适用指南（征求意见稿）》（2016 年 2 月）
		《反垄断案件经营者承诺指南（征求意见稿）》（2016 年 2 月）
		《关于滥用知识产权的反垄断指南（征求意见稿）》（2015 年 12 月）
工商总局	已实施	《工商行政管理机关制止滥用行政权力排除、限制竞争行为程序规定》（国家工商行政管理总局令〔2009 年第 41 号〕）
		《工商行政管理机关查处垄断协议、滥用市场支配地位案件程序规定》（国家工商行政管理总局令〔2009 年第 42 号〕）
		《工商行政管理机关禁止垄断协议行为的规定》（国家工商行政管理总局令〔2010 年第 53 号〕）
		《工商行政管理机关禁止滥用市场支配地位行为的规定》（国家工商行政管理总局令〔2010 年第 54 号〕）
		《工商行政管理机关制止滥用行政权力排除、限制竞争行为的规定》（国家工商行政管理总局令〔2010 年第 55 号〕）

（续上表）

工商总局	已实施	《关于禁止滥用知识产权排除、限制竞争行为的规定》（国家工商行政管理总局令〔2015年第74号〕）
		《关于禁止滥用知识产权排除、限制竞争行为的规定》（国家工商行政管理总局令〔2015年第74号〕）
	征求意见	《关于滥用知识产权的反垄断执法指南》（国家工商总局第七稿）（2016年2月）

表2　商务部、国家发改委和国家工商总局反垄断执法数量（2008—2015）

	2008年	2009年	2010年	2011年	2012年	2013年	2014年	2015年
商务部	17	87	120	179	186	212	245	338
国家发改委	0	0	0	1	3	7	6	12
国家工商总局	0	1	2	7	8	12	15	12

资料来源：商务部反垄断局网站，http：//fldj. mofcom. gov. cn/；国家发改委价格监督检查与反垄断局网站，http：//jjs. ndrc. gov. cn/；国家工商总局反垄断与反不正当竞争执法局，http：//www. saic. gov. cn/fldyfbzdjz/。

表3　全国人民法院处理的反垄断民事诉讼案件数量（2008—2015）

	2008年	2009年	2010年	2011年	2012年	2013年	2014年	2015年
全国人民法院	10	33	48	55	73	86	141	

资料来源：《中国竞争法律与政策研究报告2010—2015》，法律出版社2010—2016年版。

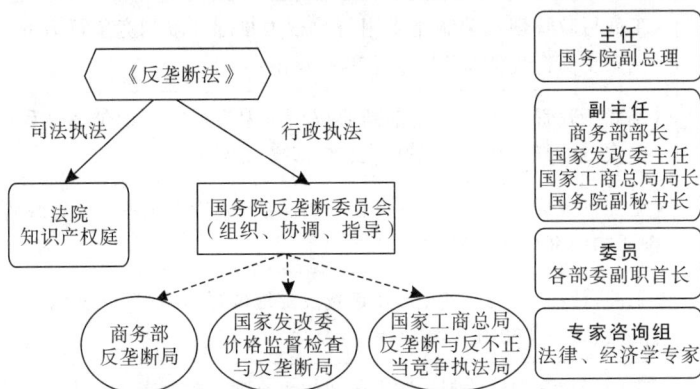

图1　中国现行的反垄断执法体制框架图

资料来源：于立：《垄断行业改革与反垄断执法体制的构建》，《改革》2014年第5期。

二、"十三五"时期反垄断执法体制改革的必要性

"十三五"时期是全面建成小康社会的决胜阶段。全面建成小康社会不仅仅是人民生活水平得到极大提高，我国各方面的体制机制也将定型，最终实现国家治理体系和治理能力的现代化。在反垄断执法体制方面，我们的改革任务非常紧迫。因为我们的执法体制亟待调整完善，对于执法体制本身为什么改的问题已经达成共识，但是结合我国当前发展阶段来论证反垄断执法体制改革的必要性还不强，我们认为我国的反垄断执法体制在"十三五"时期应予适时调整，因为"十三五"时期我国的发展环境、发展的指导思想、发展的主要目标、发展理念以及发展主线都对我国的反垄断执法体制的改革提出了要求，如果不适时调整我国的反垄断执法体制，很显然是不利于实现我们"十三五"时期提出的各项任务目标的，尤其是在实现国家治理体系和治理能力现代化目标方面，此外还不利于实施创新驱动发展战略以及构建发展新体制。因为反垄断执法是维护市场竞争秩序的基本手段和政府干预（管理、协调）经济的重要方式[1]，法律的生命在于实施[2]，《反垄断法》本身并不能必然地创造一个公正和自由的市场环境，它还需要执法等其他环节予以配合，需要通过一个高效、强有力且具有法律权威的反垄断执法机构来推动该法的实施[3]。很显然，我国现行的反垄断执法体制离此目标还有很大距离。我们必须深刻认识"十三五"时期我国经济发展的阶段性特征，准确把握国内外发展环境和条件的深刻变化，积极适应把握引领经济发展新常态，努力构建一个符合中国当前发展阶段的反垄断执法体制。在讨论我国反垄断执法体制的应有路径之前，我们首先应明确"十三五"时期我国反垄断执法体制改革的必要性。

（一）"十三五"时期我国发展环境的转变和发展理念对反垄断执法体制提出的要求

"十三五"时期，我国发展仍处于可以大有作为的重要战略机遇期，但也面临诸多矛盾叠加、风险隐患增多的严峻挑战。国际上，全球贸易持

---

[1]　参见王晓晔：《关于我国反垄断执法机构的几个问题》，《东岳论丛》2007年第1期。

[2]　乔迪·弗里曼：《私人团体、公共职能与新行政法》，《北大法律评论》2004年第5期。

[3]　朱沛智、陈浩：《关于我国反垄断执法机构设置模式的思考》，《天津师范大学学报》（社会科学版）2010年第5期。

续低迷，贸易保护主义强化国际投资贸易规则体系加快重构，多边贸易体制受到区域性高标准自由贸易体制挑战。国际贸易市场环境面临深刻变化。在贸易保护主义加强的同时，区域性高标准自由贸易体制建设加快，很多已生效或即将生效的贸易协定文本都对国际贸易市场相关规则提出了更高的标准。如《跨太平洋伙伴关系协定》（以下简称"TPP"）就专章对"政府采购""竞争政策""国有企业和指定垄断""知识产权"以及"竞争力和商务便利化"等进行了规定，尤其是在第十六章"竞争政策"部分，对竞争执法程序和私人诉权作出了较高标准的规定，与我国的相关规定相比，我国的竞争执法程序和相关司法程序明显与 TPP 该部分的要求有较大差距，如 TPP 第 16.2 条第四款规定"每一缔约方应向因违反其国内竞争法而被施以处罚或救济的人提供寻求对处罚或救济进行审查的机会，包括通过法院或其他根据该缔约方法律设立的独立法庭对所主张的实体或程序错误进行审查"。第 16.3 条第二款和第三款规定"每一缔约方应通过或维持提供独立的私人诉权的法律或其他措施"，反之，"该缔约方应通过或维持法律或其他措施以允许一人有权请求国内竞争主管机关对主张的违反国内竞争法的行为发起调查；在国内竞争主管机关作出违法认定后向法院或其他独立法庭寻求救济"。① 相比而言，我国对反垄断执法的行政程序有相关规定，但司法领域的相关规定还有很多需要完善的地方②。照此标准，我们国内的反垄断执法体制和司法的相关问题还有很多需要完善的地方。当然，我们不是 TPP 的缔约国，从某种程度上来说该协定如何规定并不意味着我们也要遵循。但是 TPP 代表着一种国际贸易规则的发展方向，并且很多与中国经济联系紧密的国家如美国、韩国、日本、澳大利亚以及部分东盟国家都加入了该协定，一旦该协定运行成熟，可以预见的结果就是国际贸易规则可能将很大程度上向该协定的相关规则靠拢。我国作为一个对外贸有严重依赖性的国家，应予以高度重视。具体到反垄断执法体制领域，我们要朝着建设有更高标准、更高效率和具备足够权威的反垄断执

---

① 参见商务部国际贸易经济合作研究院：《〈跨太平洋伙伴关系协定〉（TPP）中译文》，http：//www. caitec. org. cn/article/gzdt/xshd/201512/1453. html，2015 年 12 月 7 日。

② 2012 年 5 月 8 日发布的《最高人民法院关于审理因垄断行为引发的民事纠纷案件应用法律若干问题的规定》（法释〔2012〕5 号）对我国反垄断民事诉讼的开展有积极的促进作用，但是反垄断民事诉讼的现状不甚理想，它甚至成为反垄断行政执法的附庸，我国《反垄断法》只是在第五十条规定垄断行为的民事责任时间接地确认了反垄断民事诉讼这一反垄断法实施方式，还需在立法中进一步明确不同垄断行为具体的民事责任。

法机构的方向发展。

从国内看，我国经济发展进入新常态，向形态更高级、分工更优化、结构更合理的阶段演化的趋势更加明显。同时，我国经济发展方式粗放，不平衡、不协调、不可持续问题仍然突出，经济增速换挡、结构调整阵痛、动能转换困难相互交织，有效需求乏力和有效供给不足并存，结构性矛盾更加凸显，传统比较优势减弱，创新能力不强，经济下行压力加大，部分行业产能过剩严重等问题。这些问题的解决不是反垄断执法体制改革完善就能够全部解决的，但是都离不开《反垄断法》的有效实施来推动我国市场的有效竞争和公平竞争市场体系的建设。因为我国经济发展单纯依靠投资动力来推动的效果已经大不如前，而需要市场环境和法治环境的改善等软实力来推动经济向着可持续的更高阶段发展。正如前面所说，《反垄断法》的有效实施主要在于有效的执法。而目前我国多头执法体制的问题不能被执法机构近几年的执法热情所蒙蔽，因为建设一个可持续运行的制度体系要比人力的作用可靠得多，并且现在也不是说各部门积极执法就没有问题了，值得关注的是，在反垄断执法指南的制定和具体案件的管辖方面，我国的执法机构之间的协调性还有待提高，并且有的案件可能已超出了该部门法定的职权范围，但由于立法对三部门执法权的设定并不完善，而造成同一案件多部门都有执法权的现象。

"十三五"时期我国将秉持创新、协调、绿色、开放和共享的新发展理念。创新是引领发展的第一动力，而垄断行为是当前阻碍我国创新的主要障碍之一。同时垄断行为也不利于协调发展、对外开放和成果共享。为了有效规制垄断行为对我国创新驱动战略和协调发展、对外开放和成果共享的不利影响，我们需要有一个完善的反垄断执法体制。权力的分散易造成懒政，同时也有可能造成行政资源的浪费。由于历史原因，美国设置了两个反垄断执法机构，但美国人并不认为这是一个值得借鉴的好经验。[①]一元的执法体制至少有三点好处：一是将分散的执法资源整合到一起，统一配置，有助于执法专业化和提升执法质量，有助于实现规模经济、范围经济和提高执法效率。二是一元体制消除了原先三大部门之间的协调，也有利于反垄断执法机构与其他部门管制机构以及法院之间的协调。三是在与其他国家和地区的反垄断执法机构的交流与合作中，统一对外，有利于

---

① 王晓晔：《关于我国反垄断执法机构的几个问题》，《东岳论丛》2007 年第 1 期。

扩大我国反垄断执法机构在国际舞台上的影响，提升其世界地位。[①] 目前越来越多的国家采用一元执法体制。在发达国家中，法国、葡萄牙、西班牙和英国将原有的反垄断执法机构合二为一。例如，英国依据《2013 年企业与管制改革法案》，从 2014 年 4 月 1 日起，英国新的反垄断执法机构"竞争与市场总局"（the Competition and Markets Authority，CMA）取代原来的"公平贸易办公室"（OFT）和"竞争委员会"（CC）。荷兰反垄断执法机构的改革不仅在时间上比英国要早，而且在机构的授权方面也颇具特色，把对邮政和电信产业的监管职能也放进了反垄断执法机构。2013 年 4 月 1 日，荷兰政府将原来的三家机构——反垄断执法机构、消费者保护机构以及邮政和电信管制机构——合并为荷兰消费者与市场管理局（the Netherlands Authority for Consumers and Markets，ACM）。西班牙在原有改革的基础上准备进一步改革，将反垄断机构与六家产业管制机构合并为一家机构。在发展中国家中，巴西和印度是反垄断体制改革的典型。2012 年巴西经济保障行政委员会（CADE）整合另两家机构，成为巴西唯一的反垄断执法主体，印度也对其反垄断体制进行了彻底的改革。[②]

基于"十三五"时期国际国内发展环境和新发展理念的变化，我国的反垄断执法体制应当进行调整。

（二）"十三五"时期我国发展的指导思想和主要目标对反垄断执法体制提出的要求

"十三五"时期是我国全面贯彻党的十八大和十八届三中、四中、五中全会精神，是我国全面落实全面建成小康社会，全面深化改革，全面依法治国和全面从严治党的战略布局的攻坚时期。要求我们要坚持人民的主体地位，坚持科学发展，坚持深化改革，坚持依法治国，坚持统筹国内国际两个大局，坚持党的领导等原则。按照全面建成小康社会新的目标要求，"十三五"时期经济社会发展的主要目标包括经济保持中高速增长，创新驱动发展成效显著，发展协调性明显增强，人民生活水平和质量普遍提高，国民素质和社会文明程度显著提高，生态环境质量总体改善，各方

---

① 王继平、高娜：《科瓦西克菜单与我国反垄断执法机构改革》，《天津商业大学学报》2015 年第 4 期。

② 参见万江：《国际反垄断执法的趋势、热点和启示》，《中国价格监督检查》2013 年第 11 期；王继平、高娜：《科瓦西克菜单与我国反垄断执法机构改革》，《天津商业大学学报》2015 年第 4 期。

面制度更加成熟、更加稳定。

　　一个完善的反垄断执法体制是保障《反垄断法》实施的必要条件。《反垄断法》的有效实施不仅可以构建一个公平竞争的市场秩序，还可以极大地促进消费者福利，提高人民生活水平和质量，这也是《反垄断法》的立法宗旨之一①。《反垄断法》的有效实施显然也有助于破除如行政性垄断、滥用市场支配地位等典型的垄断行为对我国经济发展所形成造成的障碍，有力推动科学发展、深化改革、依法治国的进行，促进经济高速增长目标的实现。随着全球化的深入发展，跨国公司已成为很多国家经济发展不可或缺的一部分，很自然地，反垄断也日益成为一个国际热点问题。作为一个拥有第二大世界经济体量的国家，如果反垄断执法体制不能与国际接轨，很显然不利于我国国际贸易的健康发展和有效地保护本国公司的合法利益，这也就是统筹国内、国际两个大局这一指导思想和协调发展目标对我国反垄断执法体制改革的最基本要求。作为社会主义国家，中国共产党全面领导我国各方面的发展工作，坚持中国共产党的领导是我国改革发展应坚持的最基本前提。在反垄断执法体制改革过程中，很显然要在党的领导这一基本前提下开展改革工作。不能一味地照抄照搬域外经验，要开创出一条符合我国国情的反垄断执法体制改革路径，实现反垄断治理体系和治理能力的现代化。

　　基于"十三五"时期我国发展的指导思想和主要目标要求，我国的反垄断执法体制应当进行调整。

三、"十三五"时期我国反垄断执法体制改革的应有路径：兼论国家治理体系和治理能力现代化目标对反垄断执法体制改革的影响

　　"十三五"时期我国的反垄断执法体制的改革路径基本是清晰的，即组建一个统一、独立、权威的反垄断执法机构，同时完善地方反垄断执法体制，建立与产业政策部门与行业监管部门的协调机制并明确各方职责范围，在一个统一机构的基础上，清理完善现有的反垄断立法、司法和执法

---

　　① 《反垄断法》第一条：为了预防和制止垄断行为，保护市场公平竞争，提高经济运行效率，维护消费者利益和社会公共利益，促进社会主义市场经济健康发展，制定本法。

领域的法律法规、政府规章和规范性文件，同时对新的反垄断执法机构的执法依据、执法程序和考核机制进行统一和完善。

（一）组建一个统一、独立、权威的反垄断执法机构：国务院反垄断委员会实体化

我国现有的反垄断执法体制是一个"双层次多机构"的执法体制，即上层的国务院反垄断委员会①，负责组织、协调、指导反垄断工作，并规定了其履行相应的职责，以及下层的承担反垄断执法职责的多个机构：商务部反垄断局，国家发改委价格监督检查与反垄断局，国家工商总局反垄断与反不正当竞争执法局分别负责法定范围的反垄断执法工作。国务院反垄断委员会在这一体制中主要是一个协调性的机构，本身不负责具体的执法工作，其在反垄断法实施中的作用很有限。更重要的是，按照这样的架构，具体的反垄断执法工作由现有的多家机构承担，这必然会影响反垄断执法工作的集中统一进行，而相互之间的争权或推诿在所难免。② 国务院反垄断委员会在目前难以发挥执行反垄断法的实质性作用，但是该委员会对多家执法机构协调作用是很重要的，这为"十三五"时期的反垄断执法体制改革预留了空间，并且国务院反垄断委员会的组成人员都是副部级以上官员，主任由国务院副总理担任，可谓是高配，这有利于降低未来改革的组织障碍。③ "十三五"时期应将现有相关部门如国家工商总局、商务部、国家发改委中与反垄断执法有关的内部机构在按照职能分类后统一并入国务院反垄断委员会，从而将该委员会改造成为一个统一的实体化执法机构。其形式可以参照国务院直属特设机构"国务院国有资产监督管理委

---

① 《反垄断法》第九条：国务院设立反垄断委员会，负责组织、协调、指导反垄断工作，履行下列职责：（一）研究拟订有关竞争政策；（二）组织调查、评估市场总体竞争状况，发布评估报告；（三）制定、发布反垄断指南；（四）协调反垄断行政执法工作；（五）国务院规定的其他职责。国务院反垄断委员会的组成和工作规则由国务院规定。

② 参见王先林：《理想与现实中的中国反垄断法——写在〈反垄断法〉实施五年之际》，《交大法学》2013 年第 2 期。

③ 参见《国务院办公厅关于国务院反垄断委员会主要职责和组成人员的通知》（国办发〔2008〕104 号）。

员会"①　来设计。当前，我国对竞争政策②的认识越来越清晰，并已经明确竞争政策应在经济政策中发挥基础性地位③，"十三五"时期我国也将重点实施我国的竞争政策，如何发挥竞争政策的基础性作用离不开一个实体的竞争政策实施机构。竞争政策实施的核心是反垄断法的有效实施。现有的"双层次多机构"的反垄断执法体制显然不利于竞争政策的实施，因为多个独立机构实施竞争政策时很难想象会发出统一权威的声音。所以，"十三五"时期我们应当将国务院反垄断委员会实体化，把现有的多个反垄断执法机构纳入到该委员会，根据不同职能以及反垄断执法的需要重新设计国务院反垄断委员会的内设机构，而不是直接"三合一"这种简单粗暴的合并方式。

（二）完善相应的地方反垄断执法体制

地方反垄断执法机构严格意义上不是反垄断执法机构，而是国务院反垄断执法机构根据工作需要，授权省、自治区、直辖市人民政府相应的机构，依照《反垄断法》的有关规定承担有关反垄断执法工作④。《反垄断

---

① 国务院国有资产监督管理委员会是中华人民共和国国务院的特设机构，根据授权，代表国家履行出资人职责，对所监管企业国有资产的保值增值进行监督。

② 狭义的竞争政策以反垄断法律为核心，通过一些具体的规则对不正当竞争或者限制竞争的行为加以规制。广义上的竞争政策，其在内容上既包括竞争法律，也包括旨在促进国内经济竞争自由和市场开放的各项政策措施，例如政府放松管制政策、国有企业私有化或者民营化政策、削减政府补贴或者优惠政策等。即使在某些特殊的领域需要限制竞争，那也是作为竞争政策适用范围的限制或者适用除外的形式而存在的，实际上是与其他经济政策，特别是产业政策相协调和平衡的结果，因此其在总体上不影响竞争政策作为促进竞争政策的基本定位。在很多市场经济国家，竞争政策被视为市场经济的基本制度。人们从不同的角度定义竞争政策，如，"竞争政策是应对企业的限制竞争行为的政策与法律的总称"。或者，"竞争政策包涵一切政府所采取的，影响企业行为和产业组织结构的方法，包括最广泛意义的促进自由贸易的经济政策"。一般认为，一切有利于促进和维护竞争的经济政策都可以被视为相互作用的竞争政策的重要组成部分。转引自徐士英：《竞争政策研究——国际比较与中国选择》，北京：法律出版社2013年版，第3-5页。

③ 参见《中共中央　国务院关于深化体制机制改革加快实施创新驱动发展战略的若干意见》（中发〔2015〕8号）（2015年3月13日）：发挥市场竞争激励创新的根本性作用，营造公平、开放、透明的市场环境，强化竞争政策和产业政策对创新的引导，促进优胜劣汰，增强市场主体创新动力。《中共中央　国务院关于推进价格机制改革的若干意见》（中发〔2015〕28号）（2015年10月12日）：加快建立竞争政策与产业、投资等政策的协调机制，实施公平竞争审查制度，促进统一开放、竞争有序的市场体系建设。

④ 参见《反垄断法》第十条【第二款】国务院反垄断执法机构根据工作需要，可以授权省、自治区、直辖市人民政府相应的机构，依照本法规定负责有关反垄断执法工作。

法》的本意不在于设立专门的地方反垄断执法机构,而是采取中央授权的方式来推动反垄断执法工作的进行,减少地方对反垄断执法工作的阻碍。因为中国市场层面的垄断有着很强的行政垄断色彩,地方利益和地方保护是垄断的一个重要渊源和动力,其中,地方政府往往是垄断的始作俑者。在此背景下,赋予地方政府法定执法权,各管一块,极有可能使反垄断成为地方政府掌握的一种手段,助长地区封锁和地域分割。此外还要考虑全局性经济效率,因为在物流、信息流通等均已十分发达的今天,除个别例外,产业的竞争利益都是全国性的。因此,直接赋予地方政府反垄断执法权,难以实现反垄断法所要求的经济效率政策目标。① 但是授权的方式不是凭空随意授权给政府的某个部门,而应具备可持续性。鉴于当前全国统一市场建设的需要和执法需要,应考虑设立地方反垄断执法机构,但是应当采用跨区设立地方反垄断执法机构的方式来进行,结合各地区经济发展的实际状况来考量具体设立情况。执法和司法有着紧密的联系,当前我国跨区法院②和巡回法庭③的设立可以作为我国地方反垄断执法机构跨区设立的一个参考模式,但应着重考量各地的经济因素,因为不同经济发展水平对反垄断执法的需求是不同的,同区域内经济发展水平差异过大不利于设立符合本区域的反垄断执法标准而只得采用最低标准来执行,这显然不利于实现反垄断执法的目标。

(三) 建立反垄断执法机构与产业政策机构、行业监管机构的协调机制并明确各方职责范围

不同产业、行业,同一产业、行业的不同发展阶段,当然从根本上来说,不同国家,因为经济发展阶段不同,作为竞争政策实施机构的反垄断

---

① 参见刘宁元:《关于中国地方反垄断行政执法体制的思考》,《政治与法律》2015 年第 8 期。

② 2014 年 12 月 28 日,首家跨行政区划法院——上海市第三中级人民法院成立。该院将探索建立审理跨地区行政诉讼案件、重大民商事案件、重大环境资源保护案件、重大食品药品安全案件和跨行政区划检察机关提起公诉案件的新型人民法院。12 月 30 日,第二家跨行政区划法院——北京市第四中级人民法院成立,依法对跨地区案件实行专属管辖,主要负责审理北京市各类跨地区的第一审案件。参见《跨区法院》,《人民法院报》2015 年 1 月 5 日第三版。

③ 2014 年 12 月 2 日,中央全面深化改革领导小组审议通过《最高人民法院设立巡回法庭试点方案》,拟在深圳、沈阳两地设立最高人民法院第一巡回法庭、最高人民法院第二巡回法庭。2015 年 1 月 28 日,第一巡回法庭在深圳挂牌成立,巡回区包括广东、广西、海南三省区。2015 年 1 月 31 日,第二巡回法庭在沈阳挂牌成立,巡回区范围包括辽宁、吉林、黑龙江三省。

执法机构与产业政策实施机构、行业监管机构的关系是不同的。在我国，反垄断执法机构与政府产业政策机构、行业监管机构的关系问题还与经济体制改革、政治体制改革密切相关，与垄断行业改革的进度和措施相关。实际上，不仅反垄断执法机构具有维护市场竞争的法定职权，政府产业政策机构和行业监管机构也具有维护市场竞争的法定职权。在处理反垄断执法机构与政府产业政策机构、行业监管机构的关系时我们应该坚持这样的路径：政府产业政策机构主导维护产业政策制定和实施时市场有效竞争的事前管辖、反垄断执法机构享有指导、建议权①；反垄断执法机构主导垄断行为的事后规制，政府产业政策机构在反垄断执法机构的要求、委托授权情形下应履行辅助的义务②。行业监管机构主导维护市场有效竞争的事前管辖，反垄断执法机构享有指导、建议权；反垄断执法机构主导垄断行为的事后规制，行业监管机构在反垄断执法机构的要求、委托授权情形下同样应履行辅助的义务③。

因此，政府产业政策机构和行业监管机构在反垄断执法机构对涉嫌垄断行为进行执法时，应主动配合，且在必要的时候保持一定的谦抑性；同样，在政府产业政策机构和行业监管机构能够有效地对涉嫌垄断行为采取产业规制和行业监管措施时，反垄断执法机构的执法也需要保持必要的谦抑性。反垄断执法机构与政府产业政策机构和行业监管机构之间会形成各司其职、约束制衡、重叠执法与互动协调并存的关系模式，这些关系模式会同时存在，而不是选择性地非此即彼存在，也不是一成不变的。从实现社会整体利益最大化的目标出发，反垄断执法机构与政府产业政策机构、行业监管机构在执法过程中并不存在根本利益上的冲突和矛盾，通过实现反垄断法与产业政策法律制度、行业监管法律制度的互动协调，不仅可以实现反垄断执法机构与政府产业政策机构、行业监管机构的执法协调，还

---

① 比如经中央深改组审议通过即将公布的《关于建立公平竞争审查制度的意见》中对政府政策等内容进行公平竞争审查的相关程序和审查的具体要求的规定就发挥着类似的功能。

② 在反垄断执法机构与政府产业政策机构、行业监管机构关系的处理中，有的国家已经有了比较成熟的经验，比如韩国。韩国的《规制垄断与公平交易法》第六十四条第二、三款分别规定："（二）公平交易委员会为了实施本法，必要时，可以委托行政主管机关、其他机关或者团体的长官进行必要的调查和要求提供相关资料。（三）公平交易委员会为了确保本法规定的纠正措施的遵守，必要时，可以要求行政主管机关、其他机构或者团体的长官提供一切必要的协助。"转引自时建中：《三十一国竞争法典》，北京：中国政法大学出版社2009年版，第216页。

③ 参见吴华升：《我国反垄断执法机构与行业监管机构权力配置研究》，《经济法论坛》2011年第1期。

有助于实现反垄断执法机构与政府产业政策机构、行业监管机构的执法融合。①

（四）清理统一现有的反垄断立法、司法和执法领域的法律法规、政府规章及规范性文件

反垄断执法机构的统一必然带来大量的立法、司法和执法领域文件的清理和完善。因为在统一之前我国的反垄断执法体制的多机构状况下反垄断的很多执法指南（见表1）都是各自经过法定程序制定的，协调性还有待提高。特别是已经实施近8年的《反垄断法》这样一个"粗线条"的法律有很多问题需要解决。一般认为要慎重对待法律的调整，但是我们的立法和许多国家的立法不同，我们立法的时候遇到问题主要是采取回避的态度，提倡"粗线条"立法，立法的精细程度不足，因此这就需要及时对有关法律进行调整。《反垄断法》作为市场秩序规制的重要法律，对市场经济的影响是体系性的，特别是这8年来我国的国际、国内环境发生了深刻变化，"十三五"时期面临全面建成小康社会的艰巨任务，国家治理体系和治理能力建设的一个突出特征是法治化，这就对我们的立法、司法和执法提出了更高的要求，需要我们及时完善立法、公正司法和严格执法。

除了立法的缺漏，我国反垄断的司法水平还有很长的路要走，现实中垄断行为的数量实际上远超过反垄断司法和执法的数量，一方面由于普通民众的反垄断意识还不足，另一方面在全国地方法院受理反垄断民事一审案件中审结案件时原告胜诉的案件很少②，这样的现实无疑大大打击了普通民众反垄断的积极性，普通民众维权的意识自然会降低，对法律的信任度也会打折。虽然同类型案件原告败诉率的高低不意味着法官审判过程中适用法律是否有错误，但是这至少说明大部分普通民众的认识和我们的审判人员在对垄断行为的认识上出现了较大的分歧，而我们的审判人员有必要通过审判来提高普通民众对垄断行为的认知能力。但是，现实是我们的反垄断司法水平满足不了这种需求。原因主要有以下三点：一是我们的反垄断法律体系除了一部《反垄断法》，没有更高位阶的法律法规，《反垄断法》实施8年来还没有一个司法解释，法律体系还不完善，除了较多的执法细则外，少有司法领域

---

① 参见孟雁北：《我国反垄断执法机构与政府产业规制部门的关系》，《中国人民大学学报》2015年第2期。

② 参见王先林：《理想与现实中的中国反垄断法——写在〈反垄断法〉实施五年之际》，《交大法学》2013年第2期。

可使用的法律法规;二是我们的司法很容易受到地方行政力量的影响,难以保证司法的一致性;三是我们的司法人员知识结构单一,主要以传统法律如《民法》《刑法》等法律知识为主,对于经济法等较新类型的法律知识掌握不够,尤其是《反垄断法》这种法学与经济学紧密结合的法律,我们的司法人员对其掌握更是有限,可以说司法能力严重不足。

目前我们的反垄断执法机构执法热情很高,很好地发挥了"执法是最好的普法"的作用。并且已经制定了很多具有操作性并经过一定实践检验的反垄断执法细则,并逐渐向系统性的反垄断执法细则发展,值得肯定。但基于多头执法这一前提,多头立规现象明显,虽然有国务院反垄断委员会的协助,但由于该委员会不是一个具有足够权威的实体机构,因此它并不能发挥有效的协调作用。在"十三五"时期,组建统一的反垄断执法机构以后,我们的执法细则和执法程序也会做较大幅度的立改废工作,如前所述,我们的执法机构不是简单地"三合一",相应地我们的许多专门性的反垄断执法细则也不能简单地分散到未来设立的统一的反垄断执法机构中,而应重新审视并结合最新的执法和司法实践予以调整。此外,我国现有的三个反垄断执法机构基于各自执法范围的不同,执法程序差异较大(见图2、图3、图4),这种差异具有合理性,未来对垄断协议、滥用市场支配地位行为、经营者集中行为以及行政性垄断行为的执法程序应当予以区别。

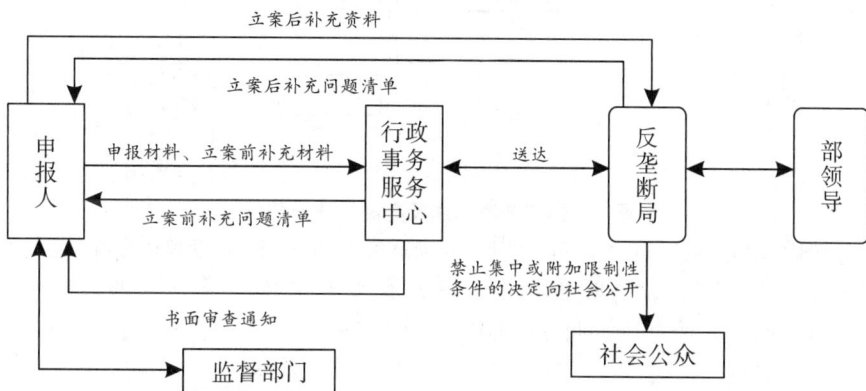

图2　商务部经营者集中反垄断审查流程图①

---

① 商务部反垄断局网站,http://fldj.mofcom.gov.cn/article/xgxz/200901/20090105993080.shtml. 2016年4月2日。

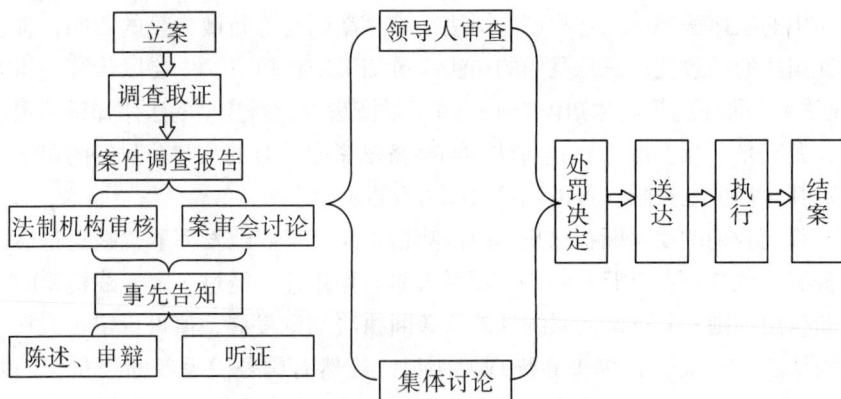

图 3　国家发改委反垄断执法流程图

资料来源：参见国家发改委价监局张正明：《反价格垄断行政执法程序》，中欧竞争政策网，第九次中欧竞争政策周，http：//www. euchinacomp. org/index. php/zh/，2016 年 4 月 2 日。

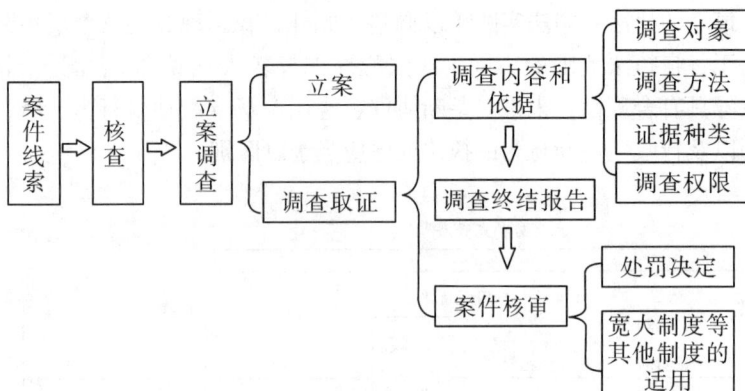

图 4　国家工商总局反垄断执法流程图

资料来源：参见国家工商总局竞争执法局赵国彬：《工商行政管理机关调查垄断案件的程序及实践》，中欧竞争政策网，第九次中欧竞争政策周，http：//www. euchinacomp. org/index. php/zh/，2016 年 4 月 2 日。

四、"十三五"时期反垄断执法体制改革过程中可能遇到的问题及其解决思路

"十三五"时期反垄断管执法体制必然会进行改革，并且应当遵循前

述路径。在改革的过程中可能会遇到一些诸如行政体制和一些不能有效制约的问题。在遇到这些问题时应以"十三五"时期的发展目标、发展理念、发展环境和指导思想等作为思考的基础，结合"十三五"时期的我国竞争政策的目标和任务，以服务经济发展，促进经济体制转型升级和创新驱动战略的实施为导向来解决遇到的种种体制机制问题。

反垄断执法机构改革表面上看是执法体制改革，实际上也是行政体制改革。当前我国正在推行的大部制改革过程中出现的问题值得我们在推动反垄断执法体制改革中去反思。如2014年7月30成立的天津市市场和质量监督管理委员会，该委员会由原天津市工商行政管理局、食品药品监督管理局和质量技术监督局三个部门"三合一"整合而成。① 这是天津市在全国省级层面率先建立的大市场大部门监管新体制。表面上看该委员会整合了工商、质监、食药监部门的职能，形成了统一的监管队伍，使市场和质量监管工作有了更为顺畅的体制基础，会有利于改变过去多头管理、资源分散配置、监管力量难以集中的局面，一些空白领域、薄弱环节将得到加强。但这只是一种美好的幻想，没有理清机构职能，想当然地以为已将涉及市场的部门集中起来，以为这样就能有效监管市场，但实际上，这是很难实现最初合并的目的的。已经有实践表明，这种大市场监管的模式很可能会损害原属工商行政管理部门的职能。因为当前我国食药卫生等问题频发，每发生一起都能引起全国范围内的广泛关注，导致每发生一起食药卫生案件，大市场监管部门就集中力量去处理这些问题，容易导致这种大市场监管部门职能的倾斜，并且因为食药卫生问题频发，大市场监管部门会不自觉地在平时把大量资源投入到食药卫生的监管领域，而忽视了工商行政职能的履行，比如滥用市场支配地位和行政性垄断行为对市场造成的损害很多时候是隐性的，容易被忽视，但是这种损害很多时候是持续很久和损害更大的，甚至会导致整个市场秩序不能有效运转。因此，我们在大部制改革的过程中要以实现该部门职能的有效实现为目标来进行机构改革，不能忽视该机构运行后的各项职能的履行效率变化问题。反垄断执法体制改革过程中也应避免出现反垄断所涉及的各领域执法的顺畅，不能厚此薄彼，适时进行执法评估和建立责任清单制度或许能够帮助解决执法各环节出现的问题和各项职能的执法效率问题。

---

① 天津市场和质量监督管理委员会网站，http://www.tjaic.gov.cn/，2016年4月2日。

五、结　语

"十三五"时期，在国家治理方面，我国将致力于实现国家治理体系和治理能力现代化。《反垄断法》立法前后的讨论以及十八大以后反垄断法的积极实施实践表明，我国的反垄断管执法机构应当进行改革，理论和实务界的观点也倾向于一致，即把国务院反垄断委员会实体化，以此为突破口，推动我国竞争政策的实施，构建更加符合我国经济体制的反垄断法体系和反垄断法执法体系，以预防和制止垄断行为，保护市场公平竞争，提高经济运行效率，维护消费者利益和社会公共利益，促进社会主义市场经济的健康发展，更好地为"十三五"时期各项发展目标的实现提供一个良好的市场环境。

对纵向价格限制适用违法推定的批驳

郭　骁[*]

提要： 对纵向价格限制业界和学界的主流观点均认为应适用违法推定，但这一观点是错误的。错误观点或来自对《反垄断法》第十七条条文，以及其与第十三条、第十五条关系的误读；或来自不了解看似简单的违法推定在执法、司法过程中却会造成更大的混乱，而合理原则却能形成一个高效方便的分析问题的系谱；或来自误认为欧美在对垄断协议的分析模式上存在根本差异，并误读了欧盟法中的有关规定。对纵向价格限制应适用合理原则，最关键的是要积累找寻典型证明要素，从而构建起结构型合理原则的分析模式，提升《反垄断法》适用的准确性和效率。

关键词： 纵向价格限制；转售价格维持；违法推定；本身违法；合理原则

一、问题的提出

纵向价格限制又称转售价格维持，是被反垄断法规制的纵向限制竞争的一种典型行为。它是指上游的制造商或供应商为了控制产品的最终售价，而要求下游的经

---

* 郭骁，扬州大学法学院硕士研究生。

销商或零售商在将商品转售时应遵循一定的价格约定。依照对价格不同的限制方式，其主要表现为固定商品的转售价格、限定商品的最低转售价格和限定商品的最高转售价格三种形式。通说认为，限定商品的最高价格常常具有促进竞争的积极效用，学者们广泛认同对其适用的合理原则进行阐释。而前两种方式在实践中通常会产生较大限制竞争的消极作用，故绝大部分研究主要是围绕这两种方式进行，笔者在下文中所称的纵向价格限制，若无特别说明也仅指这两类。

我国《反垄断法》通过第十三条①、第十四条②、第十五条③对垄断协议进行了规定，其中第十三条对横向垄断协议进行了规定，同时该条的第二款也相应地对垄断协议进行了定义，即"排除、限制竞争的协议、决定或者其他协同行为"。第十四条是对纵向垄断协议的规定，采用的是明确列举加兜底条款的方式，其中第一项、第二项分别规定了固定商品价格和限定商品最低价格两种情形，第三项兜底性的规定了其他情形。而第十五条则是对第十三条、第十四条垄断协议豁免情形的规定。

由于我国《反垄断法》尚未给出纵向价格垄断的明确判断标准，因此对于上述三个条文之间的关系就有了两种不同的解读。第一种解读认为，第十三条对于垄断协议"排除、限制竞争"的定义不适用于第十四条，因此在个案中无须对限制行为的目的和效果做进一步调查，一旦满足第十四条规定的垄断类型就推定其违法，学界将此种解读称为违法推定或本身违

---

① 《反垄断法》第十三条：【第一款】禁止具有竞争关系的经营者达成下列垄断协议：（1）固定或者变更商品价格；（2）限制商品的生产数量或者销售数量；（3）分割销售市场或者原材料采购市场；（4）限制购买新技术、新设备或者限制开发新技术、新产品；（5）联合抵制交易；（6）国务院反垄断执法机构认定的其他垄断协议。【第二款】本法所称垄断协议，是指排除、限制竞争的协议、决定或者其他协同行为。

② 《反垄断法》第十四条：禁止经营者与交易相对人达成下列垄断协议：（1）固定向第三人转售商品的价格；（2）限定向第三人转售的最低价格；（3）国务院反垄断执法机构认定的其他垄断协议。

③ 《反垄断法》第十五条：【第一款】经营者能够证明所达成的协议属于下列情形之一的，不适用本法第十三条、第十四条的规定：（1）为改进技术、研究开发新产品的；（2）为提高产品质量、降低成本、增进效率，统一产品规格、标准或者实行专业化分工的；（3）为提高中小经营者经营效率，增强中小经营者竞争力的；（4）为实现节约能源、保护环境、救灾救助等社会公共利益的；（5）因经济不景气，为缓解销售量严重下降或者生产明显过剩的；（6）为保障对外贸易和对外经济合作中的正当利益的；（7）法律和国务院规定的其他形。【第二款】属于前款第1项至第5项情形，不适用本法第十三条、第十四条规定的，经营者还应当证明所达成的协议不会严重限制相关市场的竞争，并且能够使消费者分享由此产生的利益。

法。而另一种解读则认为，第十三条对于垄断协议"排除、限制竞争"的约束同样适用于第十四条，在认定纵向垄断协议的问题上首先应以协议本身具有限制竞争的效果为前提条件，即纵向价格垄断不是当然违法，应综合考量其是否产生了反竞争的效果。对于此种解读，学界则将其称为合理原则。但无论是本身违法还是合理原则，其都能够依靠第十五条进行豁免，所以在纵向价格限制的分析方法上，产生了"违法推定 + 豁免"和"合理原则 + 豁免"两种不同的考察方式。[1] 实践中，对于究竟应采何种方式，执法和司法形成了截然不同的态度，学界对这一问题也产生了严重分歧。

近几年，行政执法机构和司法机关在纵向价格限制的问题上，形成了本身违法和合理原则对立的局面，而违法推定说在实务界占据了主导地位。（见表1）

表1   违法推定说在实务界占据主导地位

部门	案件	评述	规制原则
行政执法机构	茅台案	结合当时各类报道，贵州省物价局未采取任何经济分析来判断茅台公司的反竞争效果，而是直接认定其违反了《反垄断法》第十四条[2]	违法推定/本身违法
	五粮液案	四川省发改委在处罚中，对于五粮液公司的行为虽考察对竞争的影响、消费者利益、效率等因素，故有学者认为这是采取了合理原则，但实际上这里对相关因素的考察只是作为最后给予何种程度处罚的参考[3]，这与一开始依据考量竞争效果判断是否成立垄断协议是两个不同的概念[4]	

---

① 因此，需要特别注意的是："本身违法 + 豁免"与"合理原则"是不同的，在概念上不能将两者混淆。

② 参见贵州物价局关于"茅台价格垄断罚款"公告（2013 年第 1 号）。

③ 时任国家发改委价格监督检查与反垄断局局长徐坤林说："我国对纵向垄断协议的法律原则就是'禁止 + 豁免'……"参见《纵向价格垄断协议法律适用问题研究》，《中国价格监督检查》2013 年第 11 期。

④ 丁一：《触及反垄断法，茅台五粮液吃最大罚单》，《中国工业报》，2013 年 3 月 6 日。

（续上表）

部门	案件	评述	规制原则
行政执法机构	奶粉案	国家发改委领导明确表明，贝因美、惠氏等企业存在对经销商/零售商的价格控制行为，故依照"禁止＋豁免"的标准，认定其违法	违法推定/本身违法
	眼镜案	程序化地首先认定协议属于纵向价格维持，然后便定性其违法①	
	克莱斯勒案	虽然上海物价局（克莱斯勒案）②、江苏物价局（奔驰案）③ 在陈述中都是先表明企业排除限制了竞争，但在两局给出的公告中却没有看到任何与反竞争效果有关的具体经济调查，只是在表达方式上做了些改变	
	奔驰案		
司法机关	锐邦诉强生案	对于纵向垄断协议认定这一重要问题，一审、二审都认为作为被《反垄断法》第十四条规制的垄断协议应具备反竞争效果的构成要件。列举项并非当然违法，应综合其他四个因素来判断是否具备反竞争的效果。④	合理原则

　　可以看出，就近几年发生于我国的纵向价格限制的案例来看，行政执法机关在处理这类案件时遵循下列的逻辑：花费大量精力、把更多关注用在证明案件中存在着纵向价格限制协议的存在，却不考察或很少考察协议产生的反竞争和促进竞争的效果⑤，因此这是一种在违法推定原则下的执法思路。而司法机关，在处理相关的案件中，更多关注个案具体情形，首先进行的是对行为本身反竞争效果和促进竞争效果的分析调查，而后在此基础上再认定其是否违反《反垄断法》，故这是一种在合理原则下的司法模式。

---

　　① 《部分眼镜片生产企业转售价格行为被依法查处》，http://www.ndrc.gov.cn/gadt/201405/t2014。
　　② 参见上海市物价局行政处罚决定书第 2520140077 号。
　　③ 参见 2015 年 4 月 20 日江苏省物价局处罚决定（2014）苏价反垄断案 2 号。
　　④ 参见上海市高级人民法院（2012）沪高民三（知）终字第 63 号民事判决书。
　　⑤ 即便是这种对竞争效果很少的考察，也并非是对行为有无构成垄断协议的"定性"判断，而仅是将其作为最终处罚的"量刑"依据。

　　学界对这一问题，也分别形成了主张合理原则和主张违法推定的两大派别，除少数学者倡导适用合理原则外，其他多数学者都在不同层面上支持违法推定说。（见表2）

表2　违法推定说在学界占据主导地位

支持合理原则①	只有少数学者
支持本身违法	明确支持违法推定②	例如张骏认为："凡是第十四条列举的行为，只有在被告无法举证其行为符合第十五条时才会被禁止。"③

　　①　兰磊：《转售价格维持违法推定之批判》，《清华法学》2016年第2期；兰磊：《最低转售价格维持的结构型合理原则分析》，胡家勇等主编：《经济与法论丛》（第1卷），北京：中国社会科学出版社2014年版，第126－151页；林越坚：《论纵向价格卡特尔的规制基础与结构优化》，《西南政法大学学报》2015年第2期；刘蔚文：《美国转售价格判例的演进及其启示》，《华东政法大学学报》2012年第1期；符启林：《经济法学》，北京：中国政法大学出版社2009年版，第214页。

　　②　除文中列举的观点之外，类似观点参见王健：《垄断协议的认定与排除、限制竞争的关系研究》，《法学》2014年第3期；洪莹莹：《我国转售价格制度的体系化解释及其完善》，《华东政法大学学报》2015年第4期；韩伟：《限定最低转售价格的反垄断规制》，《价格理论与实践》2011年第4期；辛杨：《限制最低转售价格协议并非当然违法？》，《河北法学》2014年第8期；何治中：《纵向垄断协议规制——美国、欧盟比较研究与借鉴》，《金陵法律评论》2011年第2期；古红梅：《限制转售价格的反垄断规制研究》，《法学杂志》2011年第6期；武彬：《论我国纵向垄断协议的法律规制原则》，顾功耘、罗培新：《经济法前沿问题》，北京：北京大学出版社2014年版，第117页；刘旭：《中美欧反垄断法规制限制最低转售价格协议的异同》，张伟君、张韬略：《知识产权与竞争法研究》（第2卷），北京：知识产权出版社2014年版，第251－252页；时建中：《反垄断法——法典释评与学理探源》，北京：中国人民大学出版社2008年版，第163页；种明钊：《竞争法学》（第2卷），北京：高等教育出版社2012年版，第264页；王先林：《竞争法学》，北京：中国人民大学出版社2015年版，第201页；王兴运、郑艳馨：《竞争法学》，北京：中国政法大学出版社2010年版，第60页。

　　③　张骏：《对于转售价格维持适用合理原则法律依据的探讨》，《价格理论与实践》2015年第10期。

（续上表）

支持合理原则		只有少数学者
支持本身违法	理论上倡导适用合理原则，但实证法上认为《反垄断法》第十四条采取的是违法推定的态度①	这类观点也倡导应采合理原则，但在考察我国《反垄断法》条文时，却从中得出了《反垄断法》第十四条对纵向价格限制采取违法推定态度的错误结论。其实，即便是《反垄断法》第十四条，采用的规制态度也不是违法推定，笔者将在下文通过"对违法推定更符合《反垄断法》立法条文规定的批驳"予以论证。
		例如胡光志等认为合理原则应当是我国对纵向价格限制进行规制的时代选择，但是其在分析我国《反垄断法》规定时认为第十四条采用的是违法推定的规制态度，其论文中写到"如果仅从立法文本上分析，《反垄断法》第十四条原则禁止转售价格维持协议……"③
	虽支持合理原则，但实际说的是"禁止+豁免"②	这类观点的形成源于对合理原则和"禁止+豁免"两者概念的混淆。
		例如占苏认为："适用合理原则对转售价格维持进行查处是正确的，我国反垄断法第十四条原则禁止转售价格维持，但又同时规定了豁免制度……这样可以在促进竞争的同时保证公平。"④

综上所述，问题指向的是：现阶段无论是业界还是学界，都认为《反

---

① 除文中列举的观点之外，类似观点参见丁茂中：《现行〈反垄断法〉框架下维持转售价格的违法认定与出路》，《当代法学》2015 年第 5 期；许光耀：《转售价格维持的反垄断法分析》，《政法论丛》2011 年第 8 期；李剑、唐斐：《转售价格维持的违法性与法律规制》，《当代法学》2010 年第 6 期；陈欣：《从锐邦诉强生案谈最低转售价格维持的违法性判定标准》，《鲁东大学学报》（社会科学版）2015 年第 5 期；王玉辉：《论维持转售价格规制理论之争及其影响》，《河南师范大学学报》（社会科学报）2015 年第 2 期；叶明、送霖：《限定商品转售价格行为的反垄断法分析》，《竞争政策研究》2015 年第 1 期。

② 除文中列举的观点之外，类似观点参见赵宸、奚庆：《美国最低转售价格维持路径研究》，《价格理论与实践》2015 年第 4 期；张骏：《完善转售价格维持反垄断法规制的路径选择》，《法学》2013 年第 2 期；胡承伟、李胜利：《论转售价格维持的反垄断规制原则》，《三明学院学报》2015 年第 1 期。

③ 胡光志、黄秋娜、范卫红：《我国〈反垄断法〉转售价格维持协议规制原则的时代选择》，《上海财经大学学报》2015 年第 4 期。

④ 占苏：《纵向垄断协议中控制最低转售价格之思考》，《价格月刊》2010 年第 2 期。

垄断法》第十四条规定对纵向价格限制应采违法推定。但笔者认为这一观点是错误的，故应当对其进行批驳，以免其进一步误导我国的执法、司法和学术研究。

二、垄断协议认定二分法的三种表达形式及其演变

为了便于下文更彻底的对错误观点进行批驳，务必先理清相关重要概念：本身违法和合理原则在不同语境下的表达方式以及两者的流变趋势。

（一）垄断协议认定二分法在不同语境下的三种表达方式

对于垄断协议的认定，现实中产生了两种判断方法，依照不同的语境，这一二分法又呈现为三种不同的表达术语：个案分析/法律推定、合理原则/本身违法、效果违法/目的违法。① 个案分析和法律推定是传统民法中用于证明相关事实的方法。个案分析是指在个案中要具体证明实际效应之后，才能对其进行违法的认定；而法律推定则是指通过某个基础事实的成立，直接得出推断事实的成立。在美国反托拉斯法语境下，个案分析对应的是合理原则，即对行为的认定要在综合考量所有要件的基础上判断是否合理，不合理的行为便属于违法；而法律推定对应的则是本身违法，是指当证明了某些形式上的要件之后，便能够依据这些形式要件直接得出行为构成违法的结论。而欧盟反垄断法则又在这一传统民法证明方式的框架下衍生出另一套术语系统，即效果违法与目的违法。效果违法讲的是对于行为是否构成违法，需要在具体的案件中综合考察全案的效果后做出；而目的违法不是说具有违法的主观目的，其表达的是一旦证明行为具备了这样的目的，就能够认定实施的行为产生了反竞争的效果。②

因此，对于合理原则与本身违法两者最核心的区别，不在于在垄断协议的认定标准上需不需要具有反竞争效果——在两者的认定标准中都要求协议具有这样的效果；真正的区别在于需不需要去证明产生了这样的反竞争的效果。合理原则对于阻碍竞争效果的证明是具体的，实行严格全面的个案证明；而本身违法则对于阻碍竞争效果的证明则是抽象的，相当于在

---

① 兰磊：《转售价格维持违法推定之批判》，《清华法学》2016 年第 2 期。
② 本文标题采用违法推定是为了使其更符合传统民法有关定义，鉴于本身违法和合理原则为一对术语，为体现这一对应关系，下文在表达时会交换使用本身违法和违法推定这两个术语。

进行协议认定之前已做了一个先验判断：即具备这样形式的协议几乎都具有反竞争的效果，故概括性的规定一旦满足形式要件就推定产生了此种效果，在个案中不必专门证明。

（二）本身违法／合理原则的演变趋势

反垄断法施行的一个多世纪的实践表明：在垄断行为的认定上，本身违法逐渐被抛弃，而合理原则逐渐变成认定垄断协议的一般原则。作为规制包含纵向价格限制协议在内的所有垄断协议的最主要成文法依据，美国《谢尔曼法》第一条规定："任何限制州际间或与外国之间贸易或商业的契约，托拉斯形式或其他形式的联合或者共谋、都是非法的。"最初，对于该条文中的"任何"一词联邦最高法院实行了严苛的文义解释，在 United States v. Trans-Missouri Freight Association（1897）① 案中，其将"任何"解释为全部，认为第一条规制的是一切限制贸易或商业的协议，而不管这种行为是否存在某些合理因素。但联邦最高法院很快就发现这一解释是不现实的，因为任何契约或合同的签订都会对贸易造成一定的限制。② 故在随后的 United States v. Joint Traffic Association（1899）③、Hopkins v. United States（1898）④、Addyston Pipe & Stell Co. v. United States（1898）⑤ 三个案件中，联邦最高法院陆续确立了一些虽然对竞争造成了影响，但不属于本法所规制的"限制商业"的行为。而在其后的 Standard Oil Co. v. United States（1911）⑥ 案中正式宣布了合理原则，并在接下来的 Chicago Board of Trade v. United States（1918）⑦ 案的判决中，阐释了合理原则的具体标准："判断合法性的真正标准是所强加的限制是调解或促进了竞争还是压制或消除了竞争"。直至 United States v. Socony-Vacuum Oil Co.（1940）⑧ 一案，联邦最高法院认为公司实行的联合价格不合法，判定只要目的是为了固定

---

① See United States v. Trans-Missouri Freight Association, 166 U. S. 290 (1897).

② 参见洪莹莹：《我国转售价格制度的体系化解释及其完善》，《华东政法大学学报》2015年第4期。

③ See United States v. Joint Traffic Association, 171 U. S. 505 (1898).

④ See Hopkins v. United States, 171 U. S. 578 (1898).

⑤ See Addyston Pipe & Steel Co. v. United States, 175 U. S. 211 (1899).

⑥ See Standard Oil Co. v. United States, 221 U. S. 1 (1911).

⑦ See Chicago Board of Trade v. United States, 246 U. S. 231 (1918).

⑧ See United States v. Socony-Vacuum Oil Co. , Inc. , 310 U. S. 150 (1940).

价格则适用本身违法，并在接下来的一些案件中将本身违法适用在搭售、联合抵制、纵向地域限制、固定最高价格、市场分割这些情形，本身违法规制垄断协议的范围再一次回到了最初的顶点。

但自 20 世纪 70 年代以后，坚持古典经济学价值理论的芝加哥学派，把效率观念引入垄断行为的分析之中，联邦最高法院也在这一理论的影响下开启了对反垄断个案进行经济考察的革命。率先体现这一理念的是 Sylvania（1977）[①] 案，联邦大法官鲍威尔提出："与市场考量相分离的反垄断政策将缺乏任何客观基准"。在此以后，对各种形态的反垄断协议的考察又回到了合理原则的轨迹上。现阶段认为：只有那些通过大量的经济实证表明"总是或者几乎总是具有严重反竞争效果之倾向"的行为，比如像联合拒绝交易、市场划分协议、赤裸裸的横向价格限制等类似行为，才能将其剥离出来直接通过本身违法加以规制。

而具体到纵向价格限制的法律规制，其同样经过了由本身违法向合理原则变化的过程。本身违法在纵向价格限制的适用始于 Dr. Miles（1911）[②] 案，联邦最高法院作出这一判决的原因，最主要是基于以下两点：其一，源于普通法对于动产衡平使用的敌意，认为一旦制造商将商品转售后就等于失去了所有权，其没有资格去限制具有所有权的下游零售商定价；其二，便是认为这一纵向限制可能会促成横向垄断协议。[③] 这一未包含任何经济分析的臆断使得大法官们认为纵向价格限制会产生与横向限制等同的反竞争结果，故在一开始对纵向价格限制确立了本身违法原则。但在接下来的一个世纪里，本身违法不仅没有得到完全的遵从，实践中很多判决的案例还不停地迫使它不断限缩适用的范围，直至 Leegin（2007）[④] 案彻底地将 Dr. Miles（1911）案确立的本身违法推翻，而使得联邦最高法院作出这一历史变更的最重要的原因就在于实证经济学表明：纵向价格限制不等同于横向限制，其存在着很多促进竞争的效果。例如防止"搭便车"、提升品牌形象、增强服务质量、有利于防止双重加价、有利于新产品打开市场等等。[⑤] 所以纵向价格限制并非当然的排除、限制竞争，因而需要在个案中权衡实际的竞争效果来进行认定。

[①]　See Continental T. V. , Inc. v. GTE. Sylvania Inc. , 433 U. S. 36（1977）.

[②]　See Dr. Miles Medical Co. v. John D. Park & Sons Co. , 220 U. S. 373（1911）.

[③]　参见郭宗杰：《反垄断视角中转售价格限制的比较法研究》，《法学评论》2014 年第 5 期。

[④]　See Leegin Creative Leather Products, Inc. v. PSKS, Inc. 551 U. S. 877（2007）.

[⑤]　参见王贵：《转售价格维持的违法性认定》，《安徽大学法律评论》2015 年第 1 辑。

三、对违法推定更符合《反垄断法》立法规定的批驳

很多学者都认为我国《反垄断法》对纵向价格限制所持的是本身违法的规制态度，这其中甚至还包括一些倡导要适用合理原则的学者。学者们的错误观点或来源于对《反垄断法》上第十三条与第十四条关系的误读；或来源于对第十五条与第十四条关系的误读；或来源于对第十四条法条本身的误读。笔者下文将对这三种误读进行逐一分析。

（一）批错误观点一：垄断协议的定义设置在第十三条下，故不能适用于第十四条

有学者认为，有关垄断协议的定义没有出现在《反垄断法》总则之中，甚至都没有独立成条，其只是作为第十三条下的第二款，故定义中有关"协议具备排除、限制竞争的规定"仅是针对第十三条规定的横向垄断协议，而不能适用于第十四条。[①] 例如刘继峰认为："法院在指示适用合理原则时，将第十三条第二款解释为统领第二章垄断协议的一般性条款，存在扩大解释的失当，将局部条款解释为第二章的统领性条款，误读了不同位阶条款的作用和功能。"[②]

此种观点错在对法条进行了机械的解读：

第一，第十三条第二款在表述上采用的术语是"本法所称"，而不是"本条所称"，依文义解释，"本法"对应的是整部《反垄断法》，所以若此处仅将第二款适用在第十三条，显然是对"本法"一词的缩限。

第二，在《反垄断法》中一共有四处地方使用了"本法所称……，是指……"另外三处的"本法所称"分别定义的是经营者（第十二条）、相关市场（第十二条）、市场支配地位（第十七条），而后有关这三组的定义在《反垄断法》之中也频繁出现，但是相关条文都未对概念进行再次说明，并且在适用上也是遵循之前条文中的定义，所以这三处"本法所称"的定义是适用于整部《反垄断法》的，那么按照体系解释，类似情况类似

---

① 除文中列举的观点之外，类似观点参见符颖：《纵向垄断协议的诉讼资格及证明责任》，《交大法学》2013 年第 2 期；李剑：《横向垄断协议法律适用的误读与澄清》，《法学》2014 年第 3 期。

② 刘继峰：《试析我国〈反垄断法〉垄断协议概念的形式逻辑问题》，《北京化工大学学报》（社会科学版）2012 年第 4 期。

处理，对于第十三条第二款中的"本法所称"的定义也该适用于整部《反垄断法》。

第三，就横向垄断协议和纵向垄断协议的反竞争效果来看，经济学的研究成果揭示，横向的危害通常超过纵向，横向垄断协议是存有竞争关系的主体之间形成的直接损害竞争的协议，而纵向垄断协议对竞争的影响往往比较间接，并且经济学理论进一步证实了其还有某些促进竞争的效用。因此，如果不把第十三条第二款的要求适用在第十四条上，等于就是说对于影响竞争效果较大的行为，在认定违法上需要证明实际产生了净负效果，而对于影响竞争效果较小的行为，在认定违法上反而不需证明产生了净负效果。这样的说法不免让人觉得乖谬。

（二）批错误观点二：对第十四条适用合理原则将会架空第十五条豁免制度

有学者认为，反垄断法第十四条与第十五条已经建构了一个平衡分析模型，而一旦对第十四条适用合理原则，对于垄断协议一开始就进行权衡分析，那为何还需要第十五条？[①] 比如，张骏提出："……要通盘考虑转售价格维持给相关市场带来的利弊效果。这与《反垄断法》第十五条的豁免条款相冲突。"[②] 洪莹莹则提出："……纳入这一术语（合理原则），……现行的豁免条款将被架空。"[③]

上述错误观点主要在于：学者们对于"证明协议不构成垄断协议"的缘由做了一元化的理解。对于一项限制贸易的行为，若要证明其未构成垄断协议，证明的要素可以包括：同时产生了促进竞争效果、有利于提升效率、符合社会公共政策的目的。在这里，同时有促进竞争的效果属于对行为本身的分析，是就某一行为最终竞争效用净值进行的判断——称其为内部平衡分析。比如像纵向价格限制，一方面其可能会造成品牌内部竞争的削弱、市场进入的障碍、形成横向价格限制等阻碍竞争效用，另一方面其

---

　　① 除文中列举的观点之外，类似观点参见黄勇、刘燕南：《关于我国反垄断法转售价格维持协议的法律适用问题研究》，《社会科学》2013 年第 10 期；刘旭：《中美欧反垄断法规制限制最低转售价格协议的异同》，张伟君、张韬略：《知识产权与竞争法研究》（第 2 卷），北京：知识产权出版社 2014 年版，第 246 页。

　　② 张骏：《对于转售价格维持适用合理原则法律依据的探讨》，《价格理论与实践》2015 年第 10 期。

　　③ 洪莹莹：《我国转售价格制度的体系化解释及其完善》，《华东政法大学学报》2015 年第 4 期。

可能具有防止"搭便车"、促进市场进入、提升产品服务品质、维护商誉等促进竞争的效用，对于同一行为本身会有一个阻碍效用与促进效用的内部平衡机制。合理原则针对的就是这一行为内部效用净值的考察。而符合公共政策则是拿行为与一个其他行为进行的比较，这时候不是对行为本身的考察，是在行为本身净值已经计算出来的基础上，证明了行为综合认定下来还是产生了阻碍竞争的效果后，若要对其主张不构成垄断协议；拿竞争利益与一个其他的利益（通常为公共政策）进行比较，若是这种行为符合法律规定的公共政策也可对其豁免。① 所以，对于限制协议是否构成垄断协议，通常分为两步，首先就行为本身分析，考察行为本身竞争效用的净值，此时适用合理原则——判断行为本身有无产生阻碍竞争的事实。若行为效用为正，那么依照合理原则认定其不构成垄断协议；若行为效用为负，再去进一步考察有无可以对其豁免的公共政策，此时适用豁免制度——判断对阻碍竞争的行为能否进行豁免。若有也不构成垄断协议，若无则构成垄断协议。② （见图1）

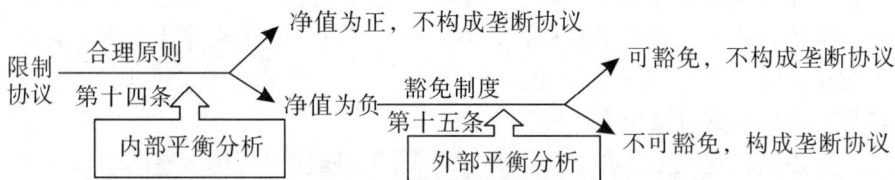

图1　"合理原则解决的内部平衡"与"豁免制度解决的外部平衡"的关系

（三）批错误观点三：《反垄断法》第十四条法条中"禁止"的措辞以及将纵向价格限制单独列举，表明应对纵向价格限制适用违法推定

《反垄断法》第十四条法条中采用的"禁止"一词，让一些学者认为

---

① 对于效率与竞争之间的平衡则需要进行具体的考察，如果效率使得竞争条件得到改进，那么视为内部平衡，如果对竞争条件未改进，只是一种相抵消的利益时，那么视为外部平衡。参见兰磊：《转售价格维持违法推定之批判》，《清华法学》2016年第2期。

② 再以欧盟法为例，在《欧盟职能条约》下，第一款不可避免要进行平衡操作，其平衡的是不同的竞争效用，而第三款平衡的是非竞争利益，比如像环境、文化等。参见兰磊：《转售价格维持违法推定之批判》，《清华法学》2016年第2期；兰磊：《最低转售价格维持的结构型合理原则分析》，载胡家勇等：《经济与法论丛》（第1卷），北京：中国社会科学出版社2014年版，第148页。

这样的措辞表明列举项危害极大，这种禁止的措辞说明列举项存在着显著的反竞争的目的或效果，是本身违法的。① 比如辛杨认为，"禁止即不应该这样行为，法律设定了消极的、不行为的义务。……换句话说，只要达成了'限制向第三人转售商品的最低价格的协议'，就是被法律禁止的，就应该是违法的。"②

此外，由于《反垄断法》第十四条采用的是明确列举加兜底条款的方式规定纵向垄断协议，特别列出了固定商品价格和限制商品转售价格这两种形式，故有学者认为：既然法条将纵向价格限制明确列举出来，就表明对于此种行为不需要再进行竞争效用的分析了，因为如果列举了还要再进一步分析的话，那么单独列举就显得没有必要，列举就失去了典型和意义。③ 比如黄宝仪认为："将某些协议如纵向价格限制单独列出来，已经是将排除限制竞争的协议从各种协议中筛选出来了。"④

上述错误理论的形成，主要在于对法条设定规律和反垄断法规制规律没有深刻的理解。

第一，由于法条对行为模式的处理只有三类：可为模式（可以）、应为模式（应当）、勿为模式（禁止），所以《反垄断法》第十四条中禁止的表述只是法条上的一种安排方式。禁止体现的只是法律对于某种行为现象所给出的否定性的评价，故禁止与其禁止的行为之间，可以表现为以下三种情形：第一，禁止这种行为样式；第二，禁止这种行为会产生的危险（行为 + 危险）；第三，禁止这种行为会造成的后果（行为 + 效果）。⑤ 所以禁止某种行为不必然等同于这种行为本身就是违法的，它还包含可能要求这种行为会产生潜在危险或造成实际效果的要求，而若是这种潜在危险或实际效果不是当然的包含于行为本身时，就需要加上额外的证明。（见图 2）

---

① 除文中列举的观点之外，类似观点参见李剑、唐斐：《转售价格维持的违法性与法律规制》，《当代法学》2010 年第 6 期；王健：《垄断协议的认定与排除、限制竞争的关系研究》，《法学》2014 年第 3 期。

② 辛杨：《限制最低转售价格协议并非当然违法？》，《河北法学》2014 年第 8 期。

③ 除文中列举的观点之外，类似观点参见许光耀：《〈反垄断法〉中垄断协议诸条款之评析》，《法学杂志》2008 年第 1 期；洪莹莹：《我国转售价格制度的体系化解释及其完善》，《华东政法大学学报》2015 年第 4 期。

④ 黄宝仪：《论最低转售价格维持的反垄断法规制》，《重庆科技学院学报》（社会科学版）2015 年第 5 期。

⑤ 参见兰磊：《英文判例阅读详解》，北京：商务出版社 2006 年版，第 226 页。

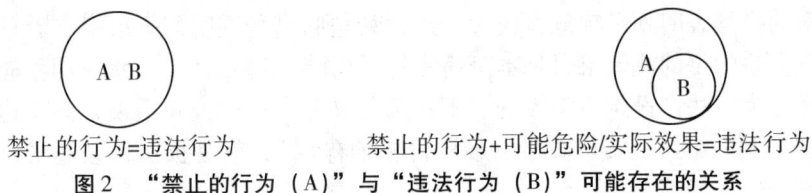

禁止的行为=违法行为　　　　　　　禁止的行为+可能危险/实际效果=违法行为

图2　"禁止的行为（A）"与"违法行为（B）"可能存在的关系

　　第二，列举项和垄断协议两者之间的关系可能有以下三种形式：等值关系、蕴含关系、交叉关系。在前两种关系下，列举项即垄断协议。但在列举项和垄断协议属于交叉关系的结构中，列举项与垄断协议两者的关系可以解读为：法律规制垄断协议，并且特别规制符合以下样式的垄断协议。此时法条的列举相当于是对列举项做的一种特殊的提示说明，此种样式的行为在一般情形下被定性为垄断协议，但这不等同于提示项就必然属于垄断协议了，是否属于还需要进一步认定其究竟满不满足垄断协议认定的实质要件。（见图3）

等值关系　　　　　　　　蕴含关系　　　　　　　　交叉关系

图3　"列举项（A）"和"垄断协议（B）"可能存在的关系

　　第三，就条文本身来看，"禁止实施下列垄断协议"的宾语针对的是第十四条第一款下面的三项，其中前两项是纵向价格限制，而第三项是兜底条款，这三项属于被第十四条"禁止"规制的平行条款，因此如果认为此处禁止说的是符合形式要求就判定违法，那么对于第三项兜底条款，也应当适用本身违法原则进行规制。[①] 同时，由于兜底条款没有对其做特别说明，所以对于除了第一、二项规定的纵向价格限制之外的其他纵向协议（如搭售、纵向地域限制、排他性交易、选择性交易等），都可以包含在第三项兜底条款之中，故对搭售这类行为也应采用本身违法。但通说认为，对于像搭售这类行为可能同时存在促进竞争和限制竞争的效果，在对它们

---

　　① 黄勇、刘燕南：《关于我国反垄断法转售价格维持协议的法律适用问题研究》，《社会科学》2013年第10期。

进行违法性认定的时候，应当采用合理原则全面分析竞争效用，[①] 所以在这里兜底条款本身就使用了合理分析在进行着一些排除，这样一来便自相矛盾了。

第四，这一错误观点的产生，也源于有学者对欧盟反垄断法的规制方式存在着一些理解偏差，他们认为我国反垄断法是以欧盟法为模板，而欧盟采用的是"禁止＋豁免"模式，《欧盟运行条约》第一○一条第一款明确采用"禁止"一词对列举项进行了规制，故说明对于列举项采用本身违法，同时这一违法行为只有通过该条第三款才能进行豁免。事实上，《欧盟运行条约》第一○一条处"禁止"的表达并不是表明其当然性的将全部限制协议认定为垄断协议。第一○一条法律规则说的是："……（行为形式），并以阻碍、限制……为目的或有此效果的协议……，均被……禁止。"法条中"或"表示的是该行为在目的和效果之间只需达到一条即可认定为违法，如文章第二部分所述目的违法对应的是违法推定，而效果违法对应的是合理原则。因此，该条表明：具备某种行为，要证明这种行为是垄断协议，需满足以下两个条件之一：要么这种行为是以限制竞争为目的——此时采用违法推定判定其违法；要么这种行为实际产生了阻碍限制竞争的效果——此时采用个案证明判定其违法。所以，第一○一条第一款虽然采用的是"禁止"的表述，但是结合整个第一款来看，其对于垄断协议的认定既包含了违法推定的分析方法也包含了个案证明的分析方法，而只有前者才类似于本身违法。所以欧盟反垄断法上此处的"禁止"也不等同于要适用本身违法。那余下来要回答的问题就是：第一○一条将价格限制、划分市场或供应来源等五项内容单独列出，是否表明对它们适用本身违法？这一问题，放在欧盟语境中就是，对于列举项是否就应当适用第一○一条对垄断协议进行认定的两种方式之一的目的违法进行规制？

首先，从法条上来看，由于第一○一条没有对横向协议与纵向协议作区分处理，故其调整的是所有协议。因此，对于被列举的 A 项（有关直接或间接限价的规定）便包含横向价格限制与纵向价格限制，而纵向价格限制一般包含限制最高价、限制固定价、限制最低价三种形式。但是，对于限制最高价存在明显促进竞争效果的协议，不论是实务界还是学界都主张

---

① "对于（第十四条第三项）其他影响竞争的纵向协议，可根据实际情况……，综合考虑其对市场竞争的有利影响和不利影响来决定是否予以禁止。"国务院反垄断委员会编：《〈中华人民共和国反垄断法〉知识读本》，北京：人民出版社 2012 年版，第 84 页。

应采取合理原则在个案中权衡竞争效用的净负值来判断。其次，司法实践表明即便是在判断限制固定价、限制最低价这类核心限制①的行为是否构成垄断协议时，也是既能按照目的违法方式也能按照效果违法方式来进行认定。在 Cepsa（2008）案中，欧盟法院给出了下列的判词："如果分销商被要求收取供应商设定的固定或者最低销售价格……只有在该合同的目的或效果明显限制共同市场上的竞争时……才落入第一〇一条第一款规定的禁止范围。"② 判词中"目的或效果"的表述清晰地表明，对于纵向价格限制其同样存在着目的违法认定和效果违法认定两种方式。再次，《关于条约第一〇一条第三款适用方式的指南》更进一步说明了就算是对于某些横向的限制协议也不能统统认定属于目的违法，以横向附带限制为例，其规定了若此种限制行为是为了进行主贸易而不能缺少的，并且主贸易也并非垄断协议，那么这种横向的限制行为也不能被认定为构成垄断。伴随着司法实践的积累，欧盟已经形成了一份专门规定对于横向与纵向垄断协议排除适用目的违法的指导性文件。③ 所以，不管对于何种垄断协议，欧盟都没有表明列举项就适用目的违法。最后，再和规制滥用市场支配地位的《欧盟运行条约》第一〇二条进行下类比，第一〇二条的结构与第一〇一条一样，先规定了一般性的禁止条款，而后在该条款下特别列出了四种滥用情况，但欧共体在对该条款进行适用时从未采用本身违法，而是在合理原则的理念下具体考察对消费者利益产生的影响。④ 正如曼恩法官对该条列举项与违法的关系上做的精辟解读所言："法定列举的以及后来判例法发展的示例都只是实施错误行为的方式，考察重点必须始终放在基础错误行为本身上。"⑤

第五，某些学者错误地认为欧盟采用违法推定，是由于误解了欧盟对于垄断协议的豁免制度，其主张欧盟在垄断协议上虽然采取的是"禁止 +

---

① 欧盟创设了安全港规则，对供应和销售双方都没有超过 30% 市场份额的允许集体豁免，但特别将核心限制排除在外。

② 兰磊：《转售价格维持违法推定之批判》，《清华法学》2016 年第 2 期。

③ See Guidance on restrictions of competition "by object" for the purpose of defining which agreements may benefit from the De Minimis Notice, SWD（2014）198 final.

④ "欧共体（欧盟）在解读'滥用市场支配地位'条款时，消费者利益成了一种必要的和最终的目的解释依据。"陈兵：《我国〈反垄断法〉"滥用市场支配地位"条款适用问题辨识》，《法学》2011 年第 1 期。

⑤ Purple Parking Ltd v. Heathrow Airport Ltd［2011］EWHC 987（Ch）at［79］.

豁免"制度，但豁免制度特别的将价格限制排除在外，对于限制价格的协议推定违法同时不能适用豁免制度。例如叶明提出："欧盟《纵向限制指南》第四条（实则是第四十七条）直接将价格限制行为定性为构成垄断协议的黑色条款，对于转售价格维持不能进行豁免。"① 这一观点属于断章取义，其是对《纵向限制指南》第四十七条的曲解，第四十七条首先规定了："如果协议含有核心限制，该协议将被推定违反第一〇一条第一款，同时该协议被推定不大可能满足第三款豁免条件……"这似乎说的是核心限制（价格限制）推定违法不能适用集体豁免，但在上述规定之后，该条进一步规定了："经营者可以在个案中依据一〇三条第三款证明促进竞争的效果"。所以，整个《纵向限制指南》第四十七条完整的含义是若一项协议含有核心限制（价格限制）那么不能够对其适用集体豁免，但是可以在个案中依据对竞争效果的判断适用个案豁免。欧盟司法中的案例更进一步佐证了这一点。早在 Binon（1985）案中欧盟法院就清楚地表明对于价格限制能够依照第三款进行豁免。② 所以不能进行集体豁免不等于不能被豁免，价格限制在欧盟法中通过个案竞争效果的分析同样能够得到豁免。

四、对违法推定更利于执法和司法实施、成本更低的批驳

有学者认为，对纵向价格限制适用违法推定能增强法律的确定性，从而有利于提升执法和司法过程中的效率；而若是采用合理原则，则会损害法律的确定性，同时不合理的证明责任会使得原告很难胜诉。③ 如扬帆认为："……（本身违法）能提高本国法律的稳定性和当事人的可预见。同时简化了审查程序……这一方式便于操作。"④ 玛丽娜认为："合理原则会

---

① 叶明、送霖：《限定商品转售价格行为的反垄断法分析》，《竞争政策研究》2015 年第 1 期。

② Case 243/83, SA Binon & Cie v SA Agence et messageries de la presse. ［1985］ECR 02015, p. 46.

③ 除文中列举的观点之外，类似观点参见何治中：《纵向垄断协议规制——美国、欧盟比较研究与借鉴》，《金陵法律评论》2011 年第 2 期；叶明、送霖：《限定商品转售价格行为的反垄断法分析》，《竞争政策研究》2015 年第 1 期。

④ 扬帆：《论最低转售价格维持对"本身违法、合理原则"的适用》，《兰州教育学院学报》2015 年第 4 期。

加重原告的举证责任，这会使转售价格维持变成一种事实上的'本身合法'。"①

第一，看上去更便于操作、成本更低的本身违法，在具体的执法和司法过程中却会导致更大的混乱与更高的成本，这一点无论是在欧盟还是美国都得到了印证。欧盟早期时候采用较宽松的方式解释第一〇一条第一款中的"限制竞争"，即只要协议具有限制竞争的效用，那么便不考虑是否同时产生促进竞争的效果而直接被第一款禁止，这在实践中产生了普遍违法的困境。为解决这一问题，欧盟只能通过第一〇一条第三款的豁免制度进行平衡，通过第三款对被第一款禁止的协议进行二次筛选，这一方式与我国目前执法机构的做法极为相似。在此模式下，欧盟形成了一个巨大的专门针对豁免情形的条例汇编，并在此基础上形成了集体豁免制度与个案豁免制度，如今看来这反倒是一个由例外变成一般原则的过程。而且实践中其也产生了很大的恶果："第一款中对限制竞争的过宽解读，加重了适用第三款下对公共政策和消费者利益保护的频率；此种均衡将产生巨大成本和不确定性，进而激励诉讼，阻碍贸易和破坏交易双方的议价平衡。"② 正如 Vissi 所言："是先对所有限制协议进行禁止而后通过集体豁免从中去除 90% 适当，还是先筛选掉 90% 再对余下的 10% 禁止适当？"③ 此种方式不仅和"法无明文禁止即合法"的基本思想相对立，而且致使各种例外层见叠出而又没有统一引领。

在美国，执法和司法中的教训也证实了看似简单的本身违法最终产生的麻烦却是巨大的。同样是为了避免本身违法造成的普遍违法，美国 Golgate（1919）案确定了一项豁免适用本身违法的条件，即当事人之间达成的不是限制价格的协议，④ 因此在以后的司法实践中，对于"协议"的认定成为纵向价格限制一类案件中最具争论的问题。这在实践中造成了如下的恶果：一方面，对于那些实际上产生了净负竞争效果的行为，由于找不到具体的协议（生产商控制价格有多种手段，完全可以绕开协议的形式，比如，虽没与下游的批发商签订协议，却只把货交给那些不打折的批发商

---

① MARINA LAC. Internet retailing and free-riding：a post-leegin antitrust analysis. Journal of internet law，March，2011，p. 897.

② CHRISTOPHER TOWNLEY. Article 81 EC and public policy. Oxford：Hart Publishing，2009：p. 204.

③ 解琳：《欧盟对纵向限制竞争协议的规制》，《经济研究导刊》2010 年第 26 期。

④ See United States v. Colgate& Co. ，250 U. S. 300 （1919）.

等），使得反垄断法不能对其予以规制；另一方面，对于那些达成了协议，但是行为本身产生了明显促进竞争效果的行为，联邦法院又需要对协议做缩小的解释，通过扭曲协议的含义来避免行为遭受本身违法的规制。如此一来，给美国的执法、司法系统带来了很多困扰，增加了许多成本。相反，若是适用合理原则，则不需要纠缠于"协议"这一形式的认定，法院是实际综合考量案件的多个具体因素后再判断是否属于垄断协议，在此过程中，即使某一行为不属于协议但综合下来是限制竞争的，那么也可以认定其构成垄断；即使某一行为属于协议但综合下来是促进竞争的，那么也不构成垄断。

第二，合理原则并非意味着不好操作，并非会加重原告的证明责任以及执法、司法的成本。虽然合理原则要求对案件的进行综合全面的分析，但这并非表明原告的举证就变得极为困难，执法和司法机构在具体的操作上会比较繁杂。相反，实践中对于这一原则的运用，其实已经形成了一个具体的分析步骤：第一步，原告（处罚者）对被告（被处罚者）实施的行为已产生或者可能产生阻碍、限制竞争的效果进行初步举证，给出证明要素；第二步，被告（被处罚者）证明自己实施的行为有增进竞争的效果，即行为存在"正当理由"给出证明要素；第三步，原告（处罚者）需对被告（被处罚者）提出的"正当理由"进行反驳，即被告（被处罚者）实施的行为没有促进竞争的效果，或者可以采取一个更为合理的替代方式给出证明要素；第四步，如果原告（处罚者）对被告（被处罚者）的反驳无法给出足够说服力的证明，那么原告（处罚者）需要对被告（被处罚者）的实施行为产生的竞争效果净值为负给出证明要素。

同时，伴随着执法、司法的积累，在遵循上述步骤对行为进行分析的过程中，在每一步骤下针对一些典型的证明要素，形成了类型化的规制方式——具备了哪些证明要素就能认定是垄断协议，具备了哪些证明要素就能认定不是垄断协议，具备了哪些证明要素则需要进行下一步分析。这些步骤下针对典型证明要素类型化的处理方式，脱离了合理原则的标签，成为独立对典型证明要素进行识别判断的责任标准，但事实上这些责任标准本质上还是源于合理原则，是合理原则分析步骤下的对典型证明要素的类型化处理。对于这种类型化的规制方式，我们将其称为结构型的合理原则。

当很多针对不同典型证明要素的类型化处理方式积累到一定阶段的时候，原本无的放矢、漫无目的的合理原则俨然已经形成一个固定分析问题

的模型。[①]（见表3）

表3 结构型合理原则的规制方式

步骤	需证明的要素	典型证明要素	规制方式	关键
第一步	原告（处罚者）对被告（被处罚者）实施的行为已产生或者可能产生阻碍、限制竞争的效果给出证明要素	A类：证明要素总是或一贯都属于垄断协议（如联合拒绝交易、市场划分协议等）	可直接认定构成垄断	积累找寻每一步骤的典型证明要素
		B类：证明要素常会造成反竞争效果，同时一旦具备了某些其他条件（证明要素）就总是或一贯都属于垄断协议（如搭售等）	同时满足这两类证明要素，可认定构成垄断	
		C类：具备了此种要素需要接着进行下一步分析	转第二步	
第二步	被告（被处罚者）证明自己实施的行为有增进竞争的效果，即行为存在"正当理由"给出证明要素	A类：证明要素一贯明显不能够成为"正当理由"	要求重新给出"正当理由"，若不能可认定构成垄断	
		B类：具备了此种要素需要接着进行下一步分析	转第三步	

---

① 如此一来，合理原则与本身违法由先前的两者之争变成了统一于合理原则系谱下的两种规制方式。合理原则不仅是一种规制问题的方式，更重要的是它上升为一种规制反垄断行为的理念。在这一理念下，当不同典型证明要素的类型化处理方式积累到一定阶段的时候，就会形成一个系谱，而合理原则就分成了两大类：第一，结构型合理原则——模板化的处理模式；第二，全面型合理原则——对案件进行全面考量分析。参见兰磊：《转售价格维持违法推定之批判》，《清华法学》2016年第2期。

（续上表）

步骤	需证明的要素	典型证明要素	规制方式	关键
第三步	原告（处罚者）证明被告（被处罚者）实施的行为没有促进竞争的效果，或者可采取一个更为合理的替代方式给出证明要素	A类：证明要素一贯明显不能够成为"替代方式"或反驳理由	要求重新给出"替代要素"，若不能可认定不构成垄断	积累找寻每一步骤下典型证明要素
		B类：具备了此种要素需要接着进行下一步分析	转第四步	
第四步	如果原告（处罚者）对被告（被处罚者）的反驳无法给出足够说服力的证明，那么原告（处罚者）要对被告（被处罚者）的实施行为产生的竞争效果净值为负给出证明要素	此时，案件不能在结构型合理原则中找到规制方式，因此需要对全案进行综合分析，权衡最终的竞争效果净负值	当司法、执法以及市场经验积累到一定程度，需要走到最后一步进行分析的将会很少	

　　在将抽象的合理原则转化为具体的分析模型之后，一切就变得十分简单方便了。无论是原告举证，还是具体的执法、司法，只要遵循合理原则的分析步骤，然后看自己的行为是每一步骤下哪种典型证明要素，便能很快通过类比得出结论。因此，这里面最关键的就在于要积累找寻每一步骤的典型证明要素，外国的一些法院和机构已经着手进行研究，试图通过找寻典型证明要素的方式架构起结构型合理原则的分析模式，而我国也初步形成了此类研究的意识。比如在锐邦诉强生案二审中，主审丁文联法官强调该案正是要进行这方面的摸索和研究："'合理原则'比较契合市场实际

需要，但不应以一种过于灵活、成本过高的方式适用，在锐邦诉强生案二审判决中法院试图明确一些最基本和最重要的分析要素，为法官提供一个简洁的分析框架，同时方便企业建立清晰的行为预期……"①

五、对违法推定更符合以欧盟反垄断法为蓝本、利于学习借鉴的批驳

有学者认为，我国《反垄断法》是以欧盟相关规定为学习借鉴的蓝本，而合理原则是美国规制反托拉斯的方法，欧盟不是采用合理原则，其类似的处理方式是通过第一〇一条第三款构建了一个平衡机制，因此若是在学习借鉴欧盟相关规定的框架下融入美国的合理原则，这种"半吊子"的方式最终会带来不合理、有害的结果，所以他们主张适用违法推定的模式，这样才符合我国以欧盟有关规定为模板的实际情况。② 比如，洪莹莹认为："若希望在欧盟的立法蓝本下直接融入美国的术语体系，显然不可能，……合理原则无法与我国现行的立法框架进行无缝对接……"③ 李剑认为："《反垄断法》条文中并没有'当然违法原则'和'合理原则'这样的字眼，其从立法模式上说更偏向于欧盟竞争法而非美国反托拉斯法。"④

第一，美国和欧盟在对垄断协议认定上其实没有本质的不同。如前文所述，对于垄断协议的认定分为内部净效用分析和外部豁免两个步骤。在美国《谢尔曼法》中，对于内部净效用的判断主要区分为本身违法和合理原则的两种方式；在欧盟《欧盟职能条约》之中，其通过第一〇一条第一款对内部效用的判断也区分为目的违法和效果违法两种模式，如文章第2部分所述，目的违法对应违法推定——本身违法，效果违法对应个案分析——合理原则，同时无论是美国还是欧盟，在处理内部效用认定的问题

---

① 丁文联：《限制最低转售价格行为的司法评价》，《法律适用》2014 年第 7 期。

② 除文中列举的观点之外，类似观点参见武彬：《论我国纵向垄断协议的法律规制原则》，载顾功耘、罗培新：《经济法前沿问题》，北京大学出版社 2014 年版，第 117 页；刘旭：《中美欧反垄断法规制限制最低转售价格协议的异同》，张伟君、张韬略：《知识产权与竞争法研究》（第 2 卷），北京：知识产权出版社 2014 年版，第 195 页。

③ 洪莹莹：《我国转售价格制度的体系化解释及其完善》，《华东政法大学学报》2015 年第 4 期。

④ 李剑：《横向垄断协议法律适用的误读与澄清》，《法学》2014 年第 3 期。

上，两地反垄断法的架构均是在坚持合理原则理念下进行的。从外部豁免制度上来看，欧盟将豁免制度规定在了第一○一条第三款下面，主要是处理反垄断与公共利益之间的平衡；而美国在处理外部豁免的问题上，则是将这些豁免条款放在了其他法律文本之中，比如像州行为法则、Noer-Pennington 请愿豁免等，① 这种做法在作用上与欧盟第一○一条第三款是一致的。所谓的区别仅是欧盟的豁免制度是在一个统一的法律条文之下进行的，而美国的豁免制度没有写在《谢尔曼法》第一条之中，而是放在了其他法律之中。具体到我国，同样与上述两地不存在对接上的问题，我国由于对横向/纵向垄断协议做了区别对待，因此《反垄断法》第十三、十四条合起来相当于《欧盟职能条约》第一○一条第一款，对应美国《谢尔曼法》第一条，处理的是对于垄断协议认定的内部平衡问题，而我国《反垄断法》第十五条规定的公共政策豁免制度则相当于《欧盟职能条约》第一○一条第三款，对应美国其他法律中有关豁免制度的规定。因此，中、欧、美三者无论是内部净效用认定还是外部豁免制度，仅是表面安排的一些差异，实质性的分析机理是不谋而合的。（见表4）

表4　中、欧、美在垄断协议认定的体系上没有根本差别

	内部竞争净效用认定	外部公共利益豁免
中国	《反垄断法》第十三、十四条（个案证明/违法推定）	《反垄断法》第十五条
欧盟	《欧盟职能条约》第一○一条第一款（效果违法/目的违法）	《欧盟职能条约》第一○一条第三款
美国	《谢尔曼法》第一条（合理原则/本身违法）	其他法律

第二，合理原则是经过司法实践认证的判定垄断协议的根本理念和模板，其已被越来越多的国家接纳。不能刻板地觉得既然现有法律术语体系中无此规定，那么便不能进行学习、引进。事实上，即便是在美国，从《谢尔曼法》到《联邦贸易委员会法》，在这些法律条文中也没有对"合理原则"和"本身违法"进行法条明文定义，但这丝毫没有影响学界对这两种模式长达百年的研讨，没有影响司法实践中将这两种理念演化为规制

① 参见兰磊：《转售价格维持违法推定之批判》，《清华法学》2016 年第2期。

垄断协议的基本方法。世界上很多国家在反垄断立法之中都未特别规定此类术语，现实中却充分利用了术语蕴含的理念。

反垄断法是保证市场经济健康运行的手段，而市场经济又是瞬息万变的，常常会受到经济政策或某一时期经济学理论发展的影响。所以，不管是哪个国家的反垄断法都不可能是一成不变的规范，只能是一个结构型的法律框架。伴随着现实中大量案例的积聚，必然会对先前的原则提出改变的需求与信息，同时也只有这样才能使法律对于垄断行为的规制更科学合理。而在这一过程中，一些新的原则、规则、理念自然会随着司法实践应运而生。合理原则是公平分析、解决矛盾的一种基本手段，已被世界范围内市场经济发达国家作为处理垄断协议的基本理念，想合理阐释实践中对各种垄断协议的认定，就无法回避对这一术语的引进。

第三，本身违法不利于反垄断法对经济学研究成果的吸收，但合理原则能促进这一过程。反垄断法根本目的是规制限制竞争的行为，而什么行为属于限制竞争的行为说到底还是一个经济学的研究结论，因此需要通过大量案件的经济学实证分析揭示出哪些行为、要素常构成垄断，这样才能促进反垄断的科学立法。在运用本身违法认定的过程中，由于不需要对个案进行全面经济分析，便不能从中获得任何实证资料，进而影响反垄断法的改进；而合理原则是对案件中促进和阻碍竞争效用的全面评估，通过对大量案件的经济分析能够揭示出一般构成排除、限制竞争的行为、要素是哪些，进而能提升对反垄断法的科学认识水准。此外，随着经济学理论研究的深入，某些曾以为只造成负竞争效用的行为，可能会被发现也产生正效用。倘若适用本身违法，那么对于这一最新经济学成果的吸收，便只能通过修改成文法的办法得以实现，可这并非是提升反垄断立法最合理的途径。一方面，如果法律对某种行为已经做了禁止性规定，大家潜意识里面便觉得此种行为就是违法的，对其无须再过多分析，那么对于该行为的经济效果的研究就会大打折扣。以 Dr. Miles（1911）案为例，在联邦最高法院判决适用本身违法之后的一个多世纪，美国法院在司法过程中便潜在地认为纵向价格限制行为是违法的，更不要说对纵向价格限制的促进竞争效用进行专门研究，这也让经济学和法学家的对纵向价格限制的研究很受限制，因为在很多时候一些重要的资料就来自法院的调查取证和判决公告。相反，对某种行为的禁止越少，则越能准确观测出它的经济效用，比如在澳大利亚，为了让澳大利亚公平竞争和消费者委员会可以更快、更好地评测纵向价格限制交易究竟会产生哪些竞争效果，《竞争政策评估报告》提出应把纵向价格限制授权豁免制变为通报豁免制。① 另一方面，若没有足够的执法、司法实践和法学、经济学的理论积累，立法者也不会轻易地对法律进行变更。

六、结　语

综上所述，无论是回归法律文本的解读，还是为了执法、司法能降低成本、提高效率，抑或是为了提升《反垄断法》立法去借鉴域外经验或吸收经济学成果，持违法推定的学者们给出的种种理由均不能成立。

故笔者认为，对于纵向价格限制应当适用合理原则：第一，合理原则更能反映《反垄断法》的立法本质，《反垄断法》并非要规制某一特定行为，其要规制的是实际产生了阻碍竞争的行为；第二，合理原则与我国反垄断立法体系并不矛盾，《反垄断法》第十四条解决的是竞争效用内部分析，而第十五条处理的是一个外部公共政策豁免，彼此之间规制的是不同的问题；第三，合理原则更符合经济学揭示的一般规律，更有利于吸收经济学的研究成果。经济学的研究成果表明纵向价格限制确实存在促进竞争的效应，而适用合理原则更能避免本身违法造成的潜意识里不去研究"违法现象"的问题；第四，合理原则更符合世界市场经济发达国家对纵向价格限制的规制规律，美国通过 Leegin（2007）案彻底确立合理原则，欧盟也在最近的做出的几个判决中反复强调"目的或者效果明显限制竞争"这一构成要件，而澳大利亚甚至提出了应把纵向价格限制授权豁免制变为通报豁免制；第五，合理原则更能与我国经济发展阶段相适应，市场经济需要法律做到客观公正，有稳定预期，合理原则正能做到这一点，不是一棒子打死所有违法和不违法的行为。第六，合理原则更有利于增强《反垄断法》的科学性，《反垄断法》在我国刚刚起步，因此对各类经济行为的竞争效用把握还不太成熟，在合理原则正式能够深入分析经济行为竞争效用的过程，从而为《反垄断法》的科学性积累大量材料。

但是，合理原则不能以一种过于抽象的方式实现，如前文所述，通过积累形成典型证明要素构成的结构性合理原则分析模式，应是我国反垄断法的发展方向。因此现阶段最关键的就在于典型证明要素的积累，应强化这一方面的建设。

---

① Competition Policy Review Panel, Competition Policy Review; Final Report (2015), p. 379.

论经营者集中反垄断豁免的审查标准与实施机制
——兼评析南车北车并购案

董成惠*

提要：反垄断法的价值目标在于保护公平竞争，提高经济效益，保护消费者利益和社会公共利益。但不同的法益目标会发生冲突，如何平衡反垄断法的各种价值目标在实践中具有不确定性，反垄断法的价值实现常常是相机抉择的结果。在经营者集中的反垄断审查中，为了经济效益和社会公共利益，对特定的可能排除、限制竞争的经营者集中给予反垄断豁免具有其合理性。但维护公平竞争秩序是反垄断法的根本目标，其他目标的实现不应该对竞争造成严重损害，否则就不应该豁免。经营者集中的反垄断审查不仅应符合经济上的合理性，还应遵守《反垄断法》的相关规定和程序正义。南车北车并购案基于产业政策的反垄断豁免可能会损害国内市场竞争秩序。

关键词：南车北车；经营者集中；反垄断审查

根据我国《反垄断法》第二十八条的相关规定，经营者集中的反垄断审查在于防止企业通过集中改变市场结构形成垄断可能产生排除、限制竞争的效果。但经营

---

* 董成惠，中国人民大学法学院 2014 级经济法学博士生。

者能够证明该集中对竞争产生的有利影响明显大于不利影响，或者符合社会公共利益的，国务院反垄断执法机构可以做出对经营者集中不予禁止的决定。即给予反垄断豁免允许集中。我国《反垄断法》第一条规定公平竞争、经济效率、消费者利益和公共利益都是《反垄断法》保护的法益目标。因此，经营者集中的反垄断审查也应该符合《反垄断法》第一条规定的立法旨宗。实践中，对经营者集中的反垄断审查是个价值衡量和利益博弈的相机抉择的结果。南车北车并购是为了避免双方在海外的恶性竞争，2014 年 12 月 30 日在国务院主导下，中国南车与中国北车按照"坚持着眼未来、对等合并、坚持精心谋划、共谋发展，规范操作、稳妥推进"① 的合并原则公布了合并，并通过国资委等机构的审核（国资产权〔2015〕117 号）。2015 年 4 月 8 日经过中国证监会无条件审核通过。同日，双方也收到商务部反垄断局出具的通过经营者集中反垄断审查的《审查决定通知》（商反垄审查函〔2015〕第 19 号）。由政府主导下的两车合并虽然已尘埃落定，但两车作为国有控股上市公司，两车合并不只是企业经营管理问题，还涉及企业并购、上市公司股权变动、经营者集中的反垄断审查等法律问题。南北车合并可能会导致新一轮以抱团出海为目的的国企重组热，但国企重组的战略目标不仅应具有经济上的理性，也应符合法治的逻辑思维和程序正义依法进行。在企业并购的经营者集中的反垄断审查中，应该严格按照《反垄断法》及相关规定进行。

一、经营者集中反垄断豁免的理论基础

（一）经营者集中反垄断豁免审查的价值衡量

斯蒂格勒认为美国大公司都是通过某种方式兼并而壮大的，而获得超额利润的手段就是资本集中的兼并。② 全球化下的技术创新和激烈竞争使企业之间的联合成为普遍经济活动。③ 集中和垄断通过财务协同、技术协

---

① 《中国南车股份有限公司、中国北车股份有限公司合并报告书》，上海证券交易所，http://static.sse.com.cn/disclosure/listedinfo/announcement/c/2015-04-27/601766_20150428_7.pdf，2015 年 5 月 31 日。

② 乔治·斯蒂格勒著，潘振民译：《产业组织和政府管制》，上海：上海人民出版社 1996 年版，第 3 页。

③ 周琳：《企业并购的资源协同》，北京：中国经济出版社 2007 年版，第 31 页。

同、管理协同等获得"1 + 1 > 2"的协同效应,不仅形成规模经济,而且降低成本和推动技术进步。另外,集中的经营者之间具有管理上独特的竞争优势和差别效率,通过集中能够实现优势互补,分散经营风险,提高参与集中企业的整体管理效率。[①] 适当的集中能够化解过度竞争导致的资源浪费和无谓的损耗。经营者集中通过企业兼并和转产等机制将分散的生产能力集中起来增强企业的有效竞争。[②]经营者集中可以产生经济效益,但企业的经营者集中通过集中实现规模经济效益改变市场结构,使参与集中的经营者增加市场势力取得市场支配地位,因而可能导致企业滥用市场支配地位限制竞争。另外,经营者集中降低参与集中的经营者的共谋成本,扩大经营者共谋的风险。[③] 这种不利于竞争的"可能性"或"推测"是各国反垄断法对经营者集中进行规制的基本理由。[④] 这种规制是基于经济学上的假定:即有效竞争比垄断更有利于资源的分配和整体福利的提高。商务部制定的《关于评估经营者集中竞争影响的暂行规定》(以下简称《暂行规定》)第九条规定认为"经营者集中可提高经济效益、实现规模经济效应和范围经济效应、降低产品成本和促进产品多样化,从而对消费者利益产生积极影响。集中也可能提高参与集中经营者的市场控制力,增强其采取排除、限制竞争行为的能力,使其更有可能通过提高价格、降低质量、限制产销量、减少科技研发投资等方式损害消费者利益"。在实践中,各国通过反垄断法规定对经营者集中进行反垄断申报审查,对可能损害竞争的经营者集中进行事前控制。经营者集中反垄断审查是反垄断法不同价值目标衡量和各种利益博弈,经营者集中的反垄断审查的豁免是基于保护社会公共利益或社会整体利益的需要,一定程度上允许对排除或是限制竞争的经营者集中,也是反垄断法合理性原则的具体适用。经营者集中反垄断豁免是反垄断价值利弊权衡的结果,也是反垄断审查标准和反垄断法值价选择的结果,比如产业政策、合并特有的经济效益、公共利益等常成为经营者集中反垄断审查豁免的主要理由。实践中,各国对经营者集中反垄断

---

① 应品广:《经营者集中反垄断规制的理由:一个不确定的立场》,《安徽大学法律评论》2009 年第 2 辑,第 67 页。

② 曹建海:《过度竞争论》,北京:中国人民大学出版社 2000 年版,第 190 页。

③ 应品广:《经营者集中反垄断效率抗辩的适用条件分析》,《西部法学评论》2010 年第 6 期,第 29 页。

④ 应品广:《经营者集中反垄断规制的理由:一个不确定的立场》,《安徽大学法律评论》2009 年第 2 辑,第 70 页。

豁免的适用标准因不同的案例各异。

（二）南车北车并购案的价值分析

南车北车案件是 2000 年为了解决垄断带来的效率低下、竞争不足、服务官僚化等问题，由中国铁路机车车辆工业总公司根据地域拆分为中国南车和中国北车的行动，旨在提高竞争力。截至 2013 年年末，中国北车实现营业收入 972.4 亿元，中国南车为 978.9 亿元，接近这两家公司刚成立时收入的 10 倍。其经济效率是显而易见的，当初南车北车的拆分创造了公平竞争的市场环境促进了经济效率。2014 年国务院主导南车北车合并的主要原因是避免两家公司在海外市场恶性竞争降低内耗，集中研发，同时整合资源，完善产品组合，增强技术实力，充分发挥规模效应和协同效应，优化全球产业布局和资源配置，进一步增强核心竞争力，加快建设成为具有国际竞争力的世界一流企业。[1] 有学者认为，南北车合二为一有利于动车技术标准化促进海外出口；有利于国企背景的零部件制造企业的发展使整体受益，并有助于降低高铁成本，研发出更具自主知识产权的高铁且有利于应对国际竞争；并借丝绸之路把两车合并上升到国家战略。南车北车合并后，累计销售收入几乎相当于加拿大庞巴迪、法国阿尔斯通、德国西门子、美国 GE、日本川崎轨道等 5 家交通装备市场的总和。[2]《中国南车股份有限公司、中国北车股份有限公司合并报告书》（以下简称《合并报告书》）称这次合并的目的主要通过"提升合并后新公司的业务规模，增强盈利能力，打造以轨道交通装备为核心，跨国经营、全球领先的大型综合性产业集团，进而提升全体股东的利益"，达到"提高国际化、增强协同性，拓展多元化"的战略目标。[3] 两车从最初为了竞争而分拆到现在为了技术进步、避免恶性竞争、提高国际竞争力而合并，并提升到国家战略地位，经历了不同价值目标的转变。政府主导南车北车的合并是为了迎合国家战略目标的产业政策相机抉择的结果，其所涉及的反垄断法的价值选择

---

① 陆泓：《中国南车中国北车合并方案公布》，中国证券报，http：//www.cs.com.cn/ssgs/gsxw/201412/t20141230_4605709.html，2015 年 5 月 24 日。

② 陈燕青：《南车吸收合并北车新公司简称"中国中车"》，中同经济网：http：//finance1.ce.cn/rolling/201412/31/t20141231_4239208.shtml，2015 年 5 月 23 日。

③《中国南车股份有限公司、中国北车股份有限公司合并报告书》，上海证券交易所，http：//static.sse.com.cn/disclosure/listedinfo/announcement/c/2015 – 04 – 27/601766_20150428_7.pdf，2015 年 5 月 31 日。

有待实践的检验。特别是南车北车的合并可能引发国企抱团出海的重组热，其战略思维有待于从经济学和反垄断法的角度进一步探讨。在建设法治国家的背景下，产业政策、竞争政策等政府的经济政策和管理措施，应当在现行法律基础上依法进行，企业经营者集中的反垄断审查应符合反垄断法制度设计。南车北车的合并是否符合经济上的合理性并能否依法适用反垄断法豁免制度值得进一步的思考和探讨。

二、经营者集中反垄断豁免审查之"效率抗辩原则"的剖析

（一）"效率抗辩原则"及其适用

1. 经济学上的"效率抗辩原则"

经济学上关于反垄断对效率影响的评估方法主要有两种：一是由 Werden、Froeb 和 Tschantz 提出的"补偿的边际成本降低"[①] 方法（Compensating marginal cost reductions，CMCRs），旨在计算在并购前后的价格和数量不变的前提下，并购后最低程度的边际成本；另一种是由 Verboven 等（1999）、Rller 等（2001）、Stennek 和 Verboven（2003）等提出的"最低必需的效率"方法（Minimum required efficiencies，MREs），认为并购带来的反竞争性的价格增长超过真实的并购特有的成本节约传递给消费者的部分。[②] 国外部分学者对"效率抗辩原则"持不同的态度。Salant 等证明了如果并购没有形成垄断不能产生效率利益则将无利可图。Farrell 和 Shapiro 提出了福利增进型并购的充分条件，即公司并购时必须满足效率利益一定大于并购前的平均毛利。Banal-Estanol 等认为由于并购实体内部的冲突，并购并没有产生效率利益，甚至会导致效率损失。DeFoe 认为威廉姆森的效率观低估了因价格增长导致的福利损失，高估了并购的效率利益。因此企业并购的效率是不确定的。[③] 企业经营者集中的经济效率是基于经济学

---

① 边际成本指的是每一单位新增生产的产品（或者购买的产品）带来的总成本的增量。它不依靠估计、假定和预测来计算单位成本，生产成本仅包括变动成本，这样可以准确反映企业在实务上是如何发生的；与完全成本法相比，销售量与利润直接相关，更能准确反映实际利润的多少。

② 王国红：《银行并购的反垄断经济学文献述评》，《经济评论》2010 年第 5 期，第 142 页。

③ JOSEPH FARRELL，CARL SHAPIRO. Horizontal mergers：an equilibrium analysis. The american economic review，Vol. 80：pp. 107 – 126.

上的假设，实践中的经营者集中的经济效率难达预期的效果。美国《商业周刊》1999 年对过去 35 年里的调查指出，参加并购的公司股票价格平均下降了 4 个百分点。美国《财富》杂志 2000 年的调查也发现，有四分之三的并购收益不足以弥补其并购成本。加拿大多伦多的并购评估机构 Campbell Valuation Partners 的研究资料显示，超过 80% 的参与并购的公司在对并购目标评估时考虑了协同效应，但一半以上仅能获得 50% 或低于 50% 的预期协同效应。① 实践中，企业经营者集中不一定能够实现期待中的规模经济和协同效应而降低边际成本。相反，可能因为管理上的协同成本增加而影响了经济效率。这些因素都是企业在并购评估时应该考虑的重要的经济指标。如果失去经济上的合理性，那么集中对企业的发展就没有意义。

2. 反垄断法上的"效率抗辩原则"

（1）国外的审查标准。

西方多数国家在经营者集中的反垄断审查中确立了"效率抗辩原则"。效率抗辩原则的理论基础是威廉姆森效率（Williamson）：即相对小的成本降低能补偿大的价格增加带来的无谓损失。② "效率抗辩原则"认为经营者集中可以形成协同效应和规模经济提高效率；同时也可能导致市场力量增加和共谋成本降低，从而限制竞争。反垄断法对经营者集中的效率和反竞争两个因素应该加以权衡。经营者集中反垄断审查的效率抗辩是对效率和反竞争因素权衡的具体体现。③ 效率抗辩要满足三个基本条件：第一，效率必须是源于并购行为本身；第二，能够确保大部分效率可以传递给消费者；第三，这种效率能抵消因并购产生的反竞争效果。④ 美国 2010 年最新修订的《横向合并指南》（以下简称《指南》）规定：当局仅考虑由合并产生的效率，且这种效率只有采取反竞争的方式或如果不合并就不可能产生。这种效率称为合并特有的效率（Merger-specific efficiencies）。《指南》

---

① 周琳：《企业并购的资源协同》，北京：中国经济出版社 2007 年版，第 5 页。

② WILLIAMSON, Economies as an antitrust defense : the welfare tradeoffs. American economic review, 1968（58）: pp. 18 – 36.

③ 应品广：《我国建立反垄断效率抗辩法律制度的必要性分析》，《云南大学学报》（法学版）2011 年第 1 期，第 45 页。

④ 王守拙：《基于经济学视角的并购效率抗辩分析》，华东政法大学硕士学位论文，2013 年。

认为如果合并导致垄断或者近乎垄断，则合并产生的效率就不具有合理性。① 《指南》认为反垄断当局可以在效率条款中更多地融入产业政策因素以提升本国产业国际竞争力，并购带来的技术进步和产业创新等因素也可能作为效率因素纳入反垄断审查的抗辩条款中，从而提升了效率因素在并购审查中的地位。② 因此，美国《指南》所指的"合并特有的效率"并不局限于经济效率，包括了技术进步和消费者福利的增加等综合因素。欧盟2004 年的《横向合并指南》第八十五条也明确规定：效率应该是合并直接产生的，并且类似程度效率不能通过其他具有更小反竞争效果的方式获得的情况下，效率才被认为是由合并产生的，才考虑效率与合并的竞争性评价相关，因此效率应该是合并所特有的（Merger -specific）。③ 如果有证据表明集中所产生的效率效果足以抵消或超过集中的反竞争效果，那么该项集中就能够获得反垄断法的豁免。④ 德国联邦卡特尔局的实践中，经济效率不能成为豁免企业并购的重要理由，特别当合并能够产生或者加强市场支配地位时，联邦卡特尔局不会接受当事人以经济效率为由的辩护。⑤ 1991 年加拿大竞争管理局下属的调查与研究司发布的《解释和实施〈竞争法〉并购条款的并购实施指南》（Merger Enforcement Guidelines）解释了《竞争法》第九十六款⑥，认为该条款构建了一个并购可能带来的反竞争效应与可能带来的效率互相平衡的"替换框架"。要求并购可能带来的效率在加拿大境内实现的部分，应该能够补偿因该项并购给加拿大生产者和消费者带来的福利净损失，并对能够纳入反垄断当局评估分析的效率因素进

---

① 转引自王晓晔：《〈中华人民共和国反垄断法〉中经营者集中的评析》，《法学杂志》2008年第 1 期，第 6 页。

② 余东华：《欧美并购规制政策中效率条款的演进及对中国的启示》，《天津社会科学》2010年第 3 期，第 77 页。

③ 应品广：《经营者集中反垄断效率抗辩的适用条件分析》，《西部法学评论》2010 年第 6期，第 29 页。

④ 叶一颖、应品广：《试论经营者集中反垄断豁免的审查因素》，《知识经济》2008 年 12期，第 26 页。

⑤ 转引自王晓晔：《〈中华人民共和国反垄断法〉中经营者集中的评析》，《法学杂志》2008年第 1 期，第 6 页。

⑥ 加拿大《竞争法》第九十六条规定：法院不得发布命令，如果它认为，有关请求合并的意向已经产生或者可能产生显著的效率，且该成果将大于或将抵消任何来自或可能性来自该合并产生的削弱竞争的结果，且如果发出命令，该项效率成果将不可能得到。但是集中能否提高企业效率是很难衡量的。因此实践中并不将这一因素着重考虑。

行了详细界定。① 加拿大在 Superior Propane 案中，联邦上诉法院和竞争法院因为效率因素认可了企业取得市场支配地位的集中，但由加拿大竞争局发起的专家咨询小组提交的关于效率抗辩的最终报告建议，导致反垄断合并案件中不适用效率抗辩。② 纵观各国对效率抗辩原则的适用，美国与欧盟在适合效率抗辩时都强调效率的特定性，即只有经过合并产生的效率才可能成为反垄断经营者集中审查的豁免理由。从欧美等国的相关规定和实践来看，"效率抗辩原则"中的效率是特指因合并产生的效率而不包括其他因素产生的效率。并且在经营者集中的反垄断审查中对"效率抗辩原则"的适用相当谨慎，当"合并特有的效率"与保护竞争相冲突时，依然要优先考虑对竞争的保护，如果对"合并特有的效率"的保护会限制或损害竞争，那么该合并就应该被禁止。而且，对效率利益的评估不局限于经济效益利益，是多种利益综合评估的结果。

（2）我国的审查标准。

我国商务部制定的《暂行规定》没有明确规定适用"效率抗辩原则"的标准和原则，也没有否定，为反垄断法的实施预留了空间。根据《反垄断法》第二十八条的相关规定，笔者认为，我国《反垄断法》原则上是允许使用"效率抗辩原则"的，且我国对经营者集中的效率利益评估是一项"合并的整体效益指标"，不局限于"合并特有的效率"。王晓晔教授认为，由于第二十七条"经营者集中对国民经济发展的影响"的规定，排除反垄断执法机构基于经营者集中可以实现生产合理化，或者有利于提高企业的经济效率和市场竞争力等理由而批准限制竞争的经营者集中。③ 笔者认为王教授对《反垄断法》第二十七条只是进行了负面解读，可能把"条件"当作了"结果"，或是只看到经营者集中可能对国民经济发展的消极影响或副作用，但忽略了其可能产生的"合并特有的效率"的积极影响或正面作用，因而得出我国《反垄断法》不支持"效率抗辩"的结论。根据

---

① 余东华、刘晓燕：《加拿大并购反垄断审查中的效率因素分析———以 Hillsdown Holdings 并购案为例》，《世界经济研究》2013 年第 2 期，第 69 页。

② Report of the Advisory Panel on Efficiencies, Submitted to Sherid an Scott, Commissioner of Competition, August 2005, http : // www. competition bureau. gc. ca/ epic/ site/cb – bc. nsf/ en/ 01954e . html. 转引自应品广：《经营者集中反垄断效率抗辩的适用条件分析》，《西部法学评论》2010 年第 6 期，第 33 页。

③ 王晓晔：《〈中华人民共和国反垄断法〉中经营者集中的评析》，《法学杂志》2008 年第 1 期，第 7 页。

《反垄断法》及《暂行规定》的相关规定，要求对经营者集中的反垄断审查要对"经济效益""技术进步""消费者""国民经济发展""竞争"等多种因素的影响进行综合考虑，应该不排除"合并特有的效率"因素的考量。经营者集中的反垄断审查关于"合并特有的效率"的评估应该是综合多种因素依据反垄断法的合理性原则进行相机抉择的结果，但应该符合反垄断法的逻辑思维，以不损害公平竞争为原则，不应该只是主观臆断的战略决策和为实现特定经济目标的相机抉择，应该是多种利益综合评估的结果。

（二）南车北车合并案"效率抗辩原则"的分析

企业并购的效率评估是企业合并的经济学依据，南北两车的《合并报告书》从合并审批风险、现金选择权相关风险、强制转股风险、债权债务转移风险、国内外市场竞争加剧风险、内部整合风险、股票价格波动风险、财务风险等八方面较详细地评估了合并可能带来的风险。[①] 解读报告的内容，两车合并后前景似乎并不那么乐观，相反合并可能带来不少的风险，存在不少的困难，其经济合理性并不充分，然而在国内市场上形成了绝对垄断。从南车北车近年公布的财务报告来看，两车的利润90%以上来自国内市场，国际市场的利润不足10%。[②] 但两车合并对排除或限制国内市场的竞争是显而易见的。新合并的中国中车的"单边效应"[③] 垄断已成定局，90%以上的国内市场的竞争不复存在，对国内行业的健康发展有待评估。南北两车的并购与美国的麦道与波音的合并的不同在于，南北两车的业务除了近10%的国际市场外，还有超过90%的国内市场。根据"中车"的2015年财务报告，虽然两车合并确实带来了营业收入和净利润的增长，但协同效应似乎并不明显。两车合并后，综合毛利率几乎持平并未提升；但管理费用上升14.80%，销售费用也增加了7.45%；唯一的亮点

---

① 《中国南车股份有限公司、中国北车股份有限公司合并报告书》，上海证券交易所，http：//static. sse. com. cn/disclosure/listedinfo/announcement/c/2015 – 04 – 27/601766 _ 20150428 _ 7. pdf，2015年5月31日。

② 参见上海证券交易所公布的两车公财务报告。上海证券交易所，http：//static. sse. com. cn。

③ 美国《指南》认为，并购仅仅通过消除并购实体之间的竞争就可以增强市场势力。即使并购没有妨碍其他厂商的行为，这种影响依然存在。以这种方式存在的不利的竞争影响被称作"单边效应"。

在于财务费用减少约 13.71 亿元，大幅下降 67.48%。公司合并后的海外销售费用从 2014 年的 10.97 亿元缩减到 5.05 亿元。① 南车北车未合并之前在全球轨道交通装备市场中已排名第一和第二，企业规模已足够大，合并后的规模经济效应难以突破。两车在 2000 年以地区为界进行分拆，两车的产业结构、主要产品都存在同质性，合并不能产生优势互补的协同效应；相反会增加管理上的协同成本，其合并后的边际成本难以降低，在两车的《合并报告书》的风险评估中也有提及。两车合并形成垄断排除或限制了国内竞争，为了"最低必需的效率"，并购带来的反竞争性的价格增长可能超过真实的并购特有的成本节约传递给上下游企业的利润，最终导致产品的涨价和原材料的降价，损害上下游企业和消费者的福利，不利于整个行业的健康发展。另外，垄断利润可能使企业失去技术创新的动力从而阻碍行业的发展进步。纵观国外对"效率抗辩原则"的适用，企业并购除了要满足经济学的理性论证，还要符合反垄断法的法律逻辑思维，对经营者集中的反垄断审查优先考虑对竞争的保护。我国《反垄断法》第二十八条规定对经营者集合审查豁免的条件之一就是要求"经营者能够证明该集中对竞争产生的有利影响明显大于不利影响"。因为商务部反垄断局对南车北车合并出具的通过经营者集中反垄断审查的《审查决定通知》（商反垄审查函〔2015〕第 19）尚未公开其豁免的理由，但"效率抗辩原则"在南北车的并购案中的适用理由并不是很充分，"中车"2015 年合并后的业务年报告说明并未出现预期中的经济效率。

三、经营者集中反垄断豁免之社会公共利益的审查标准

（一）社会公共利益的一般适用标准

在反垄断法的语境中，社会公共利益是确定反竞争行为是否适用反垄断法或是可以豁免，以及不能豁免的反竞争行为的合理性或者应受惩罚性等价值选择的标准之一。② 《反垄断法》上规定的竞争利益、消费者利益都是公共利益的具体化。《反垄断法》第一条把"社会公共利益"作为《反

---

① 《中国中车动车业务面临天花板　两车合并效果有限》，中金在线，http://www.zgjrjw.com/news/gszx/2016/4/1131129197.html，2016 年 4 月 4 日。
② 蒋悟真：《反垄断法中的公共利益及其实现》，《中外法学》2010 年第 4 期，第 551 页。

垄断法》的法益目标之一，公共利益是反垄断法价值体系中的最高层次，我国《反垄断法》第二十八条关于经营者集中审查豁免的理由之一就是社会公共利益。但竞争利益是反垄断法的根本目标，是整体利益的基石。根据我国《反垄断法》第二十八条的相关规定，公共利益和竞争利益都是经营者集中反垄断审查应该权衡考查的标准，两者相冲突时应如何选择法律没有明确规定，但一般适用合并产生的公共利益大于限制竞争的利益损失标准。各国对经营者集中反垄断审查的公共利益标准的适用各异。德国《反对限制竞争法》第四十二条第一款规定：合并符合重大公共利益的，或是合并对整体经济产生的利益可弥补对竞争的限制，可以申请联邦经济部长批准为联邦卡特尔局不禁止的合并。1997 年德国的 Thyssen/Lueler 并购案将加强 Thyssen 康采恩的市场支配地位，但确保职工就业机会被看成是社会公共利益和整体经济利益的重要因素。有些国家直接把社会公共利益作为企业并购反垄断审查豁免的理由。英国 1973 年《公平贸易法》第八十四条规定，审查一个并购案时，应该考虑是否影响或者预计是否即将影响公共利益的因素。韩国 1987 年修订的《限制垄断及公平交易法施行令》第十三条也将"公共利益"作为豁免企业并购反垄断审查的一个理由。中国台湾地区 1991 年的《公平交易法》第十二条规定：如果一个合并对整体经济之利益大于限制竞争之不利时，合并可以得到批准。有些国家虽然不把社会公共利益作为企业并购反垄断的豁免条件，但公共利益也是反垄断法保护的法益目标。美国《克莱顿法》第五条第 e 款规定，法院要确定该判决的发出是为了公众利益，在确定中法院可考虑：①该判决的竞争性影响；②该判决的发布对公众利益的影响。第五条第 f（5）规定：在制作本节第 e 款规定的决定中，法院可以为了公众利益提起由法院认为合适的其他诉讼。20 世纪 30 年代，美国罗斯福政府为应对经济危机颁布《国家产业复兴法》，以公共利益之名，将过去认为非法的价格协议和产量限制协议合法化。Sirius 卫星广播公司和 XM 卫星广播控股公司并购案中，美国联邦通信委员会（FCC）错误地估计了二者合并对竞争的影响，以公共利益为名批准了两大巨头的合并，最终由消费者为此"错误"买单。①美国《指南》并没有把社会公共利益列为企业并购反垄断审查的因素。因为社会公共利益是一个极难以确定的概念，实践中公共利益的认定无章可

　① LEIGH M. MURRAY. Sirius mistake: the FCC's failure to stop a merger to monopoly in satellite radio, American university law review, 2009, 59（83）: pp. 83 - 127.

循容易导致在反垄断法实施过程中滥用"公共利益"豁免权。关于"符合公共利益"标准，需要在实践和理论中不断的探索和创新。依照英国1973年《公平贸易法》第八十四条之规定垄断与兼并委员会在审查公共利益标准时应该考虑以下因素：①是否促进行业技术发展和公平竞争；②是否增进消费者和其他经营者的福利；③是否促进就业平衡分布；④是否维护和促进有效竞争促进成本的降低；⑤是否促进经营者的国际竞争力。英国《公平贸易法》对公共利益的认定标准对我国在企业并购的反垄断豁免的审查具有借鉴意义。我国商务部2006年的《外资并购境内企业规定》的第五十四条对外资并购申请审查豁免可从四个方面界定：①可以改善市场公平竞争条件；②可以改善环境；③引进先进技术和管理人才并能提高企业国际竞争力；④重组亏损企业并保障就业。以上规定可以作为经营者集中反垄断审查中界定"公共利益"的参照标准。反垄断执法机构在审查经营者集中的豁免时，应该遵循利益平衡的理念，在不损害竞争的基础上，以是否有利于社会整体利益最大化为判断标准。① 我国《反垄断法》第二十九条规定，对不予禁止的经营者集中，国务院反垄断执法机构可以决定附加减少集中对竞争产生不利影响的限制性条件。即经营者集中反垄断豁免审查对公共利益标准的适用原则，一般应优先考虑对竞争利益的保护，并应遵守竞争利益损失最小化、社会公共利益保护最大化的审查标准。对于经营者集中，应避免滥用社会公共利益来豁免反垄断审查，损害竞争秩序。

（二）国际竞争力之公共利益的适用标准

1985年，世界经济论坛（World Economic Forum，WEF）首次提出了国际竞争力的概念，认为国际竞争力是"一国企业能够提供比国内外竞争对手更优质量和更低成本的产品与服务的能力"。1991年，瑞士国际管理发展学院（International Institute for Management Development，IMD）和世界经济论坛将国际竞争力定义为"在世界范围内一国企业设计、生产和销售产品与服务的能力，其价格和非价格特性比国内外竞争对手更具有市场吸

---

① 孟雁北：《论特殊行业经营者集中行为的反垄断执法原则》，《上海交通大学学报》（哲学社会科学版）2010年总第6期，第18页。

引力。"① 从 WEF 和 IMD 关于"国际竞争力"的定义来看，国际竞争力主要包括有能力提供比竞争对手"廉价"且"优质的产品"和"优质的服务"。在经济全球化的背景下，竞争法的价值定位不仅是为维护和促进公平竞争，还应增加国家竞争力或是国际竞争力这一新的价值标准，竞争法保护民族竞争力的功能日益加强。② 欧盟委员会认为，竞争政策在国际市场中具有双重作用，对外要保护欧盟企业进入外国市场，对内要保护欧盟内部大市场的公平竞争。③ 在经济全球化的今天，国际竞争力已成为反垄断法的新的价值目标，也是社会公共利益的一种表现形式。但如何平衡国际竞争力与国内竞争秩序之间的冲突也应该是经营者集中反垄断审查应该重点考虑的因素。首先，经营者集中的反垄断审查应该合理定位企业竞争市场。是维护国内竞争市场还是要提高国际竞争力，除了考虑企业合并的经济合理性，更应该考虑合并对国内整个行业竞争秩序的影响和行业发展的定位。反垄断法应该保护国内竞争还是要提高国际竞争力，这关乎企业的市场定位和国内整个行业发展秩序的问题。美国波音与麦道最后被允许合并是因为航空市场是个国际市场，提高国际竞争力符合美国国家利益和企业的经济利益，但欧盟为了保护其成员国在国际航空市场上的竞争利益有条件地同意了波音与麦道的并购。其次，对于国际竞争力的提高和对国内竞争秩序的维护应该根据平衡社会整体利益，兼顾国内行业的发展，保护消费者福利等多种因素综合考虑进行评估。任何一种孤立的价值判断都会导致错误的抉择。最后，慎用公共利益原则。"社会公共利益"因素在经营者集中的反垄断审查中，因其难以界定以至于实践中的适用具有不确定性。实践中，政府实施产业政策宏观经济调控的国家经济干预行为时可能会对竞争构成影响，从而构成反垄断法上的行政性垄断。但政府的行政垄断行为往往因其具有社会公益属性而得到反垄断法的豁免。④ 为避免政府利用滥用社会公共利益的名誉损害市场竞争秩序，在反垄断法的实施中

① 转引自王勤：《当代国际竞争力理论与评价体系综述》，《国外社会科学》2006 年第 6 期，第 32 页。

② 侯作前：《经济全球化背景下中国竞争法的重构》，《烟台大学学报》（哲学社会科学版）2003 年第 4 期，397 页。

③ 王晓晔：《欧共体企业合并控制及其新发展》，《经济法研究》（1），北京：北京大学出版社 2000 年版。

④ 张志伟、应品广：《反垄断法思维下的行政性垄断新探》，《江西财经大学学报》2013 年第 4 期，第 107 页。

应该明确"社会公共利益"的确认标准和相应的反垄断审查豁免的程序。

（三）南车北车并购案的社会公共利益的价值分析

国际竞争力是两车的商业利益，也是国家利益和社会公共利益。政府主导的南车北车合并最大的理由就是"避免恶性竞争，提升国际竞争力，抢占海外市场"。中车 2015 年年报显示，合并后，中车的业务 89.02% 主要还是来自国内市场，海外境外市场 10.98% 并没有得到大幅提升。公司合并后 2015 年实现国际出口签约 57.81 亿美元（约合 372.76 亿元人民币），相比合并前 2014 年南北车的 67.54 亿美元（约合 435.50 亿元人民币），下滑近 10 亿美元（约合 64.48 亿元人民币）。[①] 中车合并一年后财务年报显示，中车合并的协同效应和经济效益并没有实现，国际业务也没有得到提升，管理费用和销售费用却有所增加，国际业务反而有所减少。合并的预期目标实现得并不理想。唯一的亮点是财务费用的下降，当然不排除因为反腐等其他因素规范财务管理、节约成本、导致财务费用减少。另外，合并似乎消除了内部竞争、降低了海外销售成本，但也说明两车的恶性竞争在于两车缺乏科学的经营管理机制和完善的责任机制，以及公平的竞争机制，这是企业内部管理的深层次问题，不可能通过两车合二为一就可以解决。纵观两车近年来在海外市场的业绩以及综合实力。虽然两车每年接近 2 000 亿元的销售额已远远大于其他 5 家最大海外竞争者的总和，但两车的利润水平并没有引领海外同行。两车的高铁制造业在牵引动力和信号系统方面，还要依赖西门子和阿尔斯通等公司的技术和供货支持，尚不能自主创新，还要受制于竞争对手，支付不菲的专利费。两车不是依靠技术优势和产品优势抢占海外市场，而是凭借资金优势，甚至于低价恶意竞争破坏市场秩序的营销策略抢占海外市场。2014 年中国北车获得了中国在北美的第一个重大铁路合同——波士顿地铁 5.67 亿美元的合约。此标价比蒙特利尔的庞巴迪公司的竞标价便宜近 50%。[②] 2015 年合并后的中车以低于竞争对手 1/3 的价格获得德国大规模进口中国高铁的订单[③]，中车依

---

① 《中国中车动车业务面临天花板　两车合并效果有限》，中金在线，http://www.zgjrjw.com/news/gszx/2016/4/1131129197.html，2016 年 4 月 4 日。

② 《北车 5.67 亿美元中标波士顿地铁　中国轨道装备首次进入美国》，中华铁道网，http://www.chnrailway.com/html/20141023/461311.shtml，2016 年 4 月 1 日。

③ 吴桂霞：《德国采购中国高铁的示范效应》，中国日报网，http：//cn.chinadaily.com.cn/2015-05/28/content_20843414.htm，2015 年 6 月 12 日。

然没有走出低价制胜的竞争模式。这种低价竞争的决策模式如果不通过改善内部管理，而是指望通过合并降低议价成本抢占市场份额，或通过垄断提高定价进而获取垄断利润的经营模式基本是难以持续的。纵观不享有公共财政支持和举国体制优势的华为和中兴在电信业斗而不破，没有两败俱伤，反而在有序的竞争中获得了阿尔卡特朗讯、思科、西门子等国际通信设备巨头的大半市场份额，通过有序参与国际竞争成为与其他巨头并驾齐驱的国际通信设备供应商。华为和中兴两家中国企业的发展模式无疑更为可行，更值得中国企业，特别是值得国有企业借鉴。① 国企走向海外市场除了需要技术优势和产品优势等硬实力之外，更需要具有国际视野的相关投资决策的营销团队。对国际市场不熟悉，又缺乏国际营销人才，没有国际竞标的经验和能力，对海外客户竞争者也缺乏全面了解，导致两车在国际市场上只能以低价竞争。如果不是从根本上提升企业的核心技术和产品的研发能力，以及投资经营管理的国际化，两车合二为一后在国际市场上仍然只能继续走以低价竞标的老路，国际竞争力很难从根本上提升。

四、经营者集中反垄断审查产业政策与竞争政策的冲突与协调

（一）经营者集中之产业政策与竞争政策的协调机制

1. 国外的协调机制

政策（Policy）一词《元照英美法词典》解释为：用以指导政府处理公共事务或者立法机关制定法律的一般原则。② 产业政策是政府为了实现一定的社会和经济目标，政府干预产业形成和发展的各种政策的总和。产业政策实际上是政府通过直接或间接干预来影响或代替市场机制配置资源。竞争政策指国家为保护和促进市场竞争而实施的各种经济政策。其核心目标是通过保护和促进市场竞争，确保竞争机制在市场中发挥作用，创造条件让市场机制发挥配置资源的作用。广义的竞争政策指一切有利于竞争的政策。③ 而狭义的竞争政策仅指鼓励竞争，限制垄断，以法律形式出

---

① 孟凡辰：《南车北车合并——拉郎配——治标不治本》，《中国战略新兴产业》2014 年 23 期，第 43、44 页。
② 薛波主编：《元照英美法词典》，北京：北京大学出版社 2013 年版，第 1063 页。
③ 李向阳：《国际经济规则与企业竞争方式的变化——兼评全球竞争政策和竞争方式的发展方向》，《国际经济评论》2000 年第 11 期。

现的竞争法。① 产业政策与竞争政策作为调整经济的手段，产业政策体现了政府对经济的干预，竞争政策则是运用竞争法律制度维护市场竞争机制。两者存在着一定的差异，甚至会产生冲突。为了特定的经济目标和在特殊经济时期，产业政策可能存在限制竞争和压缩竞争政策实施等反竞争的情形。一个国家的经济政策是产业政策为主导还是竞争政策优先是与该国的经济发展阶段相联系。② 在市场经济国家，一般情况下是竞争政策优先其他经济政策。比如《欧盟条约》第三条的规定，欧共体竞争法是普遍适用的，当竞争法与其他经济政策发生冲突时，竞争法具有优先地位。在美国，《反托拉斯法》也是普遍适用的，但在此基础上可以根据个别需要确定有限豁免。因为竞争是市场经济的基本规则，而竞争政策则是市场经济国家维护其市场经济秩序的基本经济政策。竞争法是维持自由和公平竞争的主要手段。市场经济之公平和自由等基本原则确立了竞争法的优先地位。③

　　2. 我国的协调机制

　　我国《反垄断法》第五、七、十五、二十七、二十八、五十六条都有相关产业政策与竞争政策相协调的规定。特别是第五、二十七、二十八条主要涉及经营者集中与产业政策的关系。第五条明确规定："经营者可以通过公平竞争、自愿联合，依法实施集中，扩大经营规模，提高市场竞争能力。"第二十七条规定经营者集中的反垄断审查中要考虑"经营者集中对国民经济发展的影响。"第五、二十七条的相关规定是对产业政策的协调。第二十八条规定："经营者集中具有或者可能具有排除、限制竞争效果的，国务院反垄断执法机构应当作出禁止经营者集中的决定。"显然是从竞争政策的角度对反竞争的经营者集中进行规制，即反垄断执法机构做出禁止或者批准经营者集中应该以竞争政策为导向。竞争政策与其他经济政策或者整体经济利益都有冲突的可能性。当竞争政策和产业政策发生冲突时，反垄断执法机构应当谨慎执行产业政策，否则将损害竞争政策。在企业并购案件中，对产业政策的执行应当加强对经营者集中的经济分析，

---

　　① 赵伟：《干预市场——当代发达市场经济政府主要经济政策理论分析与实证研究》，北京：经济科学出版社 1999 年版。

　　② 刘劲松、舒玲敏：《论产业政策与竞争政策的战略搭配——以日本为例》，《当代财经》2006 年第 7 期，第 74 页。

　　③ 应品广：《反垄断法的豁免——中国的视角和选择》，《中南大学学报》（社会科学版）2010 年第 5 期，第 54 页。

减少以产业政策为导向反垄断豁免。反垄断执法机构原则上应该执行国家的竞争政策，当竞争政策与其他政策特别是与产业政策发生冲突的时候，应优先适用竞争政策。①

从日本 20 世纪 60 年代的第一大钢铁公司八幡制铁与第二大钢铁公司富士制铁合并案，到 20 世纪末期美国最大的民用航空飞机制造企业波音公司与麦道公司的并购案，都是反垄断执法中充分考虑产业政策需要的典型案件。② 在反垄断法的执法过程中，协调竞争政策与产业政策的冲突时，在遵循竞争政策优先的原则下，对产业政策合理兼容，以确保产业政策必要的生存和发展空间。当产业政策所维护的利益比竞争政策的实施更重要、更急迫时，产业政策可优先于竞争政策。但我国政府在经济干预的过程中，总是产业政策优先，甚至置竞争政策不顾。比如 2008 年金融危机，我国出台了不少产业政策。包括十大产业振兴计划、4 万亿元的政府财政投资、刺激民间消费需求的发放消费券和家电下乡补贴等救市措施，主要是通过产业政策和区域经济政策来刺激经济的发展。每一项措施都由于政策的局部性和特定性有违竞争政策，忽略了竞争政策的实施。与欧盟在金融危机应对中坚持竞争政策与产业政策并重的做法不同。③ 2009 年 5 月，中国联通与中国网通合并拒不进行反垄断申报，理由就是合并是按照工业和信息化部的电信产业改革方案实施的。④ 竞争政策与产业政策的冲突不可避免，但政府运用产业政策干预经济时必须保持谨慎，不能仅考虑产业政策的短期作用或是特定的经济目标而牺牲竞争政策，破坏市场竞争秩序，削弱竞争法的权威，冲击自由公平竞争理念。

（二）南车北车并购案中产业政策的商榷

政府主导下的南车北车的合并案，主要是为了避免两车恶斗，抱团出海以提升国际竞争力，显然是产业政策优先，但南车北车合并对竞争的限制是显而易见的。尽管两车合并与美国的麦道和波音的并购案例颇为相

---

① 王晓晔：《〈中华人民共和国反垄断法〉中经营者集中的评析》，《法学杂志》2008 年第 1 期，第 7 页。

② 刘桂清：《反垄断法中的产业政策与竞争政策》，北京：北京大学出版社 2010 年版，第 2 页。

③ 孙晋：《国际金融危机之应对与欧盟竞争政策——兼论后危机时代我国竞争政策和产业政策的冲突与协调》，《法学评论》2011 年第 1 期，第 96 页。

④ 参见社评《大国企的傲慢与反垄断法的弱势》，《经济观察报》，2009 年 5 月 1 日。

似，都是基于产业政策的考虑，着眼于国际市场的竞争合二为一，但两个案例有不同之处，不具可比性。首先，市场环境不同。波音和麦道面临的主要是国际市场的竞争，而我国的南车北车不仅是国际市场，在国内有着庞大的市场，合并明显不利于国内市场的竞争，甚至排除或限制了国内竞争。其次，反垄断审查的程序不同。美国的波音与麦道的反垄断审查是在遵循程序正义的基础上进行的。由国务院主导的南车北车合并的行政审查都是无条件放行。另外，麦道和波音的并购是市场行为，而南车北车合并是政府的"拉郎配"。"拉郎配"是行政性限制竞争行为，因为违背了市场交易中应当遵循的"自愿、公平、等价有偿、诚实信用"的基本原则，损害了企业的经营自主权和市场竞争力。① 实践经验证明，竞争减少不利于企业技术和经营水平的提高。另外，因面临着海外反垄断机构的审查，由国家主导的两车的合并基于国外政治因素的疑虑，反而不利于海外市场的开拓。市场在资源中起决定性作用就是要完善市场竞争机制，由市场按价值规律自主配置资源。政府为了实施产业政策突破竞争政策，破坏了市场竞争机制。在产业政策与竞争政策相冲突时，是破坏市场竞争机制促进产业发展，还是通过市场竞争发展产业，如果没有足够的豁免理由，法律应该得到遵守，否则《反垄断法》就成了无牙的老虎，这显然不符合法治原则。

五、经营者集中反垄断豁免审查的实施机制

（一）经营者集中反垄断豁免审查标准的相机抉择

在《反垄断法》的实施过程中，各种价值目标不是孤立实现而是相互促进，协调发展。公平竞争是根本目标，经济效率是具体目标，消费者和公共利益是终极目标。只有在公平竞争的市场环境中才能确保经济效率，也才能实现消费者和社会公共利益的整体福利。反垄断法的价值目标之间的关联性并不意味着这些价值是等量或同序的。在反垄断法具体制度的设计和实施过程中，在确保公平竞争的基础上，各价值目标可能会因不同的经济发展需要在优先次序上有所不同，甚至于因反垄断的豁免可能排除和限制竞争。反垄断法执法中对合理性原则的适用以及反垄断适用除外制度

---

① 王晓晔：《竞争法研究》，北京：中国法制出版社 1999 年版，第 3 页。

的设计，在价值取向上主要侧重于经济安全、产业发展、经济效益、消费者利益或是社会公共利益。但任何价值都不能偏离反垄断法的公平竞争基本价值目标，而且必须确保体系的整合性。[①] 反垄断法价值的选择在于当各价值目标冲突时，应从整体上进行协调，对多元价值的整合必须立足于有效竞争，以此作为根本目标，运用反垄断法的合理性原则相机抉择协调各种价值目标，体现实质公平的价值和社会整体效益的价值。[②] 对企业经营者集中或并购的反垄断审查标准总是贯穿着法学的逻辑思维和经济学的理性分析，并购审查的每一项标准、权力和程序的设置都有经济学关于市场结构、效率和成本的考虑。[③] 因此，反垄断法在保障经营者经营自由权实现的基础上允许经营者集中，但为了保护竞争禁止排除、限制竞争的经营者集中。[④] 经营者集中的反垄断规制还要受制于国家经济安全政策、产业政策、中小企业保护政策等多种政策以及社会公共利益等多种因素的影响，对经营者集中的反垄断审查标准不是唯一或是恒定的，而是多种因素多种利益互相博弈的结果。因此，在经营者集中的反垄断审查中，对市场公平竞争环境的保护，对企业经济效率、产业发展的支持、消费者利益以及社会整体公共利益的维护都可能成为经营者集中反垄断审查标准的选项，经营者集中反垄断的审查标准在不同的经济发展阶段和不同的历史时期可能不同。不论是美国波音公司和麦道的并购案，还是我国可口可乐与汇源果汁的并购案，都彰显了经营者集中的反垄断审查标准的不确定性和灵活性的相机抉择原则，是多种价值权衡和博弈的结果。但国际上对经营者集中的反垄断审查更侧重于对公平竞争秩序的保护，我国实践中更倾向于产业政策优先。

根据我国《反垄断法》第二十七条的规定，审查经营者集中时，除了要考虑参与集中的经营者在相关市场的市场份额及其对市场的控制力，相关市场的市场集中度，对市场进入、技术进步的影响外，还要考虑经营者

---

①   黄进喜：《反垄断法适用除外制度的法理分析与制度完善》，《东南学术》2011 年第 1 期，第 101 - 102 页。

②   参见王先林：《论反垄断法的基本价值》，《安徽大学学报》（哲学社会科学版）2002 年第 6 期。

③   王中美：《经济理性与法学逻辑的融会贯通——中国反垄断并购审查实体标准与程序的得与失》，《现代法学》2011 年第 2 期，第 65 页。

④   魏华：《论经营者集中审查的实体性标准》，《河南师范大学学报》（哲学社会科学版）2013 年第 1 期，第 55 页。

集中对消费者、其他有关经营者、国民经济发展的影响，以及影响市场竞争的其他因素。我国《反垄断法》第二十八条规定原则上不允许限制竞争的经营者集中，对于符合豁免条件的经营者集中必须依第二十九条规定对附加减少集中对竞争产生不利影响的限制性条件。《暂行规定》第八、九、十、十一、十二条关于经营者集中可能对"经济效益""国民经济发展""技术进步""竞争""消费者""社会整体福利"等多种因素的影响进行了正反两方面的列举分析，并对"濒临破产企业"因素也加以综合考虑。但《暂行规定》没有对每项标准的认定细化，缺乏相应的认定标准，留给执法部门自由裁量权，也为我国关于经营者集中反垄断豁免的审查预留了更多的可操作空间。在审查过程中，应注意以下几点：首先，"经营者集中对竞争产生的有利影响"是指集中使相关市场上竞争环境改变，市场竞争更公平，而不是指通过合并使集中者市场结构改变或能力改善获得优势地位提高竞争力。其次，应充分考虑"效率抗辩原则"在实践中对维护企业经营自主权以及合并对行业发展的意义，避免滥用反垄断审查侵犯企业经营自由权。再次，在审查过程中，应优先保护竞争秩序，合理兼顾产业政策，减少或避免政府对市场机制的干预，确保公平竞争。最后，应防止因社会公共利益的认定具有不确定性被滥用。汇源禁购案中，商务部认为可口可乐公司没有提供充足的证据证明集中对竞争产生的有利影响明显大于不利影响或符合社会公共利益，且在规定的时间内，可口可乐公司也没提出足以消除不利影响的解决方案，因此可以判断该并购不符合《反垄断法》关于"经营者集中豁免"的条件。[①] 商务部对于该案的"社会公共利益"也没明确的说明和界定，从而也削弱了其定案的权威。经营者集中的反垄断审查既要考虑经济上的理性评估，也要遵守《反垄断法》及其他法律的相关规定依法进行。

（二）经营者集中反垄断豁免审查的程序正义

程序正义概念来自英美法系，大多数人认为程序正义与自然正义法则有着类似的意义。[②] 普通法院认为议会授予行政机关的自由裁量权不是绝

---

　　① 慕亚平、肖小月：《我国反垄断法中经营者集中审查制度探析》，《学术研究》2010年第4期，第73页。

　　② 李龙、徐亚文：《正当程序与宪法权威》，《武汉大学学报》（人文社会科学版）2000年第5期，第631页。

对的，否定了行政自由裁量权的绝对性，从而成功地将自然正义法则拓展至行政领域，成为控制行政权运作的基本规则。[①] 程序正义是一种法律理念，即任何法律决定必须经过正当程序，而这种程序的正当性体现为特定的主体根据法律规定和法律授权所作出与程序有关的行为。程序正义标准最重要的是程序规范的严格遵守和主体评价两个方面。[②] 反垄断法为了维持市场公平竞争秩序赋予政府对经营者集中的经济干预权，这种干预权的使行也应该遵守程序正义。在经营者集中的反垄断审查中，不论是政府或是反垄断执法机构都应该根据《反垄断法》及其他相关规定履行监管和审查职责，尽量减少对商业活动和经济自由的干预，严格依法执行每一个环节，并确保每一个涉事当事人可以获得充分的救济。《经营者集中审查办法》没有专门规定对经营者集中豁免的审查标准和程序，但设立了审查过程中的听证程序。根据规定，虽然听证程序不是必需的，但执法机构可以主动或是依当事人申请启动，以确保程序正义。根据《反垄断法》第三十条的规定，国务院反垄断执法机构应当将禁止经营者集中的决定或者对经营者集中附加限制性条件的决定，及时向社会公布，但《反垄断》没有规定"对不禁止集中"的反垄断豁免也应该公开"不禁止"的理由，不利于社会对执法部门经营者集中反垄断豁免审查的监督，一定程度上也为执法部门不透明执法留有余地，为企业的经营者集中反垄断豁免留下暗箱操作的制度保障，但显然不利于社会监督反垄断法的实施，也影响我国法治建设。

（三）南车北车并购案反垄断审查的反思

南车和北车作为国际上轨道交通装备行业的第一和第二大经济体，其国际竞争优势是显而易见的，就算不合并各自也具有国际竞争力，但两车的低价恶性竞争可能存在经营管理和决策上的问题，经营管理上的问题不可能通过合并就能从根本上解决。公平竞争是市场经济发展的原动力，而垄断是扼杀竞争的天敌。两车合并有利于提高国际竞争力，却忽略了对国内竞争秩序的维护，也掩盖了两车在竞争中低价竞争存在的经营管理上的深层次问题，比如效率和公平。两车合并主要是着眼于国际竞争力、经济

[①] 尚海龙：《论英国行政法的程序正义原则》，《学术论坛》2007 年第 6 期，第 62－63 页。

[②] 赵旭东：《程序正义概念与标准的再认识》，《法律科学》（西北政法学院学报）2003 年第 6 期，第 88 页。

效益、技术进步、国家利益等目标，因此两车合并畅通无阻地通过了国资委、中国证监会和商务部反垄断局等监管部门的审批。但两车合并的经济学理性和法律逻辑思维值得商榷，其对国内竞争的影响可能被忽视。从企业和行业发展的角度，政府主导下的国企重组应该符合经济学的理性论证和反垄断法的价值目标，而不应该只是政府战略目标的相机抉择。南车北车的合并的反垄断审查没有召开听证程序，也未公开审查的过程和理由，商务部反垄断局只发布了《审查决定通知》。根据《国有资产管理法》第三、四、七、十一条①规定，南车北车作为国有控股上市公司，国务院及相关的国有资产管理部门享有南北两车出资人的权责，可以依法主导两车的合并，但不应该是"拉郎配"。对于政府主导国有企业集中的行政行为如何才符合第六条规定的"国务院和地方人民政府应当按照政企分开、社会公共管理职能与国有资产出资人职能分开、不干预企业依法自主经营的原则，依法履行出资人职责"难以界定。政府主导国有企业的集中应该依《反垄断法》进行，合并的企业应该接受反垄断审查。根据《反垄断法》第三十六条规定，"行政机关和法律、法规授权的具有管理公共事务职能的组织不得滥用行政权力，强制经营者从事本法规定的垄断行为"。国务院主导的两车合并实际上形成了国内市场的"单边效应"的垄断，如果没有足够的理由说明两车合并符合《反垄断法》关于经营者集中反垄断豁免条件，那国务院就涉嫌违反《反垄断法》第三十六条的相关规定，国务院对两车合并干预的正当性值得商榷。商务部反垄断局对两车合并的反垄断审查的豁免决定，依《反垄断法》及其相关规定没有强制公开，但依据行政公开的原则，对不涉及商业秘密的，其审查过程和豁免理由应该向社会公开有利于社会监督，以确保反垄断法实施的程序正义。

经济合作发展组织（OECD）在《竞争法的基本框架》中就"竞争法的适用范围"指出："竞争法应该被尽可能地运用于所有市场交易，而无论其属于哪个领域，它应被尽可能地运用于所有从事商业性交易的实体，

---

① 《国有资产管理法》第三条，国有资产属于国家所有即全民所有。国务院代表国家行使国有资产所有权。第四条，国务院和地方人民政府依照法律、行政法规的规定，分别代表国家对国家出资企业履行出资人职责，享有出资人权益。第十一条，国务院国有资产监督管理机构和地方人民政府按照国务院的规定设立的国有资产监督管理机构，根据本级人民政府的授权，代表本级人民政府对国家出资企业履行出资人职责。第七条规定，国家采取措施，推动国有资本向关系国民经济命脉和国家安全的重要行业和关键领域集中，优化国有经济布局和结构，推进国有企业的改革和发展，提高国有经济的整体素质，增强国有经济的控制力、影响力。

而无论其所有制和法律形式。所有豁免本法的情况都应在恰当的法规中加以严格限定。"欧共体和德国竞争法规定对所有企业都一视同仁，国有企业的重组或并购都应该依法进行，不能因为政府行使集中行为就免于《反垄断法》的约束，否则市场经济条件下各类主体法律地位平等的基本原则就会受到破坏。① 在维护社会整体利益的同时，尽可能不破坏市场的竞争秩序。公平竞争是市场在资源配置中起决定性作用的关键。不合理的行政垄断则会减少社会福利，降低资源配置效率。② 2009 年电信产业的重组越过《反垄断法》没有提起反垄断审查，南北两车的合并虽提请反垄断审查但最终被豁免。在国企的重组过程中，政府的行政主导行为应该依法进行，以确保程序正义。

六、结　语

南车北车并购案作为一个战略目标，固然有其重要意义。但在国企的重组过程中，如何协调产业政策和竞争政策的冲突，确保产业发展与保障公平的市场竞争机制，是反垄断法如何实施的理论研究和实践操作的难题。南车北车的合并虽已尘埃落定，但可能会引发新一轮国企重组热潮。国企重组不仅要符合经济学的理性论证，更要遵守反垄断法的逻辑思维。市场在资源配置中起决定性作用就是让市场机制充分发挥作用，政府的不当干预不仅破坏市场机制，而且可能不符合法治原则，产业政策的实施不应该损害竞争机制。竞争是市场经济的动力，以竞争促进产业发展才可能引导行业的可持续发展。

---

① 孟雁北：《论特殊行业经营者集中行为的反垄断执法原则》，《上海交通大学学报》（哲学社会科学版）2010 年第 6 期，第 16 页。

② 王俊豪、王建明：《中国垄断性产业的行政垄断及其管制政策》，《中国工业经济》2007 年第 12 期，第 37 页。

我国反垄断处罚前的相对人申辩权制度研究

——基于正当程序原则与欧盟法的经验

马 翔[*]

提要： 正当程序原则是一项基本的法治原则。保障相对人的申辩权，是现代行政法实现正当程序原则的重要体现。与反垄断法发达国家和地区相比，我国反垄断行政处罚中的相对人申辩权保障存在不足。完善相关制度的重点，应包括为执法机构设定异议声明义务，给予相对人听审的机会，创设获取案卷文档权，确立"无申辩不处罚"的执法规则。

关键词： 反垄断；处罚；相对人；申辩权

近年来，中国的反垄断执法机构陆续做出"天价"行政处罚决定。例如，据公开报道，国家发改委以触犯反垄断法为由，在 2015 年对高通公司罚款 60.88 亿元；在 2014 年对一汽大众和克莱斯勒公司罚款 2.49 亿元和 3 168.2 万元；对 12 家日本汽车零部件和轴承企业合计罚款 12.354 亿元；对浙江省若干财产保险公司罚款合计 1.1 亿元；对吉林三家水泥企业罚款 1.14 亿元；在 2013 年对合生元等 6 家乳粉企业罚款 6.7 亿元。此外，国家

---

* 马翔，上海大学法学院硕士研究生。

工商总局正在对利乐公司、微软公司等实施反垄断调查，未来也有可能做出处罚决定。

这些处罚决定受到社会各界高度关注。一些跨国企业和国际商会组织对中国的反垄断处罚程序提出了批评，指责中国当局在反垄断执法活动中存在违反"正当程序原则"之处，未对行政相对人的申诉抗辩权利提供充分保障，主要表现包括：执法相对人在未能获得和回应执法依据的情况下被迫承认自己违法；反垄断审查的过程以及公布案件结果不充分透明；相对人的法律顾问未能及时参与反垄断审查和后续的调查等①。2015 年 3 月 2 日，号称目前我国"处罚金额最高、正面交锋次数多、调查难度大、影响深远的中国反垄断调查第一大案"的高通公司垄断案处罚决定书②在国家发改委官网公布。在这份近万字的决定当中，述及被处罚人否认构成违法的意见部分，仅有寥寥近三百字，使人不禁疑虑被处罚对象的异议声音，是否得到了"认真的对待"（报载高通方面曾于 2014 年 5 月向国家发改委提交了一份研究报告，题为"关于高通许可定价的经济学证据——全球经济学集团白皮书就国家发展和改革委员会调查高通案件提交的相关报告"③。这份报告由高通公司"斥巨资"聘请顾问公司"全球经济学集团"撰写，作者之一张昕竹是时任国务院反垄断专家委员会专家咨询组成员。但是，发改委的处罚决定书对于高通"定价"问题几乎只字未提）。

针对中国反垄断执法机构的批评与质疑虽然未必公允，但是从正当程序原则的角度来考察中国反垄断执法中相对人申辩权的保护状况，以期发现问题并改进完善，的确有所裨益。本文试图从梳理正当程序原则的基本内涵及其具体制度体现入手，分析中国的反垄断执法机制是否能为相对人行使"正当的程序权利"提供充分保障，并在借鉴域外相关立法、执法经验的基础上，对完善我国反垄断执法相对人的申辩权制度提出建议。

---

① THE US-CHINA BUSINESS COUNCIL. Competition policy and enforcement in China, http://uschina. org/reports/competition-policy-and-enforcement-china. htm；李艳洁：《美国欧盟商会"上书"抱怨在华反垄断缺乏"法制"》，《中国经营报》，2014 年 9 月 15 日；郭芳：《欧盟商会批中国反垄断调查 称外企被"针对"》，《环球时报》，2014 年 8 月 16 日。

② 《中华人民共和国国家发展和改革委员会行政处罚决定书》（发改办价监处罚〔2015〕1 号），http://www.ndrc. gov. cn/gzdt/201503/t20150302_666209. html.

③ 严言：《垄断"说客"》，《国际金融报》，2014 年 8 月 25 日。

一、反垄断处罚前的相对人申辩权界说

（一）正当程序原则视野下的申辩权价值

正当程序（Due process）原则源于英国法中的"自然正义"（Nature justice）原则，被认为是关于公正行使权力的"最低限度"的程序性要求。其核心规则要求有二：一是"公平听审"，即任何人或团体在行使可能使别人受到不利影响的权力时，必须听取对方意见，给予每个人为自己申诉辩驳的权利；二是"避免偏私"，即任何人不能成为自己案件的法官，裁决案件者不得对案件持有偏见和拥有利益。[①]"正当程序"这一术语首次在法条中出现和获得阐释，是在 1354 年爱德华三世颁布的《自由令》第三章，其中规定："未经法律的正当程序进行答辩，对任何财产和身份拥有者一律不得剥夺其土地或住所，不得逮捕或监禁，不得剥夺其继承权和生命。"[②]

经过长期发展沿革，正当程序原则现已成为蕴含于法治理念当中的一项基本原则，获得文明社会的普遍承认。作为这一原则在部门法中的体现，现代行政法理论同样对正当程序原则倍加尊崇，与此相应，要求行政执法程序对相对人行使"申辩权"提供畅通的制度渠道。

所谓"申辩权"，有行政法学者从较为宽泛的意义上，将其界定为行政相对人以维护其合法权益或者其他利益为目的，对行政主体的行政执法行为进行抗辩的程序性权利。[③]

申辩权的运用，尤其是在执法未决阶段即提出申诉抗辩，正是对"任何人或团体在行使权力可能使别人受到不利影响时必须听取对方意见"这一程序正当性要求的体现，有助于相对人充分陈词，减轻执法机构盲目专断的危害，免于在不合法、不适当的行政行为作出后，不得不在求诸其他法律救济方式予以矫正之拖累。因此，相对人申辩权制度在提升法律实施效率、节约私人和公共资源方面，具有不可替代的重要作用。从某种意义

---

① 威廉·韦德著，徐炳等译：《行政法》，北京：中国大百科全书出版社 1997 年版，第 95 页。

② 丹宁著，李克强译：《法律的正当程序》，北京：法律出版社 1999 年版，第 1 页。

③ 关保英：《行政相对人申辩权研究》，《东方法学》2015 年第 1 期。

上甚至可以说，相对人申辩权之有无、保障力度之大小，可以被视为衡量行政执法活动对正当程序原则贯彻程度的核心指标。

（二）反垄断处罚前申辩权的含义

作为具体行政行为的形式之一，反垄断执法当然也应遵循正当程序原则，保障相对人的申辩权利。为便于前设议题的讨论，本文从狭义上将该种申辩权界定为："在反垄断执法机构作出不利于相对人的处罚决定之前，相对人就拟作出的处罚决定以及其依据，提出陈述、申诉、抗辩的权利"——或可简称为"反垄断处罚前申辩权"，以有别于相对人不服业已作出和生效的处罚决定而提出的事后申辩。

如果不创设"反垄断处罚前申辩权"，则处罚决定将建立在缺乏反面意见的信息来源基础之上，相对人将至多只能在对处罚决定作出之后，依据后续的异议解决程序提出抗告。这种事后抗告不但因启动另一单独救济程序而可能耗费更多资源。而且，在事后抗告获得支持之前，相对人可能将不得不执行反垄断审查机构做出的处罚决定，从而事实上扩大不当执法行为给相对人造成的损害。相比之下，由反垄断审查机构在作出处罚决定之前，直接听取和考虑相对人的异议意见，有助于消减执法错误风险，节约争议解决成本。

反垄断处罚前申辩权应当是由法律规定的具体权利，唯有如此，申辩权才能从正当程序原则这一抽象概括的一般法学理念，转化为反垄断部门法中当事人可得主张的实际权利。我国《反垄断法》第四十三条规定："被调查的经营者、利害关系人有权陈述意见。反垄断执法机构应当对被调查的经营者、利害关系人提出的事实、理由和证据进行核实。"该条明确赋予反垄断执法相对人以"陈述意见"的权利，可视为《反垄断法》中关于申辩权范畴的法律渊源。

行政执法相对人享有的各种权利有一般权利和特别权利之分。一般权利指行政相对人普遍享有的权利，例如"受平等对待权"；反垄断处罚前申辩权则是相对人在反垄断执程序当中享有的权利，而且是仅当相对人面临不利的反垄断处罚决定时才享有的特别权利。

基于反垄断处罚前申辩权的上述定义可见，相对人如欲行使申辩权，逻辑上须满足两个前提条件，即相对人知悉其何时可行使申辩权，并知悉行使申辩权可得针对的争议事项。与此相对应，反垄断执法机构应负有下述两项义务：

第一，就其拟做出不利于相对人的处罚决定之事实，在实际作出处罚决定之前，即向相对人做出可能予以处罚及处罚事由的预先告知（借鉴欧盟竞争法中"statement of objections"的本意，对其可简称为"异议声明"①）。如此一来，相对人方能认识到其面临的现实法律风险及作出申辩之必要性，并作出是否行使申辩权的决策；

第二，执法机构就其拟做出不利于相对人的处罚决定之依据，在实际作出决定之前，即向相对人做出充分地信息披露。唯其如此，相对人方能知悉执法机构关切的核心问题所在，进而提出有针对性、指向性的申辩意见。

二、中国的反垄断处罚前申辩权规范分析

（一）反垄断处罚前申辩权的法律依据

我国反垄断法由国家发改委、商务部和国家工商总局分工执行。这三家机构的反垄断执法程序制度有合有分。"合"，是指均一体适用我国《行政处罚法》等上位法律规范；"分"是指三家机构各自制定颁布了一些仅适用于本单位的程序性规范。值得肯定的是，现有相关规范都在不同程度上闪现着正当程序原则的身影。例如：

我国《行政处罚法》第三十一条为执法机构设定了"异议声明"义务，即要求执法机构"在作出行政处罚决定之前，应当告知相对人作出行政处罚决定的事实、理由及依据"；第三十二条创设了申辩权利，规定相对人"有权进行陈述和申辩"，"执法机关必须充分听取""复核"其申辩意见及提出的"事实、理由或者证据"；第四十一条体现了正当程序原则关于"任何人或团体在行使权力可能使别人受到不利影响时必须听取对方意见"的要求，明确规定，执法机构不履行告知义务、拒绝听取相对人申辩的，"行政处罚决定不成立"。

国家发改委在《反价格垄断行政执法程序规定》第十一条中，也对申辩权作出了笼统、概括的确认，规定相对人"有权陈述意见"，发改委应对其申辩的"事实、理由和证据进行核实"；《价格违法行为行政处罚实施

---

① Commission Regulation (EC) No 773/2004 of 27 April 2004 relating to the conduct of proceedings by the Commission pursuant to Articles 81 and 82 of the EC Treaty, Article 5.

办法》第八条规定，执法人员在作出行政处罚决定前，可以向当事人送达书面形式的《行政处罚事先告知书》《行政处罚听证告知书》，或"以口头告知的方式履行行政处罚事先告知程序、听证告知程序"；《价格行政处罚程序规定》第二十九至三十七条对申辩程序做了较为细致的规定，要求行政机关在作出行政处罚决定之前，应当履行异议声明义务，"书面告知当事人拟作出的行政处罚决定以及作出行政处罚决定的事实、理由、依据，并告知当事人依法享有的陈述、申辩权利"；"符合听证条件的，应当一并告知听证的权利"。

工商总局在其颁行的《工商行政管理机关查处垄断协议、滥用市场支配地位案件程序规定》第十三条规定，"被调查的经营者、利害关系人在调查阶段有权陈述意见"；《工商行政管理机关行政处罚程序规定》第五十二条规定，办案人员在作出行政处罚决定前，应当"告知当事人行政处罚的事实、理由、依据、处罚内容，并告知当事人享有陈述、申辩权"；第五十三条规定，工商行政管理机关应"认真复核"当事人的意见，并且"不得因当事人陈述、申辩、申请听证而加重行政处罚"。

商务部在《经营者集中审查办法》第五条中规定，"参与集中的经营者可以通过信函、传真等方式向商务部就有关申报事项进行书面陈述、申辩"；第十条规定，商务部向相对人作出异议声明的义务，即当"商务部认为经营者集中具有或者可能具有排除、限制竞争效果时，应当将其反对意见告知参与集中的经营者，并设定一个允许参与集中的经营者提交书面抗辩意见的合理期限"。

（二）反垄断处罚前申辩权制度的缺憾之处

尽管上述法律和部门规章为反垄断处罚前申辩权提供了基本的制度支撑，但是这些规范整体上仍然较为抽象，缺乏具体的操作性规范，相对人申辩权的保护和实现机制有流于形式之倾向。其缺憾之处集中体现在三个方面：

1. 异议声明的方式与内容规定不够明确

反垄断处罚前申辩权的行使，始自相对人得知其可以和有必要行使申辩权之时——即反垄断执法机构已经得出应对其作出处罚决定的初步判断之时。如果反垄断机构不发出异议声明，则反垄断处罚前申辩权无从谈起。不过，就我国现行法律规范和行政处罚实践而言，在执法机构的异议声明义务方面仍然存在含混不明之处。

首先，作出异议声明的法定方式不明确。法律没有规定异议声明应当以书面（最典型的书面告知形式，是发出《行政处罚事先告知书》）、口头还是其他方式作出，发改委、工商总局的执法程序规定则允许仅以口头方式作出。然而，考虑到反垄断行政执法案件一般较为复杂，以口头方式履行异议声明显属不妥；

其次，异议声明应包含的内容不明确。法律要求告知相对人作出行政处罚决定的事实、理由及依据，但对告知的详尽程度没有规定。从公开资料中可以获取的执法机构《行政处罚事先告知书》来看，其核心内容基本局限于涉案行为定性、法律依据和拟采取的处罚措施，对处罚的事实依据则大多语焉不详。

2. 相对人申辩权行使时限的设定不尽合理

反垄断执法中相对人申辩权的行使必须有合理的时间期限保障。通过分析现行反垄断执法程序规范可以发现，相对人申辩权行使时限的设定，存在某些不合理之处。

其一，现行程序规范没有明确规定执法机构应于何时作出异议声明。由此，执法机构作出异议声明的时间可能较为随意，处罚决定作出之前留给相对人可得行使申辩权的时间或被大大压缩，从而产生变相剥夺申辩权的实际效果；

其二，相对人接到异议声明之日至提出申辩之日的间隔时间过短。例如，发改委《价格行政处罚程序规定》第三十条规定："当事人要求陈述、申辩的，应当在收到行政处罚事先告知书后 3 日内向价格主管部门提出。"对于案情复杂的反垄断执法案件而言，要求相对人在短短 3 日之内提出有针对性的申辩意见，委实有苛求之嫌。

3. 处罚决定文件信息的披露仍不充分

《行政处罚法》虽然要求执法机构在作出行政处罚决定之前，应当告知相对人作出行政处罚决定的"事实、理由及依据"，但对应告知的"事实、理由及依据"的详尽程度，并未作出界定。实践中的执法机构一般做狭义的理解，在异议声明中仅做概括说明。此外，根据国家发改委《价格行政处罚案卷管理规定》，反垄断执法案卷文档并不向相对人公开，有权借阅、查阅、调阅、复制处罚案件证据文件资料的主体，仅限于价格监督检查机构的执法人员、上级价格主管部门、其他价格主管部门、各级司法、纪检监察机关。这种将证据材料、处罚依据"藏于密室"的做法，在执法者与被处罚对象之间形成无法逾越的"信息鸿沟"，使相对人可能不得不凭借对执法证据材料内容的"猜测",提出"有针对性"的申辩。

三、反垄断执法相对人申辩权的欧盟经验

欧盟法中关于反垄断执法相对人申辩程序的规定较为充分,主要集中在《关于欧共体条约第 81 条和 82 条项下竞争适用规则的欧共体理事会第 1/2003 号条例(2002 年 12 月 16 日)》①(以下简称《第 1/2003 号条例》)、《关于委员会按照欧共体条约第 81、82 条程序行为的委员会第 773/2004 号条例(2004 年 4 月 7 日)》②(以下简称《第 773/2004 号条例》)以及《委员会关于与欧盟运行条约第一〇一条和第一〇二条相关程序行为最佳操作规程的通知》(以下简称《最佳操作规程》)等。这些法律文件体现的相关规定与思路,对于如何在反垄断执法中贯穿正当程序原则,如何完善我国反垄断相对人申辩权制度,颇有参考借鉴价值。

(一)异议声明的目的与内容

异议声明是对可能做出反垄断处罚决定的一种预告。在欧盟法中,做出异议声明是在做出反垄断处罚决定之前不可或缺的重要程序步骤。虽然做出异议声明之后,未必一定会作出处罚决定,但是,在做出处罚决定之前,却必须做出异议声明。

按照《第 773/2004 号条例》的规定,执法机构作出异议声明,旨在使"当事人可以书面形式提出意见,阐明其所了解的所有事实,用于对委员会提出抗辩"。《最佳操作规程》中关于"异议声明的目的与内容"一节进一步更明确,作出异议声明之"目的是通知相关主体获悉针对其提出的异议事项,以便其能以书面或(在听证会)以口头形式行使申辩权(Rights of defence)"。异议声明的内容"应当包含详细信息,足以使当事人能就救济措施的必要性和适当性进行申辩"。

总之,执法机构做出异议声明,是确保申辩权得以启动行使的前置程序,并向相对人提供进行有效的自我辩护和针对执法机构提出的异议声明

---

① COUNCIL REGULATION (EC) No 1/2003 of 16 December 2002 on the implementation of the rules on competition laid down in Articles 81 and 82 of the Treaty.

② COMMISSION REGULATION (EC) No 773/2004 of 7 April 2004 relating to the conduct of proceedings by the Commission pursuant to Articles 81 and 82 of the EC Treaty.

提出申辩意见所需的所有必要信息。

（二）异议声明的方式以及相对人提出申辩的时间

《第 1/2003 号条例》第二十七条第一款和《第 773/2004 号条例》第十条第一款、第十一条第一款规定，委员会应当以书面形式通知每一名相对人，并且给予每一名收到异议声明的相对人以要求听证的机会。而且，委员会只能基于相对人在听证时发表意见的异议声明中所包含的事项作出执法决定。

关于相对人提出申辩的时间，《第 773/2004 号条例》第十七条规定，异议声明的受送达人有权在不少于四周之内作出答复，特殊情况下，相对人提出申辩的期限可缩短到一个星期。委员会在确定相对人提供答复的具体时限时，应考虑答复所需的准备时间以及案件的紧迫程度。《最佳操作规程》进而规定，在初始时限届满前至少 10 个工作日，当事人可以根据文件资料的多寡及复杂程度等客观因素，请求竞争总司延长答复期限，而且，如果该请求未获准许，或者异议声明的受送达人对准许延长的期限不满，还有权在初始时限届满前要求听证办公室就此进行复议。

尤其值得注意的是，相对人作出答复的时限，应当从其获得执法机构的案件卷宗主要文件之日起算。这就意味着，执法机构负有提供披露执法案卷的义务，而且其发出异议声明的时间，应当确保足够的提前量，使得当事人能够在委员会必须作出审查决定的期限之前，拥有研究和提出申辩事由、拟订和讨论救济方案的合理期间。

（三）异议声明的公开

为了提高执法程序的透明度，欧盟规定，有关异议声明的关键信息须在欧盟官方公报（the Official Journal of the European Union）和竞争总司官方网站（DG Competition's website）上公布。

欧盟之所以向社会公众公开异议声明通知，系基于这样一种理念：竞争执法不仅事关相对人，而且会影响到对相关竞争秩序具有"利害关系"的第三人（包括相对人的客户、供应商、竞争对手、相关企业的任职人员等）。因此，委员会希望获悉这些第三人以及其他利害关系第三人（如消费者组织等）对相关执法活动的评论意见。为此，向社会大众公开异议声明就成了反垄断执法机构的当然之选。

（四）相对人获取案件卷宗的权利

获取卷宗权（Right of access to the file /the documents）是为实现"控辩双方平等原则"（Principle of equality of arms）、保障当事方的申辩权而设定的程序机制，此处专指在反垄断执法程序中，相关人获取审查机构据以作出异议声明初步结论的文件的权利，以利当事方通过获取执法案件卷宗，得悉异议声明所凭靠的证据，发现审查机构未予妥当考虑的因素，做出准确有效的申辩。

1. 获取卷宗权的法律主体

根据欧盟竞争法的规定，拥有获取卷宗权的主体限于委员会异议声明的受送达人。所谓受送达人，是指竞争执法的相对人以及欧盟委员会认为应当送达的其他利害关系人。例如，《第 1/2003 号条例》第二十七条第二款规定，在反垄断执法过程中，当事人有权查阅委员会的案件卷宗；《第 773/2004 号条例》第十五条第一款也规定，收到异议声明的当事人有权要求委员会给予查阅案件卷宗的权利。

2. 获取卷宗权的标的与保密

获取卷宗权指向的"卷宗"，包括欧盟竞争总司在案件调查期间获得、制作和/或汇编的所有文件。当然，并非任何文档都可以查阅，委员会的"内部文件""商业秘密"以及其他保密信息即不在相对人可以获取的文档范围之内。

其中，所谓"内部文件"包括委员会与其他当局（如成员国的竞争当局等）之间会议与交往的备忘录等。在某些例外情况下，如果内部文件中包含对经营者不利的证据，或者与其申辩事由相关，委员会也可能允许当事方获取此类文件。

"商业秘密"信息通常来自向欧盟委员会提供信息的企业，包括与这些企业业务相关的可能给其利益带来严重损害的信息，如技术、融资、成本、货源、市场份额、客户、市场计划等信息。

3. 获取卷宗权的行权程序

为了规范和保护相对人获取案件卷宗的权利，欧盟还专门制定了《委员会关于根据欧共体条约第 81、82 条及 EEA 协议和理事会条例第 53、54

和 57 条获取委员会文件规则的通知》①。该《通知》从"获取案件卷宗的范围"和"实施获取案件卷宗的程序"两个方面对当事人的案件卷宗获取权做了规定，并且由此延展开来，较为充分地阐明了"何人拥有获取案件卷宗权""什么案件卷宗可以获取"以及"何时可以获取案件卷宗"等一系列问题。

四、结论与建议

综上所述，正当程序原则是一项基本的法治原则，在当今诸多法域得到普遍尊重。保障相对人的申辩权，是现代行政法贯彻正当程序原则的重要体现，在中国的反垄断执法程序中亦得到一定程度的确认和保护。不过，与欧盟的反垄断执法相关规范相比，中国的反垄断相对人申辩权制度确有亟待完善之处。具体而言，可从如下几个方面着手：

首先，明确我国反垄断执法机构作出异议声明的形式、内容和时限，便于相对人知悉可能收到的不利执法决定，赋予相对人启动获取进一步证据材料信息、提出申辩事由的权利，明确相对人可得行使申辩权的期限和方式，确保相对人能够为申辩作出充分准备。

其次，将相对人的听证权落到实处。中国反垄断处罚前申辩权制度的不足，很大程度上体现在执法机构作出处罚决定之前，相对人难以充分表达自己的对抗性意见。因此，可以考虑借鉴欧盟立法经验，不但赋予收到异议声明的相对人要求听证的权利，而且应当明确规定。唯有基于相对人能够在听证中发表意见的异议声明中包含的事由，执法机构方能作出最终的处罚决定。

最后，创设执法案卷查阅权，赋予相对人获取执法机构据以作出可能不利于相对人的处罚决定的全部案卷文件的权利，以利相对人提出更具有针对性、指向性的申辩事由。同时，应明确"不披露不处罚"的执法规则，即执法机构不得以其拒绝向相对人事先披露的信息，作为作出对相对人处罚决定的依据。

---

① Commission Notice on the rules for access to the Commission file in cases pursuant to Articles 81 and 82 of the EC Treaty, Articles 53, 54 and 57 of the EEA Agreement and Council Regulation (EC) No 139/2004.

行政垄断案件第三人法律责任探究[*]

李 舒[**]

提要： 2015 年，我国发改委的反垄断执法进一步聚焦于行政垄断，相继查处了多起案件。行政垄断破坏了公平自由的市场环境，很容易滋生社会腐败，必须予以制止和纠正。在我国反垄断执法机关对违反《反垄断法》的行政机关作出处罚的同时，值得注意的是实践中很少有对行政垄断案件中受益的经营者——"第三人"作出处罚的情况，学界也很少有对第三人法律责任专门进行研究的成果。第三人作为行政垄断案件中的重要参与者，对其责任进行正确认定关系到因行政垄断行为而遭受损害方能否得到合理救济。为此，文章拟以我国行政垄断执法现状以及现有法律规定为研究背景，对我国行政垄断案件第三人法律责任制度进行探讨，以期实现对公平竞争秩序的维护。

关键词： 行政垄断；第三人；法律责任

———————————

　* 本文系教育部哲学社会科学重大课题攻关项目"经济全球化背景下中国反垄断战略研究"（项目批准号：15JZD018）子课题"中国反行政垄断战略"的阶段性研究成果。

　** 李舒，中国人民大学 2014 级法律硕士研究生，研究方向为经济法。

一、问题的提出

2015 年，我国反垄断执法机关对于行政垄断执法的力度空前加大，立案查处了多起行政垄断案件，掀起了自反垄断法实施以来的行政垄断执法高潮。行政垄断行为严重侵害了市场主体的合法权益，破坏了公平自由的竞争秩序，阻碍了我国社会主义市场经济的健康发展。此外，由于行政垄断与政府官员的腐败问题紧密相连，决定了执法机关在实践中存在工作难度较大、技术要求较高的问题。因此，如何公正高效处理此类案件，严厉制裁违法行为，更好地实现对受害者的救济是我国反垄断立法、司法、执法部门所面临的重大考验。

截至目前，我国反垄断执法机关共查处行政垄断案件 7 起，并均对滥用行政权力排除、限制竞争的行政机关和经授权的组织作出了依法纠正的建议。然而，在我国行政垄断案件的实际执法中，一个值得关注的问题是，反垄断执法机关鲜有对"第三人"——从行政垄断中获得经济利益的市场主体、行政机关所指定的交易对象经营者所追究责任的情况。在已经查处的 7 起行政垄断案件中，只有两起案件中的第三人受到了行政处罚。而在理论学界，目前对于行政垄断案件中第三人的法律责任进行专门研究的学术成果也寥寥无几。我国现行《反垄断法》关于行政垄断案件第三人的条款主要包括第三十二条禁止限定交易以及第三十六条禁止强制经营者从事垄断行为，对于第三人应当承担何种法律责任的规定则在工商总局的配套规章中有所涉及。

在行政垄断执法将成为常态的大背景之下，如何完善行政垄断案件第三人的法律责任制度以更好地实现对市场公平自由竞争秩序的维护以及受害者的救济成为当下的一个重要命题。在这一命题背后，仍有诸多问题值得思考。第一，行政垄断案件中的第三人是否应当承担责任？如果需要承担，则在哪些情况下需要承担？责任形式如何？第二，行政垄断案件中第三人承担责任是否存在例外情况？第三，我国现行关于行政垄断案件第三人法律责任的制度还有哪些需完善之处？从探究这些问题的角度出发，本文结合我国《反垄断法》及相关配套规章的现行规定，对我国行政垄断案件第三人法律责任进行全面、深入地探讨。

二、我国行政垄断案件第三人法律责任追究情况分析

（一）我国行政垄断案件追究第三人法律责任现状

就我国行政垄断执法现状来看，自《反垄断法》实施以来，发改委共计查处行政垄断案件 7 起，而这其中 2015 年就高达 6 起。在这 7 起案件当中，发改委对政府部门所实施的地方保护、指定交易、强制交易、制定含有排除和限制竞争内容的规定等行为均进行了依法纠正。其中，对于第三人追究责任的案例只有云南省通信管理局案和甘肃省道路运输管理局案。

在云南省通信管理局一案中，云南省通信管理局涉嫌违反《反垄断法》，滥用行政权力，组织电信运营商达成价格垄断协议，排除和限制相关市场竞争。云南省发展改革委依法对参与垄断协议的四家电信运营商进行了处罚。其中，对参与达成并实施垄断协议的 3 家公司处以上一年度相关市场销售额 2% 的罚款；对参与达成但未实施垄断协议的公司处以 20 万元罚款，罚款金额共计约 1 318 万元。

在甘肃省道路运输管理局一案中，武威市道路运输管理局及所属道路运输协会，在对道路运输车辆二级维护的监督管理中，强制具有一、二类机动车维修资质的 24 家企业共同签订"武威市一二类机动车维修企业自律公约"，对机动车二级维护收费制定了限定价格和"统一派送服务制度"，涉嫌滥用行政权力，强制经营者从事排除、限制竞争的垄断行为。甘肃省发改委对于实施价格垄断行为的 22 家企业按照 2013 年销售额的 2% 予以处罚，总额 89 685.54 元。这也是行政垄断执法中首次对大批第三人进行处罚。

以上两起案件中，发改委均认定行政机关的行为违反了《反垄断法》第八条和第三十六条的规定。同时由于第三人达成了垄断协议并实施了相应的垄断行为，发改委对第三人也进行了相应的行政处罚。然而，在我国对第三人成功进行处罚的背后，还暴露出一系列亟须解决的问题，如第三人是否需要对因垄断行为受害的其他经营者及消费者进行赔偿？若第三人是在行政机关的强迫下从事的垄断行为，那么第三人是否有权利在被处罚之后再起诉行政机关？为了更好地解决这些问题以及对第三人的法律责任进行更深层次的分析，首先需梳理清楚我国行政垄断案件中行政机关与第三人的关系。

（二）我国行政垄断案件中行政机关与第三人关系分析

结合我国《反垄断法》第三十二条和第三十六条的规定，涉及第三人的行为主要包括禁止限定交易和禁止强制经营者从事垄断行为。其中，限定交易行为的形式主要包括：（1）明示或暗示限定单位和个人只能经营、购买和使用本行政辖区范围内经营者提供的商品；（2）以明示或暗示方式，要求单位或个人必须经营行政机关和公共组织挂靠企业的商品，必须到该挂靠企业购买有关商品，必须使用该挂靠企业的商品；（3）限定客户和消费者购买行政机关及其所属部门的关系户提供的商品；（4）限定客户和消费者购买和接受指定单位的有偿服务。[①]

从以上限定交易以及禁止强制从事垄断行为的主要内容来看，在行政垄断执法案件当中，我国行政机关与第三人的关系可概括为协作关系与强制关系两种。

1. 协作关系

在限定交易行为中，较为普遍的情况是行政机关与第三人互相协作，共享利益。即第三人通过"寻租"等方式拉拢政府官员，获得优惠政策等行政机关的保护和支持，之后行政机关滥用权力，通过制定行政规范性文件等形式强迫行政相对人与自己指定的第三人进行交易，该第三人协助实施政垄断行为并从中获取经济利益。由此获得利润后，第三人将其中一部分回报行政机关，从而实现双赢。[②]

协作关系之下往往是第三人通过限制同一市场中其他经营者的竞争，以此获得竞争优势；行政机关旨在获得直接或间接、经济或非经济的利益，通过滥用行政权力，以涉租寻租、权钱交易、以权谋私等形式获得大量的经济利益。这是滋生腐败的一种较为典型的情况。限定交易损害了其他经营者的公平竞争权与正常的竞争秩序，间接剥夺了经营者与消费者进行公平交易、获取经济利益的机会，同时也侵害了购买人的自由选择权。该行为给整个国家法律秩序或竞争秩序造成了侵害，甚至是更大范围的侵害（包括其他经营者、消费者乃至国家财政税收等），且这种侵害结果往

---

① 孟雁北：《反垄断法》，北京：北京大学出版社 2011 年版，第 180 页。
② 参见许光耀：《反垄断法上的行政垄断分析》，《行政管理改革》2014 年第 11 期。

往是隐性的、长久的，无法迅速而直接地进行估算。[①] 在此类关系中，第三人一般存在过错。

2. 强制关系

强制关系主要见于行政机关强制经营者从事反垄断法规定的垄断行为。对于这类行政强制行为，行政机关更倾向于以"合法形式掩盖非法目的"的形式，而且往往以行政机关滥用行政权力的垄断规定为基础而发生的具体行政性垄断最为常见，因而构成了混合型强制从事垄断行为（如强制经营者达成垄断协议、滥用市场支配地位和做出应予禁止的经营者集中等）。[②] 部分限定交易行为中也存在行政机关强制第三人的情况，即行政机关会在限定单位或个人经营、购买指定第三人提供的商品之前，强制要求第三人从事垄断行为，比如在云南省通信管理局一案中，云南省通信管理局牵头组织四家电信运营商达成协议，对赠送的范围、幅度、频次等进行约定，并通过下发整改通知书等手段强制执行，限制了电信运营商的竞争能力和手段。

由于现实中第三人与行政机关的地位完全不对等，当其被强制要求从事垄断行为时经常无从选择，只能屈服。即使第三人认识到从事的垄断行为违法，但由于政府的职能部门掌握着管理第三人的权力，第三人在本地发展也要在一定程度上依靠当地政府的政策或服务的扶持，如果第三人不服从行政主体的强制要求，则很可能会遭到来自行政机关各种形式的"刁难"，影响到第三人本身的经营发展，在这种情况下第三人往往处于"进退两难"的境地。

强制关系之下的行为违背了意思自治原则，侵犯了第三人依法享有的经营自主权，破坏了公平自由的竞争秩序。同时，行政机关的错误规定或者强制执行也是认定行政权力滥用的决定性证据。在此类关系中，第三人一般不存在过错。

---

① 参见魏琼：《追究行政性垄断法律责任的对策——从"责令改正"谈起》，《政治与法律》2009 年第 11 期。

② 魏琼：《论混合型行政性垄断及其规制》，《法学家》2010 年第 10 期。

三、行政垄断案件第三人承担法律责任情况分析

（一）承担法律责任的情形

从上述对行政垄断案件中行政机关与第三人的关系分析以及我国行政垄断执法实践可知，由于行政垄断行为所获取的利益缺乏正当理由，而且给其他经营者或消费者造成损失，违背了民法中"公平、诚实信用"的原则。因此，不论第三人是否有过错，只要其从行政垄断行为中直接受益，就应该返还其不当得利，使其从行政垄断行为中获得的经济利益全部返还给受损害的其他竞争者或消费者。即不论是协作关系还是强制关系，只要第三人是行政垄断行为的直接受益者，从公平原则的角度，均应当承担相应的返还不当得利的民事法律责任。

就第三人实施的垄断行为而言，主要包括达成、实施垄断协议和滥用市场支配地位两种情形。其中，关于滥用市场支配地位的行为，关键看第三人是否成为支配企业，构成反垄断法上的支配地位滥用行为。

我国《反垄断法》中并未直接对第三人是否承担法律责任作出规定，但是在工商总局颁布的规定中可找到相关依据。《工商行政管理机关制止滥用行政权力排除、限制竞争行为程序规定》（2009）[①] 第五条中就规定，经营者不得以行政机关和法律、法规授权的具有管理公共事务职能的组织强制、指定、授权等为由，从事垄断行为。经营者从事垄断协议和滥用市场支配地位行为的，适用《工商行政管理机关查处垄断协议、滥用市场支配地位案件程序规定》。即经营者不能以自己属于被强迫情形为由推卸责任，只要实施了垄断行为就要受到相应处罚。

《工商行政管理机关制止滥用行政权力排除、限制竞争行为程序规定》（2011）[②] 第三条对《反垄断法》第三十六条禁止强制经营者从事垄断行为进行了细化，规定对于行政机关和法律、法规授权的具有管理公共事务职能的组织不得滥用行政权力，强制经营者之间达成、实施排除、限制竞

---

① 国家工商行政管理总局令第 41 号，国务院官网，http：//www. gov. cn/flfg/2009-06/10/content_1335662. htm，2016 年 4 月 5 日。

② 国家工商行政管理总局令第 55 号，国务院官网，http：//www. gov. cn/flfg/2011 – 01/07/content_1780003. htm，2016 年 4 月 5 日。

争的垄断协议，强制具有市场支配地位的经营者从事滥用市场支配地位行为。相应地，在此规定中第五条和第七条中规定，经营者不能以行政机关和法律、法规授权的具有管理公共事务职能的组织的行政限定、行政授权或其制定发布的行政规定为由，达成、实施垄断协议和滥用市场支配地位，否则应依照《工商行政管理机关禁止垄断协议行为的规定》《工商行政管理机关禁止滥用市场支配地位行为的规定》处理，承担相应的法律责任。

（二）承担法律责任的形式

1. 民事责任

在行政性垄断是依靠第三人实施的情况下，这些作为市场主体的企业不是依靠正常的竞争，通过降低成本、提高效率、改善经营管理等方式获得利润，而是依靠行政权力的关照和支持，通过行政性垄断行为的实施，限制竞争对手进入市场，从中获得垄断利润，也即一方主体通过损害另一方的权利，从中获得利益。由于双方主体均为平等的市场主体，这种法律关系是典型的民事法律关系。① 因此给他人造成损失的，无论是否存在过错，第三人理应承担相应的民事责任。

我国《反垄断法》第五十条对实施垄断行为的经营者给他人造成损失，应当依法承担民事责任作出了原则性的规定。但此条规定太过于空泛，对于民事责任的具体内容，以及民事责任的承担形式没有进行明确说明，在实践中无法很好地规制到从行政垄断中获得经济利益的第三人所应承担的民事责任，受害方也无法得到及时的救济。

2. 行政责任

行政垄断第三人承担行政责任是指接受国家行政机关所依法给予的行政制裁。基于行政垄断第三人经营者自身的性质，第三人承担的行政责任主要包括反垄断执法机关作出的行政处罚。

我国《反垄断法》第四十六、四十七条规定了经营者达成、实施垄断协议以及滥用市场支配地位的行政责任，包括停止违法行为、没收违法所得、处以罚款。其中，对于尚未实施所达成的垄断协议的，规定了行政罚款50万的上限。但在实践中，此上限对于大部分实施垄断行为的第三人而言制裁力微乎其微，即对违法垄断经营者而言根本起不到有效的威慑和防

---

① 郭宗杰：《行政性垄断之问题与规制》，北京：法律出版社 2007 年版，第 191 页。

范作用。

此外，《反不正当竞争法》第三十条规定了对第三人的行政处罚，"被指定的经营者借此销售质次价高商品或者滥收费用的，监督检查部门应当没收违法所得，可以根据情节处以违法所得 1 倍以上 3 倍以下的罚款"。但是对于第三人没有借此销售质次价高商品或者滥收费用的现象，该条对于第三人通过垄断行为而获得的不正当经济利益是无法进行规制的。

3. 刑事责任

考虑到行政垄断比一般市场垄断的潜在危害性更大，对市场经济的破坏性更强，需要严格防范与打击，因此在行政垄断案件中情节严重的情况下追究第三人的刑事责任非常必要。虽然目前我国《反垄断法》第五十二条规定了刑事责任，但其针对的是拒绝、阻碍调查行为的刑事责任，对于实施垄断行为、严重破坏市场经济健康有序发展的情况并未作出规定，也没有规定"实施垄断行为构成犯罪的，应依法追究刑事责任"兜底性条款。

（三）承担法律责任的例外

1. 豁免情形

结合第三人需承担法律责任的两种情形，即达成、实施垄断协议以及滥用市场支配地位，如果第三人的行为满足了《反垄断法》所规定的豁免情形，则第三人无须承担法律责任。

就垄断协议而言，若第三人不承担法律责任，其行为须满足《反垄断法》第十五条所规定的豁免情形；就滥用市场支配地位而言，则第三人行为须满足《工商行政管理机关禁止滥用市场支配地位行为的规定》① 第八条的规定，即其主张正当理由，还应符合其行为是基于自身正常经营活动及正常效益而采取，以及对经济运行效率、社会公共利益及经济发展无消极影响这两个因素。

2. 宽恕制度

就垄断协议行为而言，根据《反垄断法》第四十六条第二款的规定，如果第三人能够主动向反垄断执法机构报告达成垄断协议的有关情况并提供重要证据的，反垄断执法机构可以酌情减轻或者免除对第三人的处罚。

---

① 国家工商行政管理总局令第 54 号，国务院官网，http：//www.gov.cn/flfg/2011 – 01/07/content_1779980.htm，2016 年 4 月 5 日。

在《反垄断法》施行之后，国家工商行政管理总局又制定颁布了《工商行政管理机关禁止垄断协议行为的规定》①，进一步充实了我国宽恕制度的内容。根据第十一条和第十二条的规定，工商行政管理机关应当根据第三人主动报告的时间顺序，提供证据的重要程度，达成、实施垄断协议的有关情况以及配合调查的情况来确定决定减轻或者免除处罚。对第一个主动报告所达成垄断协议的有关情况、提供重要证据并全面主动配合调查的第三人，免除处罚。对主动向工商行政管理机关报告所达成垄断协议的有关情况并提供重要证据的其他第三人，酌情减轻处罚。值得注意的是，《工商行政管理机关查处垄断协议、滥用市场支配地位案件程序规定》② 第二十条中规定，对垄断协议的组织者，不适用酌情减轻或免除处罚的规定。即在实施垄断行为的第三人中，如果有第三人属于垄断协议的组织者，则其不适用宽恕制度。

就滥用市场支配地位的行为而言，根据《工商行政管理机关禁止滥用市场支配地位行为的规定》③ 第十四条的规定，如果第三人能够主动停止滥用市场支配地位行为的，工商行政管理机关可以酌情减轻或者免除对第三人的处罚。

四、我国行政垄断案件第三人责任制度完善路径

从上述对我国行政垄断案件第三人承担法律责任的情况分析可知，我国对于行政垄断案件第三人法律责任制度的现有立法较为单一分散，内容较为原则化，法律可适用性较弱，没能集中统一直接从立法文本上对行政垄断法律关系主体起到威慑作用。这样会导致行政垄断执法中出现无法可依或自由裁量权力较大的情况。法律责任不明确、制裁力度不够将难以遏制危害较大的行政垄断。

由于行政性垄断法律关系的主体具有多元性，包括实施相应垄断行为的行政主体、被行政性垄断所保护并获益的第三人、竞争权利受到侵犯的

① 国家工商行政管理总局令第 53 号，国务院官网，http：//www.gov.cn/flfg/2011 – 01/07/content_1779945.htm，2016 年 4 月 5 日。

② 国家工商行政管理总局令第 42 号，国务院官网，http：//www.gov.cn/flfg/2009 – 06/16/content_1341338.htm，2016 年 4 月 5 日。

③ 国家工商行政管理总局令第 54 号，国务院官网，http：//www.gov.cn/flfg/2011 – 01/07/content_1779980.htm，2016 年 4 月 5 日。

其他经营者、合法权益受到侵犯的消费者等，因此需要对法律责任进行合理的设定。尤其是对于从行政性垄断行为中受益的第三人而言，其本来应是部分责任的承受者，但法律对其相应的制裁和惩罚欠缺明确具体的规定，使得实践中较难追究第三人的责任，受害方的合法权益也无法得到恰当的救济。因此在对第三人的法律责任进行具体设定时，要充分考虑到行政垄断行为的自身特点，兼顾法律关系各方主体的利益及其行为危害性的程度和法律属性，在符合责任法定、责任相称、责任自负原则的前提下，使对于行政垄断案件第三人的有关法律责任规定"责有所归、罚有所依、损有所补"[①]。

（一）完善民事责任

民事责任实施的效果不仅在于受害者得到补偿，还在于不能使违法者受益[②]。考虑到行政垄断所带来的严重后果，对于行政垄断第三人民事责任制度的构建应不同于一般的民事责任制度，应具有其特殊性。

首先，对于我国《反垄断法》中民事责任规定太过于原则化的问题，应当出具实施细则，详细规定民事责任的具体内容以及具体的承担方式，完善民事责任追究机制。

其次，对于有过错的第三人，应当考虑引入惩罚性赔偿制度，实现对行政垄断第三人行为的有效规制。对于无过错的第三人而言，其需要承担返还不当得利的民事责任；但对于有过错的第三人而言，如与行政机关共享利润的第三人，其行为严重危害到公平的市场竞争秩序与社会公共利益，应当严肃处理，建立惩罚性赔偿制度，这样才能更好地维护受害方的利益。

惩罚性赔偿制度是在特殊领域针对特殊对象所设置的，在民事法律责任制度中一般应坚持"填平原则"，只有危害情节极其恶劣，损失额难以估量时才能启动惩罚性赔偿制度，最大限度地保护消费者利益。[③] 惩罚性赔偿制度能够增加违法行为者的违法成本，威慑和阻却违法行为者继续从

---

① 郭宗杰：《行政性垄断之问题与规制》，北京：法律出版社 2007 年版，第 196 页。

② 时建中：《我国〈反垄断法〉的特色制度、亮点制度及重大不足》，《法学家》2008 年第 1 期。

③ 丁国峰：《反垄断法律责任制度理论与实践》，大理：云南大学出版社 2013 年版，第 164 页。

事垄断行为，同时高额的损害赔偿金增强了受害者揭发与阻却垄断行为的动力，其又可促进私人受害者积极提起反垄断民事诉讼，以追究反垄断民事责任①。

在确定惩罚性赔偿的具体额度上，从域外经验来看，美国《谢尔曼法》要求对个人的损失给予三倍赔偿。乌克兰《反垄断法》实行两倍的损害赔偿，2001 年乌克兰《经济竞争保护法》第五十五条第二项规定，对于实施本法第五十条事项中有关保护经济竞争法律规定的违法行为所造成的损害，受害人可以向违法者要求双倍赔偿②。因此，在我国确定对行政垄断案件第三人应承担的民事惩罚性赔偿额度上，应当综合考虑第三人主观过错、行为对市场公平竞争的影响程度等各方面情况，确定一个相对合理的赔偿范围。

最后，可以考虑增加第三人赔礼道歉和公告等名誉责任，其直接目的是对受害人的人格尊严等人格利益进行救济，而其在实现的同时，责任承担主体的人格尊严、声誉等人格利益就要受到相应减损，对于一些视尊严和声誉为生命的人来说，这比丧失财产性利益更难接受。③ 特别是对于有主观故意参与行政垄断的有过错第三人，其行为对市场公平竞争的环境造成恶劣影响，损害了其他经营者及消费者的合法权益，要求其进行公开赔礼道歉和公告等在一定程度上能够弥补给受害者带来的损失，同时对一些注重声誉的第三人，名誉责任的设定能够起到很好的威慑作用。

（二）完善行政责任

首先，对于第三人行政罚款上限不宜太低的问题，我们可以参照垄断行为在相关市场可能给他人和社会造成的损失等因素制定一个相对有威慑力的行政罚款固定数额，这个数额需以科学的调研为基础。④ 结合我国

① 丁国峰：《反垄断法律责任制度理论与实践》，大理：云南大学出版社 2013 年版，第254 页。

② 时建中：《反垄断法——法典释评与学理探源》，北京：中国人民大学出版社 2008 年版，第479 页。

③ 孙晋：《我国〈反垄断法〉法律责任制度的缺失及其完善》，《法学论坛》2009 年第11 期。

④ 孙晋：《我国〈反垄断法〉法律责任制度的缺失及其完善》，《法学论坛》2009 年第11 期。

《反垄断法》第四十九条的规定，我国反垄断执法机构在确定具体罚款数额时，应当考虑违法行为的性质、程度和持续的时间等因素。

其次，对受行政性垄断行为保护的第三人在行政责任承担上，除处以行政罚款、没收违法所得以外，对具有主观过错且对市场造成较大影响的第三人，还可考虑暂扣或吊销第三人市场准入证书的处罚措施[①]。应进一步明确完善第三人所需承担的行政垄断行政责任内容，根据第三人行为的不同情节设置相应轻重程度不同的处罚措施。

再次，在承担行政责任的主体上，对于除非自然人型（法人或其他企业组织）的第三人，应设置在情节严重的情况下，免除董事、监事、高管或主要负责人及直接责任人的任职资格的处罚措施。除非其可以证明已经尽到了适当的注意义务，并且曾阻止过经营者实施垄断行为。作为决策者和实施者的高管人员和直接责任者，如果无须对第三人的垄断行为承担任何法律责任，预防和制止垄断行为无异于缘木求鱼。[②]

最后，在处罚程序上，建议专门增加在程序上可以独立于行政机关而直接对第三人进行处罚的法律规定。目前在实践中，第三人是否受到处罚要依赖对行政机关行为的定性。由于第三人的"支配地位滥用行为"是否成立的判断高度依赖于行政机关的行为是否构成行政权力的滥用，所以在实践中，对于第三人的处罚往往也必须要等待上级机关做出"责令改正"的决定后才能进行。这并不利于及时有效保护受害方的利益。

执法机构在行政垄断执法中对行政机关、第三人的处罚程序同步进行有利于及时维护受害方的利益，同时也可以避免最终认定行政机关不承担责任，而使实际实施了《反垄断法》所禁止的垄断行为的第三人逃脱责任，受害方得不到救济的情况。

此外，对于第三人无过错、受到行政机关强迫实施垄断行为的情况，我国《反垄断法》中还可考虑增加第三人救济途径的规定，第三人可以起诉作出行政垄断行为的行政机关，同时应当明确行政机关强迫第三人从事垄断行为时应当承担的具体法律责任。我国《反垄断法》对此并未做出详细具体的规定，也没有明确相应的第三人是应向法院提起损害赔偿诉讼，

---

① 丁国峰：《反垄断法律责任制度理论与实践》，大理：云南大学出版社 2013 年版，第252 页。

② 时建中：《反垄断法——法典释评与学理探源》，北京：中国人民大学出版社 2008 年版，第479 页。

还是向反垄断执法机构请求获取合理赔偿。这方面也可参考域外经验，如欧盟竞争法律制度在法律责任与救济部分规定，任何被侵害的公司可以在一国的法院根据该国的司法程序要求赔偿损失。①

（三）完善刑事责任

我国现行《反垄断法》中并未对行政垄断第三人的刑事责任作出明确规定，只有当第三人在拒绝、阻碍调查行为构成犯罪的情况下才承担。

从域外经验看，对行政垄断第三人刑事责任的设定可参考美国《谢尔曼法》的规定。美国《谢尔曼法案》在其第一条至第三条中均规定，任何人签订限制贸易或商业的契约，或从事上述联合或共谋，是严重犯罪。如果参与人是公司，将处以 100 万美元以下罚款；如果参与人是个人，将处以 10 万美元以下的罚款，或 3 年以下监禁，或由法院酌情两种处罚并用。2004 年美国国会又通过了修订《谢尔曼法》的《2004 反垄断刑事处罚加强与改革法》，其中把对公司的最高罚金提高到 1 亿美元，对个人的最高罚金提高到 100 万美元，对个人的最长监禁期限提高到 10 年，以保证惩罚能更准确地反映卡特尔在现代市场经济中所产生的社会危害。②

即可以参考美国立法，建议在《反垄断法》中直接规定刑事法律责任的形式，或者考虑在《刑法》中增设竞争犯罪的规定，如垄断行为罪。我国《刑法》第三章破坏社会主义市场经济秩序罪中，第八节为扰乱市场秩序罪，可考虑在这一节中对于第三人参与行政垄断的行为确定增加具体的罪名，保障《反垄断法》与《刑法》规定的具体衔接，实现具体行为与具体责任的对应。同时，对于第三人与行政机关之间属于协作关系的情况，若第三人在经济往来中违反国家规定，给予行政机关或者其工作人员各种名义的回扣、手续费，则会涉嫌构成《刑法》第三八九条行贿罪或者第三九一条对单位行贿罪，需要为此类腐败行为承担相应的刑事责任。

在刑事法律责任的设定上，根据我国《刑法》第三十一条关于单位犯罪的双罚制原则的规定，对单位可以处以罚金，对直接负责人员处以刑

---

① 关保英、黄辉、曹杰：《行政垄断之行政法规制》，中国政法大学出版社 2008 年版，第 236 页。

② 郑鹏程：《美国反垄断刑事政策及其对我国反垄断立法的启示》，《甘肃政法学院学报》 2006 年第 5 期。

罚。在行政垄断案件中，可对非自然人型（法人或其他企业组织）的第三人处以罚金，同时对构成犯罪的高级管理者或决策者等直接负责人员处以刑罚。

五、结　论

行政垄断案件第三人法律责任制度作为反垄断法律责任制度体系的重要组成部分，在维护公平、自由的竞争秩序、保障机会均等和公平交易、维护消费者利益和社会公共利益方面起着举足轻重的作用。从我国行政垄断案件追究第三人法律责任现状来看，目前我国反垄断执法机构在查处行政垄断案件的实践中，追究第三人法律责任的案件不多，学术界对于行政垄断案件第三人法律责任制度的专门研究也较少。

我国行政垄断案件中行政机关与第三人主要有协作和强制两种关系。第三人作为行政垄断行为的直接受益者，从公平原则的角度，理应承担相应的法律责任，包括民事责任、行政责任和刑事责任。若第三人的行为符合《反垄断法》的豁免情形或者宽恕制度的规定，则可以免于承担法律责任。我国现行关于行政垄断第三人的法律责任制度还有诸多需要完善之处。在民事责任方面，应当考虑出具实施细则，引入惩罚性赔偿制度，增加赔礼道歉和公告等名誉责任，实现对行政垄断第三人行为的有效规制。在行政责任方面，应当考虑制定有威慑力的行政罚款固定数额，增加处罚措施，对除非自然人型（法人或其他企业组织）第三人的直接负责人员进行处罚，以及完善相关的处罚程序规定。在刑事责任方面，可考虑在《反垄断法》中直接规定刑事法律责任的形式，或者考虑在《刑法》中增设竞争犯罪的规定，实现具体行为与具体责任的对应。

完善我国行政垄断案件第三人法律责任制度是一个较为复杂的问题，需要考虑反垄断法与其他已有法律间的协调，还需要顶层设计的推动，依靠《民事诉讼法》《行政诉讼法》《刑法》等法律制度的进一步完善实现对第三人法律责任的合理追究，从而更好地实现我国《反垄断法》的立法目的。简而言之，我国行政垄断案件第三人法律责任制度的逐步完善从根本上还要依靠国家政治体制和经济体制等多方面改革继续深化，还需要加强理论和实践方面的探索，如何具体完善还有待进一步研究。